Joachim Hurth

Angewandte Handelspsychologie

Verlag W. Kohlhammer

Mein Angebot zum Dialog: Vermissen Sie wichtige Aspekte? Haben Sie Beobachtungen gemacht, die rational nicht erklärbar sind?
Über Fragen, Anmerkungen oder Kritik würde im mich sehr freuen:
j.hurth@fh-wolfenbuettel.de

Anschrift:
Prof. Dr. Joachim Hurth
Fachhochschule Braunschweig/Wolfenbüttel
Fachgebiet Handelsbetriebslehre
Robert-Koch-Platz 10-14
38440 Wolfsburg

Alle Rechte vorbehalten
© 2006 W. Kohlhammer GmbH Stuttgart
Umschlag: Gestaltungskonzept Peter Horlacher
Gesamtherstellung:
W. Kohlhammer Druckerei GmbH + Co. KG, Stuttgart
Printed in Germany

ISBN-10: 3-17-019485-2
ISBN-13: 978-3-17-019485-

Wozu dieses Buch?

Die Idee zu diesem Buch entstand aus der – immer noch zu wenig verbreiteten – Erkenntnis, dass die Menschen bei weitem nicht so rational sind wie sie glauben. Ich begann, Bücher zu lesen, die versuchen, das Verhalten von Menschen zu erklären. Große Wirkung hatte „Die Psychologie des Überzeugens" von Robert B. Cialdini (Bern 2002) auf mich.

> Ziel des Buches ist es, der rationalen, instrumentellen Herangehensweise an praktische Fragestellungen des Handels das hinzuzufügen, worum es wirklich geht: den Menschen.

Die Wissenschaft hat sich inzwischen zunehmend vom **Homo oeconomicus** verabschiedet. Verhaltensorientierte Ökonomie und Spieltheorie gewinnen an Bedeutung. Der Nobelpreisträger Herbert Simon kam beispielsweise zu dem Schluss, dass sich Menschen mit ihrer beschränkten Auffassungsgabe immer nur um einen kleinen Ausschnitt der Realität kümmern. Sie suchen sich ein paar Alternativen, wägen kurz ab und treffen ihre Wahl. Unsere Entscheidungen beruhen nicht auf komplizierten Rechnungen, sondern auf Daumenregeln. Die subjektive Urteilsbildung von Menschen wird vor allem auf folgende Ursachen zurückgeführt:

- Das Urteilen wird durch Emotionen beeinflusst.
- Das Urteilen wird durch Vorurteile (Schemata) bestimmt.
- Das Urteilen wird von intuitiven Schlüssen beeinflusst.

Konsumenten neigen dazu, Merkmale, über die Informationen fehlen, so zu beurteilen, dass die auf Basis der verfügbaren Informationen beste Alternative weiter aufgewertet wird. Man redet sich also ein, dass die Alternative, die man bevorzugt, die Beste ist. Zajonc geht deswegen sogar so weit zu sagen, dass wir so urteilen, wie wir aufgrund unserer Gefühle urteilen möchten (Kroeber-Riel/Weinberg 2003, S. 298 f.). Ein gutes Beispiel ist Linda, eine Erfindung des amerikanischen Nobelpreisträgers Daniel Kahnemann. Linda ist 31 Jahre alt, unverheiratet und sehr intelligent. Sie hat Philosophie studiert und mit Auszeichnung abgeschlossen. Außerdem ist sie eine Frau mit starken Überzeugungen. An der Universität hat sie viel Zeit für ihr politisches Engagement verwendet, sich für die Rechte von Minderheiten eingesetzt, und an Anti-Atom-Demonstrationen teilgenommen. Was erscheint Ihnen wahrscheinlicher?

a) Linda arbeitet als Kassenangestellte in einer Bank, oder
b) Linda arbeitet als Kassenangestellte in einer Bank und engagiert sich in der Frauenbewegung.

Kahnemann stellte fest, dass fast 90 % aller Menschen die zweite Variante für wahrscheinlicher halten. Sind Sie auch dieser Meinung? Dann sind sie einer Täuschung aufgesessen. Variante b) kann gar nicht wahrscheinlicher als Variante a) sein. Denn die zweite Aussage ist eine Einschränkung der ersten, und Einschränkungen sind immer weniger wahrscheinlich als allgemeine Aussagen (Klein 2004, S. 206).

Eine weitere Beschränkung der menschlichen Entscheidungsprozesse beruht auf der begrenzten Kapazität und Motivation, Informationen aufzunehmen und zu verarbeiten. Die Konsumenten benutzen zur Entscheidungsfindung nur einen geringen Teil der angebotenen Informationen (Solomon/Bamossy/Askegaard 2001, S. 73). Der amerikanische Psychologe George Miller kam zu dem Ergebnis, dass der Arbeitsspeicher in unserem Gehirn nur etwa sieben Informationen gleichzeitig verarbeiten kann (Klein 2004, S. 34). Werden die Konsumenten dazu gebracht, darüber hinaus Information zu nutzen, kann sich die Effizienz der Entscheidung verringern (Kroeber-Riel/Weinberg 2003, S. 381).

Nach Zaltman finden 95 % unseres Denkens im **Unterbewusstsein** statt. Häusel rechnet vor, dass nur etwa 0,004 % der aufgenommenen Informationen in unser Bewusstsein gelangen. Genau genommen gelangen nur die Endprodukte unbewusster Prozesse in unser Bewusstsein (Behrens/Neumaier 2004, S. 6). Es kommt uns so vor, dass wir unsere Handlungen wissentlich steuern, aber das ist eine Illusion. Es ist uns schon deshalb unmöglich, unser Verhalten in Gänze vorherzusehen, weil wir sonst unser eigenes Denken überholen müssten (Klein 2004, S. 90). Das gilt auch und insbesondere für vergangene Geschehnisse und unsere Erinnerung daran. Unser Bewusstsein gibt unseren Aktionen im Nachhinein einen Sinn. „Wir tun nicht, was wir wollen, sondern wir wollen, was wir tun" (Wolfgang Prinz, Leiter des Max-Planck-Instituts für psychologische Forschung, in: Häusel 2004, S. 84; Zaltman 2003, S. 189). Im Prinzip erklären viele kognitive Theorien der Sozialpsychologie wie Menschen Informationen ignorieren, anpassen, verzerren, also irrational verarbeiten. Das bedeutet nicht, dass menschliches Verhalten grundsätzlich irrational abläuft, aber doch ein großer Teil davon (Raab/Unger 2005, S. 57).

Der Einfluss des Unterbewusstseins auf unsere Kaufentscheidungen wird von Zaltman (2003, S. 53 f.) mit folgenden Beispielen belegt:

- Immer wieder zeigen sich große Abweichungen zwischen Kaufabsicht und tatsächlichem Kaufverhalten.
- Während Blindtests zu dem Ergebnis kommen, dass die Produkte A und B gleich präferiert werden, verändern sich die Präferenzen signifikant, wenn die Marke ins Spiel kommt.
- Verbraucher äußern die Ansicht, dass No-Name-Arzneimittel, die frei verkäuflich sind, genauso gut sind, wie diejenigen bekannter Hersteller. Ist die Krankheit allerdings ernst, oder wird das Produkt für ein Kind gekauft, greift man zum Markenprodukt.

Inzwischen wird die Irrationalität in unserer Gesellschaft zunehmend wahrgenommen. In der Alltagssprache fällt auf, dass vormals objektive Gegebenheiten subjektiviert werden. Beispielsweise verweist der Wetterbericht auf „gefühlte" Temperaturen, die von der gemessenen Gradzahl deutlich abweichen können. Im Radio nennen Moderatoren den Mittwoch den „gefühlten" Donnerstag wenn ein verlängertes Wochenende bevorsteht.

Der zweite Schritt nach dem Lesen psychologischer und verhaltenswissenschaftlicher Literatur war der Versuch, die gewonnenen Erkenntnisse auf mein Fachgebiet

– Handelsbetriebslehre – zu übertragen. Das liegt nahe, denn Handeln und Verkaufen beruhen abgesehen von der Befriedigung unserer Grundbedürfnisse ausschließlich auf psychischen Prozessen. Eine große Hilfe war das Buch „Handelspsychologie" von Hans-Otto Schenk (Göttingen 1995), das diesem Werk Pate stand. Später kam Paco Underhill dazu („Warum wir kaufen", München 2000). Als schwierig erwies sich die Systematisierung der durchaus umfangreichen Erkenntnisse. Die Psychologie, die Soziologie, die Sozialpsychologie und die Biologie liefern ebenso Anregungen wie Marktpsychologie, Verhaltensökonomie und Konsumentenforschung. Andererseits wird die fast unzählige Literatur zum Konsumentenverhalten meist aus industrieller, produktorientierter Sicht betrachtet. Dabei spielt sich der eigentliche Absatz von Konsumgütern an die Individuen (die bei der Psychologie im Mittelpunkt stehen) fast ausschließlich im Einzelhandel ab. Neben der Systematisierung ist also Wissenstransfer zu leisten, um die gewonnenen Erkenntnisse für den Einsatz bei Händlern nutzbar zu machen. Als ehemaliger Mitarbeiter von Bruno Tietz („Der Handelsbetrieb", 2. Aufl., München 1993) und Joachim Zentes („Handelsmanagement", München 2001) und Student von Werner Kroeber-Riel („Konsumentenverhalten", 8. Aufl., München 2003) beobachte ich beide Fachgebiete schon seit Ende der 80er-Jahre.

Das vorliegende Werk soll verständlich, auf das Wesentliche beschränkt, gut lesbar und unterhaltsam sein – ein hoher Anspruch. Ich habe mich darüber hinaus immer gefreut, wenn interessante Bücher nicht zu umfangreich waren. Leider geht der Trend in eine andere Richtung. Dem möchte ich mich entgegenstellen. Ich bin sicher, dass Sie das als Leser begrüßen, auch wenn der ein oder andere diesen oder jenen Aspekt vermissen wird. Die Literatur zu Handelsmarketing und Konsumentenverhalten ist inzwischen so umfangreich, dass eine Beschränkung auf das Wesentliche nur sinnvoll sein kann. Dennoch habe ich mich als Wissenschaftler bemüht, die theoretische Fundierung nicht zu vernachlässigen.

Als Vertreter einer Fachhochschule fühle ich mich der praxisorientierten Forschung verbunden. Obwohl es sich nicht um ein weiteres umfassendes Handels-Lehrbuch handelt, sondern um eine Ergänzung, sind Dozenten und Studenten der Vertiefungsfächer Handelsbetriebslehre und Marketing angesprochen. Das Buch soll dem Praktiker als Anregung und Nachschlagewerk dienen. Er soll einen komprimierten, schnellen Überblick über die diskutierten Themen gewinnen und Anregungen finden. Explizit eingeschlossen sind die kleinen und mittleren Unternehmen. Der Einsatz psychologischer Zusammenhänge hat mehr mit Intuition und Kreativität als mit Kapitaleinsatz zu tun. Es geht nicht um Geld, sondern um Ideen. Vielleicht können auch (wir) Kunden Einblick in die Abläufe da draußen gewinnen. Schließlich bin auch ich immer wieder Beeinflussungsversuchen ausgesetzt, auf die ich trotz meiner Arbeit häufig genug hereinfalle. Am Ende der Kapitel fasse ich die möglichen Anregungen noch einmal zusammen und nenne weiterführende Literatur. Ich würde mich freuen, wenn die Ausführungen Ihnen einen neuen Blickwinkel auf einige Themen ermöglichen würden. Ich gehe sogar davon aus, denn wir alle sind ständig darum bemüht, uns das Verhalten anderer zu erklären. Logische Widersprüche empfinden wir als unangenehm. Probleme und ihre Ursachen möchten wir auf möglichst eindeutige Ursachen zurückführen, und wir suchen nach Erklärungen, die plausibel sind, die von anderen geteilt werden, und die unsere Anschauung bestätigen. Im Grunde sind wir alle kleine Psychologen! Das kommt auch daher, dass wir uns einen Vorteil davon versprechen, den anderen um eine Nasenlänge voraus zu sein (Klein 2004, S. 108). Eine sehr anschauliche Beschreibung dieses Phänomens findet sich bei Raab/Unger 2005 (S. 344 ff.) unter der Bezeichnung Laienepistemologie, wobei mir mein Fremdwörterlexikon verriet, dass es sich bei Epistemologie um eine Wissenschaftslehre handelt.

> Noch ein Hinweis für Studenten und Praktiker: Versuchen Sie das Buch aktiv zu lesen. Unterstreichen oder markieren Sie wichtige Aspekte, machen Sie sich Anmerkungen, z. B. Beispiele oder Ideen, die Sie umsetzen möchten. Dann können Sie im Anschluss an jedes Kapitel oder im Anschluss an das Buch die wichtigsten Punkte sehr schnell noch einmal überfliegen. Auf diese Weise fördern Sie die Verarbeitung und Speicherung des Wissens.

Im Mai 2006   Joachim Hurth

Inhaltsverzeichnis

1	**Was das Buch (nicht) leisten will**		11
2	**Grundlagen**		17
	2.1	Begriffe	17
		2.1.1 Psychologie, Konsumentenverhalten und Marktpsychologie	17
		2.1.2 Handelsmarketing	18
		2.1.3 Handelspsychologie	21
	2.2	Käuferverhalten	24
		2.2.1 Überblick	24
		2.2.2 Was will der Kunde?	26
		2.2.3 Wieso zögert der Kunde?	34
		2.2.4 Wofür interessiert sich der Kunde?	38
		2.2.5 Wer beeinflusst den Kunden?	43
		2.2.6 Wo kauft der Kunde wie ein?	46
	2.3	Weitere Erklärungsansätze für das Käuferverhalten	51
		2.3.1 Verhaltensbiologische Ansätze	51
		2.3.2 Familienzyklus und Kindermarketing	58
3	**Preispolitik**		63
	3.1	Einführung	63
	3.2	Preisinstrumente des Handels	64
		3.2.1 Preisstrategien	64
		3.2.2 Kleine Geschenke erhalten die Freundschaft	69
		3.2.3 Preisoptik	75
	3.3	Preis und Verbraucher	80
	3.4	Knappheitsprinzip	85
4	**Werbung**		95
	4.1	Einführung	95
	4.2	Strategie und Technik der Werbung	97
		4.2.1 Verhaltenswissenschaftliche Grundlagen	97
		4.2.2 Sozialtechnische Gestaltung	103
	4.3	Prospekte und Handzettel des Einzelhandels	115

5 Ladengestaltung, Warenpräsentation und Sortiment 120
   5.1 Einführung 120
   5.2 Ladengestaltung. 122
   5.3 Atmosphäre und Erlebniskauf 132
   5.4 Sinnesreize im Handel 137
   5.5 Warenpräsentation und Sortiment 147
       5.5.1 Überblick 147
       5.5.2 Kundenorientierte Warenplatzierung 148
       5.5.3 Sortimentsbildung und Handelsmarken 153

6 Persönlicher Verkauf und Service 164
   6.1 Einführung 164
   6.2 Persönlichkeit und Motivation der Verkäufer. 168
   6.3 Verkaufsprozess. 169
   6.4 Selbstbedienung. 185
   6.5 Service – Irrtümer 188

7 Psychologischer Marketing-Mix 198
   7.1 Einführung 198
   7.2 Kundenzufriedenheit und Kundenbindung 202
   7.3 Image, Einstellung und Retail Brand 213
   7.4 Fallstudien. 226
       7.4.1 Aldi psychologisch betrachtet 226
       7.4.2 Vom Warenhaus zum Shopping-Center. 232

Wiederholungsfragen 238

Literaturverzeichnis 241

Stichwortverzeichnis. 257

1 Was das Buch (nicht) leisten will

Betrachtet werden im Folgenden ausschließlich Beziehungen zwischen Unternehmen und Endverbrauchern im stationären Handel. Nicht, weil es im B2B-Bereich weniger psychologisch zuginge, sondern weil ich mich im Einzelhandel besser auskenne. Außerdem sind viele Aspekte übertragbar. Schließlich interagieren in beiden Fällen Menschen. Damit zusammenhängend konzentrieren sich die Ausführungen auf das Marketing und nicht auf Managementaspekte wie Führung oder Organisation von Unternehmen.

Zielgruppensicht

Im Gegensatz zur oft geäußerten Meinung, der Handel müsse zunehmend zielgruppenspezifischer werden, sollen hier generelle, für alle gültige Gesetzmäßigkeiten im Vordergrund stehen. Hinsichtlich unseres Konsumverhaltens gibt es mehr Gemeinsamkeiten als Unterschiede. Wir reagieren beispielsweise alle ähnlich auf biologische Reize. Darüber hinaus müssen viele Händler sehr unterschiedliche Kundengruppen ansprechen, z. B. SB-Warenhäuser und Warenhäuser. Hinzu kommt, dass der stationäre Handel auf den Einzugsbereich seines Standortes beschränkt ist. Es wäre gefährlich, dieses Potenzial mehr als nötig einzuschränken.

> Es gibt ganz offensichtlich Unterschiede zwischen einzelnen Kunden aufgrund ihres Geschlechts, ihres Alters, ihres Einkommens und ihres Geschmacks. Aber es gibt noch viel mehr Aspekte, die alle Kunden gemein haben (Underhill 2000, S. 45).
> Der amerikanische Kosumforscher Gerald Zaltman formulierte es in einem Interview wie folgt: je tiefer man in das Unterbewusstsein von Menschen vordringt, desto deutlicher wird, wie gleich die Menschen doch ticken (Katzensteiner/Leendertse 2003, S. 71).

Ein weiteres Argument für dieses Vorgehen ist, dass die Erklärung des Kaufverhaltens aus Sicht der Konsumenten zu komplex ist, als dass alle Eventualitäten abgebildet werden könnten. Innere Prozesse wie Motivationen, Emotionen, Einstellungen oder kognitive Fähigkeiten spielen ebenso eine Rolle wie externe Faktoren, so Kaufsituation und Bezugsgruppen. Nehmen wir das Beispiel Kinderspielzeug. Es macht einen großen Unterschied, ob der Kauf alleine erfolgt oder mit dem Kind. Der Prozess wird sich auch ändern in Abhängigkeit der Person, die einkauft: Mutter, Vater, Onkel, Opa, Oma usw. Wird der Kauf für jetzt gleich getätigt oder für Weihnachten? Je nach Situation läuft ein anderer Informations- und Entscheidungsprozess ab. Mal wird spontan gekauft, mal geplant. Der Händler muss für jeden dieser Fälle ein möglichst gutes Angebot bereitstellen und kann sein Konzept – beispielsweise die Laden- und Preisgestaltung – diesen individuellen Umständen nur sehr bedingt anpassen. Letztlich ist jeder Kunde ein psychologischer Einzelfall, der im Detail nicht nach den Annahmen handeln wird. Seine Reaktionen sind nicht in Gänze vorhersehbar (Bowlby 2001, S. 168). Für die meisten Einzelhändler wäre es geradezu gefährlich, ihr Leistungskonzept nur auf diesen oder jenen Konsumenten abzustellen. Die Segmentierung sollte sich de facto durch die Einkaufsstättenwahl der Kunden ergeben (Schenk 1995, S. 282). Hinzu kommt, dass soziodemographische Merkmale wie Alter, Geschlecht oder Einkommen immer weniger Einfluss auf das tatsächliche Einkaufsverhalten haben. Das konnten mehrere Untersuchungen bestätigen. Wichtiger geworden ist das Streben nach der Realisierung individueller Bedürfnisse (Schramm-Klein 2003, S. 172).

> Ein Beispiel für eine sehr diffuse Zielgruppe sind die Kunden von Aldi. Das zeigt sich im hohen Anteil der Nobelkarossen auf den Aldi-Parkplätzen. Aldi hat sich von Beginn an nicht an einer Zielgruppe orientiert, sondern an einem Bedürfnis. Dann hat man versucht, möglichst viele Kunden für das Angebot zu gewinnen, was im Lauf der Zeit immer besser gelang.
> C&A hat weder eine klare Zielgruppe noch ein fest definiertes Sortiment. Wir brauchen die Masse (C&A-Kommunikationschef Rolfes, in: Absatzwirtschaft, H. 5, 2005, S. 16).
> Unser Sortiment soll alle Zielgruppen ansprechen – jeder muss sich bei uns wieder finden (Globus-Mitarbeiterzeitschrift, H. 6–7, 2005, S. 3).

Das Rheingold-Institut aus Köln spricht in diesem Zusammenhang von **Konsum-Verfassungen**. Demnach gibt es immer weniger Verhaltensmuster, die Gruppen oder Personen komplett prägen. Entscheidend für das Verhalten ist vielmehr der Rahmen, in dem wir uns aufhalten. Wir verhalten uns anders wenn wir im Büro sind, beim Discounter einkaufen, Tennis spielen oder wenn wir heiraten. Deswegen sollte das Marketing sich nicht auf Zielgruppen beziehen, sondern Angebote bieten für psychologische Verfassungen. Das Verwendungserleben und die konkrete Kaufsituation treten in den Vordergrund (Lönneker 2003, S. 24 ff.). Die Betriebstypen des Handels haben auf Bedürfnisse bezogene unterschiedliche „Kauf-Verfassungen". Der Supermarkt ist für Routine-Einkäufe zuständig. Er sollte darüber hinaus immer wieder Highlights setzen. Der Drogeriemarkt verbindet Pflicht und Kür. Neben Artikeln des täglichen Bedarfs gibt es Verwöhn- und Luxusprodukte. Das Reformhaus ist für gesunden Genuss oder als alternative Apotheke gefragt. Das Warenhaus ist die „Kaufkirche, der Konsum-Tempel" (Grüne 2002, S. 6 ff.). Das ifm-Institut Freiburg/Köln geht von **Kaufrevieren** aus. Je nach Anlass des Kaufs und Kaufort gerät der Kunde in unterschiedliche Launen oder Stimmungen (Verfassungen). Es ist etwas gänzlich anderes, ob ich nach Feierabend auf dem Weg nach Hause noch schnell etwas zum Abendessen kaufe, ob ich am Nachmittag gemütlich durch die Einkaufsstrasse schlendere, oder ob ich mit der Familie ins Möbelhaus gehe, um ein Kinderbett auszusuchen. Die Konsumenten wählen deshalb die Kaufreviere nach den in den jeweiligen Situationen gültigen Bedürfnissen. Während der Verbraucher in den lokalen Versorgungsrevieren seine Grundversorgung decken will, prägt im Großsupermarkt das Vorratsdenken den Einkauf. Beim Discounter wird ein vereinfachter und abgekürzter

Einkauf gesucht, und auf den Ursprungsmärkten wie dem Wochenmarkt steht das sinnliche Erleben der Ware im Vordergrund (Ziems/Krakau 2004, S. 105 ff.).
Die häufig propagierte Zielgruppensicht funktioniert deshalb nur unzureichend. Andererseits weist Häusel (2004, S. 89 ff.) zu Recht darauf hin, dass etwa Klosterfrau-Melissengeist überwiegend von älteren Damen getrunken wird und Red Bull insbesondere von jungen Männern. Es gibt also stabile Konsummuster von bestimmten Gruppen. Diese Betrachtung erfolgt allerdings aus Sicht eines Produkts, während im Handel ein Sortiment angeboten wird mit verschiedenen Alternativen. Im Lebensmittelhandel werden Klosterfrau-Melissengeist *und* Red Bull angeboten. Selbst im Fachhandel wird auf verschiedene Bedürfnisse eingegangen. Es gibt günstige und teure Produkte, süße und scharfe Speisen, funktionale und Designer-Möbel je nach Geschmack und Stimmung. Es ist für den Händler sinnvoller, sich an Bedürfnissen zu orientieren, die er befriedigen möchte. Tietz nannte dieses Vorgehen das Angebotskonzept in Abgrenzung zum Zielgruppenkonzept. Beim Angebotskonzept bietet der Händler ein Leistungsbündel und geht davon aus, dass eine genügend große Anzahl von Kunden dieses Konzept akzeptiert (Tietz 1993a, S. 545). Händler sollten zu Konzeptunternehmen werden, die ein einmal gewähltes System konsequent umsetzen, statt den sich ständig ändernden Kundenwünschen einzelner Gruppen hinterherzuhecheln.
Letztlich scheint mir die Frage „Zielgruppen – ja oder nein" eine Frage der Begrifflichkeit. H&M und Ikea gelten als zielgruppenorientiert, befriedigen aber in Wirklichkeit das Bedürfnis nach modischer Ware zum günstigen Preis. Dieses Angebot wird nicht von einer eindeutigen Zielgruppe im Sinne einer mit bestimmten Merkmalen versehenen Kundengruppe in Anspruch genommen. Bei H&M kaufen nicht nur junge Frauen, sondern auch Mütter und Großmütter für ihre Kinder und Enkelkinder. Bei Ikea kaufen nicht nur junge Familien, sondern auch ältere Kunden, die das schwedisch/nordische Lebensgefühl mögen oder weil sie schon seit langem Kunden sind. Wir alle kaufen nicht ausschließlich preis-, produkt- oder serviceorientiert, sondern von Fall zu Fall. Abhängig vom aktuellen Bedürfnis wählen wir die dafür unserer Meinung nach am besten geeignete Einkaufsstätte. Je klarer das entsprechende Profil des Händlers, desto größer ist die Wahrscheinlichkeit, dass er von uns entsprechend wahrgenommen wird. Aldi verkörpert perfekt das Bedürfnis nach preiswertem Einkauf und spricht mit diesem Angebot sämtliche Kunden an – weil jeder von uns je nach Situation preissensibel handelt (Schweizer/Rudolph 2004, S. 120).
Aus diesen Gründen möchte ich mich auf Mechanismen beschränken, die bei (fast) allen Kunden funktionieren. Es handelt sich im Sinne der Psychologie um ein **Stimulus-Response-Modell (S-R-Modell)**. Die Konsumenten reagieren auf gleiche Reize mit ähnlichem Verhalten. Da das Verhalten auch von den so genannten intervenierenden Variablen (also inneren Vorgängen) beeinflusst wird wie Emotionen oder Einstellungen, erweitert sich das Modell zum **Stimulus-Organismus-Response-Ansatz (S-O-R-Ansatz)**. Auf alle Konsumenten wirken eine Vielzahl von Stimuli (Reize). Insbesondere die situativen Einflüsse, z. B. Zeitdruck, werden bei Untersuchungen oft vernachlässigt, da sie von den Unternehmen nicht kontrollierbar sind. Diese haben z. B. keinen Einfluss darauf, ob der Käufer am Morgen des Kaufes einen Streit mit seiner Ehefrau hatte, der seine Konsumstimmung beeinflusst. Situative Einflüsse können die physische Umgebung sein (Geräusche, Klima, Dekoration...), die soziale Umgebung (Gegenwart

anderer Personen und Interaktion), Zeitbezogene Merkmale (Tageszeit, Zeitdruck...), Zweck des Einkaufs (z. B. Geschenk oder Eigenbedarf) und vorhergehender Zustand (Stimmung, Müdigkeit, Hunger usw.) (Belk, in: Kuß/Tomczak 2004, S. 218 f.). Während sich die Forschung früher vorwiegend mit den Zusammenhängen zwischen Reiz und Reaktion beschäftigte, verlagerte sich der Fokus mit der Erstarkung der verhaltenswissenschaftlichen Richtung zunehmend auf die intervenierenden Variablen.

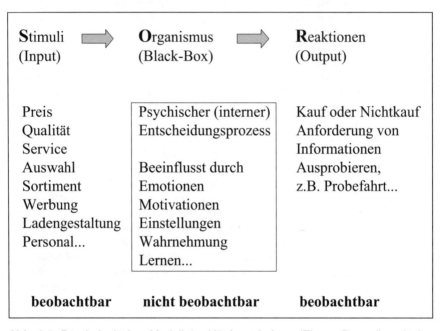

Abb. 1.1: Psychologisches Modell des Käuferverhaltens (Eigene Darstellung in Anlehnung an Schenk 1995, S. 40; von Rosenstiel/Neumann 2002, S. 77; Foscht/ Swoboda 2005, S. 28 ff.)

Eine Frage, die an dieser Stelle noch angesprochen werden soll, ist, inwieweit mit psychologischen Techniken **Manipulation** betrieben wird. Von Rosenstiel/ Neumann (2002, S. 62 ff.) diskutieren die fragwürdige Seite von psychologischen Techniken ausführlich. Sie definieren den Tatbestand der negativ behafteten Manipulation wie folgt:

1. Der Beeinflussende übt den Einfluss bewusst und um des eigenen Vorteils willen aus.
2. Der Beeinflussende übt diesen Einfluss ohne Rücksicht auf mögliche Nachteile für den Beeinflussten aus.
3. Der Beeinflussende wählt bewusst Techniken, die vom Beeinflussten nicht oder nur teilweise durchschaut werden können.
4. Der Beeinflusste behält das Gefühl, über sein Urteil oder seine Handlung frei entschieden zu haben (obwohl er tatsächlich beeinflusst wurde).

Der ethische Anspruch des vorliegenden Buches ist verglichen damit gering. Dass die Beeinflussung dem eigenen Vorteil dienen soll, dürfte im Markt selbstverständlich sein, und ob die Techniken vom Konsument durchschaut werden oder nicht, erscheint nicht wesentlich. Letztlich stellt jede Form der Kommunikation eine Beeinflussung dar. Dass der Verbraucher das Gefühl behält, frei entschieden zu haben, ist sogar in seinem Sinne. Schließlich sehen wir uns alle gern als rationalen, vernünftigen Verbraucher. Darüber hinaus wird im Rahmen der eigenen Nutzenüberlegungen und der üblichen Einflüsse der Umwelt ja frei entschieden.

Die Auffassung, dass eine gezielte Beeinflussung durch „unterschwellige Werbung" möglich ist, ist zwar weit verbreitet, aber unbewiesen. Immer noch existiert der Mythos, bei der so genannten „Vicary-Studie" aus den 50er-Jahren wäre der Konsum von Coca Cola in einem Kino durch Werbeeinblendungen unterhalb der Wahrnehmungsschwelle (1/3000 Sekunde lang) um 58 % gesteigert worden. Aufzeichnungen dazu gibt es nicht. Möglicherweise hat dieses Ereignis nie stattgefunden (Behrens/Neumaier 2004, S. 11). Diehl (2004, S. 214 f.) weist darauf hin, dass die Beeinflussung des Kunden häufig stärker auf seine individuellen (vom Anbieter nicht zu kontrollierenden) Assoziationen zurückzuführen ist, als auf die in der Kommunikation tatsächlich dargestellten Informationen. Darüber hinaus kann die Manipulation durchaus angenehm empfunden werden, z. B. wenn man sich gut beraten fühlt.

Geschädigt werden soll natürlich keiner der Konsumenten, auf den die im Folgenden vorgestellten Psycho-Techniken angewandt werden. Worin sollten allerdings die Nachteile bestehen? Nehmen wir an, ein Verbraucher ersteht ein teures Produkt, das nicht mehr funktionalen Nutzen bietet als ein günstigeres. Hat er dann einen Nachteil, obwohl dieses Produkt ihm die Wertschätzung der Nachbarn sichert und sein Selbstwertgefühl hebt? Grundsätzlich zieht jeder Konsument aus einer gekauften Sache mehr Befriedigung als aus dem Geld, das er dafür bezahlt, sonst würde er sie nicht kaufen (Scitovsky 1989, S. 77). Sollte ein Kunde sich hoffnungslos verschulden, sind dann die Anbieter der gekauften Produkte verantwortlich? Und wer ist denn nun „schuld"? Der Händler, der das Produkt in sein Regal stellt, oder der Hersteller, der dafür Werbung gemacht hat? Können die Marktteilnehmer einer solchen Verantwortung überhaupt gerecht werden, denn wie sollen sie den „vernünftigen" Kunden vom unmäßigen unterscheiden? Dem Menschen wohnt das grundlegende Bedürfnis des „etwas Habenwollen" inne. Die Warenflut unserer Konsumgesellschaft fördert die vorhandene Aneignungslust und die Kauflust kann sich steigern bis zur Kaufgier, was Eltern, die kleine Kinder haben, leicht beobachten und bestätigen können (Ziems/Krakau 2004, S. 102). Der Gesetzgeber verbietet sinnvollerweise nur unlautere Formen der Vermarktung, z. B.

- Übertriebenes Anlocken, beispielsweise durch unverhältnismäßige Zugaben.
- Das Abhängigmachen der Teilnahme an einer Veranstaltung vom Kauf einer Ware.
- Das Appellieren an das Mitleid.

Ein Beispiel dafür, dass manche Kunden betrogen werden möchten, beschreibt Underhill (2000, S. 217): „Vor einiger Zeit hörte ich mir ein Referat an, das die Leiterin der Merchandising-Abteilung einer USA-weiten Kette von Damenoberbekleidungs-Geschäften für junge Frauen hielt und in dem sie erläuterte, wie eine bestimmte Sorte T-Shirts an die Frau gebracht wird: „Wir kaufen sie in Sri Lanka für drei Dollar pro Stück. Wir transportieren sie hierher und nähen Waschanleitungen in die Shirts, und zwar auf Französisch und Englisch. Bitte beachten Sie, dass wir nie sagen, die Ware würde in Frankreich hergestellt. Aber wer möchte, kann das annehmen. Dann strengen wir uns bei der Präsentation der Ware an – wir falten die Shirts sorgfältig und arrangieren sie auf einem attraktiven Tisch, und an die Wand dahinter hängen wir das Hochglanzfoto einer schönen Frau in exotischer Umgebung, die eines dieser T-Shirts trägt. [...] Wir verkaufen das T-Shirt für 37 Dollar. Und wir verkaufen sehr viele davon."

> Wenn wir nur dann in Geschäfte gingen, wenn wir tatsächlich etwas einkaufen müssten, und wenn wir dann nur das kaufen würden, was wir wirklich brauchen, würde die Weltwirtschaft zusammenbrechen (Underhill 2000, S. 31).

2 Grundlagen

2.1 Begriffe

2.1.1 Psychologie, Konsumentenverhalten und Marktpsychologie

Psychologie ist die Wissenschaft vom menschlichen Verhalten und Erleben und den zugrundeliegenden Beweggründen (von Rosenstiel/Neumann 2002, S. 13). Die drei theoretischen Hauptrichtungen der Psychologie sind Behaviorismus, Kognitivismus und Psychoanalyse. Der Behaviorismus ist an den Beziehungen zwischen Reizen und Reaktionen von Menschen interessiert. Der Kognitivismus untersucht die bewussten Erkenntnisvorgänge beim Menschen. Die Psychoanalyse möchte das Unbewusste bewusst machen und so irrationales Verhalten erklären. Es ist nicht schwierig, Beispiele für die Anwendung dieser Denkrichtungen auf Entscheidungsprobleme im Handelsbetrieb zu finden (Schenk 1995, S. 39):

1. Behaviorismus
- Reizeinsatz bei Werbeaktionen, z. B. rote Farbe.
- Reaktionen auf Werbeaktionen, z. B. Absatzsteigerung.
- Kundenbeobachtung, Laufstudien.

2. Kognitivismus
- Imageanalysen.
- Preiskenntnis und Preiswahrnehmung von Konsumenten.
- Kreditgewährung als Problemlösung.

3. Psychoanalyse
- Klaustrophobie.
- Rolltreppen-Angst.
- Prestigeprodukte als Streben nach Anerkennung.

Ein so komplexer Werbeträger wie ein Prospekt nutzt gleich mehrere Wirkungsprinzipien der Psychologie. Die wiederholte Verteilung ist behavioristisch ausgerichtet. Durch die Gegenüberstellung von bekannten Herstellermarken und preisgünstigeren Eigenmarken werden kognitive (Vergleichs-)Prozesse in Gang gesetzt. Der Einsatz von Goldziffern bei der Preisauszeichnung löst tiefenpsychologische Assoziationen aus (Luxus, Qualität etc.).

Unter **Konsumentenverhalten** versteht man das beobachtbare und das nicht-beobachtbare Verhalten von Menschen bei Kauf und Konsum. Ziel der Konsumentenforschung ist das wissenschaftliche Verstehen und Erklären des Verhaltens sowie die Ableitung von Handlungsempfehlungen zur Beeinflussung des Konsumentenverhaltens (Kroeber-Riel 1995, Sp. 1234 ff.).

Die Wirtschaftspsychologie ist ein Teilbereich der angewandten Psychologie. Sie wird unterteilt in die Psychologie gesamtwirtschaftlicher Prozesse, die Arbeits- und Organisationspsychologie und die **Marktpsychologie**. Letztere ist die Wissenschaft vom Erleben und Verhalten der an einem Markt beteiligten Rollenträger, d. h. der Anbieter, der Nachfrager und der das Marktgeschehen regulierenden Funktionäre (von Rosenstiel/Neumann 2002, S. 28, S. 36). Die Marktpsychologie erklärt und prognostiziert menschliches Verhalten auf Märkten (Raab/ Unger 2005, S. 1). Schon Adam Smith, einer der Begründer der Marktwirtschaft, berücksichtigte psychologische Erwägungen. Er ging davon aus, dass jeder, der danach trachtet, seinen Gewinn zu erhöhen, letztlich das Volkseinkommen und das Gemeinwohl fördert. Der Mensch ist dabei auf die Unterstützung anderer angewiesen. Er kann aber nicht immer mit dem Wohlwollen seiner Mitmenschen rechnen. In seiner berühmten Schrift „Wohlstand der Nationen" meint Smith dazu: „Er wird sein Ziel wahrscheinlich viel eher erreichen, wenn er deren Eigenliebe zu seinen Gunsten zu nutzen versteht, indem er ihnen zeigt, dass es in ihrem eigenen Interesse liegt, das für ihn zu tun, was er von ihnen wünscht" (Piper 2002, S. 102 f.). Smith ging dabei davon aus, dass wir keine Egoisten sind, sondern dass jeder Mensch nach Sympathie strebt und seinen Mitmenschen gefallen will.

Weiterführende Literaturhinweise:

Kroeber-Riel, W./Weinberg, P. (2003): Konsumentenverhalten, 8. Aufl., München.
Raab, G./Unger, F. (2005): Marktpsychologie, 2. Aufl., Wiesbaden.
Rosenstiel, L. von/Neumann, P. (2002): Marktpsychologie, Darmstadt.
Scitovsky, T. (1989): Psychologie des Wohlstands, Frankfurt u. a.

2.1.2 Handelsmarketing

Unter Handelsmarketing wird das Marketing von Handelsbetrieben verstanden. Handel im funktionellen Sinne wird betrieben, wenn Marktteilnehmer Güter von anderen Marktteilnehmern beschaffen und an Dritte absetzen. Handelsunternehmen sind Unternehmen, deren wirtschaftliche Tätigkeit ausschließlich oder überwiegend aus Handel im funktionellen Sinne besteht (Ausschuss für Begriffsdefinitionen aus der Handels- und Absatzwirtschaft 2006, S. 27). Der Begriff Handelsmarketing entstand als Reaktion auf die zunehmende Bedeutung des Marketingkonzeptes in Deutschland. Das Marketing war im Kern industriebetriebliche Absatzpolitik, bei denen die Handelsbetriebe Objekte industrieller Absatzstrategien waren. Das Handelsmarketing sollte die Eigenständigkeit und die Besonderheiten des Absatzes durch Händler verdeutlichen. In diesem Sinne ist das Handelsmarketing kein Teilgebiet des Marketings, sondern ein Teilgebiet der Handelslehre (Schenk 1991, S. 200 ff.). Die Handelsbetriebe können in Großhandel, Einzelhandel und Handelsvermittler eingeteilt werden. Einzelhändler, auf die sich dieses Buch beschränkt, setzen ihre Waren überwiegend an private Haushalte ab.
Eine Besonderheit des Handels ist die im Vergleich mit der Industrie höhere Komplexität (Schenk 1991, S. 10; Tietz 1995, Sp. 877). Diese beruht einerseits

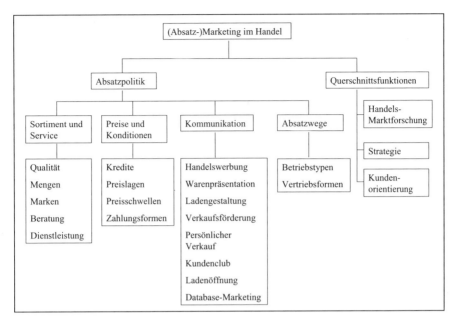

Abb. 2.1: Ausgewählte Marketing-Instrumente des Handels

auf den Marktpartnerbeziehungen. Sowohl auf Absatzseite (Kunden), als auch auf der Beschaffungsseite (Lieferanten) ist die Zahl der Partner deutlich höher als bei Industriebetrieben. Ein zweiter Aspekt betrifft das Sortiment. Während ein Hersteller selten mit mehr als einigen hundert Produktvarianten umzugehen hat, muss der Händler ein Sortiment vermarkten, das in großflächigen Betrieben mehrere zehntausend Artikel umfasst. Ein weiterer Komplexitätstreiber ist der Wettbewerb. Ein Einzelhändler steht nicht nur in direktem Wettbewerb mit vergleichbaren Betriebstypen (z. B. Karstadt mit Kaufhof), sondern auch mit einer Vielzahl weiterer Anbieter (so konkurriert Karstadt auch mit Fachgeschäften, Fachmärkten, Discountern, Supermärkten, SB-Warenhäusern, Versandhändlern usw.). Hinzu kommt die hohe Bedeutung des lokalen und regionalen Wettbewerbs. In jedem regionalen Markt muss sich das Unternehmen auf andere Wettbewerber einstellen. Damit einher geht die Notwendigkeit eines ausgeprägten Standortmarketings und eine hohe Wettbewerberorientierung. Weitere ausgewählte **Besonderheiten des Handels**, und damit des Handelsmarketings, sind (Müller-Hagedorn 2005, S. 18 f.; Oehme 2001, S. 440):

- Der Handel macht unternehmensorientiertes Marketing statt produktorientiertes Marketing.
- Der Betriebstyp stellt ein ganzheitliches Vermarktungskonzept des Einzelhandels dar.
- Der Handel verfügt über direkte Kontakte mit dem Verbraucher.
- Das Leistungsprogramm ist durch einen hohen Dienstleistungsfaktor geprägt (Service, Beratung, Information, Lieferung usw.).

- Im Gegensatz zum industriellen Marketing ist die Nachahmung von Konzepten sehr einfach und zeitnah machbar.
- Der Handel kennt eigenständige kommunikationspolitische Instrumente, z. B. die Ladengestaltung.

Die genannten Besonderheiten verdeutlichen die Notwendigkeit eines handelsspezifischen Marketing. Hinzu kommt die Bedeutung des Wirtschaftszweiges Handel. In Deutschland sind rund fünf Millionen Arbeitnehmer in etwa 600.000 Handelsunternehmen beschäftigt. Darüber hinaus ist der Handel ein bedeutender Teil unseres täglichen Lebens. Das Einkaufen ist eine der beliebtesten Freizeitbeschäftigungen und unsere Innenstädte werden geprägt durch die Immobilien des Handels. Dennoch fristet das Handelsmarketing im In- und Ausland im Vergleich zum industriellen Markenartikel-orientierten Marketing zumindest im wissenschaftlichen Bereich ein Schattendasein. Potter bezeichnet die akademische Handelslehre gar als „Cinderella of the Social Sciences" (Gilbert 2003, S. 6).

Die These, dass die Macht im Absatzsystem nach einem Jahrhundert der Herstellerdominanz zunehmend auf den Handel übergeht, wird seit Mitte der 90er-Jahre diskutiert (Tietz 1993b; Kaas/Gegenmantel 1995; Hallier 1995). Die folgenden Entwicklungen sprechen dafür, dass der Handel die Wertschöpfungskette im Konsumgüterbereich zunehmend bestimmen wird (Zentes/Hurth 1996, S. 117 f.):

- Durch die fortschreitende Konzentration auf den Absatzmärkten nimmt die Bedeutung der Handelsunternehmen als Absatzmittler zu.
- Der Umsatzanteil einzelner Händler ist beim Hersteller wesentlich größer als umgekehrt. Das liegt an der größeren Sortimentsbreite beim Händler. Das Gegengewicht der Anbieter ist ihre Markenstärke.
- Der Handel übernimmt aktiv immer größere Anteile an der Wertschöpfungskette. Beispielhaft genannt seien Logistikfunktionen (Trend zum Zentrallager), Instore Marketing und eigene Produktdesigner (Trend zur Vertikalisierung).
- Die Beschaffung im Handel wird immer stärker gebündelt. Über die wachsenden konzentrativen Systeme hinaus wird die kooperative Beschaffung verstärkt. Euro-Kontore auf Verbundgruppenebene sind ebenso Ausdruck dieses Trends wie kooperative Ausschreibungen auf elektronischen Marktplätzen.
- Die Handelsmarken verdrängen zunehmend Zweit- und Drittmarken. Die Produzenten der Handelsmarken sind in hohem Maße von ihren Auftraggebern abhängig, da die Marke exklusiv beim Händler vertrieben wird.
- Großflächen-Betriebstypen gewinnen Marktanteile. Die Industrie ist auf die Filialsysteme als primärer Anbieter solcher Flächen angewiesen.
- Im neuen Absatzkanal E-Commerce sind die Händler die wesentlichen Anbieter und Ansprechpartner für die Endkunden. Die Hersteller beschränken sich meist – wahrscheinlich wegen drohender Konflikte mit dem Handel – auf den Absatz von Randsortimenten, z. B. Werbeartikel.

> In Zeiten, in denen die Marketingführerschaft zunehmend vom Handel übernommen wird, wird das Handelsmarketing an Bedeutung gewinnen.

Dieser Trend wird noch verstärkt, wenn es dem Handel gelingt, sein Marketing-Know-How weiterzuentwickeln. Die Professionalisierung des Handelsmarketing leidet (noch) unter dem Imagemalus des Handels und der damit verbundenen niedrigen Akademisierung.

Weiterführende Literaturhinweise:

Hurth, J./Müller, K. (2004): Praxisorientierte Handelsforschung – Handelsmarketing an deutschen Fachhochschulen im Jahr 2003, in: Trommsdorff, V. (Hrsg.): Handelsforschung 2004, Köln, S. 567–580.
Liebmann, H.-P./Zentes, J. (2001): Handelsmanagement, München.
Mattmüller, R./Tunder, R. (2004): Strategisches Handelsmarketing, München.
Müller-Hagedorn, L. (2005): Handelsmarketing, 4. Aufl., Stuttgart.
Tietz, B. (1993a): Der Handelsbetrieb, 2. Aufl., München.

2.1.3 Handelspsychologie

Der Begriff Handelspsychologie wurde in Deutschland von Schenk eingeführt. Demnach befasst sich die Handelspsychologie mit dem Verhalten und Erleben von Menschen im Bereich des Handels (Schenk 1995, S. 22). Die Bedeutung von psychologischen Effekten im Handel ist weit größer als üblicherweise angenommen wird. Underhill bemerkt dazu, dass „die Nahrungsaufnahme vieler Tiere besser erforscht ist als das Einkaufsverhalten von Menschen" (Underhill 2000, S. 12). Das Rheingold-Institut formuliert die Bedeutung der Psychologie für den Handel wie folgt.

Wer immer und wo immer einkauft, tut dies jenseits aller rationalen, objektiven Beweggründe – meist für sich, sein psychisches Gleichgewicht, seinen Seelenhaushalt, sein unbewusstes Bedürfnis-Portfolio (Grüne 2002, S. 3).

Wir kaufen keine bestimmte Marke oder einen Gebrauchswert, sondern den seelischen Wohlfühlfaktor, den die Kaufentscheidung verspricht. Wir kaufen Waren, die uns Sinn und Geborgenheit geben. „What does [the chocolates-buyer] really want? Probably not chocolates" (Bowlby 2001, S. 92; Davis 2003, S. 14 f.). Er will vielmehr Anerkennung (für das Geschenk) oder ein Wohlgefühl (beim Konsum). Reynolds und Gutman konnten beispielsweise nachweisen, dass der Genuss eines Weinmixgetränkes letztlich auch Bedürfnisse wie Selbstbewusstsein und Zusammengehörigkeitsgefühl befriedigt (Kroeber-Riel/Weinberg 2003, S. 147 ff.).
Nach Harvard-Professor Zaltman ist die Kaufentscheidung das Ergebnis eines langen Wechselspiels zwischen wenigen bewussten und vielen unbewussten Faktoren (Engeser 2003, S. 67). Dass psychologische Aspekte im Handel wichtig sind, ist keine neue Erkenntnis. Rudolf Seyffert schrieb in seinem 1931 erschienenen Handbuch des Einzelhandels: „Im Grunde ist das Entscheidende für das Zustandekommen des Kaufes [...] nicht die Ware, sondern die Persönlichkeit des Kunden." Seyffert empfiehlt, die Kaufwünsche so systematisch wie möglich zu erkunden und zum vorhandenen Angebot in Verbindung zu setzen (Kaufhof 2001, S. 167). Warum Handel und Psychologie dennoch – zumindest auf der wis-

senschaftlichen Ebene – so wenig zusammengefunden haben, begründet Schenk (1995, S. 4 ff.) so:

- Die Psychologie bezieht sich auf Individuen, in großen Handelsbetrieben bewegen sich aber täglich mehrere Tausend solcher Individuen. Kunden mit sehr unterschiedlichen psychologischen Konstellationen müssen angesprochen werden.
- Gesetzmäßigkeiten sind im Handel nur schwer abzuleiten. Die Unterschiede nach Branche, Betriebstyp, Standort usw. sind zu verschieden. Letztlich bildet jede Entscheidungssituation ein Unikat.
- Die Erfolgskontrolle von psychologischen Maßnahmen ist sehr schwierig.

Auch Müller/Lohmann argumentieren, dass das Defizit auf die große Komplexität des Handels zurückzuführen ist, bei dem eine Vielzahl von psychologisch relevanten Konstrukten interagieren. ==Die Reaktionen der Käufer hängen ab von der Darstellung der Ware (Warenpräsentation), den Produkten selbst, vom Betriebstyp und von der Situation== (Müller/Lohmann 1995, Sp. 1789). Handel und Psychologie passen aber nur in der Wissenschaft nicht so recht zusammen. „In der Praxis sind alle erfolgreichen Handelskaufleute gute Psychologen" (Schenk 1995, S. 4). In wirklich guten Geschäften wird eine Art Einzelhandelsjudo praktiziert – man nutzt den Schwung der Kundin, ihre weitgehend unausgesprochenen Neigungen und Wünsche, um sie in eine Richtung zu lenken, die sie gar nicht vorgesehen hatte und die ihr oft gar nicht bewusst wird (Underhill 2000, S. 164).

Schenk weist auf folgende Grenzen der Handelspsychologie hin (1995, S. 310 ff.):

- Das im Handel verfügbare Wissen um Psychologie ist begrenzt.
- Rechtliche Vorschriften, insbesondere das UWG, schränken die Handlungsfähigkeit ein. Die Werbung mit Mengenbeschränkungen ist nur bedingt erlaubt. Preisgegenüberstellungen waren zeitweise verboten.
- Ethische Grenzen sind zu beachten. Es wäre allerdings falsch, jeden psychologischen Ansatz als unredlich zu verwerfen. Die Grundsätze ordentlichen kaufmännischen Verhaltens und die rechtlichen Grundlagen unserer Marktwirtschaft sollten ethisch bedenkliches Verhalten ausreichend begrenzen.

Über die genannten Problemfelder hinaus ist darauf hinzuweisen, dass die psychologischen Erkenntnisse nur teilweise Bestand haben. Die Psychologie des Konsums ist teils Naturwissenschaft, teils Sozialwissenschaft. Was diese Wissenschaft entdeckt, ist vielfach nicht von Dauer. Unternehmen ändern sich und der Geschmack und das Verhalten der Kunden auch (Underhill 2000, S. 251). Uncles (2006, S. 162 f.) fügt hinzu, dass viele Konsumentenstudien zu spezifisch sind als dass sie verallgemeinert werden könnten, z. B. die Ergebnisse einer Untersuchung zur Markenwahl in einem spanischen Supermarkt. Weiter ist zu beobachten, dass die meisten Studien im Lebensmittelhandel durchgeführt werden und dass die analytischen Anforderungen aufgrund der komplexen Einflüsse auf die Kaufentscheidung äußerst groß sind.

Darüber hinaus ist bei Beeinflussungsversuchen die Gefahr von **Reaktanz** zu beachten. Reaktanz entsteht, wenn eine Person eine Einschränkung ihrer Verhaltensfreiheit wahrnimmt. Die zeitliche oder mengenmäßige Begrenzung von Angeboten kann bei bestimmten Konsumenten bereits Reaktanz auslösen. Die Reaktanz ist die Motivation, eingeengte Freiheitsspielräume wiederherzustellen. Der Händler sollte versuchen, Reaktanz zu vermeiden oder zu verringern. Das bedeutet vor allem, auf hartes Verkaufen zu verzichten. (Kroeber-Riel/Weinberg 2003, S. 208 ff.; Raab/Unger 2005, S. 75). Einen Nachweis für Reaktanzeffekte lieferte ein Supermarkt-Experiment. Dabei erhöhte sich der Absatz bei zunehmender Beeinflussung, um dann wieder abzunehmen. Hausfrauen wurde ein bestimmter Betrag gegeben, mit der Bitte, sich eine spezielle Brotmarke zu kaufen. Bei mäßigem Einfluss – dabei wurde die Aufforderung zum Kauf der Brotmarke als Bitte formuliert „Bitte kaufen Sie..." – kamen 70 % der Aufforderung nach. Wurde der Druck erhöht („Sie sollen...") kauften nur noch 51 %. In der Kontrollgruppe, die gar nicht beeinflusst wurde, kauften 24 % die Marke (von Rosenstiel/ Neumann 2002, S. 270).

Die Bedeutung psychologischer Aspekte beim Einkauf bringt neue Anforderungen an die **Marktforschung** mit sich. Neben den quantitativen Methoden, die überwiegend auf statistischen Auswertungen von großen Fallzahlen beruhen, werden zunehmend qualitative Verfahren eingesetzt, die auf die Analyse von Beispielen – beispielsweise mit Hilfe von Tiefeninterviews – setzen. Wichtige Anwendungsgebiete für die psychologische Handelsmarktforschung sind (Schenk 1995, S. 83 ff.):

- Erforschung der Bestimmungsfaktoren der Einkaufsstättenwahl mit Semantischen Differentialen (Polaritäten-Profile, bei denen gegensätzliche Begriffspaare eingesetzt werden, z. B. modern – traditionell oder auch heiß – kalt).
- Untersuchung der psychologischen Wirkungen der eingesetzten Werbemittel mit Hilfe von Gruppendiskussionen.
- Imageforschung bei Konsumenten mit Hilfe von nonverbalen Verfahren, z. B. Bilderzuordnung.

Bei den klassischen Methoden der Primärforschung muss der Handelsbetrieb seit jeher psychologische Faktoren berücksichtigen. Bei persönlichen Befragungen ist der Interviewereinfluss ebenso von Bedeutung wie die Erfassung der Motive der Probanden. Bei Beobachtungen werden u. a. Aufmerksamkeitsreaktionen der Kunden gemessen. Ein neueres Verfahren, das zu diesem Zweck eingesetzt wird, ist die Blickregistrierung, bei der der Blickverlauf der Kunden nachvollzogen werden kann. Insbesondere Experimente bieten sich für psychologische Analysen an. Dabei können Verhaltensreaktionen unter kontrollierten Bedingungen ausgelöst und gemessen werden.

Die üblicherweise eingesetzten Verfahren der Marktforschung sind unwirksam, die Ergebnisse falsch, wenn man vom Verhältnis 95 zu 5 Unterbewusstsein/Bewusstsein ausgeht (Zaltman 2003, S. 52). Kroeber-Riel/Weinberg fordern deswegen mehr nonverbale Verfahren (2003, S. 33) und Zaltman (2003, S. 111 ff.) meint, Methoden, mit denen sich herausfinden liesse, was Kunden wirklich wollten, seien Antwortzeitmessungen, Blickaufzeichnung und Gehirnscanning, also Wärmebilder, die anzeigen, welche Gehirnregionen in bestimmten Situationen aktiv sind (Soars 2003, S. 628 ff.). Einen Überblick über Verfahren zur Messung des Unbewussten geben Behrens/Neumaier (2004, S. 17 ff.). Auf diese und andere psychologische Verfahren der Marktforschung wird hier nicht weiter eingegangen. Aus Sicht des Einzelhändlers sollte darauf geachtet werden, dass psychologische Aspekte bei Aufträgen an die Marktforscher ausreichend berücksichtigt werden. Die Marktforschungsunternehmen selbst haben die qualitativen Methoden zunehmend in ihren Leistungskatalog aufgenommen. Darüber hinaus gibt es inzwischen einige Institute, die sich auf psychologische Verfahren spezialisiert haben.

Weiterführende Literaturhinweise:

Häusel, H.-G. (2004): Brain Script. Warum Kunden kaufen, Freiburg u. a.
Schenk, H.-O. (1995): Handelspsychologie, Göttingen.
Underhill, P. (2000): Warum kaufen wir? Die Psychologie des Konsums, München.
Zaltman, G. (2003): How Customers Think, Boston.

2.2 Käuferverhalten

2.2.1 Überblick

Das Käuferverhalten im engeren Sinne beschäftigt sich mit dem Verhalten von Nachfragern beim Kauf und Konsum von wirtschaftlichen Gütern bzw. Leistungen (Foscht/Swoboda 2005, S. 3). Im vorliegenden Werk wird das Käuferverhalten im Einzelhandel betrachtet. Partielle Ansätze des Konsumentenverhaltens ersten Grades legen einzelne Konstrukte als Erklärung des Käuferverhaltens zugrunde, z. B. Einstellungen oder Motivationen. Aufgrund einer bestimmten Motivation handelt der Konsument in einer bestimmten Weise. Die Modelle 2. Grades stützen sich auf mehrere ausgewählte Konstrukte, z. B. Einstellung, Image, erlebtes Risiko und kognitive Dissonanz. Totalansätze beziehen sehr viel Konstrukte mit ein. Beispiele sind die Modelle von Howard/Sheth und Blackwell/Miniard/Engel (Foscht/Swoboda 2005, S. 25 ff.; Bänsch 2002, S. 119 f.). Die Ausführungen in den folgenden Kapiteln versuchen, das Verhalten der Kunden anhand ausgewählter Konstrukte zu erklären, es handelt sich um ein Modell zweiten Grades.

Die **psychischen Determinanten**, die das Käuferverhalten beeinflussen, werden in der wissenschaftlichen Literatur überwiegend eingeteilt in (Kroeber-Riel/Weinberg 2003; Bänsch 2002):

- Aktivierende Prozesse: Aktivierung, Emotion, Motivation und Einstellung.
- Kognitive Prozesse: Aufnahme, Verarbeitung und Speicherung von Informationen.

Die **aktivierenden Prozesse** können als menschliche Antriebskräfte bezeichnet werden. Sie treiben das Verhalten an und sind mit innerer Spannung und Erregung verbunden. Die Aktivierung (gesteigerte Gehirnaktivität) ist mit höherer Wachsamkeit und schneller Reaktion verbunden, sie sensibilisiert die Sinne gegenüber Reizen und erhöht die Kapazität des Gehirns zur Verarbeitung von Informationen (Scitovsky 1989, S. 24). **Kognitive Vorgänge** sind gedankliche Prozesse. Sie dienen dazu, das Verhalten gedanklich zu kontrollieren und willentlich zu steuern (Kroeber-Riel/Weinberg 2003, S. 53 ff.). Das Entscheidungsverhalten ist das Ergebnis von aktivierenden und kognitiven Prozessen. Hinzu kommen soziologische Einflüsse aus der Umwelt der Konsumenten.

SOR-Modell

> Stimulus
>> Nähere und weitere Umwelt
>
> Organismus
>> Aktivierende und kognitive Prozesse
>
> Verhalten
>> Impulsiv, gewohnheitsmäßig, vereinfacht, extensiv

Der Konsument wird

> angetrieben von emotionalen Antriebskräften wie Motivation
>
> gesteuert von kognitiven Prozessen wie Wahrnehmung und Entscheidungen

Das geschieht im sozialen Kontext

> Gruppeneinfluss, Bezugsgruppen, Kultur und Subkultur

Abb. 2.2: Grundlagen des Konsumentenverhaltens (Quelle: Kroeber-Riel 1995, Sp. 1237 ff.).

Selektive Wahrnehmung als zentrale Einflussgröße des Verhaltens

Die psychologische Forschung hat es nicht mit Objekten an sich zu tun, sondern mit einem inneren Abbild dieser Realität. Da es dem Menschen nur selten möglich ist, sich ein objektives Bild zu machen, indem er alle Objektattribute aufnimmt und alle Umwelteinflüsse ausklammert, kombiniert er wenige objektive Informationen mit persönlichen Einstellungen und subjektiven Kenntnissen zu einem subjektiven Gesamterlebnis. Die Kunden vereinfachen sich die Wahrnehmung, indem sie die Informationen subjektiv bewerten, selektiv aufnehmen und aktiv nach den gewünschten Informationen suchen (Kuß/Tomczak 2004, S. 27 f.). Das Individuum fällt seine Entscheidungen nicht danach, wie ein Objekt ist, sondern danach, wie es glaubt, dass es ist.

> Nicht das objektive Angebot bestimmt das Verhalten der Konsumenten, sondern das subjektiv wahrgenommene Angebot. Es genügt nicht, objektive Leistungen anzubieten. Es muss auch dafür gesorgt werden, dass diese Leistungen von der Umwelt wahrgenommen werden (Kroeber-Riel/Weinberg 2003, S. 270)

Da unsere Umgebung sehr viel mehr Informationen enthält als unser Gehirn verarbeiten kann, richten wir unsere Aufmerksamkeit immer nur auf einen kleinen Ausschnitt davon. Bei relativ unwichtigen Informationen schalten wir unwillkürlich ab (Scitovsky 1989, S. 44). Wie überaus selektiv unsere Wahrnehmung ist, zeigt folgendes Experiment von Forschern der University of Ohio. Ein Mann spricht einen Passanten auf der Straße an, um ihn nach dem Weg zu fragen. Beide werden mitten im Gespräch unterbrochen, weil zwei Männer mit einer Holztür zwischen den beiden durchgehen. Nach der Unterbrechung setzt der Passant seine Erläuterung fort, ohne zu bemerken, dass der Fragende hinter der Holztür „ausgetauscht" wurde. Insgesamt die Hälfte aller Probanden bemerkte keine Veränderung (Jaffé 2005, S. 138). Ein ähnliches Experiment habe ich bei einer Tagung erlebt. Die Referenten zeigten uns einen kurzen Film, in dem Basketball gespielt wurde. Aufgabe war es, zu zählen, wie häufig der Ball den Boden berührt hatte. Anschließend wurden wir gefragt, ob wir den Gorilla bemerkt hätten. Weder mir noch der Mehrheit der anderen war aufgefallen, dass während des Films ein als Gorilla verkleideter Mann in aller Ruhe über das Spielfeld gelaufen war und uns zuwinkte. Wir waren so sehr auf den Ball fixiert, dass wir diese offensichtliche Information übersahen.

Wichtige Konstrukte, die das Kaufverhalten beeinflussen, und auf die im Folgenden näher eingegangen wird, sind (Schmitz/Kölzer 1996, S. 70 ff.; Foscht/Swoboda 2005, S. 23 f.):

- Motivation, Bedürfnisse, Bedarf, Nutzen, Einkaufsmotive.
- Kognitive Dissonanz, Regret, Risiko, Konsumkonflikte, Vertrauen, Loyalität.
- Involvement.
- Situative Determinanten und soziologische Faktoren.
- Biologische Ansätze.

Das Ergebnis des Wechselspiels zwischen Kundenpersönlichkeit und Einflussfaktoren ist die Kaufentscheidung bzw. die Einkaufsstättenwahl.

2.2.2 Was will der Kunde?

Motivationen sind Emotionen (angenehme oder unangenehme innere Erregungszustände), die mit einer Zielorientierung verbunden sind. Die Motivation setzt sich aus einer Aktivierungskomponente (Antriebskräfte) und einer kognitiven Komponente zusammen (Kroeber-Riel/Weinberg 2003, S. 56). Die Motivation zum Kauf kommt dadurch zustande, dass der Konsument den Kauf als Mittel wahrnimmt, angenehme Gefühle zu verwirklichen und seine Triebe zu befriedigen. Was dabei interessiert, sind nicht die objektiven, sondern die subjektiven Produkteigenschaften.

Ein der Motivation verwandter Begriff ist das **Bedürfnis**. Dabei handelt es sich um ein Gefühl des Mangels. Bedürfnisse sind zwar handlungswirksam – der Konsument möchte das Mangelgefühl beseitigen – sie richten sich aber nicht auf ein konkretes Objekt. Eine bekannte Systematik der Bedürfnisse stammt von Maslow. Danach werden fünf Stufen unterschieden. Die unterste Stufe sind physiologische Bedürfnisse wie Essen und Schlafen, die oberste Stufe stellt das Bedürfnis nach Selbstverwirklichung oder auch Transzendenzbedürfnisse (z. B. Glauben an Gott) dar (Schmitz 2001, S. 126). Eine differenziertere aber wenig systematische Auflistung von wichtigen Antriebskräfte für den Konsum stammt von Kroeber-Riel/Weinberg (2003, S. 153). Demnach streben Kunden nach Prestige, Geselligkeit, Geborgenheit, Natürlichkeit, Abwechslung, Erfolg, Überlegenheit, Jugendlichkeit, Hunger, Durst und Sexualität. Bänsch (2002, S. 23 ff.) nennt folgende Motive der Menschen, die dem Kaufverhalten je nach Situation und Person zugrunde liegen können: Gewinnmotiv (auch niedrige Preise), Zeitersparnismotiv, Bequemlichkeitsmotiv, Sicherheitsmotiv, Geltungsmotiv, Nachahmungsmotiv, Emotionsmotiv, Ökologiemotiv, Abwechslungsmotiv. Offensichtlich sind unzählige verschiedene Einteilungen und Differenzierungen möglich. Über die Vielzahl möglicher Bedürfnisse hinaus, können diese auf vielfältige Weise befriedigt werden was die Komplexität weiter erhöht.

Der **Bedarf** ist das auf ein Wirtschaftsgut konkretisierte Bedürfnis, verbunden mit dem Willen, dieses zu erwerben (Balderjahn 1995a, Sp. 180). Der Nutzen der Güter ergibt sich aus der Dringlichkeit der mit diesen Gütern zu befriedigenden Bedürfnissen und der Knappheit der Güter (Balderjahn 1995a, Sp. 186). Aus Konsumentensicht kann der **Nutzen** aus mehreren Teilnutzen bestehen (Sheth/Newman/Gross 1991, S. 160 ff.):

- Funktionaler Nutzen.
- Sozialer Nutzen (Image-Effekt).
- Emotionaler Nutzen (Gefühle).
- Epistemischer Nutzen (Reiz des Neuen).
- Situationsbedingter Nutzen.

Alle Einteilungen dieser Art erscheinen ausgesprochen theoretisch. Letztlich geht es bei einer Kaufentscheidung immer um eine Kombination verschiedener Nutzentypen. Wer sich einen Porsche kauft, bekommt ein gutes Auto, gewinnt an Prestige, freut sich über die neue Erfahrung und verbindet damit eine Menge Emotionen. Jeder Kunde will seinen subjektiven Nutzen optimieren.

Einkaufsmotive sind die Motive, die durch die Einkaufsstättenwahl befriedigt werden können. Häufig wird von zwei gegensätzlichen Dimensionen ausgegangen (Gröppel-Klein 2006, S. 676; Schramm-Klein 2003, S. 167 f.):

- Funktionale/produktorientierte Motive (Einkaufen als Problemlösungsprozess).
- Nicht funktionale Interessen (Einkaufen als Erlebnis).

Man kann diese Einteilung auch als **Erlebnis- versus Versorgungskauf** interpretieren. Das Einkaufsverhalten spaltet sich zunehmend in den notwendigen und lästigen Kauf von Gütern des täglichen Bedarfs und in den Erlebniskonsum, der das Schöne im Leben signalisiert. Der Erlebniskonsum, der Luxus und Qualität beinhaltet, ist nicht umsonst zu haben. Deshalb wird in den anderen Bereichen gespart. Es kommt zur Polarisierung des Einkaufsverhaltens (o.V. 2003a, S. 190 f.). Während die Kunden beim Versorgungskauf auf gute Erreichbarkeit, ausreichend Parkplätze, kurze Wege und die Möglichkeit des One-Stop-Shopping (alle benötigten Waren in einem Geschäft) Wert legen, suchen sie beim Erlebniskauf eine angenehme Atmosphäre, Verweilmöglichkeiten und soziale Interaktion (Schellenberg 2005, S. 52). Die BBE (Betriebswirtschaftliche Beratungsstelle des Einzelhandels, Köln) teilt die wichtigsten Bedürfnisse der Kunden und deren Erfüllung durch die Betriebstypen des Handels sehr anschaulich ein. Ob der Ablauf immer so dichotom ist wie dargestellt, muss allerdings bezweifelt werden. In der Realität werden viele Mischformen auftreten.

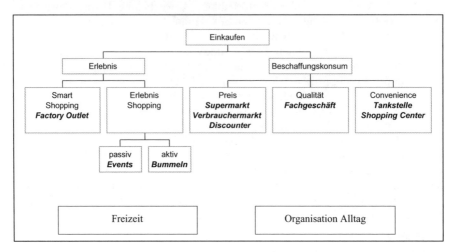

Abb. 2.3: Erlebnis- und Beschaffungskonsum (Quelle: Wanninger/Reinhardt, in: Vossen/Reinhardt 2003, S. 106).

Eine ähnlich dichotome Einteilung nimmt das ifm-Institut vor. Zum einen werden Käufe unterschieden, deren Ziel Effizienz und Vereinfachung ist, zum anderen wird der Event-Charakter gesucht, der Erlebnisse ermöglicht. Hinzu kommt die Unterscheidung in Nah- und Fernbereich. Die Geschäfte in der Nähe werden regelmäßig aufgesucht, die Einkaufsstätten, die nicht im direkten Einzugsbereich liegen, dienen der Befriedigung besonderer Interessen (ifm 2001b, S. 6). Da Einkaufen Spaß macht, aber gleichzeitig Arbeit bedeutet, bezeichnet Hellmann das Shopping als janusköpfig. Einmal ist Einkaufen Pflicht und Notwendigkeit, ein anderes Mal reines Vergnügen und Selbstzweck. Mal wird mit einem bestimmten Ziel eingekauft, mal ist das Einkaufen selbst das Ziel. Im englischen Sprachraum wird unterschieden in Doing Shopping und Going Shopping oder auch in Buying und Shopping (Hellmann 2005, S. 7 ff.).

Die Unterscheidung in Versorgungs- und Erlebniskauf erscheint sehr praktikabel. Der Händler sollte sich entscheiden, welches der beiden Einkaufsmotive er mit seinem Angebot bedienen möchte. Allerdings kann die Entscheidung je nach Warengruppe unterschiedlich ausfallen. Während ein SB-Warenhaus im Kernsortiment den Versorgungskauf bedient, werden in den Randsortimenten eher erlebnisorientierte Bereiche angesprochen, z. B. Uhren/Schmuck oder Spielwaren. Selbst innerhalb der Warengruppen können unterschiedliche Akzente gesetzt werden (vgl. Abb. 2.4).

Warengruppe	Erlebnisorientierung	Versorgungs-orientierung
Nahrungs- und Genussmittel	Frischeprodukte, Feinkost, Bioprodukte	Basisprodukte
Drogerie/Kosmetik	Exklusivmarken, Shop-in-the-shop	Haushaltsprodukte
Textilien/Schuhe	Designerware, Trendware, hochwertige Ware, exklusive Ware	Niedrigpreisige Basisprodukte
Buchgeschäfte	Breite und tiefe Auswahl	Taschenbücher, Mängelexemplare

Abb. 2.4: Mögliche Versorgungs- und Erlebnisorientierung nach Warengruppen (Quelle: In Anlehnung an Schmid 1996, S. 180).

Morschett (2002, S. 387) identifiziert auf der Basis von Kundenbefragungen entgegen der vorgestellten dichotomen Einteilung vier zentrale Einkaufsmotive: Große Auswahl, Qualität in Sortiment und Ladengestaltung, Preis-Orientierung und Zeit-Orientierung mit dem Ziel eines schnellen Einkaufs. Tauber unterscheidet persönliche und soziale Kaufmotive. Beispiele für die erste Kategorie sind Selbstbelohnung, Rollenspiel oder Suche nach Entspannung. Soziale Motive sind Einkaufen mit der Bezugsgruppe, soziale Kontakte im Allgemeinen oder Ausdruck der eigenen sozialen Position (Hellmann 2005, S. 18). Besonders interessante Vermutungen stellte Dichter (1964) an. Er entnimmt die für den Kauf bestimmenden Motive von Lebensmitteln der Tiefenpsychologie (Abb. 2.5).

Produkt	Zugrunde liegendes (unbewusstes) Kaufmotiv
Spargel	Sexualität
Bohnen, Reis	Fruchtbarkeit
Wurst, Speiseeis	Sicherheit
Sahne	Reichtum, Überfluss
Kuchenweckmänner	Kannibalismus
Süßigkeiten zum Lutschen	Erotik
Delikatessen	Individualität
Zucker-Produkte, rohes Fleisch	Macht-Männlichkeit-Potenz
Ketchup	Unabhängigkeit und Freiheit

Abb. 2.5: (Nach Unterhaltungswert) Ausgewählte Kaufmotive nach Dichter (Quelle: Trommsdorff 2004, S. 120).

Die Liste von Einkaufsmotiven, Bedürfnissen und Nutzenkategorien könnte beliebig verlängert und differenziert werden. Sie wäre so komplex wie die menschliche Psyche. In der Marktforschungspraxis werden mit Hilfe von Kundentypologien gerne Konsumenten nach ihren Bedürfnissen klassifiziert. Da die heutigen Kunden ständig ihre Rollen wechseln und diese von der konkreten Situation abhängen, ist der Wert solcher Einteilungen als gering einzuschätzen. Die Psyche der Konsumenten ist für eine Standardisierung zu komplex.

> Es ist unmöglich, die konkreten Einkaufsmotive eines Individuums zu einem bestimmten Zeitpunkt zu bestimmen. Einkaufen kann Therapie sein, Belohnung, Bestechung, Freizeitbeschäftigung, ein guter Vorwand, nicht nach Hause zu müssen, der Versuch, Menschen für sich zu gewinnen, Unterhaltung, Erziehung oder einfach nur eine Methode, sich die Zeit zu vertreiben (Underhill 2000, S. 99).

Aus diesem Grund werden zunehmend Lebensstil-Zielgruppen gebildet. Diese sind oft willkürlich, haben aber durchaus ihre Berechtigung, weil sie Anhaltspunkte für das Marketing liefern und neue Perspektiven eröffnen können (Häusel 2004, S. 104 ff.).
Grundsätzlich sollte sich jeder Händler fragen, welche wesentlichen Bedürfnisse er mit seinem Angebot befriedigt. Dieser Ansatz ist eine Möglichkeit, sich von anderen Anbietern zu differenzieren (Warum sollte der Kunde gerade zu mir kommen?). Beispiele aus der Handels-Praxis sind:

- „Ich bin doch nicht blöd"-Kampagne (Bedürfnis nach Überlegenheit).
- Nonfood-Aktionen der Discounter, Themen-Dekoration im Warenhaus (Bedürfnis nach Abwechslung).
- Bio-Läden, Märkte, Hofverkauf, Body-Shop (Bedürfnis nach Natürlichkeit).
- Designerläden (Bedürfnis nach Prestige).

Aus Sicht der Konsumentenpsyche ist es sinnvoll, so viele Bedürfnisse wie möglich zu befriedigen, z. B. Abwechslung, Geselligkeit und Jugendlichkeit. Allerdings können sich bestimmte Bedürfnisse widersprechen bzw. führen zu viele psychische Angebote zu einem unscharfen Profil. Wie in allen Lebensbereichen gibt es keine Regel ohne Ausnahme: Ein Flohmarkt befriedigt eine ganze Reihe von Bedürfnissen (Preißner 2003, S. 187 f.) wie Nostalgie, Sammelleidenschaft, Smart Shopping, Sparneigung ausleben, Individualität, soziale Interaktion und Etwas erleben wollen und ist dennoch ein langfristig erfolgreiches Konzept.
Die Abb. 2.6 zeigt Beispiele, wie Händler auf wichtige ausgewählte Bedürfnisse eingehen können.

Bedürfnis	Ausgewählte Maßnahmen des Handelsmarketing
Essen und Trinken	Gastronomie, Erfrischungsstände, Wasserspender
Sicherheit	Garantien, Rückgaberecht, Qualitätssiegel
Geselligkeit	Freundlichkeit, persönliche Ansprache, Kundenforen, Gastronomie

Bedürfnis	Ausgewählte Maßnahmen des Handelsmarketing
Abwechslung	Aktionen, erlebnisorientierte Ladengestaltung, Neuigkeiten im Sortiment
Bequemlichkeit	Lieferservice, Dauerniedrigpreispolitik, schnelle Kassenabwicklung
Prestige	Kundenclub, gehobene Ladengestaltung, gehobene Preisgestaltung
Natürlichkeit	Bio-Sortiment, Informationen zur Herkunft der Ware

Abb. 2.6: Ausgewählte Bedürfnisse und Maßnahmen des Handelsmarketing zu deren Befriedigung

„Wo Kunden sind, die Bedürfnisse haben, können Sie ihr Geschäft machen" (dm-Chef Götz W. Werner, in: Handel im Fokus, H. 3, 2004). Dieses Zitat eines der erfolgreichsten Händler der vergangenen Jahrzehnte erscheint einleuchtend. Wie aber kann ein Händler Bedürfnisbefriedigung als Geschäftsprinzip umsetzen? Wie kann er den Kunden davon überzeugen, dass sein Angebot das vorhandene Bedürfnis befriedigt?

Das klassische Muster, um Kunden und deren Bedürfnisse anzusprechen, lautet: Appelliere an ein Bedürfnis und zeige, dass dein Angebot in der Lage ist, dieses Bedürfnis zu befriedigen (Kroeber-Riel/Esch 2004, S. 43).

Beispielsweise weisen Automobilhersteller in ihrer Werbung häufig darauf hin, wie wichtig Sicherheit im Auto ist („denken Sie an Ihre Familie"). Anschließend zeigen oder argumentieren sie, dass ihr Auto besonders sicher ist. Es hat ein neues Bremssystem, den x-ten Airbag oder es ist serienmäßig mit EPS ausgestattet. Im Einzelhandel übernimmt der Betriebstyp die Signalfunktion. Wer besonders sparsam sein will, geht zum Discounter. Wer Kompetenz und Auswahl sucht, geht zum Fachmarkt. Der serviceorientierte Kunde bevorzugt das Fachgeschäft. Einige Unternehmen haben es geschafft, sich als Anbieter von sehr spezifischen Bedürfniskombinationen zu etablieren, z. B. bietet H&M topmodische Produkte zu einem günstigen Preis, während der klassische Textilhandel die Qualität in den Vordergrund stellt. Der Lebensmittelhandel zeigt in seiner Werbung niedrigpreisige Produkte, die das Bedürfnis, Geld zu sparen ansprechen, und gleichzeitig belegen, dass dies bei eben jenem Händler möglich ist. Werden die Produkte mit Qualitätssiegeln versehen, wird das Bedürfnis nach Qualität und Sicherheit angesprochen. Im persönlichen Gespräch ist es sogar möglich, das gleiche Produkt oder die gleiche Dienstleistung durch geschickte Argumentation an Kunden mit ganz unterschiedlichen Bedürfnissen zu verkaufen (Häusel 2004, S. 108 f.):

- „Das ist die stärkste und leistungsfähigste Maschine, die es gibt" (Bedürfnis nach Dominanz).

- „Das ist die wirtschaftlichste Lösung. Ich habe das bis ins kleinste Detail für Sie durchgerechnet". „Damit gehen Sie auf Nummer Sicher". „Da können Sie nichts falsch machen" (Bedürfnis nach Kontrolle, Sicherheit).
- „Das Produkt bietet völlig neue Möglichkeiten". „Das innovative Design ist einzigartig" (Bedürfnis nach Abwechslung, Neuartigkeit).

Voraussetzung für dieses Vorgehen ist, dass der Verkäufer die Bedürfnisse seines Kunden kennt, z. B. mit Hilfe einer Stammkundenkartei oder durch die richtigen Fragen bei Neukunden.

Der Handel muss sich nicht darauf beschränken, vorhandene Bedürfnisse zu befriedigen. Folgendes Beispiel zeigt anschaulich, wie ein guter Verkäufer Bedürfnisse wecken kann. In einem großen amerikanischen Freizeitmarkt, der Outdoor-World, wird ein Verkäufer gesucht. Der Mann mit den besten Referenzen wird ausgewählt, soll aber erst einem praktischen Test unterzogen werden. An einem Samstag soll er verkaufen, der Personalchef sieht zu. Es kommt ein Mann in den Laden und der Kandidat geht mit ihm zur Damenhygiene – er kauft nichts. Sie gehen zur Sportabteilung und der Kunde kauft eine Angel, dann ein Boot. Sie gehen zur Auto-Abteilung, kaufen einen Bootsanhänger, dann einen Jeep. In der Reiseabteilung ersteht der Kunde einen Flug nach Kanada. Es folgt die Immobilienabteilung, wo der Kunde ein Blockhaus kauft mit Grundstück. Der Bewerber geht zum Personalchef, reibt sich die Hände und sagt: „Der Mann hat gerade 500.000 $ hier ausgegeben. Wie haben Sie das denn gemacht?", fragt der Personalchef. Er erhält zur Antwort: „Also, erst habe ich ihm eine Angel verkauft, dann sagte ich: Bei einer so schönen Angel brauchen Sie natürlich ein passendes Boot. Dann meinte ich: Jetzt haben Sie so ein tolles Boot, sie müssen es aber auch zu Wasser bringen. Er kauft also einen Anhänger und den Jeep. Dann meinte ich, wenn Sie schon eine solche Ausrüstung haben, müssen Sie nach Kanada fahren, dort kann man am besten fischen. Er bucht die Flugreise. Schließlich sagte ich ihm, dass es keinen Sinn macht, so viel Aufwand zu betreiben, ohne Grund und Boden in Kanada zu besitzen." Daraufhin fragt der verdutzte Personalchef weiter: „Ja, gut. Aber wie haben Sie das angefangen?" „Ganz einfach", erhält er nun zur Antwort, „der Mann kam und wollte ein paar Tampons. Da meinte ich zu ihm: Wenn das Wochenende eh' gelaufen ist, können Sie auch angeln gehen".

Die im deutschen Handel am Weitesten verbreitete Methode, Bedürfnisse zu wecken, sind die Prospekte und Handzettel. Insbesondere die Discounter, die mit Produkten wie Schuhputzmaschine für zu Hause, digitalem Reifendruckmesser, Kaffee-Vollautomat, Nutella-Markenbettwäsche oder Multimedia-Liege (Lautsprecher und Subwoofer sind in der Rückenlehne eingebaut) werben, dürften wohl kaum bereits vorhandene Bedürfnisse ansprechen.

Ein komplexes Bedürfnis ist **Wellness**. Das Kunstwort setzt sich zusammen aus Well-being (Wohlbefinden) und Fitness (körperliche Leistungsfähigkeit). Das Rheingold-Institut unterscheidet aktive und passive Wellness sowie kleine und große Wellness. Ein kleines Wellness-Gefühl bietet ein Schaumbad, die große Wellness erzeugt ein Wochenende auf der Schönheitsfarm. Im Handel sind in diesem Zusammenhang vier Bereiche von Bedeutung (BBE, in: Hannen 2002b, S. 10 ff.):

- Ernährung (vitaminreiche, gesunde Ernährung, Light-Produkte, Frische, Biokost, Alkoholfreie Getränke, Functional Food usw.).
- Gesundheit (OTC-Sortiment, Selbstmedikation, Pulsmessgeräte...).

- Körperpflege (Düfte, Kosmetik, Beauty usw.).
- Fitness (Fahrräder, Sportartikel, Fitnessgeräte usw.).

Im Prospekt von Mitte Januar 2006 bewarb Lidl sehr ansprechend das Thema Beauty & Wellness. Auf sieben Seiten wurden Massageöl, Kosmetikprodukte, Yoga-Ausrüstung und Badezimmerartikel angeboten. Ob die Präsentation der Ware in den Diskont-Läden der hochwertigen Anmutung des Prospekts entsprechen kann, sei dahingestellt.

Eine Anregung

Bei allen Kapiteln dieses Buches sollten Sie sich die Frage stellen, welche konkreten Ansatzpunkte Ihnen die Ausführungen bieten. Welche Maßnahmen könnte ein Händler den Ausführungen aus dem jeweiligen Kapitel entnehmen? Die folgenden Beispiele verstehen sich als Anregung. Gehen Sie das Kapitel am besten nochmals durch. Wenn Sie aktiv gelesen haben (Unterstreichungen), geht das sehr schnell.

Stichwort	Fragen, die ich mir stelle	To do
Bedürfnisse/ Nutzen	*Welche konkreten, zentralen Bedürfnisse haben meine Kunden? Wie kann ich deren Befriedigung gewährleisten?*	Liste machen mit Bedürfnissen. Je Bedürfnis notieren, welche Lösungen den Kunden angeboten werden können. Anschließend kommunizieren.
Bedürfnisse/ Nutzen	*Warum sollen die Kunden ausgerechnet in meinen Laden kommen?*	Welche Bedürfnisse kann ich besser befriedigen als andere?
Bedürfnisse/ Nutzen	*Wie kann ich das Bedürfnis Sicherheit bei meinen Kunden befriedigen?*	Umtausch noch kulanter handhaben. Garantien anbieten.
Versorgungs- oder Erlebniskauf	*Wollen meine Kunden schnell einkaufen oder suchen Sie Erlebnisse, wollen bummeln?*	Eine Entscheidung ist nötig. Die Anforderungen widersprechen sich. Unter Umständen ist nach Warengruppen getrennt vorzugehen. Wenn klar ist, welcher Einkauf vorherrscht, sind Maßnahmen zu entwickeln, um den Einkauf bequemer bzw. erlebnisreicher zu machen.

Abb. 2.7: Mögliche Anregungen aus Kapitel 2.2.2

2.2.3 Wieso zögert der Kunde?

Die Theorie der **kognitiven Dissonanz** wurde von Festinger entwickelt. Sie besagt, dass jedes Individuum ein Bedürfnis hat, auftretende Widersprüche in seinem Einstellungssystem zu beseitigen oder zu vermeiden. Erfahren wir beispielsweise, dass es das Super-Sonderangebot, das wir letzte Woche gekauft haben, nächste Woche woanders günstiger gibt, führt das zu kognitiver Dissonanz, weil wir das Gefühl haben, einen Fehler gemacht zu haben. Eine Möglichkeit, die Dissonanz zu senken, ist, dass wir uns einreden, dass „die Qualität dort bestimmt schlechter" ist. Um kognitive Konflikte von vornherein zu vermeiden, nehmen wir vor allem Informationen wahr, die unsere Einstellungen bestätigen (Schmitz/Kölzer 1996, S. 94; von Rosenstiel/Neumann 2002, S. 273 ff.). Raucher schätzen die Gefahren des Rauchens meist zu niedrig ein. Sie lesen zwar die einschlägigen Untersuchungsergebnisse, sie bewerten gegensätzliche Informationen aber ungleich höher, um ihr Verhalten zu rechtfertigen: „Churchill wurde auch uralt". Im Handel können kognitive Dissonanzen vor allem in der Nachkaufphase auftreten (Schmitz/Kölzer 1996, S. 94 f.):

- Die Erwartungen werden nicht erfüllt.
- Andere Händler wären günstiger gewesen.
- Nach dem Kauf ergeben sich Informationen, die Nachteile des Artikels oder des Ladens nachweisen.
- Die nicht gewählten Alternativen erscheinen plötzlich attraktiver.
- Die Bezugsgruppen lehnen den Kauf ab.

Genau diese Prozesse liefen bei unserem letzten Autokauf ab. Meine Frau hatte sich Hals über Kopf in einen ausländischen Kleinwagen verliebt und ich ließ mich von der Begeisterung überzeugen. Inzwischen habe ich den Kauf mehrfach bereut weil bereits einige Defekte aufgetreten sind, es sich herausstellte, dass das Auto älter war als ursprünglich gedacht (was das Preis-Leistungsverhältnis schmälerte), und die Nachbarn, die mehrheitlich bei VW arbeiten, die Verarbeitung und Wertbeständigkeit anzweifeln.

Die von der Dissonanz ausgehende Antriebskraft hängt von der Stärke der Dissonanz ab. Ein Indikator für eine starke Dissonanz ist der Rücktritt vom Kauf. Der Handel kann folgende Maßnahmen ergreifen, um Dissonanzen bei Kunden abzubauen (Schmitz/Kölzer 1996, S. 97 f.):

- After Sales-Maßnahmen, z. B. eine Direct Mail mit Glückwunsch zum Kauf oder ein entsprechender Hinweis im Kaufvertrag („Sie haben eine gute Wahl getroffen").
- Vergleichende Testberichte auslegen, die die Wahl für ein bestimmtes Produkt bestätigen.
- Kulante Umtauschregelungen.

Durch die Deregulierung, den globalen Markt und durch den Wechsel zu Käufermärkten ist die Anzahl der verfügbaren Konsumgüter ständig gestiegen. Die vergrößerten Entscheidungsspielräume führen zu neuen Entscheidungskonflikten. Dabei spielt das Bestreben, **Regret** (Bedauern) über eine falsche Entscheidung zu vermeiden, eine zunehmende Rolle bei der Wahlentscheidung. Das Wissen, eine Alternative ausgeschlagen zu haben, führt zu einer Reduktion des erfahrenen Nutzens der gewählten Alternative. Das gilt sogar dann, wenn keine konkrete Alternative vorliegt. Wie stark das Regret wahrgenommen wird, hängt davon ab, wie die Entscheidung zustande kam, z. B. ob interne oder externe Ursachen für das Resultat verantwortlich gemacht werden. Je stärker die eigene Verantwortung für die Entscheidung, desto stärker die emotionale Reaktion. Darüber hinaus rufen Entscheidungen, die irreversibel erscheinen, ein stärkeres Regret hervor als solche, die umkehrbar sind. Die Strategien des Individuums, mit Regret umzugehen, sind unterschiedlich. Entweder wird die Bedeutung herunter gespielt („Es hätte schlimmer kommen können!") oder es wird eine Haltung eingenommen, die kurzfristig zu einer Verschlechterung der psychischen Lage führt, langfristig aber einen Lerneffekt hat („Aus Schaden wird man klug!"). Die Auswirkungen des Regret auf das Entscheidungsverhalten sind vielfältig. Einerseits wird die Zufriedenheit mit einem Kauf geschmälert durch wahrgenommene Alternativen. Andererseits verhindert die Angst vor Regret den Marken- oder Einkaufsstättenwechsel. Herrmann/Huber/Seilheimer (2003, S. 224 ff.) identifizieren in einer empirischen Studie drei Faktoren, die das Regret beeinflussen: Der Grad der Eigenverantwortung, das wahrgenommene Risiko und die Normalität der Kaufentscheidung (außergewöhnliche Entscheidungen können üblicherweise nicht wiederholt werden). Der mögliche Regret hat auch Auswirkungen auf die Attraktivität von zeitlich befristeten Sonderangeboten. Ist das Angebot abgelaufen, muss der Konsument befürchten, die Ware nur noch zu ungünstigeren Konditionen erhalten zu können.

Ein Unternehmen hat grundsätzlich zwei Möglichkeiten, mit Regret umzugehen:

1. Regret lässt sich verringern durch Garantien, so Preisgarantien („Im Umkreis von 50 km erhalten Sie den gleichen Preis") oder Leistungsgarantien („Bei Unzufriedenheit Geld zurück").
2. Der gezielte Einsatz von Regret lässt sich in der Werbung beobachten. Die Bahn weist auf die Staus auf den Autobahnen hin, Kodak zeigt Urlauber, die aufgrund der schlechten Filmqualität mit ihren Urlaubsbildern unzufrieden sind, und Media Markt wirbt seine Kunden mit der Aussage „Ich bin doch nicht blöd". Ein interessantes Beispiel stammt aus den Niederlanden. Dort wird die Lotterie mit Postleitzahlen gespielt. Jeder Einwohner kann so nachvollziehen, ob er gewonnen hätte. Vielleicht hat der Nachbar gewonnen? Das Regret kann nicht vermieden werden und verleitet so zur Teilnahme.

Die Theorie vom wahrgenommenen **Risiko** hat enge Verbindungen zur Theorie der kognitiven Dissonanz (Bänsch 2002, S. 71). Danach sind die Konsumenten bemüht, die mit Kaufentscheidungen verbundenen Risiken zu reduzieren. Das wahrgenommene Risiko kann als eine Art Vor-Entscheidungsdissonanz interpretiert werden (Kroeber-Riel/Weinberg 2003, S. 398). Die Risiken können folgender Art sein: Finanziell, funktionell (funktionsunfähiges Produkt), physisch (gesundheitsgefährdend), psychisch (Unzufriedenheit) oder sozial (Sanktionen der Bezugsgruppe) (Bänsch 2002, S. 76). Ob Kunden bereit sind, eine Handelsmarke zu akzeptieren, hängt beispielsweise vom wahrgenommenen physischen Risiko ab. Bei Babynahrung gibt es neben den Marktführern Alete und Hipp kaum Alternativen. Wer will schon riskieren, seinem Kind nicht das Beste zu geben? (Hamann/Rohwetter 2003, S. 16). Die Höhe des wahrgenommenen Risikos ist individuell verschieden. Sie hängt vom Produkt ab, von der Situation und von persönlichen Variablen, z. B. von der individuellen Risikobereitschaft. Wenn das von einem Konsumenten wahrgenommene Risiko eine individuelle Schwelle übersteigt, versucht der Konsument, das Risiko zu reduzieren. Er kann die erwarteten nachteiligen Konsequenzen verringern, indem er kleinere Packungen kauft, oder er kann Informationen subjektiv verarbeiten, indem er aktiv nach bestätigenden Informationen sucht und negierende vermeidet (Kroeber-Riel/Weinberg 2003, S. 400). Das wahrgenommene Risiko motiviert zur Informationsbeschaffung. Risikoreduzierungsstrategien durch den Handel können sein:

- Probepackungen/Kleinmengen anbieten.
- Garantien und Rückgaberechte.
- Gütebezeichnungen/Testurteile.
- Markenware bzw. hochpreisige Ware anbieten.

Deichmann setzte in diesem Zusammenhang das TÜV-Gütesiegel ein. In einer Zeitungsanzeige vom März 2004 wurden Kinderschuhe mit der Schlagzeile „Für 24,90 kommen die beim TÜV groß raus" beworben. In der Fußnote folgte der Hinweis: „TÜV-geprüfte Kindersandalen mit Voll-Lederausstattung". Rossmann stellte im selben Monat die von den Eigenmarken erzielten Auszeichnungen im Schaufenster in überdimensionalen Plakaten zur Schau. Gleichzeitig wurden im Handzettel die Eigenmarken mit den guten Testnoten den (teureren) Herstellermarken gegenübergestellt. Der amerikanische Versender Land's End bietet seinen Kunden eine lebenslange Garantie auf seine Produkte: „Wir akzeptieren jede Rücksendung, aus jedem Grund, zu jeder Zeit. Kein Kleingedrucktes. Keine Diskussion. Wir meinen genau was wir sagen: GUARANTEED PERIOD®".

Durch widersprüchliche Motivationen können bereits während des Kaufes (Konsum-)Konflikte entstehen. Sie werden üblicherweise eingeteilt in (Kroeber-Riel/Weinberg 2003, S. 162)

- Appetenz-Appetenz-Konflikte (die Wahl zwischen zwei Alternativen fällt schwer, z. B. zwei ähnlich attraktive Abendkleider).
- Aversions-Aversions-Konflikt (der Kunde hat keine Zeit zum Einkaufen, das Einkaufen ist aber unvermeidbar).
- Ambivalenzkonflikt (der Kunde möchte sich ein teures Produkt leisten, hat aber gleichzeitig ein schlechtes Gewissen, so viel Geld auszugeben).

Im ersten Fall kann der Händler Entscheidungshilfen anbieten. Im letzten Fall nähert sich der Kunde häufig dem angestrebten Produkt, bricht aber kurz vor Kauf ab, er geht mehrfach in den Laden, um das Produkt zu betrachten, oder er feilscht um den Preis. Der Zeitaufwand für die Entscheidung steigt. Der Händler kann dem Kunden den Kauf erleichtern, indem er Ratenzahlung anbietet, oder ihm die positiven Folgen des Kaufs schildert. Der Kunde selbst tendiert dazu, solche Konflikte zu lösen. Er entscheidet sich z. B. spontan für ein drittes Produkt, er verschiebt den Kauf auf später, oder er senkt sein Anspruchsniveau.

> Der Händler muss davon ausgehen, dass der Kunde psychische Konflikte erlebt. Vor dem Kauf empfindet er Risiko, während des Kaufes Entscheidungskonflikte, und nach dem Kauf kognitive Dissonanzen. Dem muss der Händler durch risikosenkende Maßnahmen entgegenwirken.

Risikosenkend wirkt das Vertrauen gegenüber dem Händler. Das **Vertrauen** kann definiert werden als Erwartung bzw. Grad der Überzeugung, dass das Unternehmen zuverlässig und ehrlich ist. Das Vertrauen besteht aus einer Vorstellung über die Kompetenz und einem gewissen Wohlwollen gegenüber dem Unternehmen. Man erwartet, dass sich das Unternehmen fair verhält. Aus Sicht der Kunden stellt das Vertrauen einen Mechanismus zur Reduktion von Komplexität dar (Ahlert/Kenning 2006, S. 38). Es ist mit der Bereitschaft verbunden, ein Risiko einzugehen. Wenn Vertrauen besteht, sinkt das wahrgenommene Risiko (Schramm-Klein 2003, S. 107 ff.). Bei Handelsunternehmen kann man das Vertrauen gegenüber dem Verkaufspersonal (wahrgenommenes Verhalten) und das Vertrauen gegenüber dem Unternehmen selbst (Geschäftspraktiken) unterscheiden (Sirdeshmukh/Singh/Sabol 2002, S. 17). Da die Leistung des Handelsunternehmens aus einer Kombination von Sach- und Dienstleistungen besteht, kann das Vertrauen auch unterteilt werden in Vertrauen in die Sortimentskompetenz und Vertrauen in die eher dienstleistungsbezogenen Fähigkeiten. Die Wirkung des Vertrauens zu Personen wird üblicherweise als stärker angenommen als die zum Unternehmen (Luhmann 2000, S. 47 ff.). Die Verkäufer-Käufer-Beziehung hat deshalb einen sehr starken Einfluss auf das Vertrauen. Nicht-stationäre Betriebsformen wie Versandhandel und E-Commerce haben weder die Möglichkeit, direkte Kontakte aufzubauen, noch bieten Sie reale Waren, die man anfassen kann. Das wahrgenommene Risiko ist entsprechend größer. Dennoch konnte ebay in einer krisenhaften Zeit eine neue Kaufkultur etablieren. Während die Skepsis der Konsumenten gegenüber Werbung, Marken und Handel zugenommen hat, kann der Verbraucher bei ebay an den mächtigen Handels- und Markeninstanzen vorbeikommen. Eine Kehrseite ist das mit dem Kauf verbundene Risiko, da der Kunde üblicherweise ohne Absicherung Geld für eine Ware verschickt, die er noch nicht bekommen hat, und deren Verkäufer er nicht kennt. Die Beurteilungen der Verkäufer durch frühere Kunden dienen als Sicherungsmechanismus. Jeder Verkäufer muss sich der Beurteilung seiner Käufer stellen. Damit werden unzuverlässige Verkäufer ausgesondert. Ein weiterer Sicherungshebel ist die Bevorzugung von Markenprodukten. Diese erzielen regelmäßig deutlich höhere Preise als No-Names. Das Thema Vertrauen im Internet ist Gegenstand einiger aktueller Abhandlungen (vgl. Spann/Zuber 2003 mit weiterführender Literatur).

Unter **Loyalität** wird die langfristige Bindung an ein Unternehmen verstanden (Dick/Basu 1994, S. 102). Im weiten Sinne besteht Loyalität aus dem Verhalten in der Vergangenheit (Kaufverhalten, Weiterempfehlung) und dem geplanten Verhalten in der Zukunft (Wiederkaufabsicht, Zusatzkaufabsicht und Weiterempfehlungsabsicht) (Homburg/Giering/Hentschel 2000, S. 89). Die Loyalität von Konsumenten kann sich auf mehrere Einkaufsstätten erstrecken. Der Begriff der Kundenbindung umfasst neben der konsumentenbezogenen Perspektive (Loyalität) auch die kundenbindenden Maßnahmen der Unternehmen und ist somit umfassender (Giering 2000, S. 18). Auf die Kundenbindung wird in Kap. 7 näher eingegangen. Durch die Nutzung von Einkaufsstätten werden Erfahrungen über ein Handelsunternehmen aufgebaut. Es entwickelt sich eine Vertrautheit. Ängste können abgebaut werden. Die Nutzung einer Einkaufsstätte ist das positive Ergebnis einer Wirkungskette von Wahrnehmung, Vertrauen und Einstellung (Schramm-Klein 2003, S. 137 ff.).

Vertrauen in das Unternehmen ist eine Grundvoraussetzung für langfristigen Erfolg. Der Handel muss seine Mitarbeiter auf Zuverlässigkeit schulen und das Personal entsprechend auswählen. Ein Mangel an Kompetenz kann eher ausgeglichen werden als persönliche Defizite. Es ist alles daran zu setzen, dass der Kunde Vertrauen aufbaut. Folglich dürfen keine Versprechungen gemacht werden, die nicht gehalten werden können. Zusagen und Termine sind konsequent einzuhalten. Sollte das nicht möglich sein, muss offen darüber informiert werden. Vertraut ein Kunde dem Unternehmen, geht er damit ein Risiko ein. Für den Händler entsteht dadurch auch eine Verpflichtung.

2.2.4 Wofür interessiert sich der Kunde?

Das **Involvement** ist der Grad der Ich-Beteiligung bzw. des persönlichen Engagements einer Person. Es bestimmt die Bereitschaft, Informationen aufzunehmen und zu verarbeiten (Hupp 1998, S. 15 f.; Trommsdorff 2004, S. 37). Wenn ein Konsument sich sehr für Automobile interessiert, ist seine Bereitschaft groß, Informationen zu diesem Thema aufzunehmen. Das Involvement ist eine spezifische Aktiviertheit (Trommsdorff 1995, Sp. 1068). Das Engagement, sich mit etwas intensiv zu beschäftigen, kann durch mehrere Größen beeinflusst werden (von Rosenstiel/Neumann 2002, S. 256 f.):

- Produktvariablen wie Verwendungsdauer, hoher Preis oder soziale Sichtbarkeit.
- Persönlichkeitsvariablen wie hohe Schulbildung, vorausgehende Enttäuschungen, fehlende Produkterfahrung oder Bedeutung des Kaufs aufgrund eines Geschenkcharakters.
- Umfeldvariablen, z. B. unterschiedliche Präferenzen in der Familie oder Auftreten neuer Informationen.

Trommsdorff (1995, Sp. 1071 ff.) nennt fünf Involvement-Arten:

- Produktinvolvement: Der Käufer interessiert sich sehr für bestimmte Produkte, z. B. Antiquitäten.
- Personeninvolvement: Manche Personen sind besonders stark an Informationen interessiert, sie sind häufig Meinungsführer.
- Medieninvolvement: Eine Autoanzeige trifft in Special-Interest-Zeitschriften auf mehr Involvement als in Publikumszeitschriften.
- Botschaftsinvolvement: Es ist abhängig von der Gestaltung oder von der Botschaft der Werbung.
- Situationsinvolvement: Wenn der Kunde in einer Kaufphase ist, nimmt er Informationen zum gewünschten Produkt eher wahr.

Ein häufig unterschätzter Entscheidungsfaktor ist die Situation während des Kaufs. Ob wir unter Zeitdruck einkaufen, alleine oder gemeinsam, und ob wir gut oder schlecht gelaunt sind, hat einen großen Einfluss auf das Kaufverhalten und die Zufriedenheit mit dem Kauf. Trommsdorff weist darauf hin, dass nicht die Situation an sich verhaltensdeterminierend ist, sondern situationsspezifische Motive. So konnte in einer GfK-Studie (Gesellschaft für Konsumforschung in

Nürnberg) ermittelt werden, dass die Konsumenten beim Essen je nach Tageszeit unterschiedliche Motive verfolgen. Morgens steht die Gesundheit im Vordergrund, mittags die Bequemlichkeit und abends der Genuss (Trommsdorff 2004, S. 152). Und auch mit wem wir einkaufen (wer uns während des Einkaufs beeinflusst), ist tageszeitabhängig. In Shopping-Centern halten sich morgens vor allem Frauen, teilweise mit ihren Freundinnen, auf. Mittags kommen die Männer, häufig mit ihren Kollegen. Am späten Nachmittag tummeln sich Jugendliche und junge Pärchen im Center und samstags kommen morgens die Familien, nachmittags wieder die jungen Pärchen.

Das Involvement kann als ein Kontinuum aufgefasst werden, das von Low-Involvement bis High-Involvement reicht. Im ersten Fall ist die Entscheidung wenig wichtig, entsprechend wenig Zeit und Energie wird eingesetzt. Im zweiten Fall ist es umgekehrt (Kroeber-Riel/Weinberg 2003, S. 371 ff.). Der Kaufprozess ist abhängig vom Involvement. Üblicherweise werden vier **Kaufentscheidungstypen** unterschieden (Schmitz/Kölzer 1996, S. 106; Scheuch 2001, S. 105 ff.; von Rosenstiel/Neumann 2002, S. 253 ff.; Foscht/Swoboda 2005, S. 149 ff.):

- Extensives Kaufverhalten: Es werden intensiv Informationen verwertet. Alternativen, auch Einkaufsstätten, werden anhand ausgewählter Kriterien verglichen. Das kann bei Neuprodukten oder hohem Involvement der Fall sein. Als Beispiel wird häufig der Pkw-Kauf genannt, der nur selten vorkommt und mit hohem Risiko verbunden ist.
- Vereinfachte (limitierte) Kaufentscheidung: Der Konsument verfügt über eine gewisse Kauferfahrung ohne eindeutige Präferenz. Wenn die Ansprüche erfüllt sind, wird gekauft. Ein Beispiel ist der Kleidungskauf einer Frau, die Ihren Stil gefunden hat und regelmäßig in der gleichen Boutique einkauft. Der Begriff Evoked Set (Foscht/Swoboda 2005, S. 154) steht für eine Menge kaufrelevanter Alternativen. Der Konsument hat einige präferierte Einkaufsstätten oder Marken aus denen er seine Auswahl trifft.
- Habitualisierte Kaufentscheidung: Aufgrund von Lernprozessen verlässt sich der Konsument auf erprobte Verhaltensweisen. Er vergleicht nicht mehr. Aus diesem Verhalten resultiert Geschäftstreue, beispielsweise bei Gütern des täglichen Bedarfs. Auch die Markentreue kann zu habitualisiertem Verhalten führen (der Kunde kauft gewohnheitsmäßig Kellogs Cornflakes).
- Impulsive Kaufentscheidung: Ein Produkt wird spontan gekauft, ausgelöst durch Reize am Point of Sales (POS).

Kuß/Tomczak (2004, S. 102 ff.) unterscheiden vereinfacht extensive und Routine-Entscheidungen (= nicht extensiv). Limitierte Prozesse werden als Kompromißposition verstanden, die Impulskäufe werden den habitualisierten Kaufentscheidungen zugerechnet. Die Entscheidungstypen können auch als Phasen eines Lernprozesses verstanden werden. Während beim Erstkauf große Anstrengungen nötig sind, wird mit wachsender Erfahrung zunehmend gewohnheitsmäßig (habitualisiert) eingekauft.

Verhaltensweisen	Hohes Involvement	Geringes Involvement
Informationssuche	Aktive Suche nach Produktinformationen.	Begrenzte Suche nach Produktinformationen.
Einstellungsänderung	Schwierig und selten.	Häufig, aber vorübergehend.
Wiederholung von Informationen	Inhalt wichtiger als Wiederholung.	Häufige Wiederholung kann in Überzeugung resultieren.
Ladenpräferenz	Ladentreue ist üblich (geringe Markentreue).	Routinekäufe ohne Ladentreue.
Kognitive Dissonanz vor und nach dem Kauf	Tritt oft auf.	Tritt selten auf.
Persönlicher Einfluss	Verkäufer und andere Personen werden befragt.	Verkäufer und andere Personen üben wenig Einfluss aus.

Abb. 2.8: Konsumentenverhalten bei hohem und geringem Involvement (Quelle: Schenk 1995, S. 43).

Die Abb. 2.9 gibt Hinweise auf die Ausgestaltung des Marketing nach High- und Low-Involvement-Situation. Beim Konsumgüter-Einzelhandel herrschen meist Low-Involvement-Bedingungen! Selbst früher intensiv durchdachte Kaufentscheidungen für Produkte wie Fernseher, Hifi-Anlage, Personal Computer usw. werden heute impulsiv beim Discounter gefällt. In unserer Warenfülle bleiben nur noch wenige Entscheidungen, die wir uns reiflich überlegen müssen oder wollen.

Marketing bei High Involvement	Marketing bei Low Involvement
Überzeugen	Alles Wichtige sagen
Ausführlich	Sachliche Argumente
Sprachlich werben	Geringe Wiederholungsfrequenz
Persönlicher Verkauf wichtig	Oft kontaktieren
„Etwas" sagen	Kurz
Reizgesteuerte Argumentation	Bilder, Musik
Hohe Wiederholungsfrequenz	POS-Werbung

Abb. 2.9: Grundregeln des Marketing in Abhängigkeit vom Involvement (Quelle: Trommsdorff 1995, Sp. 1074).

Esch/Redler (2003, S. 149 ff.) weisen darauf hin, dass die meisten Käufe von Gütern des täglichen Bedarfs habitualisierte oder impulsive Entscheidungen sind:
- Güter des täglichen Bedarfs werden habitualisiert (gewohnheitsmäßig) eingekauft mit geringem kognitiven Involvement. Die Entscheidung läuft mehr oder weniger automatisch ab. Produkte und Marken werden wiederholt gekauft. Wichtig ist die zügige Abwicklung. Es wird keine intensive Informationssuche betrieben.
- Güter des täglichen Bedarfs mit geringer Kauffrequenz werden mit höherem emotionalen Involvement gekauft. Die Käufe sind überwiegend ungeplant und gedanklich kaum kontrolliert. Der Ablauf solcher Prozesse kann sehr unterschiedlich sein. Der Konsument wird an den Bedarf erinnert, der Kauf kommt durch ein Gespräch zustande, oder der Kunde will zwar einen bestimmten Bedarf decken, entscheidet sich für das konkrete Produkt aber spontan.

Man geht davon aus, dass Gewohnheitskäufer aufgrund der Habitualisierung weniger Zeit zum Einkauf benötigen. Sie nehmen Informationen über präferierte Produkte schnell wahr und sind mit den gekauften Produkten zufrieden. Ihre Entscheidungen hängen besonders stark von situativen Variablen ab (Kroeber-Riel/Weinberg 2003, S. 402). Auch bei Impulskäufen ist eine rationale Komponente möglich. Beispielsweise kann sich der Kunde beim Gang durch die Frühstücksabteilung des Supermarktes daran erinnern, dass er noch Cornflakes braucht. Oder sie findet endlich die passenden Schuhe zum neuen Kleid. Darüber hinaus können Impulskäufe auch durch Verkäufer ausgelöst werden. Inwieweit Persönlichkeitsmerkmale des Käufers Einfluss haben, ist umstritten. Es ist davon auszugehen, dass extrovertierte Personen eher impulsiv einkaufen (Kroeber-Riel/Weinberg 2003, S. 410 ff.). Impulsive Einkäufe sind geprägt durch starke Aktivierung und geringe gedankliche Kontrolle. Sie laufen weitgehend reaktiv ab (automatisch). Sie können ungeplant sein, aber nicht jeder ungeplante Kauf wird impulsiv entschieden.

Typ Kaufverhalten	Involvement kognitiv	Involvement emotional
Extensiv	Stark	Stark
Limitiert	Stark	Schwach
Habitualisiert	Schwach	Schwach
Impulsiv	Schwach	Stark

Abb. 2.10: Entscheidungsverhalten und Involvement (Quelle: Kroeber-Riel/Weinberg 2003, S. 373).

Der Begriff **Impulskauf** tauchte in der handelsbetrieblichen Literatur erstmals um 1930 auf. Damit war damals ein kleiner Zusatzkauf gemeint, oft indiziert durch Displaymaterial der Industrie. Diese Art der Vermarktung wurde nicht negativ beurteilt. Sie war ein Vorläufer der Selbstbedienung (Bowlby 2001,

S. 178). Trommsdorff definiert den Impulskauf als Kauf ohne nennenswerte kognitive Informationsverarbeitung. Die Abgrenzung geplant/ungeplant hält er für unzweckmäßig. Das zeigt der widersprüchliche Begriff „geplanter Impulskauf", der einen Kauf bezeichnet, der geplant war, aber impulsiv entschieden wurde. Impulskauf kommt häufig vor, wenn (Trommsdorff 2004, S. 324)

- Kein Anlass zur Informationsverarbeitung besteht, weil „man immer zufrieden war".
- Wenige Informationen zur Verfügung stehen.
- Die Kosten der Informationsbeschaffung hoch sind.
- Es unvernünftig ist, extensiv zu entscheiden, z. B. wegen Zeitdruck.
- Das soziale Risiko gering ist.
- Das persönliche Involvement gering ist.
- Der betreffende Konsument aufgrund seiner Persönlichkeit zum Impulskauf neigt.
- Sich die zur Wahl stehenden Alternativen anscheinend nicht unterscheiden.

Die einfache Frage, ob die Probanden die Waren auf einer Liste „öfter mal ganz spontan kaufen", bejahten bei Kleidung 45 %, bei Blumen 38 %. Weitere Nennungen waren Schuhe (30 %), Bücher (28 %), Spirituosen (17 %), Autozubehör (15 %) und Spielsachen (10 %). Eine amerikanische Studie kam zu dem Ergebnis, dass sich nur 40 % der gekauften Produkte von Konsumenten im Supermarkt auf der Einkaufsliste fanden, 60 % waren nicht vermerkt.

> Es wird geschätzt, dass 40-50 % der Käufe nicht geplante Käufe sind. Die echten Impulskäufe dürften 10-20 % ausmachen (Kroeber-Riel/Weinberg 2003, S. 415).

Die Kunden sind sich durchaus bewusst, dass sie häufig impulsiv einkaufen. Der Frage „Wenn Sie in die Stadt gehen, kaufen Sie dann auch manchmal Sachen ein, die Sie gar nicht eingeplant haben, also Sachen, auf die Sie erst während des Einkaufs aufmerksam werden?" stimmen 70,2 % der Befragten in einer Studie des Institut für Demoskopie Allensbach (2005, S. 13) zu. Underhill (2000, S. 105) berichtet von Untersuchungen, nach denen 60 bis 70 % der Käufe in Supermärkten ungeplant sind. Mc Goldrick nennt für den englischsprachigen Raum ebenfalls Werte um 60 %, differierend nach Warengruppen (2002, S. 487 f.). Wiedmann/Walsh/Klee (2001, S. 95) beziffern den Anteil der Kaufentscheidungen, die am POS getroffen werden, sogar auf 80 %. Die Unterschiede beruhen auf der zugrunde gelegten Definition. Beim Kauf, der auf dem Einkaufszettel als „Kaffee" bezeichnet wird, wird die Markenentscheidung erst am POS getroffen. Nur sehr selten werden auf Einkaufslisten Marke, Packungsgröße und Anzahl genau festgelegt. Die Notizen bestehen in der Regel aus allgemeinen Gattungsbegriffen wie Butter, Schokolade, Batterien usw. So gesehen dürfte der Anteil der Käufe, die am POS entschieden werden, tatsächlich sehr hoch sein.

Der „Verführung" des Kunden am POS kommt deshalb eine wachsende Bedeutung zu (KPMG 2003, S. 17). Eine herausragende Rolle spielen die dargebotenen Reize mit starkem Aktivierungspotenzial. Beispiele sind Wühltische, große Einkaufswagen, stimulierende Musik, Displays und Schaufenster (Kroeber-Riel/

Weinberg 2003, S. 414). Der französisch-amerikanische Handelskenner Bernardo Trujillo sprach in seinen Seminaren von Désordre organisé oder Désordre calculé, also organisierter oder kalkulierter Unordnung (Bowlby 2001, S. 164). Impulsivität kann aber nicht nur aus der Reizsituation heraus geschehen, sondern auch Folge psychischer Prozesse sein, z. B. durch Streben nach Genuss. Der Käufer sucht einen Erlebniskauf oder will sich mit Selbstgeschenken verwöhnen (Foscht/Swoboda 2005, S. 158).

Die nachfolgende Tabelle zeigt den Anteil der am POS getätigten Käufe bei der Entscheidung für Haarfärbemittel. Während die Produktart bereits weitgehend zu Hause entschieden ist, wird die genaue Farbwahl in 50 % der Fälle vor Ort getroffen. Das konkrete Produkt entscheidet sich zu zwei Dritteln vor Ort. Hinzu kommt, dass es unterschiedliche Entscheidungsmodelle gibt je nachdem, welches Entscheidungskriterium die Käufer bevorzugen. Es gibt Kunden, die zuerst die Produktart festlegen, dann die Farbnuance und sich anschließend für eine Marke entscheiden. Markenorientierte suchen dagegen zunächst nach ihrer Marke, dann nach Produktart und Farbe.

Entscheidungsobjekt	Am POS entschieden	Zu Hause entschieden
Konkretes Produkt	68 %	32 %
Farbnuance	50 %	50 %
Produktart (Permanent, Intensiv, Tönung)	28 %	72 %

Tab. 2.1: Entscheidungsprozesse beim Kauf von Haarfärbemitteln (Quelle: Wella, in: Konrad 2002, S. 50).

„Die Kaufentscheidung hat sich gegenüber früher verlagert, sie fällt spontan vorm Regal statt vorm Fernseher" sagt Clemens Steckner, Geschäftsführer der GDP, die für den Drogeriemarktbetreiber Rossmann in der Marktforschung tätig ist. Konsequenz dieser Erkenntnis ist die Shopper Research Box. Mit der kleinen Kamera wird das Kundenverhalten am Regal unbemerkt festgehalten. Die Box, die kaum größer ist als ein Buch, lässt sich unauffällig platzieren. Sie nimmt in schneller Folge Fotos auf und erfasst dabei Kundenläufe und Veränderungen in den Regalen (Kapell 2005, S. 19).

2.2.5 Wer beeinflusst den Kunden?

Unser Verhalten als Käufer wird neben den inneren Vorgängen von unserer Umwelt geprägt. Das Verhalten ist nach Lewin eine Funktion von Person und Umwelt $V = f(P,U)$. Man unterscheidet die physische und die soziale Umwelt. Diese werden weiter unterteilt in nähere und weitere Umwelt, die jeweils real oder medial sein können. Von Rosenstiel/Neumann zählen neun Umwelteinflussfaktoren auf (2002, S. 88 ff.), die bei jeder Person in unterschiedlichen Konstellationen vorliegen: Landschaft und Klima, Gemeinde und Wohnung, Kultur und Tradition, Politik und Rechtssystem, Bildung und Erziehung, Arbeit und Freizeit, Familie, Bezugs- und Mitgliedsgruppen, Medien und Technik. Während einige das Verhalten aller Konsumenten im Absatzgebiet beeinflussen, z. B. das Klima, variieren andere von Person zu Person, z. B. Bildung. Hinzu kommt, dass gleiche Reize je nach Kontext unterschiedlich wahrgenommen werden. Ein dynamischer Musik-Spot kann in guter Stimmung mitreißend sein, in schlechter Stimmung dagegen nerven (von Rosenstiel/Neumann 2002, S. 153).

Die nähere und weitere soziale Umwelt werden in der Mikro- und Makrosoziologie betrachtet. Im ersten Forschungsfeld beschäftigt man sich mit kleineren sozialen Einheiten wie Bezugsgruppen und Familien. Bei der Makrosoziologie geht es um größere Einheiten wie Verbände oder Parteien. Ein Spezialbereich ist die Sozialpsychologie, die menschliches Verhalten im sozialen Kontext untersucht (Kroeber-Riel/Weinberg 2003, S. 9 f., 419 ff.). Die soziale Umwelt hat hohe Bedeutung für unser Leben. Menschen wären als isolierte Wesen hinsichtlich der Bewertung ihrer Leistungen sonst extrem unsicher. Wie könnte ein Kind seine Schnelligkeit einschätzen, wenn es keine Wettrennen mit Freunden gäbe? Es ist ein Grundbedürfnis des Menschen, seine Fähigkeiten, Leistungen und Überzeugungen zu vergleichen. Das resultiert auch aus der Notwendigkeit, angemessen auf Situationen zu reagieren (Raab/Unger 2005, S. 30).

Einen wichtigen Einfluss auf den Konsum üben **Bezugsgruppen** aus. Sie haben eine komparative Funktion, d. h., man vergleicht sich mit der Gruppe, und Äußerungen aus der Gruppe haben Einfluss auf unsere Beurteilungen. Darüber hinaus haben die Bezugsgruppen eine normative Funktion, indem sie Normen und Regeln vorgeben. Das Gefühl der Zugehörigkeit ist bis zu einem gewissen Punkt ein biologisches Bedürfnis. Der Mensch kann als Individuum isoliert nicht überleben. Er muss sich so verhalten, dass er aufgenommen und als Mitglied akzeptiert wird (Scitovsky 1989, S. 101). Das Verhalten des Einzelnen hängt häufig mehr vom Bezugsgruppeneinfluss ab als von den individuellen Wünschen, vor allem dann, wenn die eigenen Vorstellungen schwach ausgeprägt sind wie es bei Jugendlichen der Fall ist. Der Bezugsgruppeneinfluss ist besonders von Bedeutung, wenn der Prestigeeffekt hoch ist, z. B. bei sichtbaren Luxusartikeln wie Segelboot oder Golfschläger (Foscht/Swoboda 2005, S. 131). Darüber hinaus ist der Einfluss auf die Markenwahl stärker als auf die Produktwahl (Kroeber-Riel/Weinberg 2003, S. 479, S. 484 ff.).

Ein wichtiges psychologisches Konstrukt, das auf Erziehung und auf Erfahrungen aus unserer sozialen Umwelt beruht, und das unser Verhalten stark beeinflusst, ist das **Prinzip der sozialen Bewährtheit**. Müssen wir uns entscheiden, schauen wir uns gerne an, was andere Menschen in der gleichen Situation tun. Unter zwei Bedingungen funktioniert das Prinzip besonders gut: Bei Unsicherheit und bei Ähnlichkeit der Bezugsperson (Cialdini 2002, S. 205 f.). Im ersten Fall fehlen uns andere Kriterien und wir nutzen die Meinung der Mehrheit als Schlüsselinformation. Die Ähnlichkeit einer Person, mit der wir uns vergleichen, kann darauf beruhen, dass sie aus der gleichen Bezugsgruppe kommt. Sie kann durch äußerliche Merkmale erhöht werden, z. B. Kleidung. Im Handel ist es deshalb sinnvoll, dass der Verkäufer dem Kunden möglichst ähnlich ist. Ein Beispiel zum Prinzip der sozialen Bewährtheit liefert Beck (2004, S. 87 ff.): „Und immer wenn ich dies [zu einer Brezelbude gehen] vor dem Mainzer Bahnhof tue, beobachte ich ein interessantes Phänomen: Vor dem Mainzer Bahnhof stehen zwei Brezelbuden [...], die beide äußerlich völlig gleichwertige Brezeln [...] zu gleichen Preisen verkaufen. Laut der Theorie [...] müsste man jetzt erwarten, dass sich bei gleicher Qualität der Brezeln die Kunden gleichmäßig auf die beiden Brezelbuden verteilen [...]. Tun sie aber nicht. Geht man davon aus, dass die Brezeln an der einen Bude besser sind als an der anderen, erklärt sich dennoch nicht, warum auch Durchreisende, die vor einem Bahnhof die Mehrheit stellen, sich bei der längeren Warteschlange anstellen, obwohl sie dort länger warten müssen. Der Grund ist recht simpel: Wenn ich mich zwischen zwei Angeboten entscheiden muss, deren Qualität ich nicht von vornherein beurteilen kann und deren Verkäufer ich nicht kenne, bietet es sich an, das Angebot zu nehmen, dass die Mehrheit der Kunden wählt". Mit anderen Worten: Der Umstand, dass so viele Menschen sich für dieses spezielle Angebot entscheiden, ist als eine Art Empfehlung für das betreffende Angebot zu werten. Das gleiche Prinzip erklärt, warum man im Sommer häufig beobachten kann, dass in der einen Eisdiele fast alle Tische besetzt sind, und in der nebenan gar keiner. Dieser Qualitätsindikator kann aber auch in die Irre führen. Häufig füllt sich ein Lokal gerade deswegen, weil schon einige Gäste Platz genommen haben ohne dass irgend jemand die Qualität der Angebote vergleichen kann. Umgekehrt berichtet Underhill von einem Ladenmanager, der seinen Angestellten die Anweisung gab, nicht mehr vor dem Laden zu parken, um nicht die Parkplätze der Kunden zu blockieren. Die Konsequenz war, dass der Parkplatz sehr leer wirkte und die Kunden das Gefühl entwickelten, dort gehe keiner hin (Underhill 2004, S. 28). Der Grund für diese Art von Entscheidungsvereinfachung ist, dass es zu aufwändig wäre, alle möglichen Alternativen zu testen. Das gilt auch für viele ökonomische Prozesse, z. B. an der Börse, wo das Phänomen unter dem Stichwort Herding diskutiert wird (Ebering 2005, S. 37). Ein Analyst tut stets gut daran, sich der Mehrheitsmeinung anzuschließen, selbst wenn er überzeugt ist, die Situation besser einschätzen zu können. Liegt er mit seiner Außenseiteransicht richtig, profitiert er kaum davon, da die Branche seinen Erfolg als Glückstreffer abtut. Verschätzt er sich, ist seine Reputation dahin. Heult er dagegen mit den Wölfen, kann ihm nicht viel passieren. Liegen alle daneben, wird die Fehlprognose der allgemeinen Tücke des Marktes zugeschrieben, stimmt die Prognose, heimsen die Experten Lob für ihre gute Arbeit ein (Klein 2004, S. 98).

Das Herding kann auch beim Einkauf eine gute, energiesparende Strategie sein. Bei einem Übermaß an Informationen ist die Nachahmung eine bequeme Methode der Entscheidungsfindung. Hinzu kommt, dass sich durch moderne Kommunikationsmittel praktisch alle Menschen in den Industrieländern zeitnah darüber informieren können, was andere tun, denken und glauben. Wir wissen heute viel mehr darüber was andere denken und tun als früher. Amazon teilt uns mit was andere gekauft haben. Topseller-Listen in den Buchhandlungen informieren uns darüber, was die Mehrheit liest (Bonabeua 2004, S. 37 ff.).

Das Handelsmarketing kann die beschriebenen Effekte nutzen, indem in der Werbung und beim persönlichen Verkauf

- Auf die Mehrheit der Konsumenten hingewiesen wird („OBI Deutschlands Nr. 1" oder „tausendfach bewährt").

- Auf bestimmte qualifizierte Bezugsgruppen hingewiesen wird („Viele Sportvereine aus der Region kaufen ihre Ausrüstung bei uns" oder „Vom Zahnarzt empfohlen").

Abb. 2.11: Wie wir uns an anderen orientieren (Quelle: Punch/Rothco aus Cialdini 2002, S. 158).

2.2.6 Wo kauft der Kunde wie ein?

Viele Autoren glauben, dass die Einkaufsstättentreue höher ist als die Markentreue. Müller-Hagedorn schätzt den Stammkunden-Anteil in Deutschland auf 55 %. Hermann Diller stellte anhand von Panel-Daten fest, dass ein Konsument durchschnittlich 69 % des Bedarfs in einem Supermarkt deckt, immerhin 20 % fließen einer zweiten Einkaufsstätte zu, etwa 7 % der dritten (Müller/Wünschmann 2004, S. 506). Es ist für den Händler demnach äußerst wichtig, die erste Adresse zu sein (Müller-Hagedorn 1999, S. 13 ff.). Allerdings können Einkaufsstätten- und Markentreue nicht isoliert betrachtet werden. Während bei Kaffee die Markentreue stärker ist als die Einkaufsstättentreue, zeigen Paneldaten den umgekehrten Fall bei Konfitüre. Die Einkaufsstättentreue hängt umgekehrt proportional ab von der Markenstärke der Produkte (Diller/Goerdt 2005, S. 1219).

Die **Einkaufsstättenwahl** kann in Anlehnung an den Produktauswahlprozess in mehrere Phasen eingeteilt werden (Heinemann 1976, S. 110 ff.; Bänsch 2002, S. 7 ff.):

1. Erkennen des Bedarfs bzw. Empfinden eines Mangelzustandes.
2. Suche nach Einkaufsstättenalternativen.
3. Bewertung der Alternativen zur Bedürfnisbefriedigung.
4. Entscheidung und Aufsuchen einer Einkaufsstätte.

5. Nachträgliche Beurteilung der Einkaufsstätte (mit dem Ergebnis der Zufriedenheit oder Unzufriedenheit).

Phasen der Einkaufsentscheidung	Kaufverhalten
Erkennen des Bedarfs – Motive zum Aufsuchen einer Einkaufsstätte	Man will etwas kaufen. Man will bummeln. Man will Abwechslung.
Informationssuche zur Ermittlung alternativer Einkaufsstätten	Man hat bereits Erfahrungen. Man wird aufmerksam durch Werbung. Jemand empfiehlt einen Laden.
Bewertung der Einkaufsstätten	Ist in der Nähe. Ist preisgünstig. Hat große Auswahl.
Wahl und Aufsuchen einer Einkaufsstätte	Man kauft in einer oder in mehreren Einkaufsstätten. Man kauft alles oder nur bestimmte Produkte in einem Laden.
Ergebnis	Man ist zufrieden. Man geht wiederholt in das Geschäft.

Abb. 2.12: Phasen der Einkaufsstättenwahl und Kaufverhalten (Quelle: Schmitz/Kölzer 1996, S. 57).

Es handelt sich um einen idealtypischen Ablauf. Ob alle Phasen durchlaufen werden, hängt von der Entscheidungssituation ab. In der Praxis des Kaufverhaltens spielen so profane Dinge wie die wahrgenommene Entfernung (Nearest-Center-Hypothese) eine wichtige Rolle bei der Einkaufsstättenwahl (Müller-Hagedorn 2005, S. 165 ff.; Heinritz/Klein/Popp 2003, S. 135). Gerade beim täglichen Bedarf kann die Nähe bei ähnlich gut beurteilten Alternativen das entscheidende Kriterium für die Wahl der Einkaufsstätte sein. Letztlich wird die Einkaufsstättenwahl immer eine Nutzenüberlegung darstellen, die Kriterien wie Zufahrts- und Parkmöglichkeiten, Preisniveau, Angebot, Qualität der Ware und Kompetenz des Verkaufspersonals mit einschließt (Heinritz/Klein/Popp 2003, S. 138). Kuß/Tomczak (2004, S. 149) halten folgende **Einflussfaktoren** für zentrale Kriterien **der Einkaufsstättenwahl:**

- Standort und Erreichbarkeit des Geschäftes.
- Sortiment in Breite und Tiefe.
- Preisniveau.
- Persönliche Beratung und Service.
- Atmosphäre des Geschäfts.

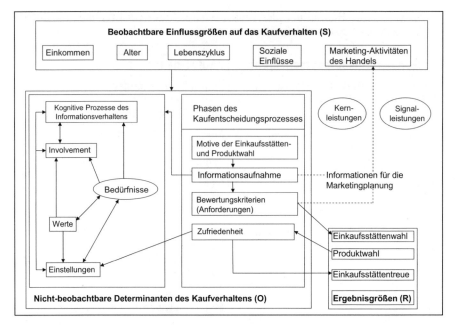

Abb. 2.13: Einkaufsverhaltensmodell im Handel (Quelle: Schmitz/Kölzer 1996, S. 62).

Bei der Vorstellung, die Beurteilung einer Entscheidungsalternative würde aufgrund des Abgleichs verschiedener Merkmale entstehen, wird implizit davon ausgegangen, dass die Merkmale voneinander unabhängig sind. Die Verhaltensforschung weist aber häufig **vereinfachte**, schematische **Entscheidungen** nach. Die wichtigsten Effekte sind (Kroeber-Riel/Weinberg, in: Morschett 2002, S. 141 f.):

- Nutzung von Schlüsselinformationen: Diese Schlüsselinformationen (information chunks) sind Informationen, die für die Beurteilung besonders wichtig sind, z. B. der Preis oder die Marke.
- Irradiation: Von einem Einzeleindruck wird auf einen anderen geschlossen. So wird häufig von der Marke auf die Qualität geschlossen.
- Halo-Effekt: Vom Gesamturteil wird auf Einzeleigenschaften geschlossen. Wer von Aldi überzeugt ist, überträgt dieses Vertrauen auf die dort angebotenen Produkte.

Darüber hinaus wird die Auswahl oft dadurch vereinfacht, dass so lange Produktalternativen ausgesondert werden, bis nur noch eine übrig bleibt. Beispielsweise wird beim Kauf von Wein erst nach dem Anbaugebiet sortiert, der Konsument präferiert französischen Burgunder, dann wird eine mittlere Preislage gewählt. Weitere Vereinfachungen sind dadurch möglich, dass (Kroeber-Riel/Weinberg 2003, S. 393)

- Nur eine geringe Zahl von Eigenschaften und eine geringe Alternativenzahl in Betracht gezogen werden.
- Eigene Auswahlentscheidungen durch Empfehlungen der Umwelt ersetzt werden.

- Dem Anspruchsniveau entsprechend die nächstbeste Alternative gewählt und der Auswahlprozess abgebrochen wird.

Die Abb. 2.14 zeigt einen möglichen Auswahlprozess für die Wahl einer Einkaufsstätte. Der Kunde wägt dabei ab, ob es sich lohnt, einen anderen als den nächst gelegenen Laden aufzusuchen. Das ist dann der Fall, wenn dort große Preisnachlässe oder außergewöhnliche Services geboten werden.

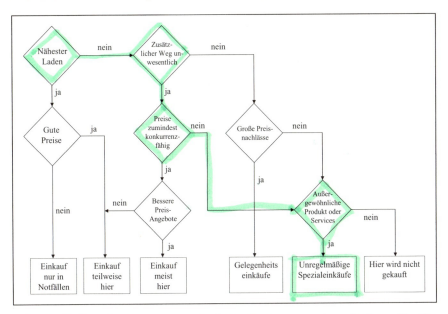

Abb. 2.14: Entscheidungsprozess bei der Evaluierung eines Ladens (Quelle: Sheth/Mittal/Newmann, in: Foscht/Swoboda 2005, S. 182).

Der Rückgriff auf Daumenregeln (Heuristiken) erfolgt dann, wenn unsere kognitiven Kapazitäten nicht ausreichen, alle Alternativen abzuwägen oder der Aufwand dafür zu groß wäre. Eine sehr ausführliche Betrachtung von möglichen Entscheidungsheuristiken findet sich bei Kuß/Tomczak (2004, S. 125 ff.).
Komplexe Totalmodelle des Einkaufsverhaltens stammen von Blackwell/Miniard/Engel und von Howard/Sheth. Bei diesen Modellen wird eine Fülle von externen und internen Einflussfaktoren berücksichtigt. Aufgrund ihrer Komplexität und der damit verbundenen mangelnden empirischen Überprüfbarkeit sowie Praktikabilität wird auf ihre Darstellung verzichtet (die Modelle finden sich u. a. bei Schramm-Klein 2003, S. 48 ff.; Kroeber-Riel/Weinberg 2003, S. 373 ff.).

Zum Abschluss der Erklärungsansätze zum Käuferverhalten – und bevor ich zu dem handelsspezifischen Marketinginstrumentarium komme – werden Sie sich vielleicht fragen, was nützen denn nun die ganzen Erläuterungen?

Jede der vorgestellten Theorien, ob kognitive Dissonanz, Involvement oder soziale Umwelt, kann helfen, das Verhalten der Kunden zu verstehen. Dabei gibt es nicht den einen, universellen Erklärungsansatz. Dafür sind die Individuen und die Situationen, in denen sie handeln, zu unterschiedlich. Ich denke, jeder der sich mit Handelsmarketing beschäftigt, sollte versuchen, so viel Anregungen wie möglich mitzunehmen und diese umsetzen. Es sind oft nur kleine Veränderungen. In der Summe können Sie aber große Wirkung entfalten. Die aus meiner Sicht wichtigsten Gedanken habe ich als eine Art Zusammenfassung ans Ende jedes Kapitel gestellt. Sie können durchaus zu einem anderen Schluss kommen.

Folgende Anregungen aus Kap. 2.2 halte *ich* für wichtig:

- Die Konsumenten durchleben vor, während und nach dem Kauf Konflikte.
  - Vor und während des Kaufs können Händler Entscheidungshilfen anbieten, z. B. unterstützende Informationen (Testberichte, Erfahrungsberichte, Qualitätssiegel usw.) oder mit Garantien das Risiko senken.
  - Nach dem Kauf tritt häufig kognitive Dissonanz auf. Sie kann durch Bestätigung abgebaut werden („Herzlichen Glückwunsch, Sie haben eine gute Wahl getroffen").
- Vertrauen zum Unternehmen ist die wirkungsvollste Maßnahme, um das Kaufrisiko des Kunden zu senken.
- Die wenigsten Käufe sind wirklich geplant. Der Händler hat die Möglichkeit, durch aktivierende Reize den Kunden beim Einkauf zu steuern. Er bestimmt zum größten Teil was der Kunde letztlich in den Wagen packt!
- Die Konsumenten leben in einem sozialen Umfeld, das ihr Kaufverhalten deutlich beeinflusst. Der Hinweis auf Bezugsgruppen und Mehrheiten kann absatzfördernd wirken.
- Da wir Mehrheiten vertrauen, sind frequenzsteigernde Maßnahmen psychologisch sinnvoll.

Weiterführende Literaturhinweise:

Bänsch, A. (2002): Käuferverhalten, 9. Aufl., München u. a.
Foscht, Th./Swoboda, B. (2005): Käuferverhalten, 2. Aufl., Wiesbaden.
Kuß, A./Tomczak, T. (2004): Käuferverhalten, 3. Aufl., Stuttgart.
Schmitz, C.A./Kölzer, B. (1996): Einkaufsverhalten im Handel, München.
Trommsdorff, V. (2004): Konsumentenverhalten, 6. Aufl., Stuttgart.

Meine Empfehlung:

Kroeber-Riel, W./Weinberg, P. (2003): Konsumentenverhalten, 8. Aufl., München.
Meiner Meinung nach immer noch das Standardwerk zum Konsumentenverhalten.

2.3 Weitere Erklärungsansätze für das Käuferverhalten

2.3.1 Verhaltensbiologische Ansätze

In jüngster Zeit mehren sich die Befürworter der These, dass wir vor allem durch unser limbisches System im Gehirn gesteuert werden. Es ist entwicklungsgeschichtlich wesentlich älter als das Kleinhirn, das uns von den Tieren unterscheidet. Die These wird mit dem Hinweis untermauert, dass bis heute etwa 98,5 % unserer Gene mit denen der Schimpansen übereinstimmen (Häusel 2002a, S. 28; Zaltman 2003, S. 28). Nach Meinung vieler Autoren erfüllt unser Einkauf immer noch die gleichen Funktionen wie das Jagen und Sammeln unserer Urahnen (Häusel 2002a, S. 168). Wenn diese Annahmen stimmen, würde das bestätigen, dass der Mensch – wie bereits erwähnt – wesentlich durch sein Unterbewusstsein gesteuert wird. Demnach sollte man sich mehr auf Erkenntnisse durch Verhaltensbeobachtung verlassen, als auf das, was bewusst als Verhaltensursache genannt wird. Das Beobachten von Kunden kann eine Menge über Ihr Inneres aussagen. Der Händler sollte sich einmal in Ruhe in den Laden stellen und beobachten, wie sich die Kunden bewegen, wie Sie Informationen suchen und wie sie interagieren. Andererseits wäre es gefährlich zu glauben, dass man Kunden ausschließlich dadurch verstehen kann, dass man ihr Verhalten beobachtet. Schließlich muss das Verhalten noch interpretiert werden. Das kann, muss aber nicht funktionieren (Zaltman 2003, S. 130).

> Über das was die Leute wirklich fühlen und denken, sagen ihre Handlungen mehr aus als ihre Worte (Cialdini 2002, S. 111).

Aufgrund der unbewussten Steuerung lassen wir uns leicht blenden. Verschenken Sie Aldi-Wein mit Angabe eines Chateau (= Tradition, Würde) in einer schweren Holzkiste (= Pretiose, braucht Schutz) mit Holzstreben (= sehr wertvoll, braucht Extraschutz) an einen Freund, der sich nicht auskennt (und dessen Freunde sich auch nicht auskennen). Sie können das Spiel auf die Spitze treiben und vor dem Verpacken auf jedes Etikett eine Nummer drucken und die Hälse in flüssiges Wachs tunken. Der Respekt des Beschenkten wird so groß sein, dass er es nie wagen wird, eine Flasche anzurühren. „Selbst Experten trampeln wie Trottel in die ewig gleichen psychologischen Fallen" (Willmann 2004, S. 43).

Verhaltensbiologische Experimente zeigen, dass Tiere ähnliche Entscheidungen treffen wie Menschen. Wird zwei Alternativen eine dritte hinzugefügt, verändern sich die Entscheidungen, obwohl sich an den eigentlichen Objekten nichts ändert. Bietet ein Fahrradhändler zwei Fahrräder zum Preis von 499 Euro und 299 Euro, wird häufiger das günstigere Rad gewählt. Bietet er darüber hinaus ein Produkt zu 699 Euro, verschiebt sich die Wahrscheinlichkeit hin zu dem mittleren Preis. Die Erklärung dafür dürfte eine relative Wertskala sein, in diesem Fall wird der goldene Mittelweg gewählt. Interessant ist, dass solche „irrationalen" Entscheidungen auch bei Tieren nachgewiesen werden können, was darauf schließen lässt, dass diese Strategien Vorteile haben müssen, ansonsten wären sie im Laufe der Evolution verschwunden. Ebenfalls nachgewiesen werden konnte, dass schwer zu erreichendes Futter für die Tiere attraktiver wird. Was man nur mit großer Anstrengung erhalten kann, wird als wertvoller empfunden. Auch dieses Verhalten hat sich offenbar in der Natur bewährt als Methode zur Kalkulation von Gewinnchancen (Grötker 2003, S. 33). Der Mensch setzt solche Prinzipien zum Teil abstrakt um. Gold hat keinen objektiven (Nutz-)Wert. Erst seine Knappheit macht es so begehrt. Dass auch wir Kunden auf solche Bedingungen reagieren, lässt sich bei Rabattaktionen beobachten. Modeketten wie Zara und H&M bauen Begehrlichkeit auf, indem sie sich über schnell drehende Sortimente mit bewusst limitiertem Angebot definieren (KPMG 2003, S. 18). Auf das so genannte Knappheitsprinzip wird in Kap. 3.4 näher eingegangen.

Diese Erkenntnisse werfen die Frage auf, ob unser Verhalten angeboren oder erlernt ist. Die Antwort ist weder ja noch nein weil menschliches Verhalten durch Wechselwirkungen zwischen Erbanlagen und Umweltfaktoren geprägt ist. Grundlegende Ausdrucksweisen wie Lachen und Weinen sind angeboren, sie werden aber auch durch Lernprozesse der jeweiligen Umwelt angepasst (Behrens 1995, Sp. 2555).

Die **Hirnforschung** mit ökonomischem Hintergrund (Neuroökonomie) hat in den letzten Jahren einen deutlichen Aufschwung erlebt. Sie nutzt Kenntnisse der physiologischen Psychologie (Zusammenhänge des zentralen Nervensystems und Verhalten), der Neuropsychologie (aus Störungen der Hirnfunktionen wird auf den Zusammenhang mit dem Verhalten geschlossen) und der Evolutionspsychologie (unser Verhalten wird aus dem Blickwinkel unserer Stammesgeschichte betrachtet) für wissenschaftliche und praktische Fragestellungen (Raab/Unger 2005, S. 244 f.). Das Gehirn wird in Kortex und Subkortex eingeteilt. Der Kortex (Großhirnrinde) umfasst die äußeren Zonen des Gehirns und ist Träger der gedanklichen Vorgänge im Gehirn. Der Subkortex umfasst mit Zwischenhirn, Kleinhirn und Stammhirn die inneren Teile. Hier finden die Aktivierungsprozesse statt, die unser Verhalten antreiben. Dabei sind zu erwähnen (Kroeber-Riel/Weinberg 2003, S. 55 f.):

- Die Formatio Reticularis, ein Neuronenverband im Hirnstamm, der insbesondere für die allgemeine Aktivierung des Organismus verantwortlich ist.
- Der Hypothalamus, der Emotionen und Motivationen reguliert, die durch innere Reize wie Hormone oder Blutzucker ausgelöst werden.
- Das Limbische System, wo Emotionen und Motivationen verarbeitet werden, die durch externe Reize ausgelöst wurden.

Die Erwartungen an neue Erkenntnisse durch das Beobachten von Gehirnströmen waren sehr groß. Inzwischen ist man zu realistischeren Einschätzungen gelangt. Dennoch bieten sich neue Möglichkeiten, z. B. kann ermittelt werden, welche Gehirnregionen bei welchen Entscheidungen aktiv werden. Es bleibt auch bei dieser Form der Beobachtung das Problem der Interpretation, die Frage nach dem Warum. Einen guten Überblick über die künftigen Möglichkeiten der Neuroökonomie (Analyse des Nervensystems zur Beantwortung von wirtschaftlichen Fragestellungen) geben Ahlert/Kenning (2006).

Zum Einkaufsverhalten von Frauen und Männern

Mehr als die Hälfte der Deutschen sind Frauen, und im Marketing wird davon ausgegangen, dass etwa 80 % aller Kaufentscheidungen durch Frauen getroffen oder stark beeinflusst werden (Jaffé 2005, S. 103). Dass Frauen und Männer verschieden sind – was gelegentlich immer noch abgestritten wird – zeigt schon die Tatsache, dass 4/5 der Verkehrssünder in der Flensburger Kartei Männer sind. Während die Frauen die Kleidergrößen ihrer Männer kennen, kennen diese die ihrer Frauen nicht, und oft nicht mal ihre eigenen (Underhill 2004, S. 66).

> Die Frau als Käufer ist von großer Bedeutung. Ihre hohen Anforderungen, oder der Mangel daran, entscheiden über die Qualität der angebotenen Produkte. Die Frau bestimmt somit unseren Lebensstandard (Bowlby 2001, S. 130).
> Shopping wird in den meisten Fällen, um es auf den Punkt zu bringen, als Frauensache bewertet (Hellmann 2005, S. 21).
> Can a guy love a mall? The short answer is no. At least they don't love it the way women do (Underhill 2004, S. 126).

Häusel (2004, S. 113 ff.) führt das unterschiedliche Verhalten von Frauen und Männern auf biologische Ursachen zurück. Das Gehirn ist anders aufgebaut, und die abweichende Verteilung der Hormone bewirkt, dass Frauen im Durchschnitt (Ausnahmen gibt es sehr wohl) ein eher fürsorgliches Verhalten an den Tag legen. Sie interessieren sich mehr für den „Nestbau" (Einrichtung und Wohnen) und sind für die Versorgung der Familie zuständig. 70 % der Lebensmitteleinkäufe werden von Frauen erledigt. Eine andere mögliche Erklärung liefert unsere Entwicklungsgeschichte. Frauen waren früher für das Nahrungssammeln zuständig und aus Erziehungsperspektive könnte das Einkaufen eine frühe Form der Emanzipation sein. Der Einkauf in den neu errichteten Warenhäusern war gegen Ende des 19. Jahrhunderts eine der wenigen Tätigkeiten, die Frauen alleine und selbstbestimmt ausüben durften.

Underhill (2000, S. 102 ff.) hat beobachtet, dass Männer schneller laufen, schneller kaufen und sich kaum etwas anderes ansehen als das, was sie tatsächlich kaufen wollen. Beim Postkartenkauf schaut *sie* sich dagegen jede Karte einzeln an. 65 % der Männer, die etwas anprobieren, kaufen etwas davon, bei Frauen beträgt der Anteil nur 25 %. Männer empfinden Einkaufen überwiegend als lästige Pflicht. Sie überlegen sich deshalb vorher genau, was sie einkaufen wollen, um nicht mehr Zeit als nötig zu investieren. Frauen gehen dagegen nicht selten ohne klare Vorstellungen einkaufen (Hellmann 2005, S. 23). Häusel kommt bei seinen Untersuchungen zu dem Ergebnis, dass die Verweildauer von Männern in Verbrauchermärkten um 30 % geringer ist als die der Frauen (Häusel 2002a, S. 169). Beim Einkaufsbummel am Wochenende zeigt sich: Männer jagen ihre Beute punktgenau und wollen die erlegte Ware so schnell wie möglich heimschaffen, wo Sie ihren eigentlichen Interessen nachgehen können. Frauen dagegen wollen in aller Ruhe probieren, vergleichen, sich inspirieren lassen und genießen (Kettl-Römer 2004, S. 19).

2.3 Weitere Erklärungsansätze für das Käuferverhalten

	Frauen	Männer
Einkaufsdauer		
Unter 30 min.	41 %	63 %
30 bis 60 min.	38 %	26 %
Mehr als 60 min.	21 %	11 %
Einkaufsplanung		
Mit Einkaufszettel	50 %	30 %
Einkäufe merken	25 %	27 %
Keine Planung	13 %	23 %
Neigung zu Spontankäufen	52 %	40 %
Beachtung von Instore-Maßnahmen	83 %	68 %

Tab. 2.2: Einkaufsverhalten von Frauen und Männern im Vergleich (Quelle: Unternehmensgruppe Wiesbaden, in: o.V. 2004, S. 12 ff.).

Eine unterhaltsame Demonstration strahlte RTL mit Moderator Günther Jauch im November 2005 aus. Mehreren Männern und Frauen (jeweils Paare) wurden je 100 Euro für den Kauf einer Jeans zur Verfügung gestellt, anschließend wurde der Einkaufsweg mit Hilfe eines GPS-Systems beobachtet. Im Film wird das unterschiedliche Verhalten dokumentiert. Der erste Mann geht in einen Laden, probiert zwei Hosen an und kauft. Für den Einkaufsvorgang legt er 152 m zurück und benötigt 19 Minuten. Seine Frau sucht fünf Läden auf, legt 577 m zurück und braucht 54 min, das ist fast dreimal so lange. Im zweiten Fall besucht der Mann zwei Läden, seine Frau dagegen acht, in denen sie 35 Hosen anprobiert. Fündig wird sie nicht. Im dritten Beispiel besucht der Mann drei Läden und vergleicht sieben Jeans, sie sucht dagegen 13 Läden auf und probiert 66 Paar! Auf die Frage, ob sie denn nun hundertprozentig sicher sei, dass es jetzt die Richtige ist, antwortet sie dem Interviewer: „ich weiß es nicht so wirklich, also es kann sein, dass ich sie vielleicht morgen zurückbringe". Das hier geschilderte Bedürfnis von Frauen, zu vergleichen und auszuprobieren, ist auch der Grund dafür, dass in den meisten Shopping-Centern fünf und mehr Schuhanbieter zu finden sind.

	Aufgesuchte Läden	Zurückgelegte Entfernung	Einkaufsdauer
1. Paar			
Mann	1	152 m	19 min
Frau	5	577 m	54 min
2. Paar			
Mann	2	420 m	27 min
Frau	8	1.200 m	117 min
3. Paar			
Mann	3	585 m	21 min
Frau	13	3.260 m	280 min

Tab. 2.3: Einkaufswege von Männern und Frauen beim Kauf einer Jeans (Quelle: RTL, Günther Jauch, 6. November 2005).

Ein Grund für das unterschiedliche Einkaufsverhalten sind die Vorlieben für bestimmte Produktgruppen. Frauen kaufen lieber im Shopping-Center, weil dort vor allem Produkte für Frauen verkauft werden: Kleidung, Schuhe, Kosmetik. Die Männer bevorzugen die grüne Wiese und gehen zu Media-Markt oder in den Baumarkt. Männer mögen es auch nicht, fragen zu müssen. Psychologisch gesehen ist dieses Verhalten ein Nicht-Eingestehen-Wollen von Schwäche. Im Telekom-Laden kann man beobachten, dass Frauen gezielt zur Theke gehen, während Männer sich lieber mit Informationsmaterial versorgen. In einer empirischen Studie im Elektrofachhandel ließen sich die Frauen signifikant häufiger beraten als die Männer (Silberer/Mau 2005, S. 346).

Selbst die Reihenfolge des Einkaufsprozesses variiert mit dem Geschlecht. In einem größeren Sportgeschäft beobachteten Mitarbeiter der Gruppe Nymphenburg Männer und Frauen. 50 % der Jogging-Anfängerinnen begannen den Einkauf in der Abteilung mit Sport-Tops und -Shirts. Der nächste Weg führte zu den Jogging-Hosen, wo sehr viel Zeit damit verbracht wurde, die Hosen und Shirts farblich aufeinander abzustimmen. Erst dann ging es in die Schuhabteilung. Auch hier wurde auf die farbliche Harmonie größten Wert gelegt, die funktionalen Unterschiede (Beschaffenheit der Sohle, Schrittdämmung usw.) interessierten nur am Rande. Bei den Männern suchten 100 % (!) zuerst die Schuhabteilung auf. Zwar spielten modische Aspekte auch eine Rolle, wichtiger waren aber die funktionellen Merkmale (Häusel 2004, S. 123 f.).

Die Einkaufszeit von Frauen nimmt ab, wenn sie von Männern begleitet werden, da sie sich unter Druck gesetzt fühlen. In Boutiquen sollte deshalb eine Sitzecke für Männer eingerichtet werden mit TV-Gerät, wenn möglich mit Sportkanal. Sinnvoll wäre auch ein Standort neben einem Computerladen. Underhill (2004, S. 131) empfiehlt Shopping-Centern eine Art Kundenlounge mit Bar, TV und PC's wo die Männer zum Warten abgegeben werden können. Das Alsterhaus in Hamburg verfügt über eine Lounge mit Großbildschirm auf dem das Programm von n-tv läuft. Eine andere Möglichkeit ist, die Frauen zum Einkauf ohne Männer zu bewegen. Meine Frau wurde von einem regionalen Händler zu einem Sektfrühstück eingeladen und explizit aufgefordert, eine Freundin mitzubringen (und nicht mich).

> Verkaufspsychologisch ist das oberste Ziel, den Mann ruhig zu stellen (Underhill 2004).
> In der Globetrotter-Filiale-Berlin gilt der Technikbereich als „Männergarten". Hier geben Frauen ihre Männer ab, um ungestört in die Textilzone zu gehen (Borg 2004, S. 13).
> Und welche Frau kennt das nicht? Wann immer ich unterwegs „schnell" noch einige Lebensmittel einkaufen möchte und mein Partner dabei ist, werde ich durch die Gänge gescheucht, als hätte mein letztes Stündlein geschlagen (Jaffé 2005, S. 283).

Aber auch die Männer leiden, wenn sie mit Frauen einkaufen müssen. Bowlby (2001, S. 119 ff.) beschreibt ausführlich die erstmals 1960 veröffentlichte Geschichte von Rupert, der mit seiner Mutter anlässlich des Winterschlussverkauf in ein Warenhaus geht. Für ihn ist es die Einführung in das Leben der Männer an der Seite ihrer einkaufswütigen Frauen. Das Einkaufen ist ein Mysterium, in dem die Männer hilflose Opfer sind. Rupert hat seine Mutter noch nie so aufgeregt gesehen. Es muss etwas sehr wichtiges hier im Warenhaus stattfinden. Am Ende sagt er seinem Vater, er müsse nächstes Mal mitgehen und sein Vater antwortet: „Was für schreckliche Dinge du da sagst, ich hätte viel zu viel Angst vor all diesen Frauen".

Je weniger Zeit die Frauen für den Einkauf haben, und je mehr Aufgaben sie übernehmen müssen, desto stärker wird sich das Einkaufsverhalten an das der Männer angleichen. Beim PC-Kauf und beim Surfen scheint bereits ein Rollenwechsel stattgefunden zu haben. Sie kauft gezielt online, während er surft. Sie kauft einen funktionalen PC, während er Stunden mit dem Studium technischer Komponenten verbringt. In einer Studie des Gottlieb Duttweiler Instituts Zürich wird darauf hingewiesen, dass das Einkaufsverhalten der Frauen während der Woche eher dem der Männer ähnelt, da sie ihre Einkäufe oft in der Mittagspause oder nach Büroschluss erledigen müssen (GDJ 2003).

Obwohl man den Eindruck haben muss, dass im Handel nur ungenügend auf die spezifischen Bedürfnisse der Geschlechter eingegangen wird, sind die Unterschiede im Einkaufsverhalten schon lange bekannt. Das folgende Zitat stammt von Otto Kitzinger, der sich 1928 in einer Schrift zu Problemen des Warenhauses dazu äußerte: „Die Männer, die doch zum größten Teil in angestrengter Berufstätigkeit die meisten Stunden des Tages verbringen, sind sparsamer in ihrer Zeit und verlangen deswegen vor allem eine schnelle und sachliche Bedienung. Bevor sie von ihrem schwer erworbenen Geld [...] etwas ausgeben, überlegen sie sich schon, wie hoch die Ausgabe sich belaufen darf, und in ganz, ganz großen Zügen gesehen, was sie sich kaufen wollen. Es wird beim Mann höchst selten vorkommen, dass er auszieht, um einen Schuh zu erobern, dass er aber nicht mit einem Schuh, sondern mit einem Buch nach Hause kommt. Der Mann sucht daher meines Erachtens sehr gern mit Vorliebe ein Geschäft auf, das in dem Artikel, den er erwerben will, und zwar nur in diesem Artikel, eine große Auswahl bietet. Er wünscht, dass beim Einkauf nicht zuviel Zeit beansprucht wird und er deswegen schnell an das Lager gelangt, in dem seine Waren verkauft werden. Er legt keinen großen Wert auf eine komfortable Ausgestaltung des Verkaufsraums, da er ungern dort seine Zeit vertrödelt [...] Ganz anders ist meines Erachtens die Frau psychologisch als Käuferin zu beurteilen. Wenn es sich nicht gerade um Lebensmittel oder Markenartikel handelt und der Einkauf in eine Tageszeit fällt, wo die Frau, sei es beruflich oder als Hausfrau, stark in Anspruch genommen ist, so wird sie immer gern auch Waren besichtigen, zu deren Erwerb sie nicht gekommen ist. Aber es ist die Möglichkeit, durch Vorzeigen und Ausstellen solcher Ware, in einer Frau den Wunsch zu späterem Besitz in verstärktem Maße zu wecken. Sie hat Zeit, sich in Geschäften aufzuhalten, sucht auch dort Zerstreuung und Komfort und lässt sich ganz gern in lange Unterhaltungen mit den Verkäufern ein. Wahl bedeutet ihr vielfach keine Qual, sondern eine angenehme Abwechslung" (FfH 2003, S. 9 f.).

Ein Beispiel frauenspezifischer Angebote im deutschen Einzelhandel ist das Partnerkonzept von Karstadt und Beate Uhse. Mit einem dezenter gestalteten Katalog konnte der Frauenanteil unter den Kunden von 20 % auf 50 % gesteigert werden. Da die Frauen die Läden dennoch nicht besuchten, wurde Mae B. entwickelt, eher ein Wäsche- und Geschenkladen als ein Sexshop. 2004 eröffneten erste Läden in Hamburg. Ein anderes interessantes Beispiel schildert Häusel (2004,

S. 206). Seit Jahren diskutierte man in einer Schuhfilial-Kette, ob man eher nach Modestilen oder nach Größen präsentieren sollte. Beides wurde ausprobiert mit wechselndem Erfolg. Der Fehler lag darin, dass die Ware immer nach dem gleichen Prinzip angeordnet wurde. Als optimal erwies sich dagegen folgende Präsentation:

- In der Damenabteilung werden 70 % der Artikel sortiert nach Stil und Mode und 30 % nach Größen (Bequemschuhe und traditionelle Stilrichtungen).
- In der Herrenabteilung werden 80 % nach Größen präsentiert und nur 20 % nach Stilrichtungen.

Jaffé (2005, S. 235) empfiehlt den meist männlichen Entscheidungsträgern, Frauen aus unterschiedlichen Lebenssituationen während ihres typischen Tagesablaufs zu befragen und zu beobachten, um sie besser verstehen zu können. Weiter weist Jaffé darauf hin, dass Marktforschungsergebnisse, die nachweisen, dass technische Produkte meist von Männern gekauft werden, vielleicht auch dadurch zustande kommen, dass die spezifischen Belange der Frauen in unseren Technikmärkten nicht genügend berücksichtigt werden (Jaffé 2005, S. 206 f.).

Die gleiche Autorin nimmt den Männern auch die Illusion, sie hätten bei den für Frauen wichtigen Entscheidungen echte Mitspracherechte. Die moderne Frau hat zwei Möglichkeiten, uns das vorzugaukeln: Sie hat sich die Renovierung der gesamten Wohnung in den Kopf gesetzt. Heimlich beginnt sie, stapelweise Möbelkataloge und Einrichtungszeitschriften nach Gestaltungsideen zu durchforsten. Sie berät sich mit Freundinnen und erkundet das Angebot in Einrichtungshäusern oder Baumärkten. Sobald sie sich entschieden hat, unterbreitet sie ihrem noch nichts ahnenden Partner ihren Plan. Die meisten Männer verlassen sich auf den Geschmack ihrer Frauen. Er nickt ihren „Vorschlag" ab und leistet damit seinen Anteil an der „gemeinsamen Entscheidung". Die zweite Variante enthält die Überrumpelungstaktik. Sie teilt ihm beiläufig beim Frühstück mit, dass sie festgestellt hat, die Couchgarnitur sei an einigen Ecken schon etwas zerschlissen und müsste daher irgendwann ausgetauscht werden. Er stimmt dieser scheinbar belanglosen Aussage zu. Was er zu diesem Zeitpunkt noch nicht weiß, ist, dass er ihr damit seine Zustimmung zu einem konkreten Kauf gegeben hat, den sie unverzüglich in Angriff nimmt (Jaffé 2005, S. 215 f.).

Weiterführende (zum Teil sehr unterhaltsame) Literaturhinweise zu den Unterschieden zwischen Mann und Frau:

Brühl, K./Westphal, S. (2005): Studie Megatrend Frauen, www.zukunftsinstitut.de
Evat, C. (2005): Männer sind vom Mars, Frauen von der Venus, München.
GDI (2003): Die Zukunft der Frau, Zürich.
Gray, J. (1999): Männer sind anders, Frauen auch, München.
Pease, A./Pease, B. (2000): Warum Männer nicht zuhören und Frauen schlecht einparken, München.

Meine Empfehlung:

Jaffé, D. (2005): Der Kunde ist weiblich, Berlin.
Eine umfassende Betrachtung, gut verständlich, aber überwiegend aus industrieller, produktorientierter Sicht.

2.3.2 Familienzyklus und Kindermarketing

Es spricht vieles dafür, in einigen wichtigen Warengruppen des Handels eher den Haushalt als das Individuum als Zielgruppe zu betrachten. Konsum und Kaufentscheidung erfolgen heute häufig gemeinsam in der Familie (Kroeber-Riel/Weinberg 2003, S. 440). Die folgende Abbildung zeigt den Einfluss von Familie und Individuum in den wichtigsten Warengruppen des Einzelhandels.

Warengruppe	Einkaufsentscheidung eher durch Individuum	Einkaufsentscheidung eher in der Familie
Lebensmittel und Drogerie		X
Bekleidung	X	
Do-it-yourself	X	X
Consumer Electronics	X	X
Möbel		X

Abb. 2.15: Zusammenhang zwischen Warengruppe und Einkaufsverhalten

In den Fällen, in denen die Familie die Entscheidung dominiert, ist der Familienzyklus ein besserer Ansatzpunkt für die Erklärung des Konsumverhaltens als die üblichen soziodemographischen Merkmale wie Alter und Einkommen. Die folgende einfache Einteilung findet sich bei Kroeber-Riel/Weinberg (2003, S. 450):

- Phase I: Unverheiratet, jung.
- Phase II: Verheiratet, mit jungen Kindern.
- Phase III: Verheiratet, mit älteren Kindern.
- Phase IV: Verheiratet, ohne Kinder (aus dem Haus).

Es gibt inzwischen differenziertere Einteilungen, die u. a. Paare ohne Kinder berücksichtigt, z. B. die GfK-Familien-Lebenswelten.

Zu erwähnen ist noch der Einfluss der Kinder auf die Kaufentscheidungen der Familie, der in unserer demokratischen Gesellschaft zunimmt. Kinder sind, wie Frauen, oft die Anreger. Sie äußern Wünsche, die eine Entscheidung auslösen und dann zum Kauf führen (Kroeber-Riel/Weinberg 2003, S. 469). Der Handel kann Kinder und Jugendliche ansprechen, um Wünsche anzuregen. Durch eine Diskussion in der Familie ist der erste Schritt im Kaufprozess bereits getan. Mit zunehmendem Alter wächst der Einfluss der Jugendlichen bei der eigentlichen Produktwahl, z. B. bei PC, Auto oder Hifi-Anlage.

Anmerkungen zum Einkaufsverhalten von und mit Kindern

Unsere Kinder (6-9 Jahre) verfügen über etwa 5,8 Mrd. Euro, das sind 989 Euro pro Jahr und Kind (Kids-Verbraucheranalyse 2004). Die Marketingliteratur beschäftigt sich mit Kindern schon seit der Zwischenkriegszeit. 1939 wurde in einem britischen Handbuch darauf hingewiesen, dass es sich lohnt, sich um die

Kinder zu kümmern, da auch die Eltern kommen und kaufen. Allerdings wissen die Kinder genau was sie wollen, sind immer auf der Suche nach Neuem „and want good value for money" (Bowlby 2001, S. 128). Viele Einzelhändler haben intuitiv verstanden, dass sie die Kinder beschäftigen müssen, wenn sie mit den Erwachsenen Geschäfte machen wollen. Spielecken, Fernseher und Malbücher sollen beruhigend wirken. Ikea ist in dieser Hinsicht vorbildlich. Das Kinderland hat eine große Anziehungskraft und im Restaurant gibt es kostenlose Babynahrung. Auch die anderen Möbelhäuser in unserer Region stehen dem nur wenig nach. Sowohl Porta, Tejo als auch Möma haben Fernseher, Ballecke und Rutsche. In zwei Fällen wird Betreuung angeboten. Die Folge ist, dass wir unsere Kinder problemlos mitnehmen können. Als Familienvater würde ich mir auch in anderen Branchen ähnliche Möglichkeiten wünschen. Für eine kleine Spielecke mit TV sind schließlich keine größeren Anstrengungen nötig. Das fast in allen Läden vorhandene Kinderkino ist ein Grund, warum meine Frau gerne zu H&M geht.

Kindermarketing hat viele Facetten. Durch die Berücksichtigung der Kinder kann man die Eltern besser stimmen. Gute Verkäufer sprechen die Kinder direkt an und versuchen sie in das Gespräch mit einzubeziehen. Wenn man sich für die Kinder interessiert, wird die Mutter aufgeschlossener. Kindermarketing kann auch heißen, an das Verantwortungsgefühl der Eltern zu appellieren und Dinge anzubieten, die gut für die Kinder sind. Ein zielgruppenspezifisches Sortiment bietet der SB-Warenhausbetreiber real,– mit seinem Abteilungskonzept Baby, Kids & Co. (Kindernahrung, Babyhygiene und -zubehör, Textilien, Spielwaren). Damit sollen junge Familien angesprochen und gebunden werden. Die gleichen Ziele verfolgt das dm-Babybonus-Programm. Da bei der Anmeldung die Geburtsurkunde des Kindes eingeschickt werden muss, kennt dm-drogeriemarkt die Entwicklungsstufen des Kindes und kann in seinen Mailings darauf eingehen. Der Supermarktbetreiber Tesco hat einen Kids Club gegründet mit inzwischen 200.000 Mitgliedern. Die Post wird an die Kinder gerichtet und enthält erzieherische und unterhaltsame Elemente sowie Informationen über neue Produkte und Aktionen in den Läden. Mit diesem Instrument werden zum einen die Eltern über Dinge informiert, die ihre Kinder interessieren, zum anderen wird eine emotionale Beziehung aufgebaut. Ich kann aus eigener Erfahrung mit dem Baby-Born-Club bestätigen, dass sich Kinder sehr über die (für sie sehr seltene) Post freuen. Auch der Spielwarenhandel ist gezwungen, sich weiter zu entwickeln. Die heutigen Kinder geben sich nicht mehr mit dem traditionellen Spielwarenfachgeschäft zufrieden. Im Oktober 2005 wurde in Zürich das Kinderkaufhaus Kids Town auf 2.200 qm Verkaufsfläche eröffnet. Es gibt eine Kugelbahn, die sich über alle vier Stockwerke erstreckt. Im Souterrain können die Kinder bei der Bear Factory ihre eigenen Teddybären stopfen und nähen lassen, ihn modisch anziehen und ihm eine eigene Stimme geben. Auf der Toilette und im Aufzug laufen aktuelle Kinofilme. Auf jeder Etage finden sich verschiedene Ruhezonen und Beschäftigungsmöglichkeiten. Neben dem Kaufhaus sind in dem Gebäude Dienstleister wie Kinderfriseur, Pizzabäcker und Kinderhort untergebracht.

> Man kann Kinder sogar als die wichtigsten Konsumenten bezeichnen. Sie sind die Käufer von heute und morgen und viele Veränderungen und Konsumtrends gehen von Jugendlichen aus.

2.3 Weitere Erklärungsansätze für das Käuferverhalten

Frühzeitig verfestigte Markenpräferenzen bleiben über Jahre, teilweise das ganze Leben unverändert. Die so genannten Formative Years liegen im Alter zwischen acht und zehn Jahren (Zanger 2004, S. 1030). Allerdings sind Kinder je nach Altersstufe und Geschlecht sehr unterschiedlich. Zwischen einem Vierjährigen, einer Sechsjährigen und einem Zehnjährigen bestehen viel größere Unterschiede als man sich als unbedarfter Erwachsener vorstellen kann. Die Kinder wissen anhand einer Fülle von Merkmalen ganz genau, was für Jungs bzw. Mädchen gedacht ist oder womit nur die Kleinen spielen. Wenn versucht wird, eine Zielgruppe zwischen drei und zwölf Jahren anzusprechen, muss das scheitern. Wichtige Entwicklungsschritte können das verdeutlichen (Dammler 2003, S. 25):

- Mit zwei Jahren fangen die Kinder an, ihre Wünsche klar zu artikulieren.
- Mit dem Eintritt in den Kindergarten (drei bis vier Jahre) erleben sie erstmals den Konsum anderer Kinder und können Vergleiche anstellen.
- In der Zeit zwischen fünf und zehn Jahren wächst der Einfluss der Freunde auf den eigenen Konsum. Gleichzeitig erhalten die Kinder erstmals Taschengeld.
- Ab elf bis zwölf Jahren ist die Kindheit vorbei, die Jugendlichen interessieren sich für Mode und Musik und wollen keine Kinder mehr sein. In diesem Alter gewinnt die Bezugsgruppe (Clique) an Bedeutung.

Abb. 2.16: Soziologische Einflüsse beim Einkauf.

Im Alter zwischen neun und zehn Jahren wechselt üblicherweise die Kaufentscheidung von der Mutter zum Kind. Bei einer Beobachtung einkaufender Eltern mit Kindern vorm Cornflakes-Regal ergriff in 66 % der Fälle das Kind die Initiative. In 72,7 % der Fälle wurde dem Kaufwunsch entsprochen, in 63,6 % wurde die gewünschte Marke gekauft. Nur 9,1 % der Eltern lehnten Forderungen der Kinder ab. Bei Befragungen unterschätzen Eltern dagegen häufig den Einfluss ihrer Kinder. Während Kinder vor allem dann Kaufgewalt haben, wenn sie die Produkte selbst konsumieren, werden Jugendliche bei Familienentscheidungen eingebunden (Auto, Fernseher, PC usw.). Man geht davon aus, dass Jugendliche über Einkäufe in Höhe des doppelten Betrages ihrer eigenen finanziellen Mittel entscheiden (Raab/Unger 2005, S. 140 f.).

Aus Sicht der Kinder ist das Einkaufen ein wichtiger Bestandteil des Lebens. Häufig wird der Einkauf als eine der ersten gemeinsamen Erfahrungen mit den Eltern erlebt. Das Shoppen dient darüber hinaus der Sozialisation. Man lernt, wie man sich zu benehmen hat (Griffith 2003, S. 263 ff.). Abschließend noch ein Auszug aus dem Buch The Supermarket Trap (von Jennifer Cross aus dem Jahr 1970). Darin empfiehlt sie – wahrscheinlich aus emanzipatorischer Sicht – zwei Einkaufsregeln für Frauen (Bowlby 2001, S. 183):

1. **No Children:** Weil sie Kaufentscheidungen aufgrund ihres TV-Konsums beeinflussen. Vorschulkinder sollten bei den Nachbarn abgegeben werden.
2. **No Men:** Die Einkaufssumme kann durch die Anwesenheit von Männern angeblich um 40 % steigen aufgrund deren Vorliebe für Gourmet-Essen, ihrer Schwäche für Impulsware und weil die angenehme familiäre Atmosphäre dazu verleitet, mehr Geld auszugeben. Außerdem machen viele der Männer genau die Art von Marketing, die Frau Cross offenbar ablehnt.

Weiterführende Literaturhinweise zum Kaufverhalten von und mit Kindern:

Dammler, A./Barlovic, I./Melzer-Lena, B. (2000): Marketing für Kids und Teens. Wie Sie Kinder und Jugendliche als Zielgruppe richtig ansprechen, Landsberg a.L.
Diekhof, A. (1999): Jugendliche als Zielgruppe, Wiesbaden.
Kids-Verbraucheranalyse 2004, www.egmont-for-kids.de.
Shell-Jugendstudie, www.shell-jugendstudie.de.
Zanger, C./Griese, K.-M. (Hrsg.) (2000): Beziehungsmarketing mit jungen Zielgruppen, München.

Folgende Anregungen aus Kap. 2.3 halte *ich* für wichtig:

- Die Beobachtung von Kunden im Laden kann bessere Erkenntnisse erbringen als die meist bevorzugte Befragung. Der Händler sollte sich in den Laden stellen und beobachten, wie sich die Kunden verhalten. Wo gibt es Wartezeiten? Wo zögern Kunden? Welche Bereiche des Ladens werden wenig besucht?
- Aus geschlechtsspezifischer Sicht kann für den Einzelhändler abgeleitet werden, dass in Bereichen mit Waren für weibliche Kundschaft Ablenkungsmöglichkeiten und Sitzgelegenheiten für die Männer angeboten werden sollten.
- Für die Damen ist eine angenehme Atmosphäre wichtig, es sollten viele Anreize gegeben werden und die Möglichkeit, alles auszuprobieren.
- Wenn ein Händler Waren für überwiegend männliche Kunden offeriert, sollte er darauf achten, einen schnellen Einkauf zu ermöglichen.
- Da die meisten Händler beide Geschlechter ansprechen, müssen die Läden auf beide Zielgruppen einladend wirken.

- Der Einfluss von Kindern sollte nicht unterschätzt werden. Insbesondere Händler, deren Käuferschaft aus jungen Familien besteht, sollten deren Bedürfnisse berücksichtigen. Quengelnde Kinder verderben die Kauflaune, gleichzeitig sind sie wichtige Kunden.

3 Preispolitik

3.1 Einführung

Der Preis ist in vielen Einzelhandelsbranchen das dominierende Wettbewerbsinstrument. Das wird auf absehbare Zeit auch so bleiben. Überraschend ist, dass nicht die objektiven Preise entscheidend sind, sondern die subjektiv wahrgenommenen. Gerade die Preispolitik ist ein gutes Beispiel dafür, dass der Kauf weniger von funktionalen als vielmehr von psychologischen Faktoren geprägt wird.

> Auch wenn der mathematisch-rationale Charakter von Preisen dagegen sprechen mag: Preiswahrnehmungen sind in hohem Maße subjektiv und damit mehr oder minder weit von der objektiven Realität entfernt (Diller 2003a, S. 261).

Diller kam schon in den 70er-Jahren zu dem Schluss, dass lediglich 4 % der Preisunterschiede zwischen konkurrierenden Fabrikaten auf funktionale Qualitätsunterschiede zurückgeführt werden können. Zu 96 % haben Preisunterschiede andere Ursachen. Die scheinbar so objektive Zahlenwelt der Preise ist durchdrungen von Emotionen. Zentes prägte gar den Begriff der Preiserotik. Die Vielfalt der mit Preisen verbundenen Emotionen verdeutlichen folgende Wortschöpfungen von Diller (2000, S. 109 f.): Preisfreude, Preiseuphorie, Preisstolz, Preisprestige, Preisneid und Preisärger. Auch wenn es diese Begriffe in der Umgangssprache nicht gibt, haben wir die beschriebenen Gefühle alle schon erlebt. Dass auch der Gesetzgeber davon ausgeht, dass die Konsumenten nicht in der Lage sind, rational mit Preisen umzugehen, bewies das Rabattgesetz und immer noch wird die Preispolitik des Handels durch GWB und UWG eingeschränkt, weil man glaubt, dass der Kunde geschützt werden muss.
Übergeordnete verhaltenswissenschaftliche Ziele der unternehmerischen Preispolitik sind:

- Preiswertes Image erzeugen.
- Preisklarheit schaffen.

Weitere Ziele sind Neukundengewinnung, die Abwanderung von Kunden verhindern oder die Besuchshäufigkeit und Einkaufsstättentreue erhöhen. Mit Sonderangeboten sollen Laufkunden angelockt, Hortungskäufe ausgelöst und Marken- und Produktwechsel angeregt werden (Müller-Hagedorn 2005, S. 314).
In den Augen der Konsumenten hat der Preis mehrere Funktionen. Einerseits ist er ein Qualitätsindikator, andererseits ein monetäres Opfer. Hinzu kommt die Imagefunktion des Preises. Der öffentliche Gebrauch von teuren Gütern kann das Image des Verwenders positiv beeinflussen. Letztlich dokumentiert er damit Er-

folg. Die bekanntesten psychologischen Effekte der Preispolitik sind (Schenk 1995, S. 232 ff.):

1. Veblen-Effekt: Manche Kunden bevorzugen hohe Preise, weil damit Prestige verbunden ist.
2. Bandwagon-Effekt: Die Nachfrage nach einem Artikel steigt, wenn und weil andere Käufer denselben Artikel wollen, obwohl der Preis aufgrund der großen Nachfrage steigt.
3. Snob-Effekt: Die Nachfrage nach einem Artikel sinkt, weil viele den Artikel wollen. Das gilt auch dann, wenn der Preis sinkt.

Aufgabe des Händlers ist es, die preislichen Möglichkeiten, die diese „Irrationalitäten" bieten, in seinem Sinne auszunutzen. Insbesondere bei Innovationen sind der Bandwagon- und der Snob-Effekt zu beobachten. Nach einer gewissen Einführungszeit muss man das neue Produkt unbedingt haben. Wenn der Zenit überschritten ist, und das Gut nicht mehr etwas Besonderes ist, distanzieren sich die ersten Anwender wieder. Ob man den Snob-Effekt ausnutzen kann, hängt insbesondere von der Kundschaft des Ladens ab. Hier ist psychologisches Fingerspitzengefühl gefordert. Folgende Aspekte werden aus Sicht des **Händlers** unter dem Stichwort Psychologische Preispolitik diskutiert (siehe Kap. 3.2):

- Preisstrategien.
- Rabatte.
- Preisoptik.

Die psychologische Wirkung von Preisen aus Sicht der **Kunden** kann eingeteilt werden in (Müller-Hagedorn 2005, S. 274 ff.; Diller 2000, S. 105; siehe Kap. 3.3):

- Aktivierende Prozesse: Preiserlebnisse und Preisinteresse.
- Kognitive Prozesse: Preiswahrnehmung und Preiskenntnisse.
- Preisintentionen: Preiszufriedenheit und Preisvertrauen.

3.2 Preisinstrumente des Handels

3.2.1 Preisstrategien

Eine grundlegende Entscheidung betrifft die **Preislagen** eines Anbieters. Dabei geht es darum, wie viele Artikel in einzelnen Preisbereichen und welche Preisbereiche angeboten werden (Müller-Hagedorn 2005, S. 261). Die meisten Händler bieten mehrere Preislagen an, z. B. eine Preiseinstiegslage, eine mittlere Preislage und hochpreisige Waren. Innerhalb der Preislagen, die das Unternehmen anbietet, gibt es gewisse Preisspielräume. Außerhalb der Preislagen liegende Preise passen dagegen nicht zum Angebot. Ein Geschäft für exklusive Damenmode kann keine Billigware anbieten, auch nicht als Sonderangebot. Die Preislagen sind vom Betriebstyp abhängig. Die obere Preislage eines Fachmarktes kann durchaus identisch sein mit der unteren Preislage eines Fachgeschäftes. Die

Preislagen stellen eine Orientierungshilfe für die Produktwahl der Konsumenten dar. Man spricht beim Vorliegen mehrerer Preislagen auch von Preisstrukturpolitik (Oehme 2001, S. 262). Die Preislagenbildung stellt eine Möglichkeit dar, die Sortimentstiefe zu beschränken. Die Preislagenfestlegung muss so erfolgen, dass einerseits der Strukturierungseffekt erzielt wird, andererseits müssen den Kunden genügend Wahlmöglichkeiten angeboten werden (Hansen 1990, S. 341 ff.). Mehrere Preislagen geben dem Konsumenten die Möglichkeit, sein Risiko zu reduzieren. Ist man sich unsicher, wählt man die billigste Alternative („Da verliere ich nichts dabei!") oder man greift zum Premiumprodukt („Um sicherzugehen!"). Die verschiedenen Preislagen helfen den Kunden, sich selbst Segmenten zuzuordnen (Rudolph/Kotouc 2005, S. 70). Im Grunde geht es um Preissegmentierung (Diller/Anselstetter 2006, S. 609).

Die Preislagen sind sehr wichtig für das Preisimage. Fachgeschäfte werden oft deshalb als nicht preiswürdig wahrgenommen, weil die Preislagen falsch bestückt werden. Dazu ein Beispiel, bei dem es um Teddybären geht (vgl. Tab. 3.1). In der Preiseinstiegslage bietet der Fachmarkt deutlich mehr Artikel an. Das Fachgeschäft wirkt teuer weil der Schwerpunkt auf einer hohen Preislage liegt. Die Mehrzahl der Kunden, nämlich 80 %, möchte nicht mehr als 30 Euro für einen Teddy ausgeben. Insbesondere in der zweiten Preislage sollte das Fachgeschäft deutlich mehr Produkte anbieten. Es ist für Fachgeschäfte wichtig, auch Preiseinstiegsprodukte anzubieten, um die preissensiblen Kunden, im Beispiel immerhin 25 % der Kunden, nicht an den Wettbewerb zu verlieren. Im Geschäft hängt es von den Verkäufern ab, ob der Kunde nicht doch von der besseren Qualität und Langlebigkeit eines Teddys, der 10 Euro mehr kostet, überzeugt werden kann. Schließlich begleiten Teddys manche Besitzer ihr ganzes Leben lang.

	Verteilung der Produkte auf die Preislagen in %		
Preislage in Euro	Fachgeschäft	Fachmarkt	Kundenerwartungen
19,99 – 24,99	5	30	25 % Preissensible
25,00 – 29,99	12	59	55 % Optimierer
30,00-34,99	60	10	15 % Preisresistente
35,00 und mehr	23	1	5 % Stark Preisresistente

Tab. 3.1: Mögliche Preislagen für Teddybären (Quelle: Rudolph 2005, S. 83).

Diller nennt fünf wesentliche Preisstrategien der Praxis. Je nach Strategie werden unterschiedliche Bedürfnisse der Kunden angesprochen. Fairnesskonzepte erhöhen beispielsweise die Preissicherheit während Schnäppchenanbieter das Gefühl von Cleverness und Preisstolz vermitteln. Zu empfehlen ist die konsequente Ausrichtung auf eine Strategie statt zu versuchen, alles für alle zu bieten.

Preis-strategie	Niedrig-preise	Schnäpp-chen	Fairness	Value	Premium
Merkmale	Discounting Preisführer Billiganbieter Partiewaren	Sonderangebote Preisdifferenzierung Auktionen	Preistransparenz Preisehrlichkeit Dauerniedrigpreise Preisgarantien Pauschalpreise	Hohe Qualität Marken Breites und tiefes Sortiment Innovationen Service Kulanz	Höchstqualität Design Luxus Prestige
Bedürfnis	Preisgünstig Zeitersparnis Sparsamkeit	Preisgünstig Cleverness Preisstolz	Preissicherheit	Preiswürdig Preisvertrauen	Snob-Effekt Verwöhneffekt Purismus
Beispiele	Aldi Ibis	Media-Markt Who is perfect? Last-Minute-Reisen	Ikea Hornbach Lands End Pit-Stop Globus	Obi Toys R Us	Manufactum Mövenpick

Abb. 3.1: Preisstrategien in der Praxis (Quelle: Diller 2000, S. 388).

Da in der Realität oft Mischformen auftreten, kann man die Dauerniedrigpreisstrategie und die Sonderangebotsstrategie als Pole auf einem Kontinuum ansehen. Die **Dauerniedrigpreisstrategie** (DNP) soll den Kunden entlasten. Ein Preisvergleich ist ebenso unnötig wie die Jagd auf Sonderangebote. Diese Preisstrategie baut vor allem darauf, das Preiswürdigkeitsimage zu verbessern. Einige Anbieter verzeichnen gute Erfolge (Hornbach, dm-Drogeriemarkt), andere haben ihre diesbezüglichen Aktivitäten wieder eingestellt (Ihr Platz). Dauerniedrigpreisanbieter versprechen, dass die Preise dauerhaft gesenkt werden. Bei dm-Drogeriemarkt findet sich auf der Regalpreisauszeichnung jedes Produktes die Angabe „nicht mehr erhöht seit [...]". Von Sonderangeboten spricht man dagegen wenn der Preis im Rahmen einer Aktion für einen begrenzten Zeitraum gesenkt wird. Im Einzelhandel werden die Sonderangebote meist durch Handzettel oder Anzeigenwerbung bekannt gemacht (Gedenk 2003, S. 599 f.). Sonderangebote fördern den Abverkauf der angebotenen Produkte, demonstrieren die Leistungsfähigkeit des Händlers und schaffen Kundenfrequenz. Ob eine Dauerniedrigpreisstrategie oder eine Sonderangebotspolitik generell positivere Ertragswirkungen haben, kann nicht eindeutig beantwortet werden. Das hängt damit zusammen, dass manche Kunden häufige Sonderangebote als Zeichen von Preisgünstigkeit ansehen, während andere daraus schließen, dass der Rest des Sortiments überteuert ist. Nach einer Studie des Instituts für Handelsforschung

(2005a) fällt es der Hälfte der Konsumenten schwer, die Preisgünstigkeit eines Geschäftes einzuschätzen, wenn es häufig mit Aktionspreisen wirbt. Der gleiche Anteil ist überzeugt, durch den Einkauf bei Dauerniedrigpreisanbietern auf mühsame Preisvergleiche verzichten zu können. Gedenk berichtet von zwei amerikanischen Studien, die eher die Vorteilhaftigkeit der Sonderangebotspolitik belegen, bezweifelt aber deren Generalisierbarkeit. Spieltheoretische Modelle zeigen, dass im Gleichgewicht beide Strategien nebeneinander Bestand haben. Das ist sinnvoll, weil Händler mit unterschiedlichen Strategien unterschiedliche Kundenbedürfnisse und Kundensegmente ansprechen (Gedenk 2003, S. 614 f.). In der deutschen Handelspraxis stellen reine Dauerniedrigpreise derzeit die Ausnahme dar. Selbst ein früherer DNP-Verfechter wie Marktkauf bietet inzwischen wöchentliche Topchancen. Das dürfte darauf zurückzuführen sein, dass es im Umfeld von wöchentlichen Handzetteln fast unmöglich ist, immer die niedrigsten Preise zu haben. Darüber hinaus können die meisten Händler nicht auf die frequenzstärkende Wirkung von Aktionen verzichten. Hinzu kommt, dass die deutschen Kunden seit Jahrzehnten an Sonderangebote gewöhnt sind. Andererseits widerspricht die Kombination von DNP und Sonderangeboten den Gesetzen der Logik. Wenn der Händler Sonderangebote bietet, sind seine Normalpreise wohl doch keine Niedrigpreise? DNP-Programme können nur funktionieren, wenn sie konsequent umgesetzt werden und effiziente Kostenstrukturen vorliegen, die vermeiden, dass die eigenen Preise nicht ständig von den Aktionspreisen der Wettbewerber unterboten werden.

> Wer Rabatte gibt, holt das vermutlich an anderer Stelle wieder rein. Das machen wir nicht. Bei uns erhalten Sie den günstigst möglichen Preis sofort... Wer umbaut oder renoviert, will nicht auf Sonderangebote warten. Bei Hornbach haben wir keine kurzfristig gültigen Aktionspreise. Sondern Dauertiefpreise. Auch in der Werbung (Hornbach Baumarkt).

Preisgarantien zielen auf eine Verringerung des kognitiven Aufwandes der Verbraucher. Wird der gezahlte Preis von einem anderen Anbieter – meist in einem bestimmten Umkreis – unterboten, wird die Differenz, zum Teil sogar noch eine Prämie, ausgezahlt. Der Kunde bekommt so die Sicherheit, nie zu viel zu zahlen. Allerdings kommt er nur dann in den Genuss dieses Vorteils, wenn er ein preisgünstigeres Angebot entdeckt. Da er aufgrund der Garantie Preisvergleiche unterlässt, sinkt die Wahrscheinlichkeit, dass das vorkommt. Psychologisch gesehen sind diese Prämien sehr geschickt. Sie suggerieren den Kunden, dass sie regelmäßig große Nachlässe erzielen können. In Wirklichkeit werden Hornbach und Praktiker die Preise nach der Information sofort herunterzeichnen (was sie wettbewerbsrechtlich sogar müssen), so dass je Produkt immer nur ein Kunde in den Genuss der Prämie kommt. Im März 2004 lieferten sich einige Baumarktbetreiber regelrechte Preiskriege, bei denen auch die Garantien eine Rolle spielten. Praktiker ging mit seiner Botschaft „20 % auf alles" so weit, dass es zum Bruch mit dem Verband der Bau- und Heimwerkermärkte kam. Gleichzeitig weitete man die Preisgarantie aus. Nachdem Hornbach die niedrigsten Preise garantierte und jedem, der auf solche Fälle hinweist, darüber hinaus 10 % Nachlass anbot, übertrumpfte Praktiker die Garantie mit einer 20 %-Prämie.

> Wir legen größten Wert darauf, dass Sie Ihre Projekte jederzeit zum günstigsten Preis realisieren können. Zum Dauertiefpreis eben. Bei über 60.000 Artikeln kann es durchaus mal passieren, dass wir kurzfristig beim einen oder anderen Artikel von einem Wettbewerber unterboten werden. Weil wir aber trotzdem jederzeit der günstigste Baumarkt der Welt sein wollen, haben wir die Dauertiefpreisgarantie eingeführt. Sollten Sie irgendwo einen identischen Artikel günstiger finden, machen wir Ihnen diesen Preis und Sie erhalten darauf 10 % extra. Ausverkäufe ausgenommen (Hornbach Baumarkt).

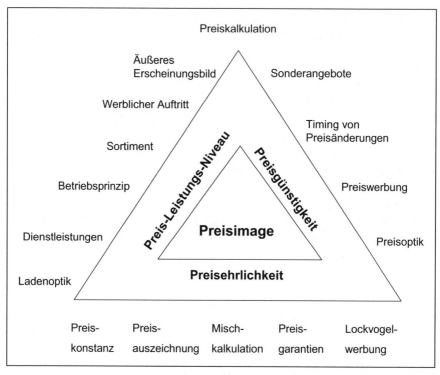

Abb. 3.2: Determinanten des Preisimage (Quelle: Diller 2000, S. 469).

Aus den preispolitischen Maßnahmen der Händler entwickelt sich das **Preisimage**. Ein Preisimage ist das Ergebnis der Beurteilung des Preisniveaus von Geschäften oder Sortimentsteilen eines Geschäftes. Es handelt sich um eine Generalisierung, bei der Einzeleindrücke von Preisgünstigkeit zu einem Gesamteindruck zusammengefasst werden (Diller 2000, S. 469). Der Gesamteindruck setzt sich zusammen aus einer Vielzahl von Elementen der Preispolitik, der Ladenoptik und anderen Bereichen, die mehr oder weniger den Eindruck von Preiswürdigkeit vermitteln. Diller und Müller (2004, S. 145 ff.) nennen als wesentliche Dimensionen des Image das Preis-Leistungsverhältnis, die Sonderangebote und die

Preis-Kommunikation. Die Autoren weisen auch darauf hin, dass die Bildung des Preisimage ein laufender Prozess ist, der mit den ersten Preiseindrücken beginnt und mit jeder weiteren Preismaßnahme verändert wird. Darüber hinaus hat das Preisimage starken Einfluss auf die Kundenbindung. Letztlich ist der Gesamteindruck dafür entscheidend, dass ein Konsument einen Laden für günstig hält und ihn als präferierte Einkaufsstätte akzeptiert. Entscheidend ist das subjektive Empfinden der Kunden, nicht das objektive Preisniveau.

3.2.2 Kleine Geschenke erhalten die Freundschaft

Über die Wirkungen von **Sonderangeboten** gibt es einige Untersuchungen, insbesondere aus den USA. Der Nutzen liegt nicht nur in der Preisersparnis, sondern auch in dem guten Gefühl, ein Schnäppchen gemacht zu haben. Die absatzgerichteten Wirkungen können von Produktwechseln über Erhöhung der Einkaufsmenge bis hin zur Kundenbindung reichen. Zentes und Morschett (2004a, S. 165 ff.) nennen folgende psychologische Gründe für den Erfolg von Sonderangeboten:

- Convenience-Streben: Durch das permanente Angebot von Zusatzsortimenten wird die Möglichkeit des One-Stop-Shopping verbessert und die Einkaufsbequemlichkeit erhöht.
- Preisorientierung: Sonderangebote zeichnen sich durch sehr niedrige Preise aus.
- Variety Seeking: Neuartige Sortimentszusammenstellungen wirken aktivierend.
- Erlebnisorientierung: Immer wechselnde Themen bieten Erlebnisse.

Auf der anderen Seite stehen die Kosten, die durch die Aktionen verursacht werden. Eindeutig geklärt ist, dass mit Sonderangeboten der Absatz kurzfristig deutlich erhöht werden kann bis hin zu mehreren hundert Prozent. Allerdings geht ein Großteil dieser Zuwächse auf Markenwechsel zurück, sie werden also an anderer Stelle eingespart (Substitutionseffekt). Darüber hinaus senken Preis-Promotions den Referenzpreis und die Markentreue (Gedenk 2003, S. 603 ff.; Müller-Hagedorn 2005, S. 312). Müller-Hagedorn (2005, S. 319) nennt darüber hinaus die Gefahr, dass die Kunden Produkte horten, um sie zum Verbrauchszeitpunkt nicht zum Normalpreis kaufen zu müssen. Um eine Abnutzung des Sonderangebotseffektes zu vermeiden, ist dem Handel eine Rotation bei der Auswahl der zu bewerbenden Artikel zu empfehlen (Olbrich/Battenfeld/Grünblatt 2005, S. 282 f.).
Psychologisch schwierig gestaltet sich die Tatsache, dass Preissenkungen weniger wahrgenommen werden als Preissteigerungen. Das kommt daher, dass Menschen dazu neigen, stärker um das einmal Erreichte zu kämpfen als um Zugewinne. In vielen Experimenten konnte nachgewiesen werden, dass der Schmerz über Verluste größer ist als die Freude über Zugewinne. Aufgrund dieser Prägung neigen private Autoverkäufer meist dazu, den Wert Ihres Autos zu überschätzen, während die Käufer den Wert tendenziell unterschätzen (Diller 2003a, S. 267). Ein kleines Gedankenspiel verdeutlicht diesen Zusammenhang. Angenommen, Sie haben 50 Euro für eine Konzertkasse bezahlt. Als Sie den Saal betreten wollen, bemerken Sie, dass Sie die Karte verloren haben. Es gibt noch Plätze, aber

würden Sie noch einmal 50 Euro ausgeben? Die Mehrzahl der Befragten antwortet Nein. Wie aber würden Sie handeln, wenn Sie noch kein Ticket gekauft haben, und in der Schlange vor der Abendkasse feststellen, dass aus Ihrer Geldbörse ein 50-Euro-Schein verschwunden ist? In diesem Fall würden fast 90 % die Konzertkarte trotzdem kaufen... Im ersten Fall stellen wir uns vor, durch das Missgeschick würde das Konzert nicht 50 Euro kosten, sondern das Doppelte. Im zweiten Fall dagegen hat der Verlust mit dem Konzertbesuch scheinbar nichts zu tun. Und doch ist das Ergebnis in beiden Fällen dasselbe: Sie haben 50 Euro eingebüßt (Klein 2004, S. 248).

Das ifm-Institut hat im Oktober 2001 und im November 2003 in tiefenpsychologischen Studien zu den Auswirkungen des Wegfalls des Rabattgesetzes folgende Beobachtungen gemacht (ifm 2001a; ifm 2003b):

- Die Rabatte versprechen einerseits einen Zugewinn, gleichzeitig mindern sie den Wert der Ware und den Selbstwert des Kunden.
- Die neue Freiheit führt zu dem Problem, dass nicht mehr klar ist, was Waren und Dienstleistungen wirklich wert sind.
- Das befürchtete härtere Verhandlungsklima führt zu Ängsten. Die Ansprüche an die Verhandlungsführung sind subjektiv gestiegen. Die meisten Verbraucher verzichten – mit schlechtem Gewissen – auf das Feilschen.
- Sonderaktionen müssen Ausnahmen bleiben. Rabatte sind als taktische Maßnahme im Einzelfall wirksam – als Strategie sind sie untauglich bis schädlich!
- Die Kunden suchen stabile, transparente Verhältnisse – zuverlässige Niedrigpreisanbieter oder klare Luxusshops.

Die Kunden sind von den ständigen **Rabatten** genervt. Das haben inzwischen mehrere Anbieter begriffen.

> Viele Menschen sind die Rabattschlachten wirklich leid. Sie sehnen sich förmlich nach Preisklarheit. Man ärgert sich doch schwarz, wenn man heute etwas kauft, und morgen ist es plötzlich 100 Euro billiger (Rainer Hillebrand, Chef des Otto-Versands, in: Seiwert 2005, S. 12).
> Bei C&A braucht kein Kunde zu fürchten, im Dickicht zahlloser Rabattaktionen den richtigen Kaufzeitpunkt zu verpassen (Dominik Brenninkmeyer, Chef von C&A Deutschland, in: Stippel 2005, S. 16).

Gleichzeitig hängen die Konsumenten an den gewohnten Preisnachlässen. Wie schwierig es ist, Rabattsysteme abzuschaffen und Dauerniedrigpreise einzuführen, zeigt ein Beispiel aus den USA. Dort versuchte Procter & Gamble in einer Region das in den USA weit verbreitete Couponsystem abzuschaffen und allgemein niedrigere Preise einzuführen. Dies führte zu einem regelrechten Aufstand der Kunden mit Boykottaufrufen, Protesten und einer Flut von Beschwerden. Dabei zeigten Untersuchungen, dass nur 2 % der Coupons überhaupt eingesetzt wurden, und dass die Kunden in der Versuchsphase nicht mehr zahlten als vorher, ohne das lästige Eintauschen der Coupons. Die Coupons stellten in den Augen der Kunden ein unveräußerliches Recht dar. Es ist verblüffend zu sehen, wie empfindlich Leute reagieren, wenn man versucht, ihnen etwas wegzunehmen –

auch wenn sie es nie benutzt hatten. Seit über 100 Jahren haben Coupons ihren festen Platz im US-amerikanischen Handel und P&G hatte das System über Jahre hinweg sehr aktiv betrieben. Gerade solche angestammten Rechte werden besonders heftig verteidigt (Cialdini 2002, S. 318). Für den Einzelhandel heißt das, dass es sehr schwierig ist, von einer Sonderangebotspolitik auf eine Dauerniedrigpreispolitik umzustellen. Die Kunden würden die Sonderangebote sehr vermissen.

Dass geschickte Rabattpolitik funktioniert, konnte ich vor einiger Zeit selbst erleben. Deichmann warb im Schaufenster mit großflächigen Plakaten auf denen stand „1 Paar gratis. Nimm 3 bezahl nur 2*". Da ich im Allgemeinen vorsichtig bin, las ich die Fußnote, die darüber informierte, dass das Angebot nur für reduzierte Ware galt. Also ging ich in den Laden und sah, dass praktisch das ganze Sortiment mit deutlich sichtbaren Reduziert-Schildern versehen war. Nachdem ich meine Frau informiert hatte, verabredeten wir uns in der Stadt, da ich zwar ein Paar Schuhe brauchte, aber keine drei Paar. Nachdem wir uns für zwei Paar entschieden hatten und ich der Verkäuferin sagte, dass wir noch ein drittes nehmen würden, wies sie mich darauf hin, dass das Angebot nicht für die von uns ausgesuchten Schuhe, sondern nur für die mit einem roten Punkt markierten Schuhe (offensichtlich die Ladenhüter) gelten würde. Die bereits gewählten Schuhe nahmen wir – etwas enttäuscht – dennoch. Mein Vertrauen in das Unternehmen hat allerdings etwas gelitten.

Psychologische Vorteile von Rabatten (+)	Psychologische Nachteile von Rabatten (–)
Schnäppchen gemacht Clever gewesen Selbstbestätigung Ersparnis Erfolgserlebnis Im Wettbewerb bestanden Spaß Abwechslung Zufriedenheit	Wertminderung, Produkt *kann* nicht gut sein Bedauern, wenn später günstiger Unsicherheit Aufwand für Vergleiche Regulärer Preis verschwindet (warum nicht immer günstig?) Händler hat den Rabatt einkalkuliert, „übers Ohr gehauen" Ungerechtigkeit, Neid, falls andere Vorteile haben, besser handeln können Erwerb von Produkten, die nicht gebraucht werden Angebot kann vergriffen sein Kunde kauft nicht weil es noch günstiger werden könnte, andererseits kann er den günstigsten Zeitpunkt verpassen

Abb. 3.3: Psychologische Vor- und Nachteile von Rabatten aus Konsumentensicht

Bei der **Preisdifferenzierung** werden weitgehend identische Produkte zu unterschiedlichen Preisen abgesetzt. Die Preisdifferenzierung wird in der Marketinglehre üblicherweise eingeteilt in räumliche, persönliche, zeitliche und sachliche Differenzierung. Im Handel werden alle Arten ausgiebig eingesetzt:

- Räumliche Preisdifferenzierung liegt vor, wenn in unterschiedlichen Regionen unterschiedliche Preise verlangt werden. Das ist bei Filialisten dann der Fall, wenn die Märkte vor Ort die Preishoheit haben. Sie können dadurch Preisspielräume ausnutzen. Für die Kunden hat diese Differenzierung meist keine Auswirkung, da sie die Preise anderer Regionen nicht kennen.
- Unter die zeitliche Preisdifferenzierung fallen alle zeitlich beschränkten Preisreduzierungen, z. B. Saison-Schlussverkäufe oder wöchentliche Sonderangebote.
- Sachliche Differenzierung wird beispielsweise betrieben, wenn Mengenrabatte gewährt werden. Diese Technik setzt real,– seit einiger Zeit gezielt ein. Bei den „Spar-Packs" wird gespart, wenn man mehr kauft. Nimmt ein Kunde gleich sechs Flaschen Hohes C, hat er 1,44 Euro gespart.

Die persönliche Differenzierung beruht auf der Einteilung der Kunden in Segmente, z. B. erhalten Studenten und Senioren häufig Preisnachlässe. Damit soll der unterschiedlichen Zahlungsbereitschaft dieser Gruppen entsprochen werden. Es mag unwahrscheinlich klingen, dass Verbraucher für das gleiche Produkt unterschiedliche Preise zahlen, aufgrund ihrer unterschiedlichen Bedürfnisse schätzen die Verbraucher den Nutzen des Produktes aber unterschiedlich ein. Während mancher Filmfreund fast jeden Preis zahlen würde, um einen bestimmten Film zu sehen, warten andere geduldig auf den Kinotag und nutzen die angebotene Preisdifferenzierung (Diller 2000, S. 286). Das Beispiel von Beck (2004, S. 29 ff.) ist noch verblüffender. „In meiner Heimatstadt gibt es einen Laden, der so genannte zweite Wahl verkauft. Dort bekomme ich meine geliebten Markenjeans für etwa die Hälfte des Preises [...]. Diese Jeans sind [...] durch die Qualitätskontrolle des Herstellers durchgefallen, weil sie einen kleinen Fehler aufweisen. Doch irgendwann wurde ich misstrauisch: Was, wenn die Jeans überhaupt keinen Fehler hat? Das klingt auf den ersten Blick unlogisch. Warum sollte der Hersteller Jeans als fehlerhaft verkaufen wenn sie gar keinen Fehler haben? Die Antwort ist, dass der Hersteller seine Jeans nicht nur an Kunden verkaufen möchte, die bereit sind, dafür 100 Euro zu zahlen, sondern auch an solche, die nur 50 Euro für eine Hose ausgeben wollen. Er kann dazu allerdings nicht den Preis senken, weil er damit die Snobs abschrecken würde. Verkauft er die Jeans dagegen offiziell als zweite Wahl, akzeptieren die Hochpreiskäufer das, weil sie ja schließlich ein korrektes Produkt erhalten und sich auch leisten wollen. Und damit der Unterschied auch nach außen gut sichtbar wird, hat der Hersteller auf das Lederetikett der Rückseite ein großes X gestanzt. Damit hat der Hersteller aus einem Produkt quasi zwei gemacht: Eine teure Jeans erster Wahl und eine billige Jeans zweiter Wahl, und beide werden von den Konsumenten als völlig unterschiedliche Produkte wahrgenommen. Ob die Jeans dann tatsächlich einen Fehler hat oder nicht, ist dabei eigentlich nebensächlich". Das gleiche Prinzip ist mir kürzlich bei einem Fachbuch aufgefallen. Der Preis war deutlich herabgesetzt, da es sich um ein Mängelexemplar handelte. Ich betrachtete mir das Buch etwas genauer und konnte erkennen, dass sich ein kleiner Kratzer auf der dem Buchrücken gegenüberliegenden Seite befand, als ob jemand mit dem Fingernagel darüber gefahren wäre. Ob dieser winzige Mangel, der weder beim Lesen noch im Regal sichtbar wird, bewusst herbeigeführt wurde? Ein offensichtlicheres Beispiel für psychologische Preisdifferenzierung sind die Eigenmarken des Handels.

Teilweise verkaufen bekannte Markenhersteller identische Produkte mit veränderter Verpackung oder anderem Label deutlich günstiger.

Eine spezielle Form der Preisdifferenzierung ist die **Preisbündelung**. Dabei werden Produkte oder Dienstleistungen im Komplettpaket angeboten. Ziel ist zum einen die Stimulierung des Konsums, zum anderen die Ausschöpfung der unterschiedlichen Zahlungsbereitschaft der Konsumenten (Konsumentenrente). Der erste Effekt tritt z. B. ein, wenn ein Gast aufgrund des geringen Aufpreises nicht nur das Hauptgericht nimmt, sondern das Menu. Gleichzeitig wird dem preissensiblen Kunden damit die Möglichkeit gegeben, ein preisgünstiges Menu zu wählen, während ein anderer sich für einen höheren Preis sein Menü aus der Karte zusammenstellt (Priemer 2003, S. 506 f.). Während die offene Preisdifferenzierung dazu führen kann, dass sich bestimmte Kunden benachteiligt fühlen, wirkt die Preisbündelung subtiler, denn alle Kunden werden gleichbehandelt. Priemer (2003, S. 510 ff.) beschreibt die Möglichkeiten am Beispiel Ski und Bindung. Während Kunde A bereit ist, für die Ski maximal 300 und für die Bindung maximal 200 Euro zu zahlen (insgesamt 500), wäre Kunde B bereit 450 für die Ski und 150 für die Bindung zu zahlen (insgesamt 600). Ohne Bündelung muss der Händler, will er seinen Umsatz maximieren, die Ski für 300 und die Bindung für 150 anbieten, er erhält demnach 900 Euro. Als Bündelpreis kann er dagegen 500 Euro verlangen und insgesamt 1.000 Euro Umsatz tätigen. Durch die Bündelung wird implizite Preisdifferenzierung betrieben. Obwohl die Kunden für das Bündel den gleichen Preis bezahlen, bewertet jeder die einzelnen Komponenten anders.

Psychologisch gesehen sind **Zugaben** ein verdientes Zubrot, zugleich aber auch eine Entwertung des Ursprungsprodukts („Das machen immer die Firmen, denen es schlecht geht!"). Eine nicht zum Produkt passende Zugabe kann sogar Abwehr erzeugen. Deshalb sind folgende Anforderungen an Zugaben zu stellen (ifm 2003b):

- Die Zugaben müssen zum Verwendungszusammenhang des Produktes passen (Passend: Schokolade zum Kaffee, Bierglas zum Bierkasten, DVD zum Player – nicht-passend: Handytasche zu Erdnüssen, Terminkalender zu Kosmetika).
- Die Zugaben dürfen nicht an komplizierte Bedingungen geknüpft werden.
- Die Qualität und das Image der Zugaben dürfen nicht abfallen.

Die folgenden Beispiele erfüllen die beiden erstgenannten Forderungen sicher nicht.

> **Weshalb ich ein Plus mache, wenn ich Autoteile brauche, und weshalb ich in die Lüfte darf, wenn ich Rowenta im Supermarkt kaufe...**
> Ryanair Flugticket für 1 Cent beim Kauf eines gekennzeichneten Elektrogerätes von Krups, Rowenta oder Tefal (real,– Prospekt September 2005).
> Wenn Sie zwischen dem 06.10. und 08.10.05 bei Plus einkaufen und in der Zeit vom 06.10. bis 15.10. den 6-fachen Betrag bei A.T.U ausgeben, bekommen Sie gegen Vorlage Ihres Plus-Kassenbons das Geld für Ihren Plus-Einkauf von A.T.U. zurück – einfach so! (Plus-Prospekt Oktober 2005).

Bei Zugaben geht es auch um die Verpflichtung zur Gegenseitigkeit (**Reziprozität**). Geben und Nehmen ist eine der Grundlagen menschlicher Gesellschaften. Ohne die Fähigkeit zu teilen und sich gegenseitig zu helfen, hätte die Menschheit sich nicht entwickeln können (Cialdini 2002, S. 45). Die Gesellschaft setzt daher alles daran, ihre Mitglieder dahingehend zu sozialisieren, dass sie diese Regel einhalten und daran glauben. Folglich tun wir alles Erdenkliche, um nicht als geizig, undankbar oder selbstsüchtig zu gelten. Wenn jemand freundlich ist, sind wir freundlich zu ihm (Ebering 2005, S. 76). Cialdini schildert ein Experiment, bei dem das einfache Mitbringen einer Cola-Flasche die Bereitschaft, von einem neuen Bekannten Lose zu kaufen, deutlich erhöhte. Wichtig ist dabei zu erwähnen, dass die kleine Aufmerksamkeit nicht erbeten wurde und dass sie dennoch einen großen Einfluss hatte (Cialdini 2002, S. 46 ff.). Stellen Sie sich vor, Sie warten gemeinsam mit einem Fremden in einem Wartezimmer. Nach kurzem Small-Talk bietet er Ihnen ein Getränk an, das Sie annehmen. Kurz darauf bittet er Sie, ihm Lose für einen guten Zweck abzukaufen. Glauben Sie, dass Sie ablehnen werden? Entscheidend für unser Gefühl einer Verpflichtung ist nicht, ob wir etwas verlangt haben, sondern allein die Annahme des Geschenks. Geschenke wirken, weil sie beim Beschenkten unbewusst eine innere Verpflichtung zur Rückzahlung aufbauen. Machtbewusste Menschen nutzen dieses Instrument so, dass sie viele Geschenke verteilen und darauf achten, dass die Rückzahlung dann erfolgt, wenn sie es für nützlich halten (Häusel 2002a, S. 79). Diesen Zusammenhang beschreibt das Sprichwort „Kleine Geschenke erhalten die Freundschaft". Sie erhöhen die Sympathie und erzeugen den sozialen Druck, eine Gegenleistung erbringen zu müssen. Sehr effektiv wird dieses Prinzip von Tupperware eingesetzt: Alle Teilnehmer der Verkaufsparties erhalten ein Produkt geschenkt. Wer wagt es unter diesen Umständen noch, ohne den Kauf mindestens eines Artikels zu verschwinden? Hinzu kommt, dass *Frau* üblicherweise von einer Bekannten zur Party eingeladen wird. Ähnlich arbeitet Amway, deren Vertreter den Kunden Gratisproben überlassen, die „zu nichts verpflichten". Nach einigen Tagen werden die Proben abgeholt. Viele Kunden fühlen sich nun doch verpflichtet, der Firma Produkte abzunehmen.

Die Anwendungsmöglichkeiten in unserer Gesellschaft sind vielfältig. Die Verkäuferin, die den Kindern Süßigkeiten gibt, Gratisproben im Supermarkt, oder Sektenanhänger, die Blumen verschenken und anschließend um eine Spende bitten oder ungefragt zugesendete Behindertenpostkarten, die wir nur ungern ohne Gegenleistung annehmen. Der Einfluss auf uns ist so groß, dass wir in solchen Fällen lieber einen Bogen um die Geschenke machen, als den Überbringer zu brüskieren. Das kann man immer wieder in Fußgängerzonen beobachten. Wer hat noch nicht einen Umweg gemacht, um Leuten auszuweichen, die einem Gutscheine oder ähnliches hinhalten? Das Reziprozitätsprinzip ist so stark, dass wir sogar geneigt sind, kleinen Gefälligkeiten unverhältnismäßig große Gegenleistungen folgen zu lassen. Es ist uns unangenehm, uns jemand verpflichtet zu fühlen. Das ist auch ein Grund dafür, dass wir es oft vermeiden, jemanden um etwas zu bitten (Cialdini 2002, S. 62 f.). Bei mir – und ich bin sicher nicht der einzige – geht dieses Prinzip sogar so weit, dass ich zum Teil trotz Bedarf auf Beratung verzichte („Kann ich Ihnen helfen?"), da es mir andernfalls sehr schwer fällt, am Ende eines solchen Gespräches nichts zu kaufen. Mehr als einmal habe ich nach einem Kauf kognitive Dissonanz empfunden, weil ich dem Verkäufer zuliebe etwas gekauft hatte, wovon ich nicht 100%-ig überzeugt war.

Das Prinzip der Reziprozität spricht auch für eine kulante Beschwerdebearbeitung. Kommt der Händler dem Kunden bei einer Reklamation sehr entgegen, ist er also kulanter als erwartet, kann der Kunde sich anschließend verpflichtet fühlen, wiederholt dort einzukaufen. Deswegen sind Kunden, die sich beschwert haben, häufig stärker an das Unternehmen gebunden als solche, die darauf verzichtet haben.

Wie so häufig im Leben ist auch bei Zugaben ein goldener Mittelweg zu empfehlen. Ab und an sind kleine Geschenke sehr hilfreich, eine Inflation ist aber zu vermeiden. Geschenke müssen etwas Besonderes bleiben. Ein Negativbeispiel ist die Gratiswoche von real,– aus dem September 2005. Auf zwei Seiten wurden 16 Gratisangebote beworben. Beim Kauf von sechs Nutella-Gläsern gab es eine Toastpackung gratis dazu, beim Kauf eines Fernsehers einen DVD-Player und beim Kauf eines Bierkasten ein Weizenglas. Durch die Vielzahl der Angebote wird offensichtlich, dass es nicht um ein persönliches Geschenk für ausgewählte Kunden geht, sondern um platte Verkaufsförderung. Das Gleiche gilt für den Marktkaufprospekt von Kalenderwoche 37/2005. Darin wird dem Kunden bei einem Einkauf ab 100 Euro ein Akkubohrschrauber geschenkt. Das ist kein Geschenk, sondern ein Mengenrabatt, der die Zugabe mit einer Vorleistung verknüpft.

Eine weitere Möglichkeit, psychologische Preisspielräume auszunutzen, sind Kredite und Zahlungsbedingungen. Einige Studien konnten nachweisen, dass die Ausgabebereitschaft bei Kreditkartenzahlung höher ist als bei Barzahlung (Homburg/Koschate 2005b, S. 513). Da hier nicht weiter darauf eingegangen werden soll, sei auf Schenk verwiesen, der diesen Aspekt ausführlich diskutiert (1995, S. 235 ff.).

3.2.3 Preisoptik

Oft bestimmt allein die Darstellung eines Sachverhaltes, wie wir ihn bewerten. Für unsere Urteilsbildung ist es ein Unterschied, ob wir erfahren, dass ein Chirurg durch ein neues Verfahren 40 von 100 Leben retten kann, oder ob uns gesagt wird, dass 60 von 100 Patienten bei den Versuchen gestorben sind (Klein 2004, S. 249). Preisoptische Maßnahmen dienen dazu, den Eindruck von Preisgünstigkeit zu vermitteln (Diller 1978, S. 250 ff.; Bänsch 1998, S. 81 ff.):

- Häufig genutzte verbale Darstellungen sind „Fabrikpreis" oder „Sonderangebot."
- Preisargumentation wird betrieben mit der
  - Vergleichsmethode durch Nennung einer teureren Variante (Preisgegenüberstellungen).
  - Gleichnismethode („Pro Tag kostet Sie das Produkt nicht mehr als eine Schachtel Zigaretten").
- Optische Maßnahmen im engeren Sinne sind überdimensionale Preisschilder oder rote Schrift.

Die Möglichkeiten preisdarstellerischer Maßnahmen sind praktisch unbegrenzt. Wird die Preisauszeichnung an oder neben der Ware angebracht? Wie wirken

akustische Preispräsentationen? Soll man bestimmte Endziffern, ganze oder gebrochene Zahlen bevorzugen? Sind Phantasiebezeichnungen („Hammerpreis", „Preissturz" usw.) sinnvoll und welchen Einfluss hat die typographische Gestaltung der Preisauszeichnung?
Auf einige besonders verbreitete Instrumente der Preisoptik wird im Folgenden eingegangen:

- Runde und gebrochene Preise.
- Preisschwellen.
- Preisgegenüberstellungen.

Runde Preise (70 Euro) haben den Vorteil der Glattheit und Einfachheit. Der Vorteil gebrochener Preise, z. B. 69,99 oder 4,95 Euro ist, dass die Kunden in diesem Fall dem 60er- bzw. 4er-Zahlenbereich assoziativ verhaftet bleiben. Die minimale Differenz von 0,10 Euro wird kaum wahrgenommen, während die gleiche Differenz beim Preis von 70,10 Euro subjektiv als wesentlich höher eingeschätzt wird (Schenk 1995, S. 224). Mögliche Erklärungen für diese Effekte sind, dass die Konsumenten die Preise von links nach rechts lesen und den Preis intuitiv der ersten Ziffer zuordnen. Vielleicht beruht der vermutete Effekt aber auch darauf, dass man sich an die gebrochenen Preise aufgrund der jahrzehntelangen Anwendung gewöhnt hat. Dass gebrochene Preise in der Praxis gerne eingesetzt werden, kann man täglich an den Tankstellen beobachten. Dort wird der Preis regelmäßig mit 1,22^9 Euro angegeben. Die Endziffer wird dabei so klein dargestellt, dass der Kunde einen Cent glatt übersieht. Müller-Hagedorn und Wierich kommen zu dem Ergebnis, dass etwa zwei Drittel aller Preise in deutschen Lebensmittel- und Drogeriemärkten auf 9 enden. Würde man diese Preise aufrunden und unterstellt, dass der Absatz nicht zurückgeht, würde man bei einem ebenfalls unterstellten Einheitspreis von 0,49 Euro eine Renditesteigerung von einem auf drei Prozent realisieren können (Müller-Hagedorn/Wierich 2005, S. 211 ff.). Ein Anbieter, der auf 9er-Endungen verzichtet, ist der Teleshopping-Kanal QVC, der nach Angaben einer Unternehmenssprecherin einen kalkulierten Preis von 22,38 Euro bewusst nicht auf 24,95 Euro aufrundet, weil er eben „so kalkuliert" ist (was man mit dieser Preisstellung wohl auch suggerieren will). Meist entscheidet sich ein Händler bei den Preisendungen für eine bestimmte Logik. Ist das nicht der Fall, spricht man von „bunten Preisen". Ein Vertreter ist Wal-Mart. Auf der Titelseite des Prospektes KW 5/2006 finden sich so unterschiedliche Preise wie 6,98; 5,77; 1,88; 179,00 und 12,90.
Die Wirkung von gebrochenen Preisen ist umstritten (Homburg/Koschate 2005a, S. 393). In einem Feldexperiment in mehreren Drogeriemärkten konnten Diller/ Brielmaier (1996) keine signifikanten Unterschiede bei der Anwendung von runden und gebrochenen Preisen feststellen. In vier Testgeschäften wurden alle gebrochenen Preise zweier Produktgruppen für vier Wochen aufgerundet, während dies in den Kontrollgeschäften unterblieb. Während des Tests wurden die Abverkäufe beobachtet und Befragungen durchgeführt. Ein erstes Ergebnis war, dass die aufgerundeten Preise nur einer Minderheit auffielen (9,9 %). Der Kaufentscheidungsprozess, z. B. die erkennbare Beachtung des Preises, änderte sich nicht. Schließlich konnte auch bei der Preisbeurteilung kein signifikanter Unterschied festgestellt werden. Hinsichtlich der Preisgünstigkeit der Geschäfte schnitten die Läden mit den runden Preisen (die eigentlich eine Preisaufrundung

darstellten) sogar signifikant besser ab. Das ist bei der Studie von Müller-Hagedorn/Wierich anders. In diesem Fall, in dem Supermarktregale mit unterschiedlichen Preisen versehen wurden, schnitten die bunten Preise am besten ab. Wenn an Stelle der 9 überwiegend eine 0 als Preisendung verwendet wurde, verschlechterte sich das Preisgünstigkeitsurteil. Ingesamt konnten keine Hinweise entdeckt werden, die eine Bevorzugung von 9er-Endungen rechtfertigen (Müller-Hagedorn/Wierich 2005, S. 221 f.). Bänsch (1998, S. 81 ff.) weist darauf hin, dass es sich bei der Annahme, gebrochene Preise wirken besser als runde, nur um eine Vermutung handelt, es dafür aber keine Nachweise gibt. Müller-Hagedorn (2005, S. 298) kommt zu dem Fazit, dass die Diskussion trotz zahlreicher Untersuchungen zu keinem Abschluss gekommen ist. Dafür spricht auch, dass die Verbreitung gebrochener Preise in Europa unterschiedlich ist. Eine deutsch-französische Studie kommt bei einem Vergleich von 1.816 Lebensmittelpreisen aus Handzetteln deutscher und französischer Händler zu dem Ergebnis, dass die deutschen Unternehmen weitaus häufiger gebrochene Preise einsetzen als die französischen (Brambach/Ivens/Walser-Luchesi 2005, S. 82 f.). Das gute Preisimage der Dollar Stores in den USA, die ausschließlich runde Preise anbieten (1, 2, 3, 4 Dollar usw.), spricht ebenfalls dafür, dass die Wirksamkeit von gebrochenen Preisen in Deutschland überschätzt wird.

Die BBE empfiehlt trotz der nicht nachgewiesenen Wirksamkeit von gebrochenen Preisen die folgende Verkaufspreis-Staffelung bis 100 Euro. Die Gewöhnung der Kunden und die Tatsache, „dass alle es so machen", spricht dafür, dass sich der Händler damit preisoptisch zumindest nicht teurer darstellt als seine Wettbewerber.

Preislage	Verkaufspreise
0-10 Euro	0,45; 0,95; 1,45; 1,95 usw.
10-20 Euro	11,40; 11,90; 12,40; 12,90 usw.
20-30 Euro	22,80 weiter mit 2,– usw.
30-40 Euro	32,80 weiter mit 2,– usw.
40-50 Euro	42,80 weiter mit 4,– usw.
50-100 Euro	54,–; 59,–; 64,–; 69,– usw. Nach Möglichkeit kein Preis zwischen 98,– und 114,–

Tab. 3.2: Verkaufspreis-Staffel der BBE für Preise zwischen 0 und 100 Euro

Die Tabelle beruht auf folgenden Annahmen:

- Runde Preise sollte man zunächst stets unterschreiten oder klar darüber hinausgehen.
- Bei 10 bis 20 Euro sollte der Händler jeweils um 0,10 Euro unter der Schwelle bleiben, z. B. 11,40 Euro.
- Bei 20 bis 50 Euro sollte die Schwelle jeweils um 0,20 Euro unterschritten werden, z. B. 44,80 Euro.
- Ab 50 Euro sollte kann man ohne Cent hinter dem Komma arbeiten, z. B. 59,0 Euro.

Intensiv diskutiert wird auch das Phänomen der **Preisschwellen** (Schenk 1995, S. 226 ff.). Bei der oberen Preisschwelle geht der Absatz spürbar zurück. Im Beispiel von vorhin waren die meisten Kunden nicht bereit, mehr als 30 Euro für einen Teddybär auszugeben. Bei der unteren Preisschwelle befürchten die Kunden einen Qualitätsverlust. Dadurch sinkt der Absatz ebenfalls. Die Existenz oberer Preisschwellen wurde mehrfach untersucht (Müller-Hagedorn 2005, S. 294 ff.). Sie sind gleichzusetzen mit der Preisbereitschaft oder Zahlungsbereitschaft und stellen eine individuelle Preisobergrenze dar. Verfahren zur Ermittlung der Preisbereitschaft sind direkte Befragungen, simulierte Auktionen oder die multidimensionale Skalierung (Balderjahn 2003, S. 387 ff.). Die Preisbereitschaft von Kunden ergibt sich aus dem Vergleich von wahrgenommenem Nutzen und wahrgenommenen Kosten. Da sich die Preisschwellen für jedes Produkt und jeden Kunden unterscheiden und ständig verändern, ist die Berücksichtigung in der Handelspraxis über die übliche Beobachtung von Wettbewerberpreisen hinaus schwierig.

Neben den absoluten Preisschwellen gibt es die so genannten relativen Preisschwellen. Dabei geht es darum, dass Preisunterschiede in Relation zum Basispreis wahrgenommen werden. Der Preisunterschied zweier Pullover zu 48 Euro bzw. 49 Euro wird bei der Entscheidung keine Rolle spielen, dagegen kann der Unterschied zwischen einem Brötchen zu 60 Cent gegenüber einem zu 55 Cent bereits zur Abwanderung der Kunden führen. Relative Veränderungen der Preiswahrnehmung können ausgenutzt werden durch die Anordnung von Handelsmarken neben den Herstellermarken, durch die Angabe der unverbindlichen Preisempfehlung des Herstellers oder durch den Hinweis auf einen früher gültigen Preis (Schenk 1995, S. 225). **Preisgegenüberstellungen** relativieren den geforderten Preis indem andere, höhere Preise zum Vergleich angeboten werden. Cialdini (2002, S. 33) beschreibt folgendes Beispiel: Sid und Harry Drubeck besaßen in den 30er-Jahren eine Herrenschneiderei. Immer wenn Sid einen neuen Kunden hatte, der einen Anzug anprobierte, gab er vor, schwerhörig zu sein und bat den Mann mehrmals darum, lauter zu sprechen. Sobald der Kunde einen Anzug gefunden hatte und sich nach dem Preis erkundigte, rief Sid zu seinem Bruder, der am anderen Ende des Raumes saß, „Harry, was kostet dieser Anzug?" Harry antwortete: „Dieser wunderschöne Anzug aus purer Wolle? 42 Dollar." Sid tat dann so, als habe er nicht verstanden, und wiederholte die Frage. Erneut sagte Harry 42 Dollar. Daraufhin wandte sich Sid dem Kunden zu und sagte 22 Dollar und viele Kunden konnten das Geld für den Anzug gar nicht schnell genug auf den Tisch legen ehe der arme Sid seinen „Irrtum" bemerkte. Die Wirkung von Preisgegenüberstellungen kann auf Preisanker zurückgeführt werden, an denen sich der Kunde orientiert. Werden überhöhte Normalpreise angegeben (Mondpreise) oder ehemalige Preise durchgestrichen, erscheint dem Kunden das Angebot günstiger. Nach dieser Auffassung wäre es – bei geringen Preiskenntnissen der Kunden – sinnvoller, einen Teppich für 3.300 Euro anzubieten und einen Nachlass von 300 Euro zu gewähren, als ihn mit 3.000 Euro auszuzeichnen. Barone/Manning/Miniard untersuchten die Wirkung von Preisgegenüberstellungen mit Wettbewerberpreisen im Geschäft. Sie analysierten auch den Verdacht, dass der Gebrauch von solchen Vergleichen dazu führen kann, dass die Kunden misstrauisch werden, wenn die Vergleiche nicht bei allen Produkten angestellt werden. In einer Labor-Testsituation wurden den Probanden Produktbilder vorgelegt, mal mit, mal ohne Preisvergleich zum Wettbewerber. Das Ergebnis bestätigte, dass die Kunden die Preise einzelner Produkte insbesondere dann für nicht attraktiv halten, wenn kein Wettbewerberpreis angegeben wird, während das gleichzeitig bei anderen Produkten gemacht wird. Das Misstrauen hängt allerdings vom Verhältnis des Kunden zum Anbieter ab, also inwieweit er dem Laden vertraut (Barone/Manning/Miniard 2004, S. 37 ff.; Homburg/Koschate 2005a, S. 400). Bei Beck heißt es dazu: „Der größte Supermarkt bei mir um die Ecke präsentiert sich [...] als einer der preiswertesten, wie man mir bereits beim Eingang versichert. Dort hat man zwei Einkaufswagen aufgebaut, und in beiden liegen exakt die gleichen Waren. Der eine Wagen wurde im eigenen Hause zusammengestellt, der andere bei der Konkurrenz mit den gleichen Produkten gefüllt [...]. In der Hektik des Einkaufsgeschehens registriere ich diese Werbung anerkennend, doch wieder zu Hause [...] kommen mir Zweifel [...]. Ich verwette meine letzte Tafel Schokolade darauf, dass es der Konkurrenz möglich wäre, ebenfalls einen Einkaufskorb mit Waren vor ihre Tore zu stellen, der ihren Supermarkt als den preiswerteren ausgewiesen hätte. Der Trick ist eigentlich recht simpel: Ich stelle einfach den Warenkorb so zusammen, dass ich jeweils die Waren nehme, welche bei mir billiger sind als bei der Konkurrenz" (Beck 2004, S. 109 f.).

Es ist festzuhalten, dass Preise immer relativ sind. Im Umfeld teurer Produkte kann auch ein hochpreisiger Artikel günstig wirken (Diller 2003a, S. 262 ff.). Empirische Studien weisen darauf hin, dass Referenzpreise bei Kaufentscheidungen sehr häufig eine Rolle spielen. Meist gibt es eine akzeptierte Preisspannweite (Homburg/Koschate 2005a, S. 397 ff.). Die Kataloge der Versandhäuser werden gerne als Quelle von Referenzpreisen genutzt. Will man eine schnelle Preisinformation, um einen Preis grob einschätzen zu können, kommt der Katalog zum Einsatz. Aus diesem Wissen heraus entstand der Slogan „Erst mal sehn was Quelle hat" (Trommsdorff 2004, S. 98).

Abb. 3.4: Beispiel preisoptische Verkleinerung des Preises

Wie groß die Wirkungen selbst kleinster preisoptischer Maßnahmen sein können, zeigen mehrere Studien. Diller ermittelte bei Preisanzeigen eine 10%ige Umsatzsteigerung allein aufgrund einer größeren Schrift (Diller 2003a, S. 274). Ein anderer optischer Trick ist zunehmend in Prospekten zu beobachten. In Handzetteln von Media Markt zur Fussball EM 2004 wurden statt den tatsächlichen Preisen die zu zahlenden Raten bei Teilzahlung in den Vordergrund gestellt. Auf den ersten Blick kostet ein 100 Hz-Farbfernseher von Philips nur 60 Euro. Erst bei näherem Hinsehen ist – wesentlich kleiner gedruckt – der Barpreis von 1.440,– Euro zu erkennen. Der Preis wird optisch kleiner gemacht. Abb. 3.4 zeigt die gleiche Technik. Es wird offensichtlich der erste Eindruck vermittelt, ein Reifen sei ab 32 Euro zu haben. Der Barverkaufspreis von 924 Euro ist wesentlich kleiner und deutlich schlechter platziert.

3.3 Preis und Verbraucher

Die verhaltenswissenschaftliche Preisforschung kann eingeteilt werden in (Homburg und Koschate 2005a, S. 386; Müller-Hagedorn 2005, S. 274 ff.; Diller 2000, S. 105):

- Preisinteresse und Preissuche (Preisinformationsaufnahme).
- Preiswahrnehmung und Preiskenntnisse (Preisinformationsbeurteilung).
- Preiszufriedenheit (Preisintentionen).

Das Preisinteresse wird als Bedürfnis des Nachfragers definiert, nach Preisinformationen zu suchen. Ein generelles **Preisinteresse** ist bei uns allen vorhanden. Das kommt daher, dass wirtschaftliches Handeln seit Menschengedenken die Voraussetzung für Überleben und Wohlstand war. Die Preissensibilität wird auch von externen Faktoren beeinflusst, z. B. von der Euro-Einführung oder von den Preisaktionen des Handels. Neben soziodemographischen und produktspezifischen Merkmalen sind folgende Motivationen der Konsumenten zu beachten (Diller 2003b, S. 243 ff.):

- Der Preis ist wichtig, da der Haushalt bei preisgünstigen Einkäufen mehr konsumieren kann. Gleichzeitig sind bestimmte Qualitätsansprüche zu erfüllen.
- Legt ein Konsument Wert auf das Sozialprestige, das er durch viele und/oder luxuriöse Güter steigern kann, verlagert sich das Preisinteresse weg vom Produkt. Er wählt eine Einkaufsstätte, in der er die Produkte günstig bekommt, oder die Bedeutung des Preises nimmt ab.
- Aufgrund seines Entlastungsstrebens kann der Kunde das Preisinteresse zugunsten eines schnellen, bequemen Einkaufs zurückstellen. Bei einem hohen Preisnachlass geht er z. B. davon aus, dass auch woanders kein besserer Preis zu erzielen ist.
- Die Kenntnis von Preisen wird zum Teil als lohnend empfunden. Der Kunde ist stolz darauf, sich gegen die übermächtigen Anbieter zu behaupten.

Bis Mitte der 80er-Jahre ging man davon aus, dass sich Verbraucher konsistent verhalten. Die Realität zeigt aber, dass der gleiche Verbraucher mal preisbewusst und rational, in einer anderen Situation emotional und prestigeorientiert handelt. Ein und dieselbe Person zeigt sich hinsichtlich bestimmter Produkte sehr preissensitiv, hinsichtlich anderer Produkte derselben Warengruppe dagegen gar nicht. Beim so genannten hybriden Kaufverhalten ist es nicht mehr möglich, vom Verhalten in der Vergangenheit auf das Verhalten in der Zukunft zu schließen (Gruber 2004, S. 25). Die hybriden Kaufentscheidungen werden durch drei Einflussgrößen bestimmt (Müller/Wünschmann 2004, S. 499): Persönlichkeit, Stimulus (Produkt, Einkaufsstätte, Werbung) und Situation. Darüber, ob dieses Verhalten eine hohe Relevanz hat, gehen die Auffassungen auseinander. Dethloff hat in einem Experiment mit Studenten einen Anteil von 35 % ermittelt. Den Versuchspersonen wurde ein Einkaufsbetrag zur Verfügung gestellt. Damit konnten 13 Produkte aus dem Grundnahrungsmittelbereich gekauft werden, von denen jeweils ein niedrigpreisiger, ein mittelpreisiger und ein hochpreisiger Artikel zur Auswahl standen, z. B. bei Milch die Marken ja, Erlenhof und Weihenstephan. Als hybrid wurde eingeteilt, wer mindestens 15 % der Käufe im niedrigpreisigen Segment und 15 % im hochpreisigen Segment tätigte (Dethloff 2004, S. 186 ff.). Es zeigte sich, dass das hybride Verhalten bei steigendem Budget zunahm. Diller kommt dagegen zu dem Ergebnis, dass dem hybriden Kaufverhalten innerhalb einer Warengruppe keine große Bedeutung zukommt. Er ermittelt für den Konsumgüterbereich einen Anteil von 13 % (Diller 2003b, S. 248 ff.). Der Handel muss sich darauf einstellen, dass die Bedeutung und Funktion des Preises abhängig von Person und Situation sehr unterschiedlich sein können. Deswegen ist es sinnvoll, die einmal gewählte Preisstrategie (Preislage und Preisoptik) konsequent umsetzen, um die Kunden anzusprechen, deren aktuelle Bedürfnisse damit übereinstimmen.

Die **Preiswahrnehmung** einer Bahnfahrt, die direkt und in vollem Umfang gezahlt werden muss, ist anders als die Kosten einer Autofahrt, bei der wesentliche Teile (Versicherung, Steuer, Abnutzung) zu einem anderen Zeitpunkt anfallen (Simon 1992, S. 600). Dem Kunden erscheint die Autofahrt günstiger als sie tatsächlich ist. Die Bahncard, die den direkt zu zahlenden Preis deutlich verringert, hat deshalb große Vorteile für den Kunden und das Unternehmen, indem sie die Zahlungsbedingungen positiv beeinflusst. Ein Kollege von mir hat sich die Bahncard 100 zugelegt und äußert gerne, dass es einfach schön ist, „umsonst" zu fahren obwohl er genau sagen kann, ab wie vielen Fahrten zwischen Wohn- und Arbeitsort sich die Karte rechnet. Die Tatsache, dass die Zahlung vor der Nutzung erfolgt, führt dazu, dass der nicht unerhebliche Betrag als weniger schmerzhaft empfunden wird, und eine Nutzung attraktiv erscheint. Je mehr man fährt, desto eher hat sich die Ausgabe gelohnt. Ein anderes Beispiel ist das Handy, bei dem viele offensichtlich glauben, dass die Telefonate umsonst sind, während einem in der klassischen Telefonzelle die Münzen buchstäblich in den Fingern zerrinnen.
Wie in vielen anderen Bereichen, tendiert der Kunde bei der Preiswahrnehmung zu **Vereinfachungsstrategien**. Er verlagert beispielsweise die Preisinformation von der Vorkaufphase in den Laden. Dort nimmt er die gebotenen Informationen eher passiv auf und kauft das, was der Händler als preiswert anbietet (Diller 2000, S. 127). Weitere Maßnahmen zur Vereinfachung sind Eck- oder Referenzpreise, von denen der Kunde das Preisimage eines Geschäftes ableitet, sowie die

Preisoptik. Von großen Lettern, roter Farbe oder Bezeichnungen wie Traumpreis wird auf günstige Preise geschlossen. Diese Vereinfachungsregeln können uns allerdings in die Irre leiten. Dass die von den Konsumenten üblicherweise zugrunde gelegte Vereinfachungsregel „große Packung = kleiner Preis" nicht immer gilt, wurde in einer amerikanischen Studie nachgewiesen. Danach ist der relative Preis einer Großpackung in 16-34 % der Fälle höher als der der kleineren Verpackung. Das ist vor allem dann der Fall, wenn die kleinere Menge stark nachgefragt wird und unter großem Preisdruck steht. Während einige Autoren vermuten, dies sei Absicht, um die Kunden zu täuschen, argumentieren andere, dass der Effekt auf die übliche wettbewerbsgerichtete Preisstellung im Handel zurückzuführen ist (Sprott/Manning/Miyazaki 2003, S. 34 ff.). Bei einer Untersuchung des Fachgebiets Agrarmärkte und Agrarmarketing der Universität Hohenheim in deutschen und französischen Supermärkten wurden in 15 von 19 Märkten Grundpreisaufschläge bei insgesamt etwa 200 Artikeln aus dem Lebensmittel- und Drogeriemarktsortiment identifiziert. Die Vermarktung der Großpackungen erfolgte oft mit separater Platzierung, die einen Preisvergleich erschwerte. Darüber hinaus waren die Großpackungen häufig mit Zusatzbeschriftungen versehen („XXL Sparpack, Vorteilsgröße" usw.). Auf Anfragen der Lebensmittelzeitung erklärten die betroffenen Händler die Preisaufschläge bei Großpackungen könnten vielfältige Ursachen haben: Höhere Produktionskosten, Auszeichnungsfehler oder temporäre Verzerrungen aufgrund von Sonderaktionen. Verbraucher müssen entgegen ihrer Erwartung damit rechnen, dass Groß- und Familienpackungen nicht automatisch günstiger sind (Konrad 2005, S. 41).

Eine weitere Vereinfachungsregel ist der **Schluss vom Preis auf die Qualität**. Das wurde u. a. durch ein Bierexperiment von Connell (1968) nachgewiesen. Er bot Studenten drei völlig identische Biermarken mit unterschiedlichen Preisangaben an. Die Versuchspersonen hatten mehrere Wochen Gelegenheit, die Biermarken zu probieren. Es zeigte sich, dass die subjektive Qualitätseinschätzung signifikant vom Preis abhängig war. 93 % der Probanden schätzten die Qualität des teuersten Bieres als positiv ein, beim billigsten Bier waren es nur 57 %. Eine wichtige Einschränkung an dieser Art von Experimenten ist die Dominanz eines einzigen Merkmals, in diesem Fall der Preis. Es ist nur natürlich, dass die Kunden Preis und Qualität verknüpfen, wenn ihnen keine weiteren Informationen vorliegen (Kroeber-Riel/Weinberg 2003, S. 305 ff.; Müller-Hagedorn 2005, S. 291). Das ist in der Realität selten der Fall, weswegen die Bedeutung des Preises oft überschätzt wird (von Rosenstiel/Neumann 2002, S. 161). Der Schluss vom Preis auf die Qualität ist insbesondere dann von Bedeutung wenn den Kunden fundierte Kenntnisse über das Produkt fehlen (Homburg/Koschate 2005a, S. 402). Dass Leute nach der Devise „teuer = gut" verfahren, kann man belächeln: „Und bei genauer Betrachtung steigt mit dem Preis auch die Achtung" (Wilhelm Busch). Allerdings handelt es sich dabei um eine Technik, die hilft, Zeit und Energie zu sparen. Die Konsumenten haben im Laufe ihres Lebens erfahren, dass der Preis üblicherweise mit dem Wert eines Gutes ansteigt. Cialdini berichtet von einem Schmuckgeschäft, bei dem schwer verkäufliche Türkise plötzlich reißenden Absatz fanden, nachdem die Verkäuferin irrtümlicherweise den Preis verdoppelte, statt ihn zu halbieren. Da es sich bei den Kunden überwiegend um ahnungslose Touristen handelte, orientierten sie sich an dem Prinzip „teuer = gut". Auch wenn die Kunden im vorliegenden Fall falsch lagen, kann das stereotype Verhalten auf lange Sicht gute Ergebnisse bringen. Um sich in der zunehmend komplexen Welt zu Recht zu finden, brauchen wir Faustregeln, die uns effiziente Entscheidungen ermöglichen. Wir können nicht alle Zusammenhänge analysieren, dazu fehlt uns Zeit, Energie und Kapazität. Zwar führen die Regeln manchmal zu Fehleinschätzungen, ohne sie wären wir aber handlungsunfähig (Cialdini 2002, S. 20 ff.).

> Ein Beispiel für vereinfachte Preiswahrnehmung ist der **Kleingeldeffekt**. Wir sind zum Teil bereit, einen Betrag in Münzen auszugeben, den wir mit einem Schein nicht gekauft hätten. Forscher der Universitäten Kalifornien und Maryland fanden heraus, dass 71 % der Befragten vier 25-Cent-Stücke für Süßigkeiten ausgeben würden, aber nur 29 % den gleichen Betrag in Form einer Dollar-Note. Eine neue Software, die von amerikanischen Fast-Food-Ketten eingesetzt wird, versucht, diesen Effekt auszunutzen, indem sie an der Kasse Angebote erstellt, die auf das Wechselgeld des Kunden abzielt. Bestellt ein Kunde beispielsweise ein Menü zum Preis von 4,29 Dollar, wird dem Kunden das Angebot gemacht, für 71 Cent Pommes frites dazuzunehmen, die regulär einen Dollar kosten. In etwa 35 % der Fälle akzeptieren die Kunden diese Angebote. Die Programme sind lernfähig und merken, bei welchen Käufen die Kunden welche Angebote akzeptieren, z. B. eher Pommes oder eher Cola (Albert/Winer 2005, S. 17).

Ein weiteres Beispiel für die nicht rationale Betrachtung von Preisen ist die **gefühlte Preisrate**. Während das statistische Bundesamt in seinen Berechnungen immer wieder zu dem Ergebnis kam, dass die Euro-Einführung zu keiner wesentlichen Preissteigerung geführt hat, diese im Gegenteil in den ersten zwei Jahren nach der Einführung sogar geringer war als zuvor, berechnete der Schweizer Wissenschaftler Hans Wolfgang Brachinger für Januar 2001 bis Juni 2002 eine gefühlte Preissteigerungsrate von 6,6 %. Sie ist damit fast viermal höher als die offizielle Steigerungsrate. Brachinger hat in seinem Rechenmodell drei Hypothesen der Wahrnehmungspsychologie berücksichtigt (Brachinger 2005, S. 1002):

- Die Preise der Güter werden relativ zu güterspezifischen Referenzpreisen bewertet. Wenn dem Konsument ein Menü durchschnittlich 45 Euro wert ist, wird ein Preis von 30 Euro als günstig, ein Preis von 60 Euro als teuer eingeschätzt.
- Die Verluste bzw. Gewinne gegenüber dieser Erwartung werden mit einer Wertfunktion bewertet, wobei Verluste höher gewichtet werden als Gewinne.
- Der Verbraucher schätzt die Inflation umso höher ein, je öfter er Preiserhöhungen erfahren hat. Waren, die er häufiger einkauft (z. B. Tageszeitung im Einzelverkauf, Zigaretten, Bier im Ausschank und Brötchen), beeinflussen seine Wahrnehmung stärker als seltener anfallende Ausgaben (z. B. ein jährlich anfallender Versicherungsbetrag).

Es liegt auf der Hand, dass die wahrgenommene Inflation für das Ausgabeverhalten im Handel entscheidender ist, als die von Statistikern berechnete offizielle Rate. Da hilft es auch nichts, wenn Norbert Walter, der Chefökonom der deutschen Bank, in einer Reaktion auf die Studie schlüssig darlegt, dass gefühlte Inflationsraten Unsinn sind (Rheinischer Merkur, 6. Oktober 2005).

3.3 Preis und Verbraucher

Bei der **Preiskenntnis** geht es um die Frage, wie genau die Konsumenten die Preise kennen. Wie viele und welche Preise kennen die Kunden? Untersuchungen haben gezeigt, dass die Verbraucher trotz der immer wieder unterstellten Preissensibilität nur wenige Preise detailliert kennen. Das Rheingold Institut (Grünewald 2001) bezeichnet den Grund dafür als Preisflimmern. Ständige Preisaktionen torpedieren das stabile Grundgefühl. Die Mehrheit der Verbraucher kauft preisintuitiv. Die Preiskenntnisse beziehen sich auf wenige Referenzkategorien, ansonsten werden nur stichprobenartig Preisabgleiche durchgeführt. Der Kunde möchte vor allem das bequeme und vertrauensvolle Gefühl haben, preiswert einzukaufen. Die Kunden fliehen auch deshalb in die preisstabile Welt von Aldi. Von einem günstigen Laden haben sie relativ genaue Vorstellungen: Er ist neu, nicht so ordentlich, betreibt viel Werbung und bietet keine Extradienste (Müller-Hagedorn 2005, S. 284). Die gerne geäußerte These von der geringen Preiskenntnis der Verbraucher könnte aber auch auf fehlerhafte Messungen zurückzuführen sein. Vanhuele/Drèze (2002, S. 72 ff.) argumentieren, dass der herkömmliche (verbale) Recall von Preisen nur einen Teil der Preiskenntnisse abbildet, während mit (visuellen) Recognition-Methoden bessere Messungen des Preisgedächtnisses möglich sind. Zu unterscheiden sind explizites Preiswissen (der absolute Preis wird erinnert) und implizite Kenntnisse (der Kunde kann einschätzen ob ein Preis niedrig, mittel oder hoch ist) (Ahlert et al. 2005, S. 261). Bei mehreren Millionen Konsumartikeln in deutschen Regalen dürften die expliziten Kenntnisse verschwindend gering sein. Darüber hinaus hängt die Genauigkeit von Preiskenntnissen auch von Warengruppen und Involvement ab. Alles in allem kommen die zahlreichen Untersuchungen zu diesem Thema zu unterschiedlichen Ergebnissen. Einige weisen signifikante Unterschiede in Abhängigkeit vom Alter nach, andere ermittelten das Gegenteil (Ahlert et al. 2005, S. 265-266). Trommsdorff kommt zu folgendem Fazit:

> Die Preiskenntnisse von Konsumenten sind absolut gesehen relativ schlecht. Das Preiswissen ist unpräzise und allgemein, aber einprägsam und leicht abrufbar. Für exakte Kenntnisse wäre ein hohes Involvement erforderlich. Die Ungenauigkeiten werden angesichts des beträchtlichen Informationsaufwandes in Kauf genommen und scheinen auszureichen, um große Fehlkaufrisiken zu vermeiden (Trommsdorff 2004, S. 107).

Zum gleichen Ergebnis kommt eine Studie in ausgewählten SB-Warenhäusern, in der die Preise für 69 Artikel abgefragt wurden. Im Durchschnitt hatten weniger als 50 % der Probanden eine Vorstellung vom Normalpreis. Auf Warengruppenebene wichen die geschätzten Preise um 25 bis 40 % vom Normalpreis ab. In Einzelfällen hatten die Konsumenten allerdings sehr gute Preiskenntnisse, insbesondere bei Markenartikeln. Die durchschnittliche Abweichung lag bei Tempo-Taschentüchern nur bei 4,5 %. Wurden die Preise falsch eingeschätzt, dann wurden sie meist überschätzt (in 69 % der Fälle). Daraus folgern die Autoren, dass bei vielen Artikeln Preiserhöhungsspielräume bestehen. Würde bei einem bestimmten Artikel („Reinigungsmittel B") der geforderte Preis auf den geschätzten Normalpreis erhöht, wäre eine Erlössteigerung um 28 % möglich (Ahlert et al. 2005, S. 269 ff.).

Nach Matzler (2003, S. 307) ist die **Preiszufriedenheit** ein mehrdimensionales Konstrukt, das beeinflusst wird durch Preistransparenz, Preiswürdigkeit, Preisgünstigkeit, Preissicherheit, Preiszuverlässigkeit und Preisfairness. Die folgende Abbildung zeigt Möglichkeiten für Händler, die Preiszufriedenheit zu fördern.

Preisdimension	Attribute	Instrumente
Preistransparenz	Transparenz von Preis und Leistung, Übersichtlichkeit.	Preisübersichten. Preisberechnungsbeispiele.
Preiswürdigkeit und Preisgünstigkeit	Gutes Preis-Leistungsverhältnis, Preisnachlässe, Preishöhe.	Bestpreisgarantien. Rabatte. Preisvergleiche. Preisoptik.
Preissicherheit und Preiszuverlässigkeit	Preiskonstanz, Verzicht auf versteckte Nebenkosten.	Pauschalpreise. Dauerniedrigpreise.
Preisfairness	Verzicht auf Übervorteilung. Keine Ausnutzung von Notsituationen.	Vorsicht bei Preisdifferenzierung.

Abb. 3.5: Instrumente zur Steigerung der Preiszufriedenheit (Quelle: In Anlehnung an Matzler 2003, S. 314).

Eine wichtige Rolle bei Preiserhöhungen spielt die Fairness. Ein Preisanstieg wird als fair wahrgenommen, wenn die Kunden davon überzeugt sind, dass die Preise aufgrund von höheren Kosten gestiegen sind. Wird dagegen der Gewinn erhöht, empfinden die Kunden die Preiserhöhung als unfair (Homburg/Koschate 2004, S. 318 f.). Aldi hat dieses Prinzip verstanden. Wenn Preiserhöhungen unumgänglich sind, wird das den Kunden offen kommuniziert. Als fair wird auch empfunden, wenn ein Unternehmen seine Preise als Reaktion auf den Preisanstieg eines Wettbewerbers heraufsetzt (Homburg/Koschate 2005a, S. 405). Dieser Auffassung hat sich auch das Bundeskartellamt angeschlossen, das Verkaufspreise unter Einstandspreise dann erlaubt, wenn auf die Preise eines Wettbewerbers eingegangen wird.

3.4 Knappheitsprinzip

Immer wieder fällt auf, dass die Verbraucher einerseits nach Schnäppchen suchen, sich bei anderer Gelegenheit aber etwas gönnen wollen. Es handelt sich um eine Variante des bereits erwähnten hybriden Verhaltens. Schnäppchen sind zu einem eigenen Warentyp geworden. Es gibt eine Fülle unterschiedlicher Schnäppchen, z. B. „verhandelte" Schnäppchen, „eingepferchte" Schnäppchen (Aktionsflächen) und „geborene" Schnäppchen, die in Factory Outlets angeboten werden (Köhler 2002, S. 17 ff.). Ein wichtiges Kennzeichen dieser Warengattung ist, dass sie nicht unbegrenzt verfügbar ist. Das Knappheitsprinzip hat großen Einfluss darauf, welchen Wert wir Dingen beimessen. Die Gefahr eines möglichen Verlustes – man könnte etwas verpassen – spielt bei menschlichen Entscheidungen eine große Rolle (Cialdini 2002, S. 328 f.). Die Anwendung im Handel lässt sich insbesondere bei den Discountern beobachten. Die Nonfood-Angebote werden so vorsichtig disponiert, dass der Vorrat nur wenige Stunden reicht. Beispiele aus jüngerer Vergangenheit sind limitierte Kunstdrucke zu 13 Euro (Aldi Süd) und Faschingskostüme für Kinder à 4 Euro. Das Knappheitsprinzip wirkt noch stärker, wenn wir mit anderen um etwas konkurrieren müssen (Cialdini 2002, S. 319). Das erklärt den Erfolg der Wühltische beim Schlussverkauf ebenso wie die Schlangen vor den Discountern oder den Aufstieg von ebay. Ein weiteres gutes Beispiel ist Teleshopping. Dort wird ständig darauf hingewiesen wie viele Exemplare eines Produktes noch vorhanden sind. Der Kunde kann beobachten wie es immer weniger werden, und wenn er nicht sofort zuschlägt, ist es zu spät.

> Das Verlangen nach etwas, um das man mit anderen konkurriert, ist beinahe körperlich spürbar. Bei großen Schluss- und Sonderverkäufen beispielsweise geraten die Kunden oftmals in große Erregung. Angestachelt durch den Andrang der Konkurrenten schwärmen sie aus, um Waren zu ergattern, die sie ansonsten keines Blickes würdigen würden. Solches Verhalten erinnert an das Phänomen des „Fressrausches", das wilde Umsichschnappen bei Gruppen von Tieren, die auf Nahrung stoßen (Cialdini 2002, S. 320).

Das Knappheitsprinzip beruht auf zwei Einflussfaktoren (Cialdini 2002, S. 298 ff.):

1. Zum einen handelt es sich um eine einfache und bewährte Vereinfachungsregel. Dinge, die schwer zu bekommen sind, sind in der Regel besser als solche, derer man leicht habhaft wird. Cialdini fügt hinzu, dass es zum Teil schon ausreicht, wenn die Information knapp ist. Hat der Kunde das Gefühl, er habe einen exklusiven Tipp bekommen, glaubt er umso stärker an die Vorteilhaftigkeit des Geschäfts.
2. Zum zweiten bedeutet etwas nicht zu bekommen die Einschränkung von Freiheit. Je mehr uns der Zugang zu etwas verwehrt wird, desto stärker wird unser Verlangen danach. Der Konkurrent um die Geliebte erhöht das Verlangen ebenso wie der Hinweis, „für Jugendliche unter 16 Jahren nicht geeignet", und wenn der Immobilienmakler uns eröffnet, dass es einen weiteren Interessenten gibt, steigert sich der Entscheidungsdruck.

Cialdini berichtet in diesem Zusammenhang von seinem Bruder Richard, der sich mit Autoverkäufen Geld dazu verdiente. Sein psychologischer Trick bestand darin, immer mehrere Interessenten gleichzeitig zu bestellen. Meistens lief es dann so, dass der erste Interessent eintraf, das Auto sorgfältig inspizierte und das typische „Autokäuferverhalten" an den Tag legte, etwa auf Macken oder Mängel hinwies und fragte, ob über den Preis verhandelt werden könne. Psychologisch änderte sich die Situation schlagartig, sobald ein zweiter Käufer vorfuhr. Durch das Auftauchen eines anderen Interessenten war das Auto auf einmal für beide weniger verfügbar. Oft heizte der Zuerstgekommene die aufgekommene Rivalität ungewollt noch dadurch an, dass er auf sein Recht pochte, es sich als erster überlegen zu dürfen, ob er den Wagen kaufen wolle oder nicht. Wenn er selbst nicht auf seinem Recht beharrte, übernahm Richard das für ihn. Sich dem zweiten Käufer zuwendend sagte er dann: „Entschuldigen Sie, aber dieser Herr war vor Ihnen da. Dürfte ich Sie also bitten, ein paar Minuten dort drüben zu warten, bis er sich das Auto angesehen hat? Wenn er es nicht haben will, oder sich nicht entscheiden kann, zeige ich Ihnen den Wagen". Durch diesen einfachen Kniff setzt der Verkäufer beide Interessenten unter Druck. Der erste muss sich schnell entscheiden und hat eine schlechtere Verhandlungsposition bezüglich des Preises. Der zweite wird in seiner Freiheit eingeschränkt, den Wagen inspizieren zu können, solange der Rivale nicht verschwunden ist. Taucht ein dritter Kunde auf, wird der Druck auf den ersten so groß, dass er entweder das Angebot akzeptiert, oder sich schnell aus dem Staub macht. In diesem Fall kauft der zweite mit großer Wahrscheinlichkeit den Wagen aus einem Gefühl der Erleichterung gekoppelt mit einem Triumphgefühl dem Dritten gegenüber (Cialdini 2002, S. 326 f.). Häusel erklärt das Phänomen durch ein enges Zusammenspiel von Kampf- und Jagd-Mechanismus. Zwei Faktoren müssen dabei erfüllt sein. Erstens müssen sich andere für den Artikel interessieren. Zweitens muss der Artikel knapp sein. Unser Unterbewusstsein gibt uns den Befehl, dass wir schneller sein, und den anderen den Artikel wegschnappen müssen (Häusel 2002a, S. 175 f.).

Abb. 3.6: Schlussverkauf (Quelle: Hansen 1990, S. 360).

Eine Variante ist die **Fristentaktik**, bei der Kunden eine Frist gesetzt wird, innerhalb der er sich entscheiden muss. Praktiker wirbt seit 2004 regelmäßig mit dem Slogan „20 % auf alles. Nur für kurze Zeit." Dann wird sukzessive verkürzt: „Nur noch morgen", „Nur noch heute". Im Extremfall bekommt der Kunde keinerlei Zeit, es sich zu überlegen, beispielsweise beim Propagandisten: „Ich bin nur noch heute in der Stadt". Der Vorteil dieser Vorgehensweise ist, dass es nicht mehr nötig ist, Aktionsware im großen Stil einzukaufen, die im schlechten Fall nicht abverkauft wird und die Bestände erhöht. Dazu Beispiele aus der Praxis:

- „Nur diese Woche: 20 % auf alle Stühle" (Staples)
- „Regal – jetzt im Preis gesenkt – aber nur für kurze Zeit" (Ikea)
- „Digitale Sat-Anlage à 99 Euro. Nur diesen Montag" (Saturn)
- „Megaposten zu Minikosten. Nur Mittwoch bis Samstag!" (real,–)
- „Am Montag, den 22. Juli 10,– Euro je 100 Euro Einkaufssumme" (Marktkauf)
- „Montags Preisknaller: Duplo Doppelpack, 2^{49}. Nur gültig am 09.12." (Plus)

Gedenk (2003, S. 612 f.) berichtet von Labor- und Feldexperimenten, die den Einfluss von Vergleichspreisen und Zeit- und Mengenbeschränkungen nachweisen konnten. In einem Feldexperiment wurde der Absatz von Campbell's Soup in drei Supermärkten manipuliert. In allen Märkten wurde der Preis um 12 % gesenkt. In einem der Märkte wurde lediglich der Hinweis auf das Sonderangebot gegeben, in den anderen Märkten wurden Mengenbeschränkungen ausgesprochen. Die Kunden durften maximal 4 bzw. 12 Dosen kaufen. Aus Tab. 3.3 ist zu ersehen, dass die Kunden bei Nichtbegrenzung durchschnittlich 3,3 Dosen kauften, bei der Mengenbeschränkung auf 12 dagegen 7,0.

Markt	Preisnachlass	Preisschild	Durchschnittliche Kaufmenge pro Person
1	12 %	Sale	3,3
2	12 %	Sale – Limit of 4 per person	3,5
3	12 %	Sale – Limit of 12 per person	7,0

Tab. 3.3: Durchschnittliche Kaufmenge in Abhängigkeit der Preisauszeichnung (Quelle: Wansink/Kent/Hoch, in: Gedenk 2003, S. 613).

> Um einem Mitmenschen eine Sache begehrenswert erscheinen zu lassen, muss man diese nur schwer erreichbar machen (Mark Twain).

Unsere Gesellschaft ist geprägt durch ein zunehmendes Bedürfnis nach Abenteuer und Erfolg. Die Jagd nach Schnäppchen ist eine aufregende Unterbrechung des Alltagslebens, ein Sport. Die Trophäe bringt Genugtuung und wer einmal den Erfolg gekostet hat, wird ihn immer wieder suchen (Wanninger 2000, S. 40 ff.). Der häufig zitierte **Smart Shopper** ist kein reiner Schnäppchenjäger. Heinritz/Klein/Popp (2003, S. 157) unterscheiden den Schnäppchenjäger und den Smart Shopper dadurch, dass letztere nicht nur den kleinsten Preis suchen, sondern eine Balance zwischen Preis und Leistung. Das Kaufmotive der verwandten Success Shopper (Begriffsschöpfung der BBE) ist es, nichts verpassen zu wollen (das Produkt ist später nicht mehr verfügbar) oder Vorteilsstreben („Ich brauche das neueste Modell, den stärksten Prozessor usw.!"). Wichtig ist das Erreichen eines Ziels, die selbstgestellte Aufgabe. Entscheidend ist nicht der Geldbeutel, sondern Informiertheit und Cleverness. Die Erfüllung und Bestätigung findet der Success Shopper im Kauf an sich, im Lösen der Aufgabe, in der Überwindung der Hindernisse. Der Kauf ist der Erfolg (Vossen 2003, S. 113). Güter des Grundbedarfs werden von den Smart Shoppern bevorzugt im Discounter eingekauft, Güter des Zusatznutzens dagegen in Fachmärkten, im Fabrikverkauf oder im E-Commerce, wo auch höhere Preislagen mit entsprechender Qualität angeboten werden. Während diese Konsumentengruppe nach Meinung der Autoren heute noch eine Minderheit darstellt, könnte sich das in Zukunft ändern, weil das beschriebene Einkaufsverhalten insbesondere bei Jugendlichen zu beobachten ist.

> Was interessiert Käufer und Verkäufer mehr als der Preis? Der wirklich zu zahlende Preis. Man hat sich daran gewöhnt, dass es einen Normalpreis und einen mehr oder weniger darunter liegenden Preis gibt. So kommt es vor, dass eine Digitalkamera statt 499 Euro nur noch 299 Euro kostet, obwohl das Nachfolgemodell mit besserer Leistung sowieso nur noch 399 Euro kostet. Der inzwischen vergessene Normalpreis ist zum Mondpreis mutiert und Schnäppchenpreise sind sexy. Wer würde sich dem Nachbarn gegenüber auch schon damit brüsten, er habe für sein Auto oder die Hifi-Anlage den Listenpreis bezahlt? (Bernd Nasner, Fotofachhändler aus Hamburg, in: Der Handel, H. 4, 2004, S. 92).

Eine etwas andere Anwendung erfährt das Knappheitsprinzip im **Luxus**-Segment. Die Nichtverfügbarkeit, die Rarität zeugt davon, dass es sich bei Nutzung und Besitz um einen Luxus handelt. Im Verständnis der Verbraucher bedeutet Luxus, sich Dinge zu kaufen, die andere sich nicht leisten können (Queck 2005c, S. 80). Dabei ist Luxus immer relativ. Während für den einen ein Mallorca-Urlaub Luxus bedeutet, muss es beim anderen der Porsche sein. Obwohl die Kunden immer häufiger beim Discounter einkaufen, haben sich die Verbraucher von der Lust an Luxus und der Neigung, sich etwas zu gönnen, nicht verabschiedet. Kapital ist ausreichend da. Werte wie exklusiv, handgefertigt, dauerhaft und verlässlich sind weiter gefragt. Die Marktforscher haben immer wieder nachgewiesen, dass die Premiumanbieter ihre Marktanteile bei den Markenprodukten halten konnten. Da gleichzeitig die Handelsmarken zulegen, sind die schwächeren Marken die Verlierer. Teuer kaufen heißt, ohne Risiko zu kaufen. Kauft der verunsicherte Verbraucher das Teuerste, kann er relativ sicher sein, dass es nicht noch etwas Besseres gegeben hätte (Queck 2005c, S. 81). Von Rosenstiel/Neumann (2002, S. 156 ff.) führen folgende Gründe für den bereits erwähnten Zusammenhang von Preis und Qualität an:

- Nach dem Veblen-Effekt legen feine Leute gesteigerten Wert darauf, teure Güter als Statussymbole zu verwenden.

- In manchen Situationen ist der Preis wichtig. Die meisten von uns möchten keinen Sekt verschenken, der zu billig ist, unabhängig davon, ob der günstigere gleich gut schmeckt.
- Generell können Verbraucher davon ausgehen, dass Preis und Qualität eng zusammenhängen. Bis zu einem gewissen Optimum – abhängig vom Einkommen – kaufen sie deswegen bei hohen Preisen mehr.

Luxusprodukte werden häufig als Statussymbole eingesetzt, um Autorität zu signalisieren. Das Prinzip beruht auf einer tiefverwurzelten Autoritätshörigkeit. Sie ist anerzogen und kommt daher, dass ein gut funktionierendes Autoritätssystem einer Gesellschaft große Vorteile bringt. Das Gegenteil wäre Anarchie. Deswegen werden wir Gehorsam gegenüber den richtigen Autoritäten gelehrt (Lehrer, Ärzte, Polizisten usw.). Kinder lernen, dass sie Vorteile erzielen, wenn sie den Anweisungen bestimmter Personen folgen. Als Erwachsene beugen wir uns den Forderungen von Menschen mit begründeter Autorität wie Vorgesetzten, Richtern oder Staatsführern. Das ergibt soviel Sinn, dass wir uns oft sogar dann fügen, wenn es gar keinen Sinn macht (Cialdini 2002, S. 265 ff.). Statussymbole wie Titel, Kleidung und Autos können uns dazu bringen, Autoritäten zu folgen, die gar keine sind, z. B. Hochstaplern. Studien konnten nachweisen, dass wir Fahrern von Nobelkarossen respektvoller begegnen als denen von Kleinwagen. Genauso funktionieren teure Anzüge.

Luxus wird auch für die breite Bevölkerung ein zunehmend wichtigeres Thema. Silverstein/Fiske (2003, S. 21 f.) sprechen von „neuen Luxusgütern". Im Gegensatz zu den traditionellen Luxusartikeln können mit diesen Produkten trotz des relativ hohen Preises große Absatzmengen realisiert werden. Neue Luxusprodukte gehen den goldenen Mittelweg zwischen Masse und Klasse. Sie sind zwar teurer als die Massenware, aber günstiger als die traditionellen Luxusprodukte. Zwei Kategorien lassen sich unterscheiden:

- Luxuriöse Konsumgüter, z. B. die teuerste Kaffee- oder Wodkasorte.
- Nobelmarken für Einsteiger, z. B. Mercedes A-Klasse oder BMW-Mini.

Auch Silverstein/Fiske (2003, S. 24) beobachten eine Polarisierung im Verhalten. Bei Produkten, die ihnen wichtig sind, bezahlen die Verbraucher Höchstpreise, andere werden dagegen möglichst billig gekauft. Das Nachsehen haben die Produkte im mittleren Preissegment. Die Gründe sind vielfältig. In unserer rastlosen Gesellschaft wird Qualität zum Anker, außerdem helfen die hochwertigen Produkte häufig, mit Stress besser fertig zu werden, oder effizienter zu sein. Ein weiterer Einflussfaktor ist die hohe Scheidungsrate. Wenn Personen sich trennen, geben sie mehr Geld aus für neue Beziehungen und das eigene Befinden. Vier Bedürfnisse fördern den neuen Luxus (Silverstein/Fiske 2003, S. 30 f.):

- „Ich tue etwas für mich": Pflegeartikel, Wellness, Gourmetlebensmittel, Unterhaltungselektronik.
- „Auf der Suche": Identität finden mit Reisen, Hobbies, Autos und Sport.
- „Kontakte": Essen gehen, Kreuzfahrten machen.
- „Ganz persönlicher Stil": Kleidung, Accessoires.

Will der Handel die Konsumenten neuer Luxusgüter erreichen, sollte er weniger auf klassische Werbung setzen als auf Events für ausgewählte Kundengruppen und Themen.

Qualität vor Preis

Eines der wenigen Handelsunternehmen, die in den letzten Jahren eine „Nichtpreisstrategie" verfolgt haben, ist Manufactum. Die Infragestellung von Neuheiten („Sind die wirklich besser oder nur neu?") kommt bei der Kundschaft gut an. 1998 begann der frühere Buchhändler Hoof Produkte zu vertreiben, die „eine Geschichte erzählen". Das Sortiment reicht von Küchengeräten über Mobiliar, Büroartikel, Textilien und Werkzeug bis hin zu Kosmetika. Etwa 4.000 Artikel sind inzwischen im Katalog. Aus dem Vorwort von Katalog 17, Herbst 2004: „Wir haben uns vorgenommen, Dinge zusammenzutragen, die in einem umfassenden Sinne „gut" sind, nämlich:

- Nach hergebrachten Standards arbeitsaufwendig gefertigt und daher solide und funktionstüchtig.
- Aus ihrer Funktion heraus materialgerecht gestaltet und daher schön.
- Aus klassischen Materialien (Metall, Glas, Holz u. a.) hergestellt, langlebig und reparierbar und daher umweltverträglich."

Im Versandhandel finden sich weitere Beispiele für qualitätsorientierte Anbieter. Der Modehändler Conley's bietet hochmodische Angebote in höheren Preislagen. Bei der Präsentation setzt der Versender auf Lifestyle-Atmosphäre mit redaktionellen Beiträgen. Der Textilversender Land's End wurde bekannt durch seine Probleme mit dem deutschen Wettbewerbsrecht. Dessen Vertreter waren nicht damit einverstanden, dass das Unternehmen mit einer lebenslangen Garantie werben wollte. Das erste Geschäftsprinzip von Land's End lautet: „Wir bemühen uns immer um die höchste Qualität unserer Produkte. Wir verbessern die Materialien und fügen Details hinzu, die andere im Laufe der Jahre weggelassen haben. Wir verringern niemals die Qualität eines Artikels, um ihn billiger zu verkaufen." Beispiele für Luxus-Anbieter sind die Warenhäuser im Ausland. Debenhams und Harrods in England, Galeries Lafayette in Paris oder Nordstrom in den USA gelten als Edel-Warenhäuser. Dass Hochpreisstrategien auch in Deutschland funktionieren, zeigt der Erfolg der Shopping-Center, bei denen insbesondere die hochwertigen erfolgreich sind. Eine Reihe neuerer Studien kommt zu dem Ergebnis, dass Qualität und Markenprodukte wieder wichtiger werden (GfK/BVE 2005; Stern 2005; Institut für Demoskopie Allensbach 2005).

Ein bemerkenswerter Trend ist die Konvergenz von Luxus und Sparsamkeit. In der Meteorologie bezeichnet Konvergenz das Zusammenströmen von Luftmassen in Tiefdruckgebieten. Im Handel konnte man im November 2004 verfolgen, dass Karl Lagerfeld (= Designer, Exklusivität, Luxus) eine Kollektion für einen preisorientierten Anbieter wie H&M entwarf, ohne dass sein Image darunter litt. H&M erzielte mit diesem Coup ein zweistelliges Umsatzplus und einen noch größeren Imagegewinn. Ein Jahr später wurde das erfolgreiche Beispiel mit der Designerin Stella McCartney wiederholt. Streng genommen handelt es sich dabei um die Vorspiegelung von Luxus, es ist kein echter Luxus, da jeder ihn sich leisten kann. Insbesondere in der Unterhaltungselektronik verändern sich die Produkte im Zeitraffer vom luxuriösen Prototyp zum Massenprodukt und gerade die sozial benachteiligten Schichten sind mit den Produkten sehr gut versorgt (Handys als Opium für das Volk). Wenn alle alles haben können, wird der Verzicht zum neuen Luxus. Die Tendenz zur Aufweichung der Grenzen zwischen Luxus und Askese bezeichnet das Kunstwort „Luxese". Aufgrund von Übersättigung weichen die besser gestellten Kreise auf die einfachen Dinge aus. Diese Haltung ist auch eine Frage unserer Erziehung und der öffentlichen Meinung, die Verschwendung ablehnt und das Ideal der sparsamen Hausfrau pflegt (Vossen 2003, S. 124 f.).

> Auf Platz eins der vom US-Marktforscher Harris Interactive erstellten Liste der beliebtesten Marken der Deutschen steht Porsche. Auf Platz zwei Aldi (Werle 2005, S. 100).
> Unsere Kunden fliegen für 19,99 Euro nach Sardinien und übernachten anschließend im Fünf-Sterne-Hotel (Roland Keppler, Geschäftsführer HLX, in: Wolfsburger Nachrichten, 4. Oktober 2005, S. 7).

Ein weiteres Beispiel für die Symbiose von Luxus und Schnäppchen ist der junge Betriebstyp Factory Outlet Center wo Designerware zu Niedrigpreisen angeboten wird. Neben den bisher eröffneten großen Centern in Berlin, Zweibrücken, Wertheim und Ingolstadt, sind überall kleinere Anbieter entstanden, die auf dieses Prinzip setzen. In München-Parsdorf hat Feinkost Käfer ein Delikatessenlager in Aldi-Manier eröffnet. Auf Paletten oder in Kartons werden Kaviar und Hummer angeboten. Die Macher sind vom Erfolg überzeugt und planen bis zu 30 Outlets (Rück 2005b, S. 37). In naher Zukunft will der Feinkosthändler auch Lizenzprodukte mit dem Käfer-Logo in deutschen Supermärkten vertreiben. Aus dem Möbelsektor soll auf „Who's perfect" aus Hamburg hingewiesen werden. Im Radiospot sagt ein Möbelstück, es werde bei Who's perfect günstiger verkauft weil es lispelt. Wen stört es schon, wenn Möbel einen Sprachfehler haben? „Design-Möbel mit unsichtbaren Schönheitsfehlern zu unglaublich günstigen Preisen". Das Unternehmen spielt perfekt auf der psychologischen Klaviatur: Der Kunde bekommt (exklusive) Design-Möbel zu unschlagbar günstigen Preisen. Was will der Kunde mehr? Dass es tatsächlich so viele hochwertige Möbel mit kleinen Schönheitsfehlern gibt, dass man damit im ganzen Norden werben kann, wage ich allerdings zu bezweifeln.

Reale Preispolitik – Des Guten zu viel?

Bei allen preispolitischen Maßnahmen gilt – wie in vielen anderen Bereichen auch – dass das Konzept einfach und verständlich sein sollte. Betrachtet man dagegen die Preispolitik der Praxis, muss man zu dem Schluss kommen, dass alles ohne ein erkennbares Konzept ausprobiert wird. Ein Beispiel sind die SB-Warenhausbetreiber. Von Preisoptik über Mengenrabatte und Zugaben bis hin zur Kundenkarte wird alles eingesetzt, was das Preis-Instrumentarium hergibt. In der Abb. 3.7 sind Formulierungen aus dem real,– Prospekt dargestellt. Die Entstehung eines klaren Preisimages beim Kunden wird erschwert. Nicht viel besser macht es Wal-Mart, die zwar mit der Schlagzeile „Dauerniedrigpreise" werben, aber ständig Aktionen durchführen, vermischt mit Eigenmarken mit so illustren wie missverständlichen Namen wie „Great Value" oder „Smart Price".

Preis-instrument	Bezeichnung	Beispiel
Mengenrabatt	„Spar-Packs"	„12 Dosen Kitekat – 0,88 Euro GESPART!"
Zugaben	„Gratis-Woche: Top-Artikel. Top-Zugaben!"	„DVD-Player beim Kauf eines Fernsehers"
Sonderangebot	„Tipp der Woche" (Titelseite) „Drei Hammer noch!" (Rückseite)	„Dirt Devil 229,^{99} (UVP) – 79,^{95}" DVD-Player 69,^{00} (UVP) – 29,^{95}
Zeitliche Beschränkung	Prospekt „Megaposten zu Minikosten"	„Nur Mittwoch bis Samstag"
Preisoptik		„Fernseher für 249,^{75}" (in der Fußnote: Zwölf Raten à 249,75 Euro)
Preisgarantie	Tiefpreis-Garantie	„Alle Artikel mit diesem Zeichen sind garantiert günstig"
Kundenkarte	Payback	„10fach-Punkte auf 20 Ihrer Lieblingsprodukte" „Diese Woche 5-fache Payback Punkte" (in der Fußnote: Ab 50 Euro Einkauf)
Eigenmarken	Tip Discount	

Abb. 3.7: Preispolitik bei real,–

Folgende Anregungen aus Kap. 3 halte *ich* für wichtig:

- Ein Händler muss sich für eine klare Preisstrategie entscheiden und danach handeln.
- Preisgarantien sind ein empfehlenswertes Instrument, Rabatte sollten dagegen sparsam eingesetzt werden.
- Der Händler sollte mehr auf Leistung setzen denn auf Preis. Der Preis ist ein wichtiger Qualitätsindikator. Wenn zu viele Waren verschleudert werden, leidet das Qualitätsimage.
- Man sollte nicht versäumen, dem Kunden ab und an kleine Geschenke zu machen. Es kommt nicht auf den Wert an, sondern auf die Geste. Allerdings sollte das Geschenk zumindest einen kleinen Nutzen haben und einen Zusammenhang zum Hauptprodukt, damit die Beeinflussungsfunktion nicht zu offensichtlich wird.
- Das subjektive Preisempfinden ist wichtiger als der objektive Preis! Die Kunden wissen die Preise im Detail gar nicht. Sie nutzen Vereinfachungen und

schließen vom Gesamteindruck („es ist von Aldi, also muss es günstig sein") oder von der Preisoptik auf die Preisgünstigkeit.
- Zitat aus der Lebensmittelzeitung: „Dabei ist in der Branche längst bekannt, dass Media-Markt nicht immer der billigste Anbieter ist. Die Mär... spielt aber keine Rolle... Der Kunde muss nur das Gefühl haben, ein Schnäppchen gemacht zu haben" (Trenz 2004, S. 46).
- Der Einsatz von Vergleichspreisen ist sinnvoll. Der Händler sollte den UVP, einen früheren Preis oder Wettbewerberpreise angeben. Bei geringen Preiskenntnissen fungiert dieser Preis als Referenzpreis.
• Die Händler sollten das Preiswissen der Kunden bei Ihrer Preisstellung berücksichtigen. Nur wenige Preise sind wirklich bekannt. Bietet ein Textilhändler T-Shirts à 9,99, 15 und 25 Euro, so sollten die 9,99 als Ankerpreis nicht verändert werden, die beiden anderen Preislagen könnten aber durchaus um je einen Euro erhöht werden. In der Summe kann das über alle Warengruppen zu bedeutenden Verbesserungen der Rendite führen.
• Die Preiszufriedenheit ist ein mehrdimensionales Konstrukt, das insbesondere mit konstanten, transparenten und fairen Preisen gefördert wird.
• Sehr empfehlenswert ist der Einsatz des Knappheitsprinzips, z. B. durch Zeit- oder Mengenbeschränkungen. Dadurch kann die Attraktivität des Angebotes auf einfache Weise erhöht werden. Man sollte es aber auch nicht übertreiben.
• Es gibt nur wenige echte Preisschnäppchenjäger. Die meisten wollen clever einkaufen und ein gutes Preis-Leistungsverhältnis erzielen.
• Grundsätzlich hat der Händler drei Möglichkeiten, vom Knappheitsprinzip zu profitieren:
  - Konzentration auf Schnäppchen (z. B. Partievermarkter) oder Ergänzung des Angebotes mit Schnäppchen (Sonderangebotsstrategie).
  - Konzentration auf das Luxussegment mit exklusiven, hochpreisigen Produkten.
  - Konvergenz von Schnäppchen und Luxus durch Vermarktung von preisreduzierten, hochwertigen Waren.
• Generell gilt, dass „es sich für Unternehmen lohnt, bei Preisentscheidungen psychologische Aspekte zu berücksichtigen" (Homburg/Koschate 2005b, S. 515). Eine kundenorientierte Preispolitik bietet Preiserhöhungsspielräume.

Weiterführende Literaturhinweise:

Ahlert. D. et al. (2005): Das Preiswissen deutscher Kunden: Eine international vergleichende Status Quo-Analyse, in: Trommsdorff, V. (Hrsg.): Handelsforschung 2005, Stuttgart, S. 259–277.
Diller, H./Herrmann, A. (Hrsg.) (2003): Handbuch Preispolitik, Wiesbaden.
Diller, H. (2000): Preispolitik, 3. Aufl., Stuttgart.
Homburg, Chr./Koschate, N. (2005a): Behavioral Pricing – Forschung im Überblick; Teil 1 in: ZfB, H. 4, S. 383–423; Teil 2 in: ZfB, H. 5, S. 501–524.
Müller-Hagedorn, L. (2005): Handelsmarketing, 4. Aufl., Stuttgart, S. 256 ff.
Oehme, W. (2001): Handels-Marketing, 3. Aufl., München, S. 247 ff.
Simon, H. (1992): Preismanagement, 2. Aufl., Wiesbaden.

4 Werbung

4.1 Einführung

Es gibt sehr viele Definitionen des Begriffes Werbung. Treffend hat es Kroeber-Riel formuliert: Werbung ist die versuchte Einstellungs- und Verhaltensbeeinflussung mittels besonderer Kommunikationsmittel (Kroeber-Riel/Weinberg 2003, S. 605). Die Werbung ist im Vergleich mit anderen Marketing-Instrumenten häufig Gegenstand psychologischer Betrachtungen geworden. In Forschungslaboren werden psychische Reaktionen auf Werbung gemessen. Wissenschaftler haben werbepsychologische Untersuchungsmethoden systematisiert (Spiegel 1970) oder die Geheimen Verführer angeprangert (Packard 1976). Allerdings bezieht sich die Literatur meist auf die massenmedialen Anstrengungen der Konsumgüterindustrie. Die viel zahlreicheren Aktivitäten des Handels werden wenig beachtet. Schenk vermutet, dass die Handelswerbung der systematischen Analyse nicht wert bzw. zu komplex ist (Schenk 1995, S. 270 f.).

Eines der wenigen Werke, die sich explizit mit der Handelswerbung beschäftigen, stammt von Heinrich Happel („Werbung für den Einzelhandel"). Mit der Methode der Blickaufzeichnung ermittelt Happel (1998, S. 124 f.), dass u. a. Bilder vor Schriften beachtet werden, Kinder vor Erwachsenen oder mehrfarbige vor einfarbigen Bildern. Während Happel viele Detailfragen zur formalen Gestaltung diskutiert, gehen Schmitz/Kölzer („Einkaufsverhalten im Handel") auf die inhaltliche Gestaltung der Werbung ein. Sie beschäftigen sich mit der Frage, was kommuniziert werden soll und empfehlen, sich an zentrale Bedürfnisse der Kunden zu richten. In diesem Zusammenhang verknüpfen sie bestimmte Werbestile mit Betriebstypen (Schmitz/Kölzer 1996, S. 294 ff.). Die Autoren halten beispielsweise den Basar-Stil bei Discountern, Verbrauchermärkten und Kaufhäusern für sinnvoll, den Nobel-Stil empfehlen sie dagegen nur Fachgeschäften. Insgesamt 17 (!) mögliche Werbestile, neben den bereits genannten auch „Future, Lustiger Pfiff, Solider- und Geselligkeitsstil", werden den verschiedenen Betriebstypen zugeordnet.

Die für dieses Kapitel relevante Literatur kann in mehrere Bereiche eingeteilt werden:

- Praktische Ratgeber, die sich mit konkreten Empfehlungen zur Gestaltung der Werbung beschäftigen, z. B. Schmidt (2003) oder Huth/Pflaum (2005). Für die Handelswerbung ist das erwähnte Buch von Happel (1998) zu nennen und Pflaum/Eisenmann (1988). Diese Ratgeber sind für die in diesem Buch verfolgte eher strategische Sicht zu operativ ausgerichtet. Die Wahl von Schriftarten und Werbemotiven soll den Kreativen in den Werbeagenturen überlassen bleiben.
- Marketingbücher, deren Kapitel zur Werbung selten handelsspezifische Aussagen treffen und ebenso selten psychologisch ausgerichtet sind. Meist han-

delt es sich um allgemeine Aussagen zu Planung und Budgetierung der Werbung, zu Werbeträgern und zur Erfolgskontrolle.
- Handelslehrbücher, deren Ausführungen zur Werbung meist wenig verhaltenswissenschaftlich sind und die darüber hinaus recht knapp ausfallen.
- Bücher zur Werbe- und Marktpsychologie, denen wiederum der Bezug zum Handel fehlt und bei denen es sich zum Teil eher um Abhandlungen zum Konsumentenverhalten generell handelt: Felser (1997), Mayer (2005), Mayer/Illmann (2000), Moser (2002), Neumann (2003) sowie von Rosenstiel/Neumann (1991).

Das einzige Buch, das die hier geforderten Anforderungen (handelsspezifisch und psychologisch ausgerichtet) recht gut erfüllt, ist „Werbung des Facheinzelhandels" von Barth/Theis (1991). Leider ist das Buch inzwischen 15 Jahre alt. Trotz der zahlreichen Literatur fiel die Gestaltung dieses Kapitels aus diesem Grund sehr schwer. Die Grundlage des Kapitels bildet deshalb „Strategie und Technik der Werbung" von Kroeber-Riel/Esch (2004), dessen Ausführungen zwar nicht explizit auf den Handel bezogen sind, das aber strategisch ausgerichtet und verhaltenswissenschaftlich fundiert ist. Darüber hinaus lassen sich die Regeln recht einfach übertragen. In Kap. 4.2 werden die Kernaussagen von Kroeber-Riel/Esch (2004) zusammengefasst und an Beispielen aus der Handelswerbung erläutert.

Im Handel haben – bedingt durch den direkten Kontakt zum Kunden – alle eingesetzten Leistungsfaktoren eine gewisse Werbewirkung, zum Teil auch ungewollt. Alles kann den Kunden positiv stimmen. Das freundliche Lächeln der Verkäuferin, die übersichtliche Warenpräsentation, die Farbe des Bodenbelags oder die moderaten Parkgebühren. Die hohe Zahl von Spontankäufen im Einzelhandel spricht dafür, dass eine Vielzahl von – auch unbewussten – Beeinflussungsmöglichkeiten wirksam ist. Die Einzelhandelswerbung weist nach Meinung von Schenk folgende **Besonderheiten** auf (1995, S. 273 ff.):

- Sie kann alle Sinne ansprechen.
- Persönliche Werbung ist möglich.
- Die Werbung kann durch Interaktionen unterstützt werden.
- Sehr kurzfristige Aktionen sind realisierbar. Beispielsweise können die Werke des aktuellen Nobelpreisträgers für Literatur bereits am nächsten Tag werblich herausgestellt werden.
- Das Ladenlokal selbst ist ein wichtiger Werbeträger.
- Sehr spezifische Werbemittel stehen zur Verfügung, z. B. Einkaufstüten, Events und Produktproben.
- Die Werbung wirkt nur im begrenzten regionalen Absatzgebiet.
- Es gibt wenige Werbeagenturen, die auf Handelswerbung spezialisiert sind.
- Es gibt nur eingeschränkten Imitationsschutz.
- Zahlreiche rechtliche Restriktionen sind zu beachten.

Die Objekte der Werbung können sehr unterschiedlich sein. Das Unternehmen bewirbt den Laden insgesamt, einzelne Produkte oder Sortimentsteile oder spezifische Leistungen wie Services (Barth/Theis 1991, S. 179 ff.). Müller-Hagedorn (2005, S. 331) nennt folgende verhaltenswissenschaftliche Ziele der Werbung:

- Kontakt herstellen.
- Aufmerksamkeit erregen.

- Wissen der Verbraucher erhöhen.
- Einstellung verändern.
- Kundentreue im psychologischen Sinne steigern.
- Kaufabsichten ausbilden.

Die Übermittlung von Werbeinformationen kann entweder direkt an die Konsumenten erfolgen (einstufig) oder über Meinungsführer (zweistufig). Die persönliche Kommunikation wird als die überzeugendste Möglichkeit der Kundenansprache gesehen. Das kommt dem Einzelhandel entgegen. Im Gegensatz zum Hersteller, der auf die unpersönliche Massenkommunikation angewiesen ist, kann der Handel dem Kunden mehrere Problemlösungs-Alternativen im direkten Vergleich bieten. In der Abb. 4.1 werden die Kommunikationsinstrumente des Handels systematisiert. In diesem Kapitel steht die mediale Sachwerbung im Vordergrund, auf Ladengestaltung und Warenpräsentation und Persönlichen Verkauf wird später eingegangen.

	Persönliche Kommunikation	**Nicht persönliche Kommunikation**
In-Store	Persönlicher Verkauf Verkaufsförderung (persönlich)	POS-Werbung Verkaufsförderung (nicht persönlich) Ladengestaltung Schaufenster Warenpräsentation
Out-of-Store	PR (persönlich) Persönlicher Verkauf, z. B. Haustürverkauf	PR (medial) Verkaufsförderung (medial) Mediale Sachwerbung, auch Prospekte Außenwerbung

Abb. 4.1: Absatz- und konsumentengerichtete kommunikationspolitische Instrumente des Handels (Quelle: Hillebrand 1990, S. 10).

4.2 Strategie und Technik der Werbung

4.2.1 Verhaltenswissenschaftliche Grundlagen

Bevor darauf eingegangen wird, wie Werbung gestaltet werden sollte, werden die Bedingungen betrachtet, denen sich die Werbung heute anzupassen hat. Sie lassen sich gliedern in Kommunikations- und Marktbedingungen. Die Kommunikationsbedingungen in Deutschland sind geprägt durch die **Informationsüberlastung**. Unter Informationsüberlastung versteht man den Anteil der nicht beachteten Informationen an den insgesamt angebotenen Informationen. Die Informationsüberlastung in Deutschland wird auf 98 % geschätzt. Ein durchschnittlicher Bundesbürger nimmt demnach nur 2 % der Informationen auf, die ihm angeboten werden. Diese Befunde wurden an einigen Beispielen überprüft.

Eine Ausgabe des Stern würde z. B. 345 Minuten Lesezeit beanspruchen, tatsächlich gelesen wird im Schnitt 60 Minuten. Damit werden 83 % der Informationen nicht beachtet. Von Jahr zu Jahr wird die Informationsüberlastung größer da neue Anbieter von Informationen und neue Medien hinzukommen. Die Zahl der Publikumszeitschriften hat sich z. B. von 1975 bis 1998 von 223 auf 778 mehr als verdreifacht. Auf der anderen Seite bleibt die Informationsverarbeitungskapazität des Menschen biologisch bedingt konstant. Nach amerikanischen Studien lag das Wachstum des Informationsangebotes in den letzten zwei Jahrzehnten im Durchschnitt jährlich um 260 % über der Zunahme des Informationskonsums. Neben der gesamtgesellschaftlichen Informationsüberlastung ist die Überlastung durch Werbung von Bedeutung. Wurden 1975 noch 25.000 Marken beworben, waren es 1998 bereits 56.000 Marken. Während 1992 1.498 TV-Spots täglich gesendet wurden, waren es 2005 8.750 Spots täglich! Obwohl eine durchschnittliche Anzeige etwa 40 Sekunden Lesezeit benötigt, wenden sich die Leser der Anzeige tatsächlich nur zwei Sekunden zu. Bis zum Jahr 2010 wird von einer weiteren Verdopplung der Werbung in Printmedien ausgegangen. Dass dadurch die Werbeeffizienz sinkt, geht aus mehreren Untersuchungen hervor. Die GfK Nürnberg hat z. B. ermittelt, dass die Werbeerinnerung für 150 in der Datenbank analysierte Werbekampagnen von 18 % im Jahre 1985 auf 12 % im Jahre 1993 zurückging – und das bei vergleichbaren Werbeausgaben.

> Aus der Informationsüberlastung folgt, dass Werbung auch dann wirksam werden muss, wenn sie flüchtig und bruchstückhaft aufgenommen wird. Ist die Werbung der Informationsüberlastung nicht angepasst, wird die Werbebotschaft entweder gar nicht aufgenommen (Vermeiderverhalten) oder die aufgenommenen Bruchstücke reichen zum Verständnis nicht aus.

Bei der Mehrzahl der Konsumgütermärkte handelt es sich um **gesättigte Märkte**. Auf solchen Märkten ist das Marktpotenzial weitgehend ausgeschöpft. Es entsteht ein Verdrängungswettbewerb, bei dem Marktanteile nur noch zu Lasten anderer Anbieter vergrößert werden können. Die Produkte sind weitgehend ausgereift, ihre objektive oder funktionale Qualität unterscheidet sich kaum noch. Da die Qualität mehr und mehr zur Selbstverständlichkeit wird, wächst die Gefahr der **Austauschbarkeit**. Unterschieden werden formale und inhaltliche Austauschbarkeit. Im ersten Fall geht es um die ähnliche Gestaltung der Werbung (z. B. vergleichbarer Aufbau einer Anzeige), im zweiten Fall um den Inhalt der Botschaft (z. B. werben Autohersteller oft mit dem großen Stauvermögen im neuesten Modell). Zur Abgrenzung gegenüber dem Wettbewerb sind die funktionalen Kriterien nicht mehr geeignet. Eine Folge ist das nachlassende Informationsinteresse der Konsumenten an Produktinformationen. Eine weitere Konsequenz ist die zunehmende Marktdifferenzierung. Immer kleinere Marktsegmente werden als Zielgruppe auserkoren und angesprochen. In englischen Supermärkten gab es 1950 14 verschiedene Zahnpasta-Marken und Varianten, 1995 waren es 177 Varianten. Durch die Angebotsausweitung wird der Markt für den Konsumenten unübersichtlicher. Er benötigt mehr Informationen, was wiederum die Informationskonkurrenz erhöht. Stark zugenommen haben auch Special Interest-Zeitschriften. Ende der 90er-Jahre gab es schätzungsweise 166 Computerzeitschriften, 96 Zeitschriften zum Thema Werken und Basteln und 2.400 Kundenmagazine. Alles in allem wird es für den einzelnen Anbieter immer schwerer, zu den wahrgenommenen Alternativen zu gehören. Die Wahrnehmung der Werbung ist dabei nur eine notwendige, aber nicht hinreichende Bedingung für den Werbeerfolg, da gleichzeitig vielfältige innere Vorgänge beim Konsumenten ablaufen:

- Emotionale Prozesse wie Sympathie oder Gefallen werden ausgelöst.
- Kognitive Prozesse der Informationsverarbeitung kommen in Gang, z. B. der Vergleich mit anderen Produkten und Erfahrungen.
- Es bildet sich eine Einstellung zum Produkt, die in einer Kaufabsicht münden kann.

Die Wirkung, die die Werbung bei den Konsumenten erzielt, hängt von mehreren Determinanten ab:

- Involvement (das Engagement, mit dem sich jemand einer Sache zuwendet).
- Art der Werbung (informative oder emotionale Werbung).
- Modalität der Werbung (Sprache oder Bild).

Aus den genannten inneren Prozessen und bei Berücksichtigung des Involvements lässt sich das folgende Werbewirkungsmodell ableiten. Je nach Interesse werden unterschiedliche Vorgänge ausgelöst. Bei informativer Werbung und hohem Involvement werden vor allem kognitive Prozesse der Informationsaufnahme und Informationsverarbeitung ausgelöst. Bei schwacher Aufmerksamkeit spielen Emotionen eine größere Rolle. Die inneren Vorgänge führen am Ende zu einem bestimmten Verhalten: Kauf oder Nichtkauf.

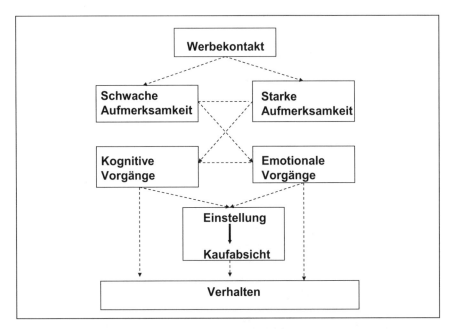

Abb. 4.2: Wirkungskomponenten der Werbung (Quelle: Kroeber-Riel/Weinberg 2003, S. 614).

Die **Art der Werbung** wird von Kroeber-Riel eingeteilt in

- Informative Werbung.
- Emotionale Werbung.
- Informativ-emotionale Werbung.
- Reine Aktualisierungswerbung.

Welche Art von Werbung sinnvoll ist, hängt von den Bedingungen auf dem Markt ab. Rein informative Werbung ist zu empfehlen, wenn die Konsumenten aktuelle Bedürfnisse haben, und es offensichtlich ist, dass diese von dem Angebot befriedigt werden. Wenn jemand einen Mittelklassewagen kauft, ist sein wirtschaftliches Denken meist ausgeprägt. Es muss nicht explizit daran appelliert werden, dass ein geringer Verbrauch wichtig ist (emotionale Ansprache). In diesem Fall genügt es, darüber zu informieren, dass der Wagen günstige Verbrauchswerte im Vergleich mit den Wettbewerbern hat. Preisorientierte Händler sprechen Kunden an, die preissensibel sind. Es muss nicht mehr darauf hingewiesen werden, dass Sparen wichtig ist (Bedürfnisansprache). Folgerichtig „informiert" Aldi über seine Produkte und deren Preise und Deichmann betont, dass es in den Läden „Markenschuhe so günstig" gibt (Preis-Leistungsverhältnis).

Abb. 4.3: Beispiel emotionale Werbeanzeige

Wenn die relevanten Eigenschaften des Angebotes bekannt und Informationen deswegen trivial sind, ist emotionale Werbung sinnvoll. Das ist vor allem auf gesättigten Märkten der Fall. Das wesentliche Ziel ist es, die Produkte mit emotionalen Erlebnissen zu verknüpfen. Ein bekanntes Beispiel ist „Holsten Pilsener – Auf die Freundschaft". Psychologisch gesehen schmeichelt die Werbung von Media-Markt und Saturn den Kunden. Sie denken sie sind – im Gegensatz zu den anderen – nicht blöd, sondern clever. Dabei ist es unerheblich, ob das tatsächlich so ist, denn ein Vergleich mit Internetanbietern zeigt, dass eben doch oft blöd ist, wer bei Media-Markt kauft. In Abb. 4.3 verspricht die Werbung, dass die Kundin durch das Tragen der Halskette begehrlicher und schöner erscheint, sinnlicher eben. Auf die Eigenschaften des Schmucks (Haltbarkeit, Karatzahl usw.) wird nicht eingegangen.

Informativ-emotionale Werbung ist sinnvoll, wenn die Eigenschaften des Produkts noch nicht bekannt sind. Die Informationen ändern aber nur dann das Verhalten, wenn sie auf Bedürfnisse stoßen. Deswegen ist ein emotionaler Appell nötig. Die Konsumenten müssen außerdem für Informationen und Emotionen aufgeschlossen sein. Das ist meist auf neuen Märkten der Fall, wo Information und Bedürfnis noch nicht trivial sind. Bei dieser Art von Werbung handelt es sich um die am häufigsten eingesetzte Methode der Kaufbeeinflussung:

- Appelliere an ein Bedürfnis, z. B. „Mit unseren exklusiven Produkten machen Sie etwas Besonderes aus sich".
- Und informiere über Eigenschaften des Angebotes, die dazu dienen, das Bedürfnis zu befriedigen, z. B. „Diese Uhr gibt es nur in streng limitierter Auflage".

Der Slogan von Ikea, „Entdecke die Möglichkeiten", erinnert an das Bedürfnis nach Abwechslung und deutet an, dass man bei Ikea Dinge entdecken kann, die dieses Bedürfnis befriedigen.

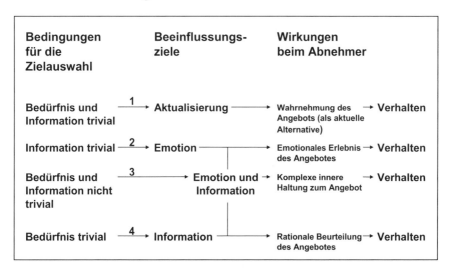

Abb. 4.4: Die grundlegenden Beeinflussungsziele der Werbung und die Bedingungen für ihre Wirksamkeit (Quelle: Kroeber-Riel/Esch 2004, S. 41).

Unter Aktualisierungswerbung versteht man unterhaltsame Werbung, die darauf abzielt, den Absender ins Gedächtnis zu rufen. Diese Werbestrategie ist angeraten, wenn es sich um Produkte handelt, die auf Bedürfnisse stoßen, die ganz offensichtlich vom Angebot befriedigt werden. Ein bekanntes Beispiel ist „Luky Strike – Sonst nichts". Bei dieser Kampagne werden weder Informationen noch Emotionen vermittelt. Die Werbung inszeniert lediglich das Produkt und die Marke und erhöht damit die aktive Bekanntheit bei den Konsumenten.

Bei der Frage nach der **Modalität der Werbung (Sprache** oder **Bild)** ist zu berücksichtigen, dass Sprache vorzugsweise in der linken Gehirnhälfte verarbeitet wird. Dort wird logisch-analytisch gedacht. Mit Sprache lässt sich rational argumentieren. In der rechten Gehirnhälfte werden Bilder verarbeitet. Dort sitzt das intuitive Fühlen und das emotionale Verhalten. Bilder sollen emotional beeindrucken. Allerdings ist diese eindeutige Trennung der Verarbeitung von Information und Emotion inzwischen sehr umstritten. Wie man heute weiß, sind beide Gehirnhälften emotional. Dennoch funktionieren beide Gehirnhälften auf unterschiedliche Weise. In der rechten Gehirnhälfte werden Sinneseindrücke wie Gerüche und Farben verarbeitet, die sprachlich nur schwer zu beschreiben sind. Die linke Gehirnhälfte verarbeitet abstrakte Regeln und semantische Netzwerke, z. B. denken wir bei Cognac auch an Frankreich, Eichenfässer und Alkohol (Häusel 2004, S. 74).

Die zunehmende Dominanz der Bildkommunikation steht in engem Zusammenhang mit der Informationsüberlastung. Informationsüberlastete Konsumenten bevorzugen Bilder, da sie schneller aufgenommen und verarbeitet werden können. Bilder werden außerdem unbewusster aufgenommen als Wörter, dadurch ist eine geringere gedankliche Anstrengung nötig und es ist weniger Reaktanz zu erwarten. Die Zunahme an Bildkommunikation verändert wiederum die Anforderungen an jede Form der Informationsvermittlung. Auch die Sprachkommunikation muss sich letztlich an den Strickmustern der Bildkommunikation ausrichten. Ein Erfolgsbeispiel für eine solche Informationsstrategie ist der Focus. Seine Beiträge sind im Vergleich zum Wettbewerber Spiegel wesentlich kürzer, prägnanter und bildhafter. Zusammenfassend haben Bilder für Werbezwecke einige Vorteile:

- Sie aktivieren stärker.
- Sie werden weitgehend automatisch und mit geringerer gedanklicher Anstrengung verarbeitet.
- Die ganzheitliche Verarbeitung ermöglicht eine sehr schnelle Aufnahme.
- Die geringere gedankliche Kontrolle unterstützt die Überzeugungswirkung der Bilder.
- Bilder sagen mehr als tausend Worte!

> Bitte beachten Sie, dass Bilder die Verkaufswahrscheinlichkeit Ihres Fahrzeuges um 400 % erhöhen (AutoScout24).

Seit die Tabakindustrie in Kanada statt der vorher üblichen Aufschriften Bilder von Menschen an Herz-Lungen-Maschinen und von Lippen, zwischen denen der Mundkrebs wuchert, auf ihre Packungen drucken muss, ist der Anteil der Jugendlichen, die rauchen um fast ein Viertel gesunken (Klein 2004, S. 267).

4.2.2 Sozialtechnische Gestaltung

Nach dem Dreispeichermodell der Kognitionspsychologie (Kroeber-Riel/Weinberg 2003, S. 226; Kuß/Tomczak 2004, S. 23) werden Reize wie folgt gedanklich verarbeitet:

- Der Ultrakurzzeitspeicher nimmt eine Auswahl, Interpretation und Verknüpfung der aufgenommenen Reize vor. Das Auge tastet die Umwelt ab, die aufgenommenen Reize werden in bioelektrische Impulse umgewandelt und weiterverarbeitet. Die Speicherdauer liegt unter einer Sekunde.
- Die nach einem Auswahlprozess übernommenen Reize werden im Kurzzeitspeicher entschlüsselt und die Informationen werden bewusst wahrgenommen. Das dauert einige Sekunden. Die Informationen werden mit denen aus dem Langzeitspeicher abgeglichen, um sie einordnen zu können.
- Der Langzeitspeicher ist mit dem Gedächtnis gleichzusetzen. Hier werden die verarbeiteten und zu kognitiven Einheiten organisierten Informationen gespeichert.

Abb. 4.5: Aktivierende Werbung (emotionale Reize)

Auf Basis dieses Modells der Informationsverarbeitung lassen sich sozialtechnische Regeln für Werbung ableiten. Wie sollte Werbung gestaltet sein damit sie wahrgenommen, weiterverarbeitet und gespeichert wird? Die Regeln werden im Folgenden meist am Beispiel von Anzeigen erläutert, lassen sich aber ebenso auf alle anderen Werbemittel anwenden.

Sozialtechnische Regeln der Werbegestaltung
1. Kontakt herstellen (Aktivierung).
2. Aufnahme der Werbebotschaft sichern (Informationsaufnahme).
3. Verständnis erreichen und im Gedächtnis verankern (Informationsverarbeitung/-speicherung).

Regel 1: Kontakt herstellen

Aufmerksamkeit zu erzielen, ist eine Grundvoraussetzung für den Erfolg von Werbung. Es gibt Tausende Marken, ein durchschnittlicher Mensch kann sich aber gerade einmal 100 merken. Aufmerksamkeit kann durch Lautstärke erzeugt werden. Im übertragenen Sinne gehören dazu auch Farben, sexuelle Reize usw. Allerdings ist nicht nur Aufmerksamkeit nötig, sondern auch Akzeptanz. Es geht um eine Gratwanderung zwischen Aufmerksamkeit und Anpassung an die Zielgruppe. Deshalb ist Kontrast ein besseres Mittel zur Aufmerksamkeitssteigerung als Lärm. Ein tonloser Werbespot kann im Umfeld immer lauterer Werbespots angenehm auffallen (Niedner 2004, S. 48 ff.). Wichtige Techniken, um Aufmerksamkeit zu erreichen, sind:

- Physisch intensive Reize: Dazu gehören Größe, Farbe und Kontrast. Mögliche Techniken im Fernsehen sind schnelle Schnitte, Lautstärke oder der Wechsel zwischen Nah- und Fernperspektive. Im Radio kann das Sprechtempo aktivierend wirken.
- Emotionale Reize: Besonders wirksam sind erotische Reize, Augen-Darstellungen oder das Kindchenschema. Eine positive Wahrnehmungsatmosphäre entsteht durch Farbe im Hintergrund oder emotionale Elemente wie Landschaften. Gefallen geht über Verstehen. Ein gutes Beispiel sind die hübschen Frauen, die sich auf Sofas räkeln, auf Motorhauben liegen oder Autoteile in Katalogen präsentieren. Sie verbessern die Anmutung, ohne einen konkreten Sinn zu haben.
- Überraschende Reize werden erzielt durch Verstöße gegen Schemata, z. B. ein Panther mit einem Frauenkopf. Bei überraschenden Reizen muss mit Abnutzungserscheinungen gerechnet werden wenn ein Spot sehr häufig gesendet oder eine Anzeige häufig geschaltet wird.

Eine Gefahr der Aktivierung ist, dass von der eigentlichen Werbebotschaft abgelenkt wird. Deshalb sollte die Werbebotschaft selbst aktivierend gestaltet werden. Darüber hinaus kann die Aktivierung negative Gefühle hervorrufen. Ein bekanntes Beispiel ist die Benetton-Werbung, die mit unappetitlichen Motiven Ekelgefühle hervorrief. Nach Kroeber-Riel muss Werbung drei Ziele verfolgen:

1. Sie muss dafür sorgen, dass das Angebot wahrgenommen wird.

2. Wenn das Angebot wahrgenommen wurde muss es akzeptiert werden.
3. Unter den akzeptierten Alternativen muss das Angebot schließlich präferiert werden.

Eine ähnliche Einteilung nehmen Barth/Theis (1991, S. 723 ff.) vor. Sie sprechen von Berührungserfolg (= Kontakt), Erinnerungserfolg (= Erinnern und Wiedererkennen) und Bedürfnisweckungserfolg (= Kaufabsicht).

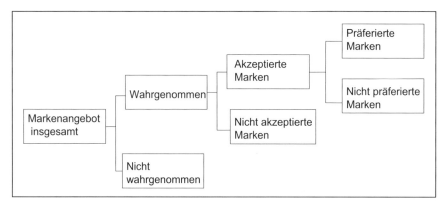

Abb. 4.6: Markenwahrnehmung durch den Konsumenten (Quelle: Kroeber-Riel/ Weinberg 2003, S. 394).

Werden emotionale Reize zur Aufmerksamkeitssteigerung eingesetzt, ist es wichtig, dass Marke und Reiz gleichzeitig dargeboten werden und dass starke Reize verwendet werden. Das Reizniveau steigt immer mehr an und unser Körper passt sich der Reizstärke ständig an. Seit Zucker industriell hergestellt wird, werden mehr Süßwaren konsumiert. Parallel hat sich die Sensibilität der Geschmacksdimension süß verringert. Früher sexuell stimulierende Reize stoßen heute kaum noch auf Aufmerksamkeit (Behrens 1995, Sp. 2557). Darüber hinaus müssen die Reize mit dem Lebensstil der Zielgruppe abgestimmt werden. Besonders wirksam sind biologisch vorprogrammierte, kulturell geprägte oder zielgruppenspezifisch gelernte Schemata. Aktivierend ist Werbung auch dann, wenn sie unterhaltsam ist. Hagebau setzt Mike Krüger im TV als Heimwerker ein, der, statt seiner keifenden Frau den Wunsch nach Renovierung zu erfüllen, die schalldichten Ohrenschützer aufsetzt. Allerdings ist Humor bekanntermaßen Geschmackssache.
Wichtig ist noch, dass Werbung und Konzept einander entsprechen. Die Werbung eines preisorientierten Anbieters sollte auf den ersten Blick preisgünstig wirken. Das heißt nicht, auf Farben und Bilder zu verzichten. Das wäre unzeitgemäß und würde den Erwartungen heutiger Konsumenten nicht entsprechen. Auch andere Instrumente können dazu dienen, einen billigen Eindruck zu verleihen, z. B. preisoptische Effekte.
Neben den Aktivierungstechniken sind Frequenztechniken eine Möglichkeit, die Kontaktwahrscheinlichkeit zu erhöhen. Ein gutes Beispiel sind die Prospekte und Anzeigen des Handels, die in vielen Fällen wöchentlich gestreut werden, z. B. von Aldi, real,–, Media-Markt oder Obi. Eine Variante ist, dass Werbebotschaft

und Marke mehrfach innerhalb der Anzeige oder im Prospekt wiederholt werden. Jede Anzeige und jedes Prospekt erhöhen die Wahrscheinlichkeit, dass es zu einem Kontakt kommt. Kürzlich kaufte ich mehrere Pullover in einem Kaufhaus und wunderte mich über die „nackte" (weiße) Tüte ohne Werbeaufdruck. Warum wird diese einfache und preisgünstige Möglichkeit, Werbung zu machen, nicht genutzt? In Deutschlands Fußgängerzonen sind die roten Tüten von Media-Markt nicht zu übersehen. So erzielt das Unternehmen Tausende Werbekontakte ohne große Kosten. Mit zunehmender Bekanntheit steigt die Sympathie einer Marke.

Regel 2: Aufnahme der Werbebotschaft sichern

Unter den heutigen Kommunikationsbedingungen ist die wichtigste Anforderung an die Werbung, den Kontaktabbruch einzukalkulieren. Der Kontakt wird fast immer abgebrochen! Die durchschnittliche Betrachtungszeit von Anzeigen liegt bei zwei Sekunden und im TV nimmt das Zapping ständig zu. Deshalb muss sich der Werbetreibende fragen, ob die wichtigsten Elemente der Werbebotschaft aufgenommen werden bevor der Konsument weiterblättert oder den Prospekt weglegt. Die schnelle Wahrnehmung kann durch die Verwendung von Bildern erleichtert werden. Sie bieten eine schnelle Orientierung und sind deswegen vom Kontaktabbruch weniger betroffen. Beim Text ist die Struktur hilfreich. Prägnante Überschriften, fett gedruckte Schlüsselwörter und Hervorhebungen erleichtern die Informationsaufnahme. Negativbeispiele wie in Abb. 4.7 finden sich täglich in unseren Zeitungen. Die Anzeige ist völlig überladen (Informationsüberschuss), die Negativschrift (z. B. weiß auf rot) und die unterschiedlichen Schriftarten und -größen erschweren die Lesbarkeit. Der Absender ist in dem Wirrwarr kaum zu erkennen.

Die Aufnahme der Werbebotschaft kann auch dadurch verbessert werden, dass man sich dem gewohnheitsmäßigen Lesen anpasst. Dazu sind die wichtigsten Elemente der Werbung – die Headline, die Marke und das zentrale Bildmotiv – auf der Achse von oben links nach unten rechts anzuordnen. Eine andere Möglichkeit besteht darin, dass man den **Blickverlauf** mit aktivierenden Reizen steuert. Aktivierende Reize ziehen das Auge des Betrachters unwillkürlich auf sich. Der Blickverlauf einer Anzeige kann in Pretests analysiert werden. Mit Blickaufzeichnungsgeräten – ursprünglich zur Verbesserung der Instrumentenanordnung in der Raumfahrt entwickelt – kann das Blickverhalten der Testpersonen aufgezeichnet werden. Mit Hilfe von Laserstrahlen wird die Bewegung der Pupille nachvollzogen. Der Blick wird von einigen Elementen angezogen, dort verbleibt er kurz (Fixationen), dann springt er weiter zum nächsten Haltepunkt. Die Sprünge werden als Saccaden bezeichnet. Vom Gehirn werden nur die Informationen aufgenommen, die vom Auge kurz fixiert werden. Die Analyse dieser Fixationen weist nach, ob die wesentlichen Informationen einer Werbeanzeige aufgenommen wurden.

Die Werbebeachtung und -nutzung sinkt mit zunehmender Informationsmenge. Je übersichtlicher eine Prospektseite gestaltet ist, desto intensiver werden die einzelnen Artikel beachtet. Happel (1998) ist sogar der Meinung, dass eine Großabbildung für einen Artikel verkaufswirksamer ist als mehrere Artikel in einer Abbildung. Der Erfolg der H&M-Werbung spricht für diese Sichtweise. Eine optimale Titelseite hat nach Happel folgenden Aufbau:

- Emotionaler Blickfang (Fotos von Personen oder auch Großaufnahme eines Produkts).
- Positive Headline, kurz und prägnant.
- Ein oder mehrere Artikel.
- Firmenname und Logo deutlich erkennbar.

Abb. 4.7: Beispielanzeige mit zu hoher Komplexität

Müller-Hagedorn weist einerseits darauf hin, dass auch bei Werbung das Weber-sche Gesetz gilt, wonach die Wirkung umso größer ist, je größer der Reiz ist, d. h., dass große Abbildungen/große Anzeigen besser wirken (Müller-Hagedorn

2005, S. 353). Andererseits kommt er in einer Studie zu dem Ergebnis, je mehr Artikel im Prospekt, desto besser. Da dieser Zusammenhang degressiv ist (je mehr Artikel dazukommen, desto geringer ist der Wirkungszuwachs), empfiehlt er für den Lebensmittelhandel acht Artikel pro DIN-A-4-Seite (Müller-Hagedorn/Schuckel/Helnerus 2005). Der gesunde Menschenverstand spricht dafür, dass es eine maximale Produktanzahl geben muss, da die Abbildungen auf der verfügbaren Fläche sonst zu klein werden. Ob es eine optimale Artikelzahl gibt, ist bisher nicht nachgewiesen. Wahrscheinlich ist das abhängig von sehr vielen Faktoren wie den beworbenen Produkten, den Kunden oder dem Werbemittel, und somit nicht abschließend zu beantworten.

Abb. 4.8: Voraussichtlicher Blickverlauf auf der Titelseite des Quelle-Katalogs

Regel 3: Verständnis erreichen und im Gedächtnis verankern

Das Verständnis einer Anzeige wird vor allem bestimmt durch
- Dominante Bilder.
- Dominante Texte (Headline).
- Interaktion zwischen Bild und Text.

Zur Förderung des Verständnisses ist das Bild auf die Erwartungen der Empfänger abzustimmen. Auf das Bild entfallen in der Regel 70 % der Fixationen, 20 % entfallen auf die Headline und nur 10 % auf den Text. Ob das Bild verstanden wird, hängt vor allem davon ab, inwieweit es gängigen Schemata entspricht. Leichte Abweichungen vom Schema regen gedankliche Aktivitäten an und verstärken die Erinnerung. Ein Beispiel ist die Frau im Weihnachtsmannkostüm, die für eine Kampagne der Zigarettenmarke West eingesetzt wurde, oder die grünen Segel in der Becks-Werbung. Zu große Abweichungen können irritieren, weil sie das Verständnis erschweren.

Der Text ist ebenfalls auf die Erwartungen der Empfänger abzustimmen. Die zentrale Forderung lautet: kurz und klar. Das gilt vor allem für die Schlüsselinformation. Bei der Bild-Text-Interaktion wird zuerst das Bild betrachtet. Es ist das Tor zum Textverständnis. Haben die Bilder keinen Bezug zum Text, erschweren sie das Verständnis. Eine wichtige Regel zum Erreichen von Verständnis ist die hierarchische Informationsdarbietung. Dabei müssen die verschiedenen Teile der Werbebotschaft in der Reihenfolge ihrer Bedeutung dargeboten werden. Die zentrale Werbebotschaft muss auf den ersten Blick erkennbar sein und vor dem Abbruch wahrgenommen werden. Die Marke sollte demnach in das Bild und/ oder die Headline integriert werden.

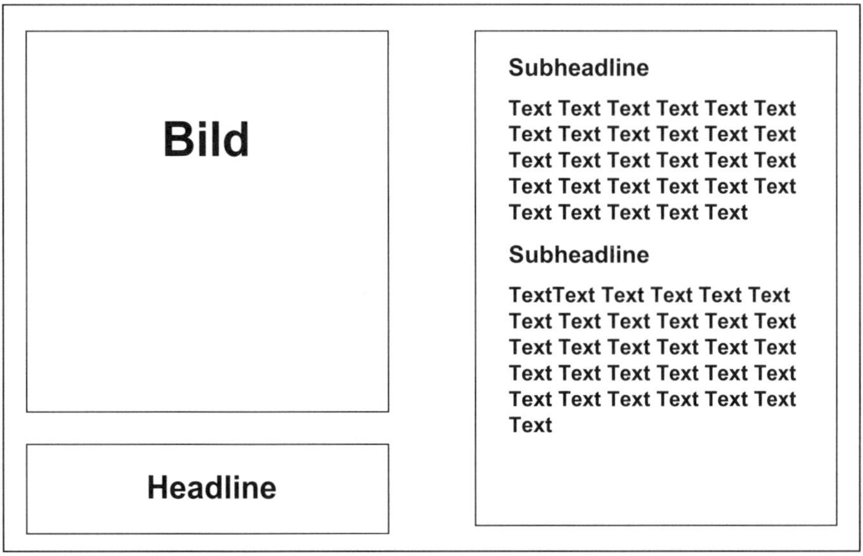

Abb. 4.9: Mögliches hierarchisches Anzeigenschema (Quelle: Kroeber-Riel/Esch 2004, S. 266).

110   4.2 Strategie und Technik der Werbung

Abb. 4.10: Titelseiten der Frühjahrskataloge 2006 von Baur und Quelle im Vergleich

Dass die vermittelten Informationen auch gespeichert werden, hängt insbesondere davon ab, wie einprägsam die Werbung gestaltet ist und wie oft die wichtigen Elemente wiederholt werden. Die einprägsame Gestaltung wird durch Bilder gefördert. Sprachliche Information ist dann einprägsam, wenn sie konkret und anschaulich ist. Da originelle Elemente sich besser einprägen, sollte man unterscheidbare Details einfügen. Die für das Lernen wichtigen Wiederholungen können auf mehrere Arten umgesetzt werden: Text und Bild können die gleiche Werbebotschaft vermitteln, oder ein Thema wird in mehreren Variationen dargeboten. Sehr wirksam ist es, Gedächtnisbilder aufzubauen, innere Bilder, die der Konsument vor Augen hat. Ein gelungenes Beispiel ist die Kampagne „Wir machen den Weg frei" von den Volksbanken/Raiffeisenbanken oder der Cowboy von Marlboro in seiner Westernlandschaft. Beim Aufbau innerer Bilder sind die Auswahl der Bildmotive und die visuelle Gestaltung wichtig:

- Auswahl Bildmotive
  - Schemata ansprechen, z. B. Mittelmeer- oder Familienschema.
  - Keine austauschbaren Bilder verwenden.
  - Ereignisse interaktiv darstellen, Dynamik erzeugen.
- Visuelle Gestaltung
  - Bilder gestaltfest und lebendig umsetzen.
  - Visuelle Präsenzsignale nutzen.
  - Visuelle Leitmotive langfristig einsetzen.

Austauschbare Bilder erschweren die Erinnerung. Leider sind austauschbare Werbemittel im Handel eher die Regel als die Ausnahme. Im Möbelhandel wird ein Sofa wie das andere präsentiert, im Lebensmittelhandel oder bei den Baumärkten gleichen sich die Titelseiten der meisten Prospekte wie ein Ei dem ande-

ren. Könnten Sie die beiden Titelblätter der Frühlingskataloge zweier großer deutscher Versender auseinander halten wenn man das Logo abdecken würde (Abb. 4.10)?
Visuelle Präsenzsignale erleichtern die Erinnerung, da der Zugriff auf konkrete Bilder wesentlich einfacher ist als der Zugriff auf Sprache und abstrakte Zeichen. Bekannte Beispiele sind das Michelin-Männchen, die Steine von Schwäbisch-Hall oder Uncle Ben. Sie sind zum Teil auch im Handel zu finden, scheinen aber eher aus der Mode gekommen zu sein. Obi verwendet nur noch selten den Obi-Biber. Ikea verzichtet auf seinen Elch, C&A auf den Schnupperhund. Symbole können den Unternehmensnamen visualisieren. Der Saturn-Mond weist in der Skyline der Stadt den Weg zur nächsten Filiale und findet sich auch in der Werbung wieder.

Abb. 4.11: Der Saturn-Mond als visuelles Präsenzsignal

Techniken, um die Werbebotschaft zu verankern, sind die Werbegestaltung und die Wiederholung:

- Gestaltung
  - Je aktivierender desto besser.
  - Einprägsam gestalten mit Bildern, konkreten Formulierungen und positiven Umfeldelementen.
- Wiederholung
  - Wiederholung innerhalb des Werbemittels, z. B. in Text und Bild.
  - Wiederholung in verschiedenen Medien, Reminder-Spots im Fernsehen (das ist ein Spot, der kurze Zeit nach dem Hauptspot gesendet wird).

Die dargestellten drei Regeln können im Sinne eines Analyseinstrumentes für alle Werbemittel des Handels eingesetzt werden: Anzeigen, Prospekte, Plakate, Schaufenster, TV- und Radio-Spots oder auch Einkaufstüten. Mit Hilfe der Gestaltungsregeln kann untersucht werden, ob die Werbemittel die grundlegenden verhaltenswissenschaftlichen Ziele Aktivierung, Informationsaufnahme und Informationsverarbeitung bzw. -speicherung erreichen. Das soll mit Hilfe einiger Beispiele aus dem Einzelhandel dargestellt werden. Es werden jeweils zwei vergleichbare Werbemittel, einmal Prospekte des Lebensmitteleinzelhandels, einmal Anzeigen des Bekleidungshandels gegenübergestellt und vergleichend bewertet.
Bevor die Anwendung der drei Regeln erfolgt, sollte man sich Gedanken über einige Determinanten der Werbung machen. Um welche Art von Werbung handelt es sich? Welche Zielgruppe soll angesprochen werden und wie hoch ist deren Involvement? Erst nach einer Situationsanalyse macht eine Wertung Sinn.

Abb. 4.12: Ausgewählte Titelseiten der Prospekte von real,– und Wal-Mart (jeweils KW 12/2004)

Eine Anmerkung zum Involvement beim Lebensmittelkauf

Die meisten Prospekte und Anzeigen des Lebensmittelhandels stellen Beispiele für informative Werbung dar obwohl der Lebensmittelkauf als typischer Low-Involvement-Kauf gilt. Ein großer Teil des Einkaufs läuft gewohnheitsmäßig ab. Anders verhält es sich mit den Sonderangeboten, die in der Werbung angeboten werden. Wie erläutert, sind viele Verbraucher ständig auf der Suche nach Schnäppchen, und so treffen die Anzeigen von Aldi, real,– und Co. am Wochenende regelmäßig auf großes Interesse. Die meist für den Lebensmitteleinkauf zuständigen weiblichen Kunden nutzen die Angebote als Einkaufszettel für die nächste Woche. Insbesondere die Stammkunden bestimmter Läden beobachten genau, welche Artikel auf aktuelle Bedürfnisse treffen. Die Männer interessieren sich vor allem für die Nonfood-Angebote und halten Ausschau nach günstigen PC's, Heckenscheren oder DVD-Playern. Aus dieser Sicht ist die vorherrschende Werbung mit Produkten und Preisen durchaus zu empfehlen. Ein Problem ist die hohe Austauschbarkeit dieser Art von Werbung. Dem versuchen die Händler durch ihr Logo und die formale Gestaltung, z. B. mit Farben entgegenzuwirken.

	Wal-Mart	real,–
Zielgruppe	Alle Haushalte	Alle Haushalte
Vermutetes Werbeziel Involvement	Informative Werbung Low- und mittleres Involvement	Informative Werbung Low- und mittleres Involvement
Regel 1 Kontakt herstellen	Großer Markenname in weiß auf blauem Hintergrund Eye-Catcher Girlies Produkte einheitlich klein dargestellt (negativ) Preisfarbe unauffällig (schwarz)	Großer Markenname in rot auf weiß Eye-Catcher Babies, aber zu klein und schlecht platziert Große Produktabbildungen wechseln mit kleineren ab (Abwechslung)
Regel 2 Aufnahme der Werbebotschaft sichern	Marke sehr groß Werbebotschaft im Vergleich klein Blickverlauf voraussichtlich: Headline (Wal-Mart), TV-Gerät und weg Negativschrift bei Girlies schlecht lesbar Insgesamt sehr unruhig, z. B. bei TV-Gerät drei Preise genannt Preise relativ klein Acht Produkte beworben	Preise sehr groß Blickverlauf voraussichtlich: Marke (real,–), Kaffee, Fahrrad und weg Keine formulierte Werbebotschaft Fünf Produkte werden angeboten
Regel 3 Verständnis erreichen und im Gedächtnis verankern	Wal-Mart bleibt haften Wal-Mart wird mehrfach wiederholt	Schriftzug real,– bleibt haften Der Kommastrich dient der Wiedererkennung
Fazit	Die zentrale Werbebotschaft (wer ist der Absender?) wird von beiden vermittelt. Die Umsetzung ist bei real,– besser gelungen. Die Gestaltung ist übersichtlicher und besser lesbar. Der Markenname von real,– fällt aufgrund der roten Farbe stärker auf. Wal-Mart ist aufgrund der Negativschrift und der Versalien (GROSSBUCHSTABEN) weniger prägnant. Beide Prospekte sind austauschbar.	

Abb. 4.13: Sozialtechnische Beurteilung zweier Prospekte aus dem Lebensmittelhandel

4.2 Strategie und Technik der Werbung

Abb. 4.14: Anzeigen von New Yorker und H&M aus dem Frühjahr 2004

	New Yorker	H&M
Zielgruppe **Vermutetes Werbeziel Involvement**	Teenager, 12 bis 20 Jahre, modern und modisch Emotionale Werbung Recht hoch aufgrund der Modeaffinität der Zielgruppe	Junge Frauen, 17 bis 35 Jahre, modern und modisch Emotionale Werbung Hoch in Kaufphasen
Regel 1 Kontakt herstellen	Starke Aktivierung durch bunte Farben, Erotik, frech („flotter Dreier"), starke Kontraste, dynamisch	Mittlere Aktivierung, statisch, auffälliger roter Rock, Bewunderung auf Laufsteg, Exklusivität
Regel 2 Aufnahme der Werbebotschaft sichern	„Dress for the moment" sehr klein Preise sehr klein und ungünstig platziert (die Aufnahme ist unwahrscheinlich, auch wegen der Ablenkung durch das Bild) Logo in Negativ-Druck Logo recht klein Der Blick wird nicht klar geleitet Blickverlauf unklar	Die wenigen Elemente werden auch bei Abbruch wahrgenommen Blickverlauf voraussichtlich: Rock/Beine, Oberkörper/Kopf, Logo

Fortsetzung auf Seite 115

	New Yorker	H&M
Regel 3 Verständnis erreichen und im Gedächtnis verankern	Bild-Text-Interaktion in Ordnung („Dress for the moment") Die Werbebotschaft wird nicht ganz klar Ein inneres Bild wird nicht erzeugt (da austauschbar, nicht einprägsam, könnte auch Parfüm-Werbung sein) Text und Bild sind auf Erwartungen der Zielgruppe abgestimmt Die Marke wird evtl. übersehen	H&M hat eine sehr konsistente Werbegestaltung (ein Produkt, ein Preis, ansprechend präsentiert), das wird wiedererkannt Die gleichen Motive werden im Laden und auf den City-Postern wiederholt Die Marke ist nicht zu übersehen
Fazit	Die New Yorker-Anzeige schneidet gut ab hinsichtlich ihrer Aktivierungswirkung. Das Verständnis und die Gedächtniswirkung lassen zu wünschen übrig. Die H&M-Werbung ist prägnanter und klarer und aufgrund der Gestaltung ebenfalls aktivierend. Die wichtigsten Informationen können auch in wenigen Sekunden aufgenommen werden.	

Abb. 4.15: Sozialtechnische Beurteilung zweier Anzeigen aus dem Modehandel

4.3 Prospekte und Handzettel des Einzelhandels

Prospekte und Handzettel sind das primäre Werbemedium im Einzelhandel. Die Begriffe sind nicht eindeutig abgegrenzt und werden deshalb nachfolgend synonym verwandt. Prospekte bestehen häufig aus 8 bis 32 Seiten. Etwa zwei Drittel des gesamten Werbebudgets werden im Einzelhandel für Handzettelwerbung eingesetzt. In Deutschland werden in der Woche ca. 400 Millionen verteilt, macht 20 Milliarden Stück im Jahr. Nach Berekoven wurden 1970 pro Monat und Haushalt durchschnittlich sechs Beilagen verteilt, heute sind es über 50. Ich habe an einem Wochenende im Mai 2005 16 Prospekte in unserem Briefkasten bzw. in den diversen Zeitungen (eine Tageszeitung und zwei Anzeigenblätter) gefunden, vor allem aus den Branchen Food, Baumarkt und Restposten. Das Prospekt von real,- hatte an diesem Tag 32 Seiten mit durchschnittlich 10 Produkten je Seite, macht rund 300 Angebotsartikel. Geht man von nur 100 Produkten je Prospekt aus, haben wir an einem Wochenende Werbung für 1.600 Artikel erhalten und das ohne Anzeigen, TV usw. Prospekte und Beilagen tragen damit nicht unwesentlich zur Informationsüberlastung bei.

Trotz dieser Fülle haben Prospekte erwiesenermaßen einen hohen Einfluss auf die Kaufentscheidungen der Konsumenten. Das Horizont-Kommunikationsbarometer ermittelte im Jahr 2000, dass der Prospekt das Medium ist, das am ehesten zum Kauf führt. Über 50 % der Befragten gaben an, aufgrund von Prospekten oder Handzetteln ein Produkt gekauft zu haben. Beim Radio bestätigten das beispielsweise nur 16,4 %. In der gleichen Untersuchung wird dem Prospekt eine hohe Glaubwürdigkeit bescheinigt. 11,2 % stufen direkt zugestellte Prospekte als besonders glaubwürdig ein, das ist der höchste ermittelte Wert überhaupt, weitere 51,3 % stufen die Prospekte als „glaubwürdig" ein. In einer eigenen Untersuchung im Herbst 2001 wurden über 300 Kunden im Auftrag eines Baumarktfilialisten am Montag nach Erscheinen des Prospektes befragt (die Verteilung fand samstags statt). Vier Fünftel der Befragten gaben an, den Prospekt zu nutzen, und fast ein Drittel plante aufgrund des Prospektes einen Kauf oder hatte ihn bereits durchgeführt.

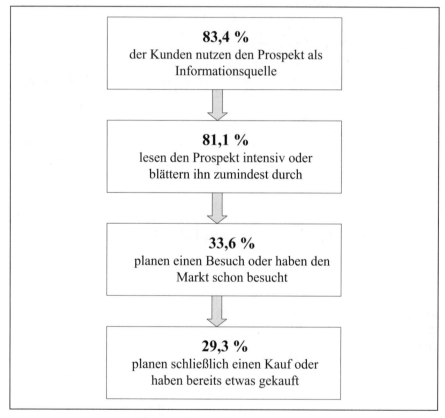

Abb. 4.16: Nutzungsverhalten von Prospekten, Befragung von über 300 Baumarktkunden an fünf ausgewählten Standorten im Oktober 2001 (Quelle: Hurth 2003, S. 12).

Ein Problem von Handzetteln ist, dass für viele Konsumenten ein kurzer Blick genügt, um zu entscheiden, ob er sich der Beilage widmet oder ob sie sofort in den Mülleimer wandert. Wird der Prospekt genauer beachtet, kann das mehrere Gründe haben:

- Der Markt ist eine präferierte Einkaufsstätte dessen Angebote generell intensiv studiert werden.

- Der Konsument befindet sich in der Informationsphase, da er in naher Zukunft einen Kauf plant.
- Der Konsument wird durch die Produkte angesprochen (Preis, Innovationsgrad, Aufmachung des Produkts usw.).
- Der Prospekt selbst erreicht durch seine Gestaltung die nötige Aufmerksamkeit.

Wird über die Nutzung von Prospekten diskutiert, ist die Trennung in Stammkunden und Neukunden von Bedeutung. Stammkunden haben bereits Erfahrung mit dem Laden. Die Werbung ist für sie per se interessant da sie die Werbung als Einkaufsratgeber nutzen. Im Extremfall werden weitere Werbungen gar nicht erst beachtet. Die einzelnen Botschaften oder Angebote spielen in diesem Fall erstmal keine Rolle. Der Prospekt wird aufgrund seines Gesamteindrucks betrachtet. Die Frage ist, wie Nichtkunden mit dem Prospekt angesprochen werden können. Ihr Involvement ist geringer, da der Absender unbekannt ist. Dieser Personenkreis nimmt vor allem auffallende Reize des Prospektes war, z. B. intensive Farben, aufmerksamkeitsstarke Bilder oder sehr attraktive Sonderangebote. Oft wird die Werbung nur wenige Sekunden betrachtet. In dieser kurzen Zeit müssen den Betrachtern die wesentlichen Vorteile des Marktes deutlich werden, z. B. die günstigen Preise, die ausgeprägten Garantien, die Neuartigkeit der Produkte. Die Betrachtung ist oft so flüchtig, dass eine zu hohe Anmutungsqualität, z. B. durch hochwertiges Papier und Vierfarbdruck, bereits den Eindruck von mangelnder Preisgünstigkeit erzeugen kann. Andererseits kann eine negative Anmutung des Prospektes (unstrukturiert, schmutziges, verwischtes Druckbild) dazu führen, dass dieser Eindruck auf den Markt übertragen wird. Der Neukunde, der den Markt nicht kennt, schließt auf den ersten Blick: „Schon wieder so ein Billigladen, da gehe ich nicht hin". Dieser Effekt kann insbesondere bei Neueröffnungen problematisch sein. Mit zunehmender Zahl der Kontakte wird der Prospekt immer vertrauter. Der Anbieter wird bekannter und interessanter.

> Um Stammkunden zu binden, ist die bekannte Angebotswerbung sinnvoll.
> Um neue Kunden zu werben, kommt es auf die Werbegestaltung an. Es ist wichtig, positiv aufzufallen!

Über die Frage, ob die Produktgruppe einen Einfluss auf die Nutzung von Prospekten hat, gibt es unterschiedliche Auffassungen. Bei einer Untersuchung im Auftrag des deutschen Direktmarketing-Verbandes Wiesbaden (DDV) aus dem Jahr 1994 war die Erinnerung an Lebensmittelprospekte deutlich höher als an Möbelprospekte (DDV 1995). Das dürfte darauf zurückzuführen sein, dass erstere häufiger gestreut werden und der Bedarf an Möbeln eher aperiodisch ist. Lügenbiehl (2001) kommt mit Hilfe einer schriftlichen Konsumentenbefragung zum Ergebnis, dass Bekleidungsprospekte deutlich weniger genutzt werden als die Prospekte anderer Branchen. Sie argumentiert, dass die Anstöße für den Bekleidungskauf eher im Laden selbst erfolgen. Insgesamt ist davon auszugehen, dass der Einfluss der Branche auf die Nutzung und Wirkung von Prospekten gering ist.
Prospekte können über Tageszeitungen, Anzeigenblätter, Zeitschriften, Verteilerorganisationen, als Postwurfsendung oder über Direct Mailing verteilt werden.

4.3 Prospekte und Handzettel des Einzelhandels

Ob Prospekte besser direkt verteilt oder eher Zeitungen beigelegt werden sollen, wird kontrovers diskutiert. Befürworter der Beilage argumentieren, dass das positive Image der Tageszeitung, insbesondere deren Glaubwürdigkeit, auf den Prospekt übertragen wird, was die Akzeptanz erhöhen könnte. Andererseits sind gerade die Tageszeitungen in Spitzenzeiten mit Beilagen überfüllt und nicht alle Haushalte haben eine Zeitung abonniert. Befürworter der Direktverteilung vermuten deswegen höhere Aufmerksamkeitswerte bei der Direktzustellung. Eine weitere Studie für den DDV kommt zu dem Ergebnis, dass eine Zeitungsbeilage nicht positiver bewertet wird als ein direkt zugestellter Prospekt (DDV 2001). Untersucht wurde ein Baumarkt-Prospekt, der einmal als Haushaltsdirektwerbung und einmal als Zeitungsbeilage verteilt wurde. Der direkt zugestellte Prospekt erzielte in einigen wichtigen Bereichen bessere Werte als die Beilage:

- 41 % der Befragten haben den direkt zugestellten Prospekt intensiv oder gründlich gelesen (gegenüber 31 % bei der Beilage).
- 42 % würden den Briefkasten-Prospekt sehr stark oder stark vermissen (Vergleichswert 36 %).
- Der direkt zugestellte Prospekt wurde intensiver gelesen und den Empfängern sind deutlich mehr Einzelheiten im Gedächtnis geblieben.

Ein weiteres wichtiges Ergebnis dieser Studie belegt die große Bedeutung des Deckblattes. 98 % der Personen, die sich an den Prospekt erinnern bzw. diesen in der Hand hatten, haben sich die erste Seite angeschaut. Bei der Rückseite beträgt der Wert 71 %. Den niedrigsten Beachtungswert hatte die mittlere Doppelseite (63 %).

In mehreren Studien wurden verschiedene Prospekt-Nutzertypen ermittelt. Lügenbiehl (2001) identifiziert die Geschäftstreuen (31,4 %), die Verweigerer (12,6 %), die Gelegenheitsleser (35,4 %), die Prospekte aus Neugier oder Langeweile lesen, und die gewissenhaften Planer (20,6 %), die die Prospekte sehr gründlich lesen und sie zur Einkaufsplanung einsetzen. Daraus kann man ableiten, dass rund die Hälfte der Prospektleser sich die Zeit nimmt, die Angebote intensiv zu studieren.

Zentrales Ergebnis der genannten Studien ist, dass die Nutzung der Prospekte insbesondere vom Konsumententyp (Stamm- oder Neukunde) abhängt. Der Einfluss auf die Geschäftswahl ist recht gering. Die Prospekte dienen insbesondere der Information über Angebote der regelmäßig besuchten Geschäfte. Für die Gestaltung von Prospekten gelten ansonsten die gleichen Regeln wie im vorigen Kapitel beschrieben.

Abschließend stellt sich die Frage, ob Prospekte noch zeitgemäß sind. Bei den erwähnten Ergebnissen handelt es sich um den Status Quo. Wie sieht aber die Zukunft von Prospekten aus? Ist der Prospekt unmodern und damit ein Auslaufmodell? Werden die neuen Medien den guten alten Prospekt verdrängen? Diese Fragen können untersucht werden, indem die Akzeptanz von Prospekten bei jungen Zielgruppen analysiert wird. Das wurde anhand der bereits erwähnten Befragung von Baumarktkunden getan. Dazu wurden die Probanden in drei Altersklassen eingeteilt (15-39 Jahre, 40-45 Jahre, ab 55 Jahre). Bei der Bedeutung des Prospektes als Informationsquelle zeigen sich keine nennenswerten Unterschiede zwischen den Altersklassen. Der Prospekt ist für alle Altersklassen die wichtigste Informationsquelle. Bei der Frage, warum sich die Kunden den Prospekt angeschaut haben, zeigen sich Abweichungen. Die jüngsten Befragten stimmen am häufigsten der Aussage zu, dass sie den Prospekt immer lesen! Sie sind es gewohnt, Informationen effizient und schnell aufzunehmen. Fast zwei Drittel geben an, den Prospekt schnell durchzublättern. Auch bei der Frage nach der Prospektnutzung zeigt sich, dass die Jungen den Prospekten sogar positiver gegenüberstehen als die Älteren. Nur 6,8 % der Befragten zwischen 15 und 39 werfen den Prospekt weg ohne ihn anzuschauen! Bei den 40 bis 54jährigen sind es dagegen über 20 %. Der Prospekt hat also Zukunft. Allerdings muss er den veränderten Kommunikationsbedingungen angepasst werden. Die junge Zielgruppe will nicht nur informiert, sondern auch unterhalten werden. Das muss gleichzeitig schnell geschehen. Eine Korrelationsanalyse zeigt, dass das Statement „ich finde, der Prospekt ist gut strukturiert" bei der Teilgruppe Studenten den höchsten Einfluss auf die Gesamtbeurteilung des Prospektes hat. Je größer die Übersichtlichkeit, desto besser wird der Prospekt beurteilt. Für die 20- und 30jährigen müssen Prospekte „informativ, interessant und verständlich" sein.

Weiterführende Literaturhinweise:

Barth, K./Theis, H.-J. (1991): Werbung des Facheinzelhandels, Wiesbaden.
Esch, F.-R. (1999): Strategien und Techniken zur Gestaltung der Handelswerbung, in: Beisheim, O. (Hrsg.): Distribution im Aufbruch, München, S. 802–822.
Happel, H. (1998): Werbung für den Einzelhandel. Ein praktisches Handbuch für die Firmen- und Gemeinschaftswerbung, 3. Aufl., Frankfurt a.M.
Schmitz, C./Kölzer, B. (1996): Einkaufsverhalten im Handel, München.

Meine Empfehlung:

Kroeber-Riel, W./Esch, F.-R. (2004): Strategie und Technik der Werbung, 6. Aufl., Stuttgart.
Das Standardwerk zur verhaltenswissenschaftlichen Werbegestaltung. Die Hinweise können problemlos auf Werbeträger und Werbemittel des Handels übertragen werden.

5 Ladengestaltung, Warenpräsentation und Sortiment

5.1 Einführung

Die Ladengestaltung und Warenpräsentation ist ein eigenständiges Instrument des Handelsmarketing mit dem Ziel, das Konsumentenverhalten positiv zu beeinflussen und die Effizienz der Verkaufsräume zu steigern (Scheuch 2001, S. 23). Aufgrund der Informationsüberlastung wird es immer schwieriger, die Kunden zu erreichen. Die Markenbindung wird geringer und der Anteil der Kaufentscheidungen, die im Laden getroffen werden, steigt (vgl. Kap. 2.2.4). Der Laden selbst wird deswegen wichtiger (Weinberg/Purper 2006, S. 668). Underhill behauptet in diesem Zusammenhang, dass die Kunden umso mehr kaufen, je länger sie sich im Laden aufhalten (Underhill 2000, S. 32 f.). Allerdings konnte dieser Zusammenhang in mehreren Studien nicht bestätigt werden. Wenn die These auch im ersten Moment logisch klingt, so ist der fehlende Zusammenhang doch schlüssig zu erklären. Das Bummeln, das nur sporadisch in einen Kauf mündet, braucht wesentlich mehr Zeit als der Zielkauf, bei dem der Kunde genau weiß, was er will. Hinzu kommt die nach Warengruppen unterschiedliche Einkaufsdauer von Produkten. Bei einer Beobachtung von 165 Senioren ab 55 Jahren in einem Kaufhaus betrug die durchschnittliche Verweildauer in den einzelnen Abteilungen in über 50 % der Fälle zwischen zwei und fünf Minuten. Nur in 5 % der Fälle hielten sich die Kunden länger als zehn Minuten in einer Abteilung auf. Ein Zusammenhang zwischen Kaufhäufigkeit und Aufenthaltsdauer konnte nicht bestätigt werden (Stenzel 2005, S. 51 ff.). Eine Studie der Universität Wien kommt zu dem gleichen Ergebnis. Danach führt eine längere Verweildauer nur teilweise zu Mehrkäufen, was vor allem mit den unterschiedlichen Warenbereichen zu tun hat (Baldauf/Srnka/Wagner 1997, S. 110).

Unter der Ladengestaltung wird in diesem Buch die Gestaltung des Verkaufsraumes verstanden, ohne dass auf die äußere Ladengestaltung (Fassade und Schaufenster) eingegangen wird. Bei der Warenpräsentation geht es um die Verteilung, Anordnung und Dekoration der Ware (Gröppel 1995, Sp. 1020 f.). Schmitz/Kölzer unterscheiden die formale Ebene, auf die sich das vorliegende Kapitel beschränkt, und die inhaltliche Ebene (Themenwelten) der Ladengestaltung (1996, S. 313). Die Einflussfaktoren auf die Warenplatzierung sind vielfältig. Kundentyp und Kaufanlass der Kunden sind ebenso zu beachten wie das Personal, die Ware selbst (z. B. SB-Eignung) und der Betriebstyp (Schröder 2002, S. 136). Psychologische Ziele, die Händler mit Hilfe ihrer Ladengestaltung und Warenpräsentation verfolgen, sind (Schmitz/Kölzer 1996, S. 311 f.):

- Prägnanten Einblick ins Geschäft gewähren.
- Gute Orientierung im Laden schaffen.
- Sortiments- und zielgruppenorientierte Regalanordnung.
- Einrichtungsattraktivität zur Erhöhung der Verweildauer und des Abverkaufs.

- Verweilzonen schaffen.
- Qualitative und quantitative Platzierungseffekte.

Ziele aus Verbrauchersicht sind (Schröder 2002, S. 138 f.):

- Verringerung der Informationsüberlastung.
- Anregungen für Einkäufe.
- Reduktion der Unsicherheit von Kaufentscheidungen und Orientierung.

Scheuch (2001, S. 32 ff.) weist auf mehrere Funktionen der Ladengestaltung hin, wobei aus psychologischer Sicht insbesondere die werbliche Funktion und die menschlich-soziale Funktion (Schaffung von Kauflust und Einkaufserleichterungen) von Interesse sind. In einer differenzierten Aufstellung spricht er von 15 (!) abgeleiteten Zielen, von denen zehn direkt verhaltensbezogen sind: Impulskäufe anregen, Verbundkauf fördern, Bequemlichkeit fördern, Einkaufsstätte übersichtlicher machen, emotionale Stimmungen erzeugen, Image aufbauen, Ladentreue, Kundentreue, Kontaktwahrscheinlichkeit erhöhen und Verweildauer. Aus Sicht des Händlers kann es dabei zu Konflikten kommen. Eine übersichtliche Warenpräsentation führt zu kürzeren Einkaufszeiten, die die Wahrscheinlichkeit des Warenkontaktes sinken lässt und die Möglichkeiten, Spontankäufe auszulösen, verringert (Müller-Hagedorn 2005, S. 399).

Scheuch (2001, S. 120 ff.) nennt folgende **zentrale Erfolgsfaktoren am Point of Sale** (vgl. auch Germelmann 2003, S. 177 ff.; Gruber 2004, S. 71 f.; Swoboda 1998, S. 334 f.):

- Ladenatmosphäre.
- Orientierungsfreundlichkeit.
- Informationsrate (= Aktivierung, Abwechslung, Dynamik).

Unter der Informationsrate versteht man die Neuartigkeit, Dynamik und Komplexität der Darstellung, vergleichbar mit der im Kapitel Werbung dargestellten Aktivierung (Kontakt schaffen). Die Orientierungsfreundlichkeit entsteht durch klare Ordnung, Übersichtlichkeit und Prägnanz. Sie folgt der Anforderung, die Informationsaufnahme und das Verständnis zu erleichtern. Aus psychologischer Perspektive kann man diese Einteilung interpretieren als kognitive Sicht, die gedankliche Lagepläne und Orientierungsfreundlichkeit beinhaltet, und emotionale Sicht, die die Atmosphäre in den Vordergrund stellt. Diese Betrachtungsweise entspricht der Einteilung in Versorgungs- und Erlebniskauf aus dem dritten Kapitel. Der Händler muss bei der Ladengestaltung eine Balance finden zwischen versorgungs- und erlebnisorientierter Gestaltung, die sich teilweise widersprechen. Verkaufsförderungsaktionen, Events oder dekorative Elemente können die Komplexität erhöhen und damit die Übersichtlichkeit verringern. Die erlebnisorientierte Anmutung sollte die versorgungsorientierte Gestaltung nicht ersetzen, sondern ergänzen. Da die Konsumenten zunehmend mulitoptional (hybrid) agieren, ist es wenig sinnvoll, einzelnen Konsumenten eine Versorgungs- oder Erlebnisorientierung grundsätzlich zuzuordnen (Gruber 2004, S. 39 f.).

Die im Handel üblichen Ladenlayouts können zur Unterstützung der Versorgungs- oder Erlebnisausrichtung eingesetzt werden. Während Gitter- oder Straßenähnliche Ladenlayouts kostengünstig sind, klare Warenzuordnungen und eine effiziente Anordnung ermöglichen, schaffen Arena- oder Marktplatzaufbau eine

Atmosphäre, die zum Stöbern und Bummeln einlädt. In Abb. 5.1 werden die Prinzipien kombiniert: Im Food-Bereich herrscht ein einfaches, klares Straßenprinzip vor, im Nonfood-Bereich sind die Warengruppen um die „Themen-Insel" herum angeordnet.

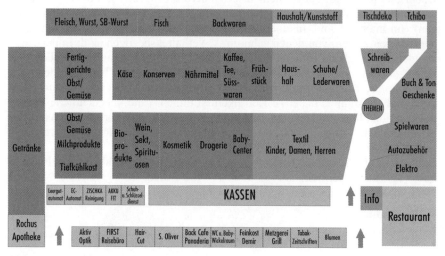

Abb. 5.1: Kombiniertes Gitter- und Arenaprinzip der Ladengestaltung

Basierend auf den vorgestellten Überlegungen werden die Ausführungen zur Ladengestaltung und Warenpräsentation wie folgt eingeteilt (vgl. Müller-Hagedorn 2005, S.398; Gröppel 1995, Sp. 1020 ff.):

- Ladengestaltung (Kap. 5.2).
- Einkaufsatmosphäre inklusive Farben, Beleuchtung, Musik, Düfte (Kap. 5.3 und 5.4).
- Warenpräsentation (Kap. 5.5).

5.2 Ladengestaltung

In diesem Kapitel werden folgende Punkte diskutiert:

- Raumzuteilung und Wertigkeit von Verkaufszonen.
- Gedankliche Lagepläne (Mind Maps).
- Kundenfrequenz.
- Gesetze der Ladengestaltung.

- Gestaltung des Eingangsbereiches.
- Kundenlaufwege.
- Exkurs Seniorenmarketing im Handel.

Der für den Konsumenten nachvollziehbare Weg durch das Sortiment soll den Besucher vom Eingang durch alle Sortimentsbereiche führen und als Hauptverkehrsstraße erkannt werden. So ein Weg fördert die Orientierung und kann durch Markierungen, Schilder oder den Bodenbelag gebildet werden (Scheuch 2001, S. 79). Man kann zwischen hoch- und minderwertigen Verkaufszonen unterscheiden:

Hochwertige Verkaufszonen	Minderwertige Verkaufszonen
Hauptwege des Geschäfts	Mittelgänge
Rechts vom Kundenstrom liegende Flächen	Links vom Kundenstrom liegende Flächen
Auflaufflächen, die Kunden automatisch erblicken	Einlaufzonen, die schnell passiert werden
Gangkreuzungen	Räume hinter den Kassen
Kassenzonen	Sackgassen des Verkaufsraumes
Zonen um die Beförderungseinrichtungen	Höhere und tiefere Etagen

Abb. 5.2: Wertigkeit der Verkaufszonen im Laden (Quelle: Weinberg 1992, S. 159).

Menschen können räumliche Umwelten sehr gut wahrnehmen und erinnern. **Gedankliche Lagepläne (Mind Maps)** sind subjektiv vereinfachte innere Bilder einer räumlichen Ordnung. Die Warenanordnung in einem Supermarkt kann so gespeichert werden. Wir alle haben eine bildliche Vorstellung von Läden, die wir regelmäßig besuchen. Die meisten von uns folgen immer wieder der gleichen Route, unseren „Trampelpfaden im Warendschungel" (Keim 2005, S. 123). Unsere inneren Lagepläne bestehen vor allem aus folgenden Elementen (Bost 1987, S. 19):

- Wege werden bevorzugt zur Orientierung genutzt. Eine klare Wegeführung erleichtert die Erinnerung.
- Brennpunkte wie Rolltreppen, Kreuzungen, Kassen oder Informationsstände sind optische Bezugspunkte.
- Gebiete sind die unterschiedlichen Warenbereiche soweit sie optisch klar voneinander getrennt sind.

Untersuchungen zu inneren Lageplänen brachten folgende Ergebnisse (Germelmann/Gröppel-Klein 2004, S. 118; Kroeber-Riel/Weinberg 2003, S. 425 ff.; Gröppel 1995, Sp. 1027):

- Wurden die Kunden gebeten, beliebige Produkte in einen Lageplan einzuzeichnen, waren etwa 60 % der Angaben zutreffend. Wurden die Produkte vorgegeben, lag die Trefferquote bei 40 %.

Abb. 5.3: Der verirrte Kunde

- 90 % der Produkte, die richtig angegeben wurden, lagen am Rand des Supermarktes. Die Standorte in den inneren Lagen waren dagegen weitgehend unbekannt. Das kommt daher, dass im Innern des Supermarktes in der Regel Orientierungspunkte wie Aufgänge oder Tafeln fehlen.
- Wichtige Orientierungspunkte der Kunden sind Ankermieter, sekundäre Anziehungspunkte (Banken, Restaurants), Wegmarken und Kreuzungen.

- Existierende innere Lagepläne wirken sich positiv auf die Einkaufsbequemlichkeit und die erlebte Stimmung von Kunden aus. Je genauer unsere bildliche Vorstellung vom Laden ist, desto wohler fühlen wir uns.

Das Kaufverhalten im Laden wird maßgeblich von der Orientierungsfreundlichkeit beeinflusst. Desorientierung führt zu einem Gefühl der Unsicherheit. Aufgrund der Expansion der Sortimente und der Verkaufsflächen hat die Unsicherheit zugenommen. Scheuch (2001, S. 175 ff.) konnte mit Hilfe von Kundenlaufstudien in zwei Einzelhandelsmärkten beobachten, dass die Kunden bei verbesserter Orientierungsfreundlichkeit weniger Wegestrecken zurücklegen, weniger Kehrtwendungen machen und dass die Suchdauer geringer wird.

> Die Verbesserung der internen Lagepläne durch verbale und bildliche Informationen kann mehr zur Einkaufsbequemlichkeit der Kunden beitragen als teure Umbaumaßnahmen.

In diesem Zusammenhang stellt sich die Frage, ob man den Laden zur Beeinflussung der Laufwege der Kunden nutzen oder ob man ihn besser dem Kaufverhalten der Kunden anpassen sollte. Eine Bekannte erzählte mir einmal, warum Sie ihre Strumpfwaren nicht mehr beim ortsansässigen Textilhaus Sinn einkaufte. Ursprünglich war die Abteilung im Erdgeschoss. Dort konnte man schnell und bequem einkaufen. Das war für Sie wichtig, da sie in diesem Segment – wie viele andere Frauen – eine hohe Kauffrequenz hatte. Als man die Abteilung in das oberste Stockwerk verlagerte, war der Aufwand für diese Art der Einkäufe – meist geht es um wenige niedrigpreisige Artikel – zu hoch, und meine Bekannte wechselte den Anbieter. Vor der Verlagerung der Abteilung dürfte es sich um eine der frequenzstärksten Abteilungen gehandelt haben, danach – das war unschwer zu erkennen – war das nicht mehr so. Den Grund für diese Art von Kundenführung beschreibt Octave Mouret, der Leiter des Warenhauses Au Bonheur des Dames im Roman vom Emile Zola von 1883 wie folgt: „Sind sie genötigt, durch Rayons [Abteilungen] zu gehen, in die sie sonst nie den Fuß gesetzt hätten, dort werden sie im Vorüberkommen von dieser und jener Verlockung gefesselt und erliegen ihr" (Kaufhof 2004, S. 148). Soars (2003, S. 636) bezweifelt die Wirksamkeit dieser Maßnahmen, so werden die Bedienungstheken oft im hinteren Ladenbereich platziert damit die Kunden mehr kaufen. In Wahrheit eilen sie aber zur Theke und sind bestenfalls auf dem Rückweg zur Kasse in Kauflaune.

> Wir haben immer wieder beobachtet, dass es sinnlos ist, das zielgerichtete Handeln eines Kunden stören zu wollen (Underhill 2000, S. 240). Wenn beispielsweise nicht genug Sitzgelegenheiten da sind, setzen sich die Kunden im günstigsten Fall auf den Boden, auf ein Geländer oder ein Fenstersims. Im schlechtesten Fall verlassen sie das Geschäft.

Ein Gegenbeispiel ist Ikea. Dort soll der Kunde die gesamte Ausstellung besuchen. Zwar gibt es Abkürzungen, die sind aber so gut versteckt, dass sie kaum zu finden sind. Obwohl sich viele Kunden über diese Art der Zwangsführung beschweren, scheint das dem Erfolg von Ikea keinen Abbruch zu tun.

Die hohe Bedeutung von **Kundenfrequenz** im Laden kann man aus dem bereits erwähnten Prinzip der sozialen Bewährtheit ableiten. Es beruht darauf, dass wir uns bei der Entscheidung, ob etwas richtig oder falsch ist, häufig daran orientieren, was andere für richtig halten (Cialdini 2002, S. 153). In den meisten Fällen ist es sinnvoll, sich am Verhalten anderer zu orientieren. Der Mechanismus kann aber auch zur Manipulation eingesetzt werden, so legen Barkeeper ein paar Scheine in die Trinkgeldkasse, um den Gast glauben zu machen, das sei hier angemessen. Ich selbst habe auf Flohmärkten, auf denen wir mit mehreren Freunden Waren anboten, den Kunden gespielt. Sobald jemand vor dem Tisch steht und die ausgelegte Ware intensiv betrachtet, schließen andere Besucher des Marktes daraus, dass es sich lohnt, hier stehenzubleiben. Da muss es etwas Interessantes geben. Das lockt wiederum andere an usw. Die Leute lassen sich durch das Verhalten anderer viel einfacher überzeugen als durch Argumente. Bruno Tietz drückt dies drastisch aus: „Im Handel müssen sich die Ärsche reiben." Shopping-Center schaffen Kundenfrequenz für die weniger attraktiven Läden durch das Knochenprinzip. An den Polen werden die Kundenmagnete platziert. Auf dem Weg vom einen zum anderen Magneten passieren die Kunden die anderen Ladengeschäfte.

Andererseits beschreibt Underhill den „Anrempel-Effekt", nach dem Menschen Berührungen vermeiden wollen. Er berichtet von einem Krawatten-Display im Eingangsbereich eines Ladens, der wenig frequentiert wurde, weil die Leute, die stehen blieben, häufig angerempelt wurden (Underhill 2000, S. 17 f.). Andere Autoren sprechen von Crowding, dem Grad an Überfüllung, der Stress und Fluchtverhalten auslösen kann. Das Gefühl der Enge kann dabei nicht nur durch Menschen, sondern auch durch andere Reize (z. B. durch einen Schilderwald) ausgelöst werden. Das Gefühl kann dazu führen, dass die Kunden weniger Zeit im Laden verbringen (Gröppel-Klein 2006, S. 681 f.). Jaffé (2005, S. 288) gibt zu bedenken, dass insbesondere Frauen sehr empfindlich reagieren, wenn jemand an ihr Hinterteil stößt. Je nach Einkaufssituation existieren unterschiedliche Grade an Kundendichte, die als optimal empfunden werden. Der Händler muss diesen optimalen Grad erkennen und sicherstellen (Kuß/Tomczak 2004, S. 229 f.). Allgemein gilt, dass kleine Räume Intimität vermitteln, während große Räume die Übersichtlichkeit erhöhen. Zu hohe Decken können ein Gefühl der Leere erzeugen, zu niedrige Decken wirken bedrückend (Scheuch 2001, S. 69). Die Herausforderung ist, einen guten Mittelweg zu finden.

Es gibt einige **„Gesetze der Ladengestaltung"**, die zum größten Teil auf Erfahrung beruhen (Schenk 1995, S. 216 ff.; Underhill 2000, S. 77 ff.; Häusel 2002a, S. 171 ff.):

- Da die Kunden sich nach dem Eingangsbereich meist nach rechts wenden, kann wichtige Ware dort platziert werden. Der Hauptgang sollte entsprechend den Gewohnheiten der meisten Kunden einen Rundgang bilden gegen den Uhrzeigersinn.
- Kehrtwendungen werden von den Kunden nach Möglichkeit vermieden.
- Weil die Menschen geradeaus gehen, ist das Ende eines Ganges gut für Warenpräsentation geeignet. Die Anordnung der Ware im 45°-Winkel wäre eine gute Alternative zu den bisher üblichen im 90°-Winkel angeordneten Nebengängen. Das bräuchte aber mehr Platz.

- Bei mehreren Etagen gilt, dass die Frequenz mit zunehmender Entfernung zum Erdgeschoss abnimmt.
- Der Kunde darf zu keiner Zeit das Gefühl haben, in seiner Autonomie eingeschränkt zu werden. Abkürzungen müssen möglich sein. Um sie dennoch zu vermeiden, sind die Nebengänge meist enger und verwinkelter als der Hauptgang.
- Zu lange gerade Gänge führen zu einer Beschleunigung unserer Schritte. Deshalb sollten sie durch Aktions- oder Informationsinseln unterbrochen werden.
- Auf den ersten Gangmetern hinter dem Eingang sollten sich Stopper befinden, da die Kunden sonst motorisch an den ersten Auslagen vorbeilaufen.

Der Kunde geht üblicherweise schnell auf einen Laden zu, im **Eingangsbereich** verlangsamt er seine Schritte. Er muss seine Augen der Umgebung anpassen und sich orientieren. In kleinen Boutiquen reicht dafür ein Blick, in größeren Geschäften dauert die Orientierungsphase bis zu 15 Sekunden. Der Grund, warum viele Läden leer sind, ist, dass sie Hindernisse aufbauen, die die Kunden vom Betreten des Ladens abhalten. Jedes Geschäft und jeder neue Raum sind für uns zunächst unbekanntes und gefährliches Terrain. Bereits der Wechsel des Bodenbelags kann uns vom Betreten abhalten. Verkaufsförderung im Handel beginnt mit einer orientierungsfreundlichen Eingangssituation (Häusel 2002a, S. 170; Häusel 2004, S. 190 f.). Sehr problematisch ist es, wenn der Kunde nicht in das Geschäft einsehen kann, weil die Tür geschlossen und vielleicht sogar verspiegelt ist, oder wenn der Helligkeitsunterschied zu groß ist. Wer betritt schon gerne einen Raum, der so dunkel ist, dass man nicht weiß, was einen nach dem Eintritt erwartet? Positiv sind helle Eingangsbereiche, breite, offenstehende Türen und breite Wege, die ins Innere führen.

Die **Laufwege der Kunden** werden von vielen Händlern mit Hilfe von Kundenlaufstudien analysiert. Es handelt sich um eine Beobachtung während des gesamten Aufenthaltes, von der der Kunde nichts weiß. Die Ergebnisse werden entweder auf einem Beobachtungsbogen notiert, oder mittels Tonbandgerät festgehalten. Bei Ikea werden die Kunden regelmäßig von Einrichtungsberatern verfolgt. Auf dem Grundriss des Ladens wird der Weg unterschiedlicher Kunden nachgezeichnet, um Verbesserungspotenziale, z. B. „tote" Ladenbereiche zu identifizieren. Wie bereits erwähnt ist ein Nachteil solcher Beobachtungen, dass die Ursachen des Kundenverhaltens aus theoretischen Konstrukten abgeleitet werden müssen, andererseits ergeben sich oft bessere Ergebnisse als bei Befragungen. Zum Teil sind sich die Kunden gar nicht bewusst über ihr Kaufverhalten, zum Teil geben sie sozial erwünschte Antworten.

In einer Kundenlaufstudie der Universität Wien (Baldauf/Srnka/Wagner 1997) wurden 153 Personen von vier Beobachtern in einem Einzelhandelsgeschäft beobachtet. Es zeigte sich, dass die Mehrheit der Kunden nach dem Eingang in den Hauptgang geht (60 %). Ein Drittel wendet sich nach rechts, der Rest geht nach links. Die Prozentangaben in der Abb. 5.4 geben an, wie viele der Kunden die verschiedenen Bereiche frequentiert haben. Ausgewählte weitere Ergebnisse sind:

- Bei einem freien Kundenlauf besteht die Gefahr, dass die Konsumenten bestimmte Ladenbereiche nicht begehen.

- Ein unmittelbarer Zutritt zu Bedarfsartikeln verkürzt die Verweildauer erheblich. Wichtige Bedarfsgruppen sollten deshalb nicht direkt nebeneinander angeboten werden.
- Familien mit Kindern folgen vielfach der von den Kindern gewünschten Richtung.

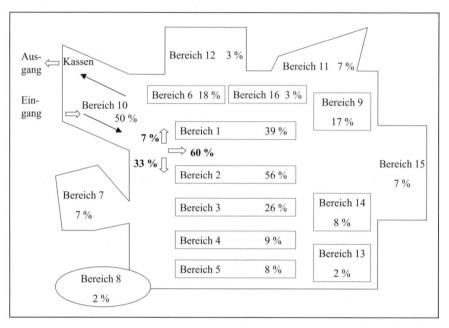

Abb. 5.4: Grundriss des Verkaufsraumes, Bewegungsrichtung und Frequenz der Abteilungen (Quelle: Baldauf/Srnka/Wagner 1997, S. 104).

Bei einer Studie der Universität Giessen (Esch/Thelen 1997) wurden 191 Kunden eines SB-Warenhauses einbezogen. Die Versuchsgruppe wurde vor dem Betreten interviewt und dann unbemerkt beobachtet. Ein zweites Interview folgte nach Beendigung des Einkaufs. Um Beeinflussungseffekte ausschließen zu können, wurde eine Kontrollgruppe ohne vorheriges Interview beobachtet und nur nach dem Einkauf befragt. Ausgewählte Ergebnisse dieser Studie sind:

- Obwohl es sich meist um Stammkunden handelte, waren nur wenige Kunden in der Lage, auf dem Lageplan vorgegebene Produkte korrekt einzuordnen. Am besten gelang das bei Schokolade, wo 20 % die ungefähre Lage kannten, bei Mineralwasser waren es dagegen nur 7 %.
- Die Befragung und die Beobachtung erbrachten diskrepante Ergebnisse. Bei der Befragung waren die Kunden mit den Orientierungshilfen zufrieden, bei der Beobachtung gingen sie oft unnötige Wege und beachteten keine Hinweisschilder.
- Die Laufstudien haben eine Vielzahl toter Ladenbereiche aufgezeigt. Nach Meinung der Autoren werden dort zu wenige Stimulationen angeboten.

Die Auswirkungen der Ladengestaltung auf das Kaufverhalten sind nicht immer beobachtbar. Dazu ein Beispiel aus eigener Erfahrung. Einige Wochen vor Weihnachten sah ich im Schaufenster von C&A ein hübsches Nachthemd aus Seide. Das schien mir ein gutes Weihnachtspräsent für meine Frau, und ich habe es im Laden gesucht und gefunden. Eine freundliche Verkäuferin half mir mit Hilfe einer Stange, das Nachthemd vom Haken zu nehmen, den ich – mittelgroß – nicht erreichen konnte. So weit so gut. Dann wollte ich das Präsent bezahlen. Es stellte sich heraus, dass es im Erdgeschoss auf ca. 2.000 qm Verkaufsfläche nur eine zentrale Kasse gab. Also musste ich mit der Ware von der Dessous-Abteilung kommend durch den halben Laden, um mich in eine Reihe zu stellen mit überwiegend älteren Frauen. Ich habe mich nicht wohl gefühlt mit dem Seiden-Negligé in der Hand und war mir sicher, dass ich in dem Laden nie etwas noch Gewagteres für meine Frau kaufen würde. Da nicht wenige Männer ihren Frauen ab und an Wäsche kaufen, wäre etwas mehr Diskretion sinnvoll. Letztlich wirkt die zentrale Kasse, die Personalkosten sparen soll, negativ auf den Umsatz. Und keine der üblichen Marktforschungsmethoden wird dies aufdecken. Jaffé (2005, S. 289) berichtet aus ihrer (weiblichen) Sicht, dass die Dessous-Abteilung in Warenhäusern oft neben der Rolltreppe angeordnet ist, weshalb die Frauen von den nach oben (in die Technikabteilung) fahrenden Männern intensiv bei ihrer Auswahl beobachtet werden können. Offensichtlich ist ihr das unangenehm. Wie groß mag der Anteil der Frauen sein, die auch so denken?

Exkurs Seniorenmarketing im Handel

Der wichtigste demographische Trend ist die wachsende Bedeutung älterer Menschen in unserer Gesellschaft. Das Altern der Menschheit wird das Leitmotiv des 21. Jahrhunderts. Frank Schirrmacher hat mit seinem Buch „Das Methusalem-Komplott" (2004) darauf aufmerksam gemacht, dass die Gesellschaft stark altert. Die Älteren sind das einzige wachsende Segment in Deutschland, wahrscheinlich für die nächsten 30 Jahre. 1950 war jeder siebte über 60, heute ist es jeder fünfte, im Jahr 2030 wird es jeder dritte sein. Hinzu kommt die gute finanzielle Kaufkraft der meisten über 60-jährigen. Schon jetzt geben Konsumenten über 45 Jahre mehr Geld für Sportprodukte aus als jüngere Zielgruppen. 63 % des Umsatzes mit Konsumgütern werden von den über 45-jährigen getätigt (Crescenti 2004c, S. 38 f.). Nach Angaben der GfK ist die Kaufkraft der Generation 50 plus fünfmal so groß wie diejenige der Gruppe der 20 bis 29-jährigen (Fösken 2006, S. 40). 80 % aller Luxuswagen, 55 % des Kaffees und 50 % des Mineralwassers werden von Menschen über 50 Jahre gekauft. Die Käufer von Harley Davidson sind im Schnitt 52 Jahre alt und jeder Dritte Porsche geht an Senioren von durchschnittlich 57 Jahren (bbw, in: o.V. 2006a, S. 66). Die Generation 60 plus geht darüber hinaus häufiger einkaufen als die jüngere Generation. Sie gibt pro Einkauf zwar weniger, pro Artikel aber mehr Geld aus (Fösken 2006, S. 41). Darüber, ob die Älteren ihr Geld gerne ausgeben, gibt es unterschiedliche Auffassungen. Während Häusel (2004, S. 140) dazu meint: „Zunächst die gute Nachricht: Die 60-75-jährigen haben das größte freiverfügbare Einkommen überhaupt. Nun zur schlechten Nachricht: Sie geben es nur ungerne aus", urteilen andere: „Und: Sie sind bereit, dieses Geld auch auszugeben" (o.V. 2005b, S. 11). Für die erste These spricht, dass Ältere ruhiger, sicherheitsbewusster, bescheidener und sparsamer werden (Häusel 2004, S. 148). Dass die Senioren durchaus bereit sind, Geld auszugeben, wird daraus abgeleitet, dass sie üblicherweise mehr Wert legen auf Qualität, Convenience und Service. Nach GfK-Erhebungen ist der Anteil der Premiumkäufer bei den über 60-jährigen mit 29 % doppelt so hoch wie bei der Generation bis 49 Jahre. Sie kaufen weniger Sonderangebote und weniger Handelsmarken (o.V. 2005b, S. 13). Unabhängig davon, wie schwierig es ist, den Senioren das Geld aus der Tasche zu ziehen, wird der Handel nicht umhin kommen, sich auf diese Kunden einzustellen. Schon heute sind die Älteren eine der wichtigsten Kundengruppen und ihre Bedeutung wird unweigerlich steigen.

> Ohne die ältere Generation müssten Gartencenter und Heimwerkermärkte schließen, die Ärzte, Apotheker und Gesundheitsdienste um ihre Existenz bangen, verlören Zeitungsverlage, Konzerthäuser und Theater ihre wichtigsten Abonnenten, stünden leerstehende Kirchengebäude zur Disposition und hätten Vereine keine Zukunft mehr weil die meisten Ehrenämter unbesetzt blieben (Trendforscher Horst Opaschowski).
> Eine 60-jährige ist was ihr Einkaufsverhalten angeht, schwieriger umzustellen, aber es lohnt sich. Im Durchschnitt konsumiert sie noch 25 Jahre (Fösken 2006, S. 40).

Nicht vergessen werden darf, dass es nicht *die* Senioren gibt. Die Zielgruppe ist sehr heterogen. Es gibt aktive Senioren, die Sport treiben und ihre freie Zeit mit kulturellen Aktivitäten füllen, andere beschäftigen sich im Garten und wieder andere lesen Zeitung oder verfolgen die TV-Programme. Dabei ist es nicht so, dass Senioren plötzlich das Fallschirmspringen anfangen, wie manche Zeitungen suggerieren, sie behalten vielmehr ihre Gewohnheiten im Alter bei. Wer sein Leben sportlich verbracht hat, hält das solange bei, wie es möglich ist. Bei gesunden Menschen lassen die körperlichen Funktionen erst ab 80 deutlich nach.

Bei der Frage, wie der Handel auf die zunehmende Bedeutung der Senioren reagieren sollte, spielt insbesondere die Ladengestaltung eine Rolle. Aus biologischer Sicht geht das Altern einher mit einer Beeinträchtigung der Sinnesorgane. Das Sehen, Hören und die Informationsaufnahme werden erschwert. Für die Informationsaufnahme ist deswegen ein größerer zeitlicher und kognitiver Aufwand nötig. Folgende körperliche Beeinträchtigungen sind zu nennen:

- Die Sehschärfe lässt nach.
- Die Hell-Dunkel-Anpassung dauert länger.
- Das Farbensehen wird unschärfer.
- Das Blickfeld wird kleiner.
- Das räumliche Sehen ist eingeschränkt.
- Die Bewegungsfähigkeit und Muskelkraft lassen nach.

Sinnvolle Maßnahmen der Ladengestaltung sind deshalb:

- Niedrige Regale.
- Gutes Licht.
- Orientierungshilfen im Laden.
- Große Preisschilder und Produktinformationen.
- Ruhebänke.

Es ist offensichtlich, dass es sich um Verbesserungspotenziale handelt, die allen Kunden zugute kommen. Viele Studien zeigen, dass die Senioren nicht ausgegrenzt werden wollen. Sie wollen keine Ghettos, sondern gute Einkaufsbedingungen. Seniorenmarketing ist deshalb gutes Marketing.

> Schögel nennt diesen Ansatz, bei dem der Produktnutzen in den Vordergrund gestellt wird und nicht das Alter der Kunden, Ageless Marketing: Orientiere dich an den hohen Produktanforderungen deiner älteren Kunden und du erreichst gleichzeitig die Jungen (www.pwc.com, 24.01.2006).

Über die Ladengestaltung hinaus werden die Distribution von Waren und Diensten (z. B. Busservice zum Einkaufszentrum, Heimlieferservices, TV-Shopping und Internet) und Anpassungen im Sortiment (Convenienceprodukte, Gesundheitsprodukte usw.) wichtig.

Trotz der zunehmenden Bedeutung der Senioren scheint die Mehrzahl der Händler das Thema nicht wirklich anpacken zu wollen. Wer will sich schon mit dem Altwerden beschäftigen? In unserer Gesellschaft wird Älterwerden immer noch negativ bewertet. Kommt Senior nicht von senil? Zudem will jeder alt werden, aber keiner will alt sein – alt sind immer nur die anderen.

Einige Unternehmen haben sich dem Thema vorsichtig angenommen. Ein bekanntes Beispiel ist die Filialkette Senio, ein Fachhändler für Senioren. Die coop Schweiz hat ein Projekt seniorengerechte Ladengestaltung durchgeführt. Die Adeg in Wien hat einen „Aktiv Markt 50 plus" eröffnet, in dem alle Mitarbeiter über 50 Jahre alt sind. Insgesamt vier Märkte wurden seniorengerecht umgebaut. Die Parkplätze sind breiter, an den Regalen hängen Lupen zum Lesen der Verpackungen, Lesebrillen werden verliehen und es gibt Einkaufswagen mit einer Sitzfläche. Aber auch die jungen Kunden schätzen die Übersicht und die breiten Gänge (Crescenti 2004a, S. 42 f.). Als der Möbelhändler Segmüller 2004 sein neues Haus südlich von Frankfurt eröffnete, wurden ganz gezielt Ältere eingestellt. Sie haben bei sich zu Hause schon drei- bis viermal Wohnungen eingerichtet und können diese Erfahrungen gegenüber der Hauptzielgruppe, die mittleren Alters ist, glaubhaft vermitteln. Etwa ein Viertel der Verkäufer sind über 50 Jahre, weitere 20 % über 40 Jahre.

Weiterführende Literaturhinweise zum Seniorenmarketing:

Institut für Handelsforschung (2005b): Reaktionsmöglichkeiten für Handelsunternehmen im Hinblick auf Veränderungen der Altersstruktur, Köln.
Lebensmittelzeitung (2005): Generation 50+, Strategien für die Mehrheit von morgen, LZ-Spezial, Frankfurt.
Meyer-Hentschel, H./Meyer-Hentschel, G. (2004): Seniorenmarketing, Göttingen.
Meyer-Hentschel Management-Consulting (Hrsg.) (2000): Handbuch Senioren-Marketing, Frankfurt.
Rieb, Chr./Reidl, A. (1999): Senioren-Marketing, Wien.

Aktuelle Studien:

AC Nielsen (2004): Generation 45 plus, Frankfurt.

BBDO Sales/Institut für Handelsforschung (2005): Perfect Ager 2010 – Senioren am POS, www.perfectager.de
BBE (2004): Seniorenwelten, Zielgruppe Senioren: Marktpotenziale und Kaufkraft, Köln.
BBE (o.J.): Professionelle Ladengestaltung für 50-plus-Kunden, Köln.
BBS & Partner (2005): Kommunikation 50plus, Hamburg.
bbw Marketing Dr. Vossen und Partner (2005): Senioren-Trend-Märkte 2005/2006. Herausforderung an die deutsche Wirtschaft, Neuss.
Carat Expert (2005): Die erfahrenen Konsumenten, www.carat-germany.de
PricewaterhouseCoopers/Universität St. Gallen (2005): Generation 55plus – Chancen für Handel und Konsumgüterindustrie, Frankfurt/St. Gallen.
Team für angewandte Marktpsychologie (2004): Die unterschätzte Generation. Markenaffinitäten und Konsumpotenziale bei älteren Verbrauchern, Frankfurt.
TNS Infratest (2005): TNS Infratest Best Ager Typologie 2005, www.tns-infratest.com

5.3 Atmosphäre und Erlebniskauf

Unter einem Erlebnis wird ein besonderes Ereignis verstanden, das lange im Gedächtnis bleibt. Das können einzelne elementare Emotionen sein (z. B. Glück oder Angst) oder komplexe Erlebnisse als Emotionsbündel (z. B. ein gelungener Urlaub) (Weinberg/Nickel 1998, S. 61). Das emotionale Erleben wird maßgeblich von der Aktivierungsstärke und der gedanklichen Leistung des Konsumenten bestimmt (Kroeber-Riel/Weinberg 2003, S. 13). Unter dem Erlebniswert einer Einkaufsstätte versteht man den subjektiv erlebten Beitrag zur Lebensqualität der Menschen (Weinberg 1995, Sp. 607; Weinberg 1992, S. 3). Dabei können unspezifische angenehme Eindrücke vermittelt werden oder ganz spezifische Erlebnisse.

Erlebnisse können im Handel über Kommunikationsmaßnahmen (Werbung, persönlicher Verkauf) oder über die Ladengestaltung und Warenpräsentation vermittelt werden. Zur Vermittlung von Erlebnissen im Laden eignen sich insbesondere Bilder, aber auch Musik oder Düfte (Kroeber-Riel/Weinberg 2003, S. 116 ff.). Dabei müssen erlebnisorientierte Einkaufsstätten nicht zwangsläufig Konsumpaläste sein. Auch niedrige Preise können ein Erlebnis sein (Gröppel 1991, S. 16). Jeder Mensch sucht in einem bestimmten Ausmaß nach innerer Erregung und gerade beim Konsum wird Stimulanz erwartet. Viele Sozialforscher sehen in der Erlebnisorientierung den grundlegenden Trend unserer Zeit. Ein gutes Beispiel ist die fast vollständige Verdrängung der früheren Badeanstalten durch Erlebnisbäder (Kroeber-Riel/Weinberg 2003, S. 114, S. 126).

Obwohl Erlebnis-Marketing nicht zwangsläufig **Eventmarketing** bedeutet, soll der Begriff an dieser Stelle erläutert werden. Events, also erlebnisorientierte Veranstaltungen, werden systematisch geplant und durchgeführt. Die Marketingziele des Unternehmens sollen erlebnisorientiert vermittelt werden. Besonderheiten sind die Möglichkeit, alle Sinne anzusprechen und der hohe Grad der Individualität durch zielgruppengenaue Ausrichtung (Drengner/Zanger 2003, S. 25 f.). Insbesondere bei Sonderformen des Handels liegt der Erfolg in der Verknüpfung von Event und Einkauf, so bei Verkaufspartys am Abend (Tupperware, Dessous

usw.), Kaffeefahrten, Marktveranstaltungen oder Einkaufstrips nach New York oder Hongkong.
Zunehmende Bedeutung erhält die Integration der Besucher von Events. Die Kunden wollen die Produkte ausprobieren oder bei Modenschauen selbst die Models sein. Wenn die Händler die Gelegenheit bieten, eigene Fähigkeiten auszuprobieren, ermöglichen sie echte Erlebnisse (Vossen 2003, S. 105). Nichts bewegt Menschen mehr, an nichts erinnert man sich besser, als an Ereignisse, an denen man persönlich teilgenommen hat (Rittmann, in: Bekmeier-Feuerhahn 2004, S. 895). Darüber hinaus ist aus der Lerntheorie bekannt, dass das am besten gelernt wird, was man selbst durchgeführt hat. Schmitz (2001, S. 35 ff.) erläutert das Prinzip am Beispiel von Kandidaten in einer Zaubershow. Einerseits haben die meisten Angst mitzumachen (sie könnten sich ja blamieren), andererseits ist die Erinnerung an solche Erlebnisse extrem stabil. Beispiele fürs Mitmachen im Handelsumfeld sind Auktionen oder der Besuch auf dem Flohmarkt. Darüber hinaus ist bei Events die psychologische Passfähigkeit wichtig, d. h., das Event muss zum Händler passen. Beispielsweise kann ein Sportartikelhändler ein Tennisturnier organisieren (Produktaffinität) oder ein Händler für Unterhaltungselektronik eine Skateboardnacht (Zielgruppenaffinität) (Drengner/Gaus/Zanger 2004, S. 415).
Das Eventmarketing ist keine neue Erfindung. So heißt es bereits in einem Bericht über die Heimkehr von Marco Polo nach Italien im Jahr 1295: „Die Heimkehrer [...] gaben ein großes Bankett für Familie, alte Freunde und reiche Bürger der Stadt. Sie traten zunächst in wertvollen roten Brokatkleidern auf. Bevor sich alle an die Tafel setzten, kleideten sich die Gastgeber in rote Damastgewänder. Die Brokatkleider verteilten sie unter den Dienern. Noch zweimal wechselten sie auf diese Weise während des Banketts die Kleider und erschienen erst in rotem Samt und dann in einfachen Alltagskleidern. Nach dem Festessen kam die größte Überraschung. Nicollò, Maffeo und Marco Polo hatten sich nun ihre zerlumpten Reisekleider angezogen. Vor den Augen der verblüfften Gäste schnitten sie Säume und Futter auf: Zum Vorschein kamen zahllose Edelsteine, Rubine, Saphire, Samaragde und Diamanten. Ihren gesamten Verdienst aus 25 Jahren hatten die drei Kaufleute vor der Abreise vom Großkhan in Edelsteinen angelegt. Die Anwesenden waren überwältigt vom ungeheuren Reichtum, der sich ihnen zeigte" (Kaufhof 2004, S. 55). Ein anderes klassisches Beispiel sind die „weißen Wochen bei Tietz". In den ersten Jahrzehnten des 20. Jahrhunderts wurden weiße Wäsche und Tücher in ungeheuren Mengen und zu phantastischen Gebilden auf den Theken der heutigen Kaufhof-Warenhäuser dekoriert. Weiße Wäsche, die noch in der zweiten Hälfte des 19. Jahrhunderts als Privileg der Reichen galt, wurde nun plötzlich zu erschwinglichen Preisen für jedermann angeboten (Kaufhof 2001, S. 52).
Um ein Event im Gedächtnis zu verankern, ist es nötig, etwas Besonderes zu bieten. Leider zeichnen sich viele Händler nicht durch allzu große Kreativität aus. Meist erschöpft sich der Einfallsreichtum in Modeschauen, Preisausschreiben, Malwettbewerben, einem Tag der offenen Tür oder in Sommerfesten. In einem typischen SB-Warenhaus finden sich zur Weihnachtszeit Dutzende von Verkaufsaktionen mit weihnachtlichen Symbolen und zur WM 2006 werden unzählige Gewinnspiele mit dem gleichen Inhalt veranstaltet.
Drengner und Zanger verknüpfen das Event-Erlebnis mit dem psychologischen Konstrukt des Flow, das der Psychologe Csikszentmihalyi als das Geheimnis für

Glück beschreibt (Csikszentmihalyi 2005). Gemeint ist das Gefühl, die Zeit zu vergessen, einen Augenblick als fließend zu erleben, wenn man in eine Sache vertieft ist, z. B. das Niederschreiben von Gedanken, das Üben eines neuen Musikstückes oder der kreative Prozess in einer Werbeagentur. Damit bei Events ein Flow-Gefühl entsteht, wird die Einbeziehung der Kunden und die Vorgabe von klaren Regeln, z. B. bei Wettkämpfen empfohlen (Drengner/Zanger 2003, S. 31 f.). Darüber hinaus sollten ablenkende Reize vermieden, und eine klare Zielgruppe angesprochen werden. Vor allem sportliche und spielerische Tätigkeiten eignen sich zur Erzeugung von Flow-Erlebnissen.

Auch Preisaktionen können Eventcharakter annehmen. Im Oktober 2005 wurde in unserer Stadt eine Schuhbörse veranstaltet, die viele unserer Bekannten besuchten. Im Congresspark wurden „50.000 Markenschuhe zum Preis von Absätzen" angeboten. Der Verkauf fand nur eintägig statt und wurde als „Europas großes Schuhereignis" gepriesen. Innovativere Ideen hat der Marktstandbetreiber Jens Fürst aus Bremen. Nachdem seine Frikadellen-Aktion „Zahl 2, iss 3" zum siebenfachen Absatz führte, engagierte er eine Agentur, um weitere Aktionen zu entwickeln. Vor dem Spiel Werder Bremen gegen Bayern München konnten die Besucher die Bayern (Brezel und Weißwurst für 1 Euro) „wegputzen" und auf dem Bremer Domhof stellte er ein Bücherregal mit „alten Schinken" auf. Der mobile Händler wurde dafür von der Fachzeitschrift Lebensmittel Zeitung Direkt mit dem Salescup für kreative Verkaufsförderungsaktionen ausgezeichnet.

Die Ladengestaltung und Warenpräsentation sind Schlüsselinstrumente der Erlebnisvermittlung (Gröppel 1991, S. 55). Der Einzelhandelsladen ist eine Art dreidimensionale Werbung. Er ermöglicht über geplante Events hinaus eine Fülle an Erlebnissen. Der Duft von Brötchen, der Klang von Hifi-Anlagen, die flimmernden Bilder der Fernseher, die attraktive Kleidung der lebensechten Schaufensterpuppen, die Warenfülle, die Farben der Dekoration, der Kontakt zum Personal, alles kann Erlebnisse auslösen. Erlebniskauf besteht deshalb vor allem aus der Atmosphäre im Laden. Dieser Begriff ist zugegebenermaßen nicht eindeutig definiert. Es geht um sich Wohlfühlen und darum, neue Reize aufzunehmen. Einige Autoren beschreiben die **Ladenatmosphäre** als die spezifische Eigenschaft von Verkaufsräumen, angenehme Gefühle hervorzurufen (Gröppel 1995, Sp. 1021; Heinemann 1989, S. 139). Andere bezeichnen den Gesamteindruck durch die Summe der Einzelreize und die damit verbundenen kognitiven und emotionalen Prozesse als Ladenatmosphäre (Schenk 1995, S. 201 ff.; Scheuch 2001, S. 121). Das Konstrukt Atmosphäre wurde 1973 von Kotler eingeführt und 1982 von Donovan/Rossiter weiterentwickelt (Heinemann 1989, S. 139). Nach Mehrabian/Russell sind die Emotionen, die in einer Einkaufsstätte ausgelöst werden, von den dargebotenen Reizen und Persönlichkeitsdeterminanten abhängig und lassen sich einteilen in (Heinemann 1989, S. 148; Foscht/Swoboda 2005, S. 192):

- Aktivierung: Eine gewisse Mindestaktivierung ist nötig.
- Erregung – Nichterregung: Der Laden sollte stimulierend wirken.
- Lust – Unlust: im Sinne positiver (glücklich, zufrieden) bzw. negativer Gefühle.
- Entspannung.
- Dominanz – Unterwerfung: Es ist darauf zu achten, dass der Kunde nicht eingeengt wird und sich in seiner Freiheit behindert fühlt.

Der Sportfachhändler Globetrotter sieht den Laden als Bühne. Die Ware wird in einer Umgebung präsentiert, die an die Verwendungsorte erinnert.

Abb. 5.5: Beispiel stimulierende Ladengestaltung.

Eine der wichtigsten Studien zur Ladenatmosphäre stammt von Donovan und Rossiter (1982). Deren zentralen Ergebnisse sind:

- Die wahrgenommene Atmosphäre drückt sich vor allem durch Vergnügen und Erregung aus.
- Das Vergnügen bestimmt am stärksten, wie lange die Kunden im Laden bleiben. Wenn der Laden insgesamt positiv eingeschätzt wird, steigt mit zunehmender Erregung die Absicht, länger im Laden zu bleiben.
- Die wahrgenommene Größe des Ladens ist eine weitere Ursache für längere Verweildauer.

In mehreren Untersuchungen konnte bestätigt werden, dass Erlebnisse, Emotionen und Atmosphäre Umsatz und Kauffreude erhöhen (Kroeber-Riel/Weinberg 2003, S. 436 ff.). Die Determinante Entspannung ist ein weiterer Faktor, der die Verweildauer steigert. Darüber hinaus ist der Neuartigkeitsgrad wichtig. Je neuartiger die Kunden die Eindrücke empfinden, desto höher ist der Einkaufsbetrag (Heinemann 1989, S. 173 ff.). In der Studie von Baun wurden die Probanden gebeten, beim Bummeln durch den Gang eines Shopping-Centers einen beliebigen Artikel auszuwählen. Bei der Testgruppe wurde ein Verkaufsstand im Gang erlebnisorientiert dekoriert (Frühlingsthema), bei der Kontrollgruppe wurde der Verkaufsstand ohne Dekoration aufgestellt. Im ersten Fall wählten 8 von 35 Kunden einen Artikel vom besagten Verkaufsstand, im zweiten Fall keiner. Der Autor schließt daraus, dass eine aktivierende Produktdarbietung Impulskäufe auslösen, und eine Stöber- und Bummelatmosphäre sehr hilfreich sein kann (Baun 2003, S. 155, S. 260).

In den meisten Fällen ist es ratsam, **aktivierende und deaktivierende Elemente** in einem ausgewogenen Verhältnis einzusetzen (Gröppel 1991, S. 113). Eine verkaufsfördernde Stimmung verlangt einerseits eine orientierungsfreundliche Gestaltung und entspannende Reize, andererseits aktivierende und abwechslungsreiche Reize. Das führt zur Luststeigerung, weil vom Menschen oft ein kurzzeitiger Aktivierungsanstieg gewünscht wird, um anschließend das Gefühl der Entspannung deutlicher empfinden und genießen zu können (Scheuch 2001, S. 145). Ein weiterer Grund ist, dass wir nach einem optimalen Erregungsgrad streben. Wir wollen sowohl lang anhaltende Monotonie (z. B. Einzelhaft) als auch dauernde Überstimulierung vermeiden. Das erreichen wir durch ein Annäherungs- und Vermeidungsverhalten. Je nach Situation und Persönlichkeit suchen wir nach Abwechslung oder Entspannung (Schweizer/Rudolph 2004, S. 48-49). Viele Menschen ziehen den Wechsel zwischen Zuständen mit hoher und geringer Erregung einem gleich bleibenden mittleren Zustand vor (Scitovsky 1989, S. 28). Eine Ausnahme ist ein CD-Laden, in dem die Musik nicht laut genug sein kann. In Großbetriebsformen ist der Kunde häufig gestresst, dort sind eher deaktivierende Reize zu empfehlen (Schenk 1995, S. 203 ff.) wie plätscherndes Wasser oder getragene Musik. Ob der Kunde im Laden zu aktivieren ist, oder eher beruhigt werden sollte, hängt von seiner Persönlichkeit und von der Situation ab. Ist der Kunde müde oder niedergeschlagen oder eher froh und erlebnisdurstig? Da der gewünschte Aktivierungsgrad des einzelnen Kunden nicht vorab festzulegen ist, empfiehlt Schenk die Aufteilung in aktivierende und beruhigende Bereiche (Schenk 1995, S. 219). Häusel hält ein nach Warengruppen geordnetes Vorgehen für sinnvoll. Bedarfsartikel wie Salz, Mehl oder Werkzeug müssen praktisch und schnörkellos präsentiert werden. Mode, Schuhe und Genussmittel sollten inszeniert werden.

Aktivierend wirken helle Ausleuchtung, warme Farben (Rot, Orange, Gelb), rhythmische Musik, originelle Elemente und häufige Präsentationswechsel. Weitere Möglichkeiten sind Bewegungselemente wie Springbrunnen, Wühltische oder Marktschreier. Insbesondere die Dekoration kann Abwechslung und Überraschung bieten. Die Harley Davidson im Schaufenster, lebensechte Schaufensterpuppen oder der Segelflieger im Atrium – alles aufregende Möglichkeiten, dem Kunden Erlebnisse zu bieten. Eher beruhigend wirken dezente Beleuchtung, kalte Farben (Blau, Grün, Violett), langsame Musik und Pflanzen oder Sitzgelegenheiten.

Ziel aller Anstrengungen ist es, dass der Kunde in eine angenehme Stimmung versetzt wird. Gelingt das, wird die angebotene Leistung positiv wahrgenommen und es entsteht eine größere Kauffreude (Bost 1987, S. 171). Moderne Coffee-Shops werden als ausgelagerte Wohnzimmer gestaltet. Bei Starbucks sorgen gemütliche Sofas und Sessel für heimische Atmosphäre. Teilweise lodert gar Kaminfeuer. Soziologen bezeichnen das als Third-Place-Prinzip des öffentlichen Raumes, das sind Orte, wo die Öffentlichkeit zusammenkommt. Ein weiteres Beispiel für solche Konzepte ist „The Apartment", ein Einrichtungsladen, der wie ein öffentliches Wohnzimmer gestaltet ist. Alles ist wie zu Hause, alles kann gekauft werden (Steinle 2003, S. 33 f.).

Bei allen Vorteilen von Emotionen und Erlebnissen ist eine „Emotionalisierung um jeden Preis" zu vermeiden. Ein optimaler Mix aus emotionalen und informativen Argumenten erscheint erfolgversprechender (Freundt/Kirchgeorg/Perrey 2005, S. 30). Wichtig ist auch, dass Erlebnis und Unternehmenskonzept zusammenpassen. Die aufwändige Dekoration unterstützt das Image des Warenhauses, eher schlichte Ladengestaltung unterstreicht die Preisgünstigkeit eines Discounters (Schenk 1995, S. 146, S. 206 ff.).

Weiterführende Literaturhinweise zum Erlebnishandel:

Bost, E. (1987): Ladenatmosphäre und Konsumentenverhalten, Heidelberg.
Gröppel, A. (1991): Erlebnisstrategien im Einzelhandel, Heidelberg.
Gruber, E. (2004): Die Attraktivität von Einkaufsstätten im Handel. Eine Analyse aus verhaltenswissenschaftlicher Sicht, Wiesbaden.
Heinemann, G. (1989): Betriebstypenprofilierung und Erlebnishandel, Wiesbaden.
Schmitz, C.A. (2001): Charismating – Einkauf als Erlebnis, München.

Meine Empfehlung:

Weinberg, P. (1992): Erlebnismarketing, München.
Ein kreatives Buch, knapp, verständlich, mit vielen Beispielen.

5.4 Sinnesreize im Handel

Seit es den Handel gibt, werden Sinnesreize im Einzelhandel gezielt eingesetzt. Im Nonfood-Handel dürfen die Kunden die Ware betasten, in der Hand wiegen und ausprobieren. Bei Verkostungsaktionen kommen die Geschmacksnerven ins Spiel, der Warenduft regt unseren Appetit an und Klavierspieler erfreuen die Kunden im Café. Neben der Ware werden unsere Sinne von einer Vielzahl von Instrumenten angesprochen, z. B. von der Ladengestaltung, vom Personal oder von der Verpackung der Produkte. Psychologische Wirkungen haben insbesondere Farben. Kräftige Farben können visuelle Akzente setzen und Anziehungspunkte erzeugen. Helle Pastellfarben wirken freundlich, weiß und blau vermitteln Frische. Auch aufgrund der Notwendigkeit, Modefarben einzusetzen, hat sich die Halbwertzeit von Ladeneinrichtungen deutlich verkürzt. Ein weiteres wichtiges Element sind die verwendeten Materialien. Starke Wirkungen gehen beispielsweise von edlen, glatten Hölzern, kühlem Stahl oder weichem Leder aus (Schenk 1995, S. 207 f.).

Unser Konsum ist verbunden mit Glücksgefühlen, die beim Riechen, Sehen und Fühlen entstehen. Das multisensuale Erlebnis des Einkaufs wird häufig verknüpft mit Erinnerungen an Kindheit und Weihnachten. Die Kindheit war eine Zeit, in der man alles hatte, und in der die Welt nur für einen selbst gemacht war. Beim Konsum versetzen wir uns sozusagen in diese Zeit zurück (Bowlby 2001, S. 19). Sinnesempfindungen werden subjektiv wahrgenommen. Das Ausmaß der jeweiligen Sinnesaktivierung ist abhängig von der Reaktions- und Leistungsfähigkeit des jeweiligen Organismus. Was der eine Konsument als angenehm empfindet, kann bei einem anderen negative Emotionen hervorrufen. Und nicht jeder Reiz wird gleich interpretiert. Dennoch ist anzunehmen, dass es bei den fünf Sinnen grundsätzliche Merkmalsausprägungen gibt, die ein Großteil der Konsumenten als positiv bewertet. Dazu ein Beispiel: Während nahezu alle Düfte zumindest bei einigen Personen negativ wahrgenommen werden, wird der Duft nach frischen Backwaren international positiv aufgenommen. Für den Händler bietet es sich deswegen an, seine Backwarenabteilung an den Eingang zu legen und den Duft nach außen dringen zu lassen (von Rosenstiel/Neumann 2002, S. 194).

Den großen Einfluss von Sinneserfahrungen auf unser Leben können wir unserer Sprache entnehmen. Zentrale innere Vorgänge werden mit Sinnesempfindungen beschrieben:

- Riechen und Schmecken („Das *stinkt* mir", „Das *schmeckt* mir gar nicht").
- Sehen und Tasten („Das ist mir völlig *unbegreiflich*", „Ich *stelle mir* folgendes *vor*", „Du wirst schon *sehen*", „Das scheint *in Ordnung* zu sein", „Ich habe das *Gefühl*, das ist richtig", „Was für eine *ergreifende* Szene").
- Hören („Das *klingt* gut", „Das ist *Musik* in meinen Ohren").

Riechen und schmecken

Gerüche haben einen weitaus stärkeren Einfluss auf unser Verhalten als wir denken. Im zentralen Nervensystem wird entschieden, ob wir jemanden „riechen können" oder ob er lieber „verduften" soll. Eine Studie zum Zusammenhang zwischen Düften und Kundenverhalten konnte nachweisen, dass die Verweildauer und die Kaufbereitschaft und damit der Umsatz mit Dufteinsatz deutlich gesteigert werden konnte (o.V. 2002a, S. 18 f.). Knoblich und Schubert untersuchten den relativen Einfluss von Duft auf die Präferenzbildung für Shampoos. Sie konnte zu 24 bis 39 % auf den Duft zurückgeführt werden (Knoblich/Schubert 1995, S. 140).

Olfaktorische Reize wirken auf physische und mentale Prozesse. Die chemischen Duftmoleküle lösen eine direkte Reaktion im Gehirn aus. Das hängt damit zusammen, dass die Nase und der Hippocampus, wo Gedächtnisinhalte verarbeitet werden, sehr eng zusammenliegen (Lindner 2003, S. 25). Gerüche sind sehr wirkungsvolle Auslöser des emotionalen Kaufverhaltens, weil sie häufig unbewusst in Aktionen umgesetzt werden. Emotionen werden durch Düfte wie mit einer Fernbedienung gesteuert (Henseler 2005, S. 68). Aufgrund dieses hohen unbewussten Anteils fällt es uns auch schwer, Gerüche zu beschreiben (Häusel 2004,

S. 182). Düfte sind nicht nur weitgehend unkontrolliert da unbewusst, sie sind auch individualisiert und zeitlich stabil emotionsstark (Henseler 2005, S. 19).
Die natürliche Beduftung im Handel hatte lange vor dem Begriff Duftmarketing große Bedeutung. Beispiele sind der Duft frischen Brotes in Bäckereien, Kaffeeduft in Röstereien und Coffee-Shops oder der Duft von Weihnachtsmärkten mit Lebkuchen und Glühwein. Für Düfte ergeben sich drei Haupteinsatzmöglichkeiten im Handel. Zum einen lassen sich durch sie Erlebniswirkungen verstärken, z. B. durch eine atmosphärische olfaktorische Gestaltung des POS. Allerdings muss darauf geachtet werden, dass Gerüche die Bewertung eines Produktes oder eines Ladens auch negativ beeinflussen können (Stöhr 1998, S. 30, S. 143; Ebster/Jandrisits 2003, S. 101). Daneben können Düfte auf spezielle Produkte oder Abteilungen hinweisen, sie bieten Duftmarkierungen zur Orientierung, z. B. Parfümerie, Lederwaren, Blumenshop. Zum dritten kann eine akquisitorische Wirkung von ihnen ausgehen. Düfte können Produkte attraktiver erscheinen lassen und das Leistungsangebot eines Handelsunternehmens kann durch den gezielten Einsatz von Düften vom Verbraucher besser erlebt und bewertet werden (Stöhr 1998, S. 199). Wichtig ist, dass die Düfte zielgerichtet eingesetzt werden. Im Coffeeshop und in der Bäckerei sind die natürlichen Düfte gefragt. Im Sporthandel kann Zitronenduft Frische vermitteln, in der Boutique können frühlingshafte Essenzen den Frühling einläuten. Inzwischen gibt es professionelle technische Lösungen. Duftsäulen für einen Bereich von 100 qm Verkaufsfläche gibt es bereits ab 1.500 Euro (o.V. 2002a, S. 19). Die größte Schwierigkeit liegt in der Dosierung und der Duftauswahl, da diese sehr individuell ist. Im Rahmen einer Gruppendiskussion, in der ein Beduftungsgerät getestet wurde, beschrieben die Teilnehmer die Empfindungen auf die verschiedenen Gerüche sehr unterschiedlich. Eine Aussage wurde allerdings von fast allen Teilnehmern bestätigt. Gerüche, die bekannt waren, wie z. B. der Geruch eines Waldes oder eines Lagerfeuers, wurden als angenehmer bewertet als künstliche, sprich neue bzw. unbekannte Düfte. Ebenso waren sich die Probanden darin einig, dass ein emotionales Erlebnis auch nur bei den Düften vorhanden war, die sie kannten, d. h. bei jenen Düften, die bereits im Gehirn gespeichert waren. Für den Handel bedeutet dies, dass auf den Einsatz von künstlichen, neuen Düften verzichtet werden sollte und eher Düfte, die allgemein bekannt sind, eingesetzt werden sollten. Ebster/Jandrisits (2003, S. 100) halten die Übereinstimmung zwischen Duft und Sortiment für eine wichtige Bedingung. Sie ist bei natürlichen Beduftungen gegeben. Des Weiteren stimmte die Mehrheit der Aussage „weniger ist mehr" voll und ganz zu. Henseler (2005, S. 22 f.) erklärt das damit, dass es bei Düften Wahrnehmungs- und Sättigungsschwellen gibt.
Grenzen der Einsatzmöglichkeiten im Handel ergeben sich durch operative Probleme. Ist ein Raum zu groß, ist es schwierig, ihn gleichmäßig zu beduften. Dass es nicht einfach ist, Gerüche im Zaum zu halten, konnte ich jahrelang in einem französischen SB-Warenhaus verfolgen, das nur einige hundert Meter von unserem damaligen Wohnort entfernt war. „Cora" war u. a. bekannt für seine Frischfischabteilung. Diesen Ruf hatte der Hypermarkt sicher zu Recht. Mich persönlich hat es allerdings sehr gestört, dass es auch in der angrenzenden Textilabteilung permanent und intensiv nach Fisch roch. Darüber hinaus können allergieanfällige Kunden die Möglichkeiten des Einsatzes von Chemikalien begrenzen und es ist zu beachten, dass nur etwa 20 % der bekannten Düfte als an-

genehm empfunden werden. Weiter hängt die Wahrnehmung stark vom Empfänger ab, seinem Alter, dem Geschlecht oder von persönlichen Erfahrungen (Scheuch 2001, S. 76). Frauen riechen beispielsweise empfindlicher als Männer. Die Gründe dafür sind noch nicht erforscht. Henseler (2005, S. 169) konnte in seiner Studie nachweisen, dass Gerüche je nach Lebensstil unterschiedlich wahrgenommen werden. Kombiniert man Lebensstile und Duftnoten entsteht eine Komplexität an Wirkungen, die kaum zu kontrollieren ist.

Eng verbunden mit dem Riechvorgang ist das Schmecken. Dieser Sinn wird im Handel nur selten eingesetzt. Verkostungsaktionen mit Wein oder Käse dienen der Verkaufsförderung. Erfrischungsgetränke, eine kostenlose Tasse Kaffee oder die Wurstscheiben für das Kind sind kleine Zugaben, die die Bindung an einen Händler aufrechterhalten sollen.

Sehen und Tasten

Wenn wir einen Gegenstand sehen, ist nicht nur unser visueller Cortex im Hirnhauptlappen aktiv, sondern auch viele weitere Gehirnregionen. Die Wahrnehmung eines Gegenstandes z. B. eines Balles, geht über das bloße Sehen hinaus. Wir registrieren gleichzeitig die Farbe, Größe und/oder Bewegung. Sehen setzt sich aus den vier visuellen Qualifikationen – Farbe, Form, Tiefe und Bewegung – zusammen (Goldstein 2001, S. 39 f.). Sehen ist ein aktiver Prozess. Der Beobachter wählt selbst aus, welche Informationen er aus seiner Umwelt wahrnimmt und welche nicht. Er richtet seine Aufmerksamkeit auf Dinge, die sein Interesse wecken. Beim Sehen sind Farben und Licht zentrale Faktoren.

Gutes **Licht** macht fremdes Terrain sicherer. Ungefähr die Hälfte der Einrichtungskosten im Handel wird für Licht ausgegeben. In der Gemüse- und Obstabteilung sorgen spezielle Lampen für die perfekte Darstellung der Produkte. Im Modehandel akzentuieren die Halogenspots die Dekorationen, heben die Farben hervor und geben dem Ganzen eine plastische Wirkung (Häusel 2002a, S. 177). Natürliches Licht verbessert die authentische Farbwiedergabe und führt zu psychischem Wohlbefinden der Ladenbesucher (Scheuch 2001, S. 72). Bei Tageslicht fühlt sich der Mensch am wohlsten.

Die Lichtverhältnisse fallen dem Kunden meist nicht auf, außer es ist etwas nicht in Ordnung. Nur wenn es zu hell oder zu dunkel ist, wird uns die Bedeutung bewusst (Underhill 2004, S. 174).

Farben (Heller 2002; Welsch 2003) haben zwei Funktionen. Zum einen wird durch sie die Differenzierung einzelner Wahrnehmungsfelder erleichtert. Zum anderen haben Farben eine Signalfunktion, bekannt aus Straßenverkehr oder alltäglichen Situationen, z. B. die Gesichtsröte als Signal für Verlegenheit (Goldstein 2001, S. 120 ff.). Im Laden definieren Farben den Charakter des Raumes und sie beeinflussen die Produktwahrnehmung (Scheuch 2001, S. 73). Alle ca. 7,5 Mio. weltweit existierenden Farben lassen sich auf vier Grundfarben zurückführen. In der folgenden Aufstellung werden einige ihrer Wirkungen und Assoziationen genannt:

- Rot
  - Hitze, Wärme, Licht, Energie.
  - Blut, Feuer.

- Aufreizend, beunruhigend, aggressiv, aktiv, dynamisch.
- Beispiele Media-Markt, Red Zac, S. Oliver.
• Grün
  - Leben.
  - Natürlich, jugendlich, frisch, beruhigend, wenig erregend.
  - Beispiele Marktkauf, Galeria Kaufhof, Deichmann.
• Gelb
  - Optimismus, Reife, aber auch Ärger, Neid, Eifersucht, Egoismus.
  - Sonne, Licht.
  - Heiter, hell.
  - Beispiele Lidl, Tchibo.
• Blau
  - Sympathie, Harmonie, Freundschaft, Vertrauen.
  - Luft, Himmel, Meer.
  - Beruhigende Wirkung.
  - Beispiele Aldi, Karstadt, Douglas.

Die italienische Iper Coop hat diesen Gedanken aufgegriffen und in einem Verbrauchermarkt realisiert. Der Markt vermittelt auf 8.000 qm Verkaufsfläche die Atmosphäre eines Wochenmarktes unter freiem Himmel. Jede Abteilung trägt ihre eigene Handschrift. Die Aktionsfläche hebt sich durch eine so genannte Milieubeleuchtung deutlich von der Lichtfarbe der Umgebung ab. Durchscheinende Folien sorgen dafür, dass die Lichtquellen keine störenden Blendungen verursachen. In der Obst- und Gemüseabteilung kommt es darauf an, die Ware ebenso frisch wie schonend, also ohne Wärmebelastung durch Lampen, darzustellen. Neben der Beleuchtungsstärke spielt die Lichtfarbe eine Rolle. Hier hat der Dienstleister PG Licht GmbH aus Winsen an der Luhe eine neue Farbe eingesetzt, die die Wiedergabe der natürlichen Farbtöne unterstützt und die Produkte plastisch konturiert. Zum Einsatz kommen Halogen-Metalldampflampen. In der Fischabteilung soll die Fangfrische reflektiert werden. Dies wird mit kühlem und ruhigem Blau und Blaugrün erreicht, die zusätzlich den Schimmer der Fische unterstreichen. Die Weinabteilung ist in ein warmes Licht getaucht und vermittelt Feierabendstimmung. Der Farbton Orange dokumentiert Lebensfreude, aber auch Geborgenheit und Gemütlichkeit. Wurstwaren und Käse werden durch Natrium-Dampflampen mit ihrem Rot- und Gelbspektrum in Szene gesetzt. Damit der Kunde abtauchen und in ungestörter Atmosphäre die Kosmetikartikel und Körperpflege-Produkte ausprobieren kann, ist die Parfümerie-Abteilung in ein diffuses Licht gehüllt, das gleichzeitig den Eindruck von Hygiene und Sauberkeit verstärkt. Was sich heute als überzeugend und logisch darstellt, mussten die Lichtplaner im Vorfeld mit großer Ausdauer vermitteln. Inzwischen ist Iper Coop so überzeugt, dass das Lichtkonzept auch in anderen Filialen realisiert werden soll (o.V. 2003b, S. 10 f.).

Auffällig ist, dass in der Praxis einige wenige Farbkombinationen sehr häufig eingesetzt werden. Ikea, Praktiker und Edeka nutzen blaue Logos auf gelbem Untergrund. P&C, real,–, Nordsee und C&A kombinieren blau und rot. Die Misch-

farbe orange (gelb und rot) wird gerne von den Baumärkten eingesetzt: Hornbach, Obi und Globus Baumarkt nutzen deren positive Anmutung.
Auch Farben werden subjektiv wahrgenommen. Blau wird häufig als Lieblingsfarbe genannt, manche Menschen mögen die Farbe dennoch nicht. Neid kann mit Gelb oder Grün assoziiert werden. Licht kann nicht nur durch Gelb, sondern auch durch Weiß symbolisiert werden. Eine gesicherte Erkenntnis ist, dass Farben umso angenehmer empfunden werden, je leuchtkräftiger und gesättigter sie erscheinen (Kroeber-Riel/Weinberg 2003, S. 432). Wichtig ist auch der Kontrast, z. B. zwischen Gelb und Blau. Dagegen vertragen sich zarte, aufgehellte Töne schlecht mit den reinen Tönen der gleichen Farbe. Wie stark der Einfluss von Farben auf die Beurteilung eines Produktes sein kann, zeigt folgendes Experiment (Packard 1976, S. 13): Hausfrauen wurden drei verschiedene Pakete mit Waschpulver mitgegeben, die sie über längere Zeit testen sollten. Ein Paket war vorwiegend gelb gestaltet, eines blau, und das dritte blau mit gelben Farbtupfen. Obwohl in allen drei Packungen das gleiche Waschmittel war, berichteten die Frauen, das Waschmittel in der gelben Verpackung sei zu scharf gewesen. Beim blauen Waschmittel bemängelten die Frauen, die Wäsche sei nicht richtig sauber geworden. Das dritte Waschmittel mit der nach Ansicht des Instituts ausgewogenen Farbgebung wurde überwiegend positiv beurteilt. In einem anderen Experiment konnte nachgewiesen werden, dass ein Weißwein bei Zusatz einer geschmacksneutralen Farbe signifikant unterschiedlich beurteilt wurde. Ein gelber Zusatz führte dazu, dass der Wein als fruchtiger und teurer eingestuft wurde als der Originalwein. Der leicht grünlich gefärbte Wein wurde als Billigwein eingestuft (von Rosenstiel/Neumann 2002, S. 156).
Der **Tastsinn** ist ein bislang kaum beachteter, zusätzlicher Kommunikationskanal (Strassmann 2003, S. 29). Haptische Reize spielen eine wesentliche Rolle in unserem Leben. Die Entwicklung eines Säuglings wird essentiell vom Ausmaß der ihm zugewandten Berührungen beeinflusst (Meyer 2001, S. 7). In uns Menschen scheint eine Art Urbedürfnis darin zu bestehen, Dinge anzufassen bzw. zu berühren – wie oft hört man Eltern sagen „Fass das nicht an!". Das Obst auf Frische testen, Kleidung auf ihre Stoffqualität überprüfen oder die Weihnachtsdekoration per Tastsinn entdecken, sind uns allen vertraute Handlungsweisen. Eine amerikanische Studie (Peck/Childers 2003) geht davon aus, dass es Konsumenten gibt, die stärker haptisch ausgerichtet sind als andere. Sie glauben, ein Produkt durch Berührung besser beurteilen zu können. Eine schriftliche Beschreibung kann dieses Bedürfnis nicht ersetzen. Der physische Kontakt mit der Ware ist häufig der entscheidende Auslöser des Besitzwunsches. Das Selbstbedienungsprinzip kommt diesem Verlangen entgegen. Wird hochpreisige Ware in Vitrinen angeboten, wie es bei Schmuck häufig der Fall ist, kann das Verlangen nach Berührung noch gesteigert werden. Legt die Dame die Halskette erst an, ist die Kaufwahrscheinlichkeit deutlich gestiegen (Schenk 1995, S. 214, S. 12). Früher wie heute ist es im Handel üblich, dass günstige Ware (Sonderangebote) gestapelt angeboten wird, während teure, exklusive Waren hinter Glas verschlossen werden. Beim Tasten laufen unterschiedliche Arten von Wahrnehmungsprozessen ab. Zum einen kommt der Hautsinn zum Einsatz, welcher über die Stimulation der Haut wahrgenommen wird, z. B. das Berühren einer Nadelspitze. Zum anderen spielt der Bewegungssinn eine Rolle. Er liefert Informationen über statische und dynamische Körperstellungen, z. B. das Wiegen eines Metallstückes in der

Hand. Durch die Nutzung des Tastsinns erhalten wir Informationen, die uns ohne Berührung verschlossen bleiben würden (Meyer 2001, S. 7). Neben der äußerlichen Produktgestaltung kann die Verkaufsraumgestaltung dazu dienen, taktile Reize anzusprechen. Ist die Ware so präsentiert, dass sich dem Kunden die Möglichkeit bietet, diese zu berühren? Wühltische sollen zum Stöbern einladen, Stoffe müssen angefasst werden können, Spielzeug will man in die Hand nehmen und ausprobieren. Wenn der Kunde keinen Vergleich hat, wählt er sicherheitshalber das billigere Produkt. Kann er die Ware ausprobieren und anfassen, steigt die Chance, dass er das hochpreisige Angebot wählt.

> Die Hauptaufgabe eines Ladens ist es, den Kontakt zwischen Kunde und Ware zu fördern. Die Händler sollten die Konsumenten darum bitten, die Ware anzufassen, statt sie daran zu hindern (Underhill 2000, S. 176).

Meine Frau berichtete mir einmal von einer Verkäuferin, die sie im Textilgeschäft verfolgte, um die von ihr in Unordnung gebrachte Ware wieder sorgfältig zusammenzulegen. Da vergeht einem die Freude am Ausprobieren und Anfassen. Natürlich sollten die Tische mit der Ware schnellstmöglich wieder aufgeräumt werden. Psychologisch wäre es allerdings besser, damit zu warten, bis der Kunde außer Sichtweite ist.

Zur Verkaufsraumgestaltung gehört auch der Bodenbelag. Bietet der Fußbodenbelag einen sicheren Halt und vermittelt Festigkeit, oder schwebt man geräuschlos und sanft über einen Teppichboden? Individuelle Präferenzen können nicht immer erfüllt werden, aber taktile Überraschungseffekte können den Verbraucher stimulieren und ihm ein abwechslungsreicheres Einkaufserlebnis vermitteln (Schenk 1995, S. 214). Der Einfluss des Bodens kann in drei Bereiche eingeteilt werden. Zu lauter Tritthall irritiert und wird als unangenehm empfunden, eine befriedigende Trittsicherheit muss gewährleistet sein, und gezielt eingesetzte Farben und Materialien können den Verkaufsraum in Abschnitte einteilen und so die Orientierung erleichtern (Scheuch 2001, S. 68).

Hören

Wie wichtig das Hören für unsere soziale Einbindung und räumliche Verortung ist, zeigen pathologische Untersuchungen. Der Verlust des Hörsinns ist für die Betroffenen weit schwerwiegender als der Verlust des oft für primär gehaltenen Sehsinns. Dies war bereits den Römern des Altertums bekannt. Während Taube den Irren und Wahnsinnigen gleichgesetzt wurden, behielt der Blinde seine bürgerlichen Rechte (Thiermann 2005, S. 189). Schallsignale aus der Umwelt, die wir als Geräusche wahrnehmen, schaffen akustische Szenen, in denen wir uns mehr oder weniger wohlfühlen. Unser Gehör informiert uns über Ereignisse in unserer Umwelt, welche wir nicht jederzeit bewusst wahrnehmen. Wenn wir die Augen schließen, registrieren wir viele Geräusche, die uns vorher nicht bewusst waren, z. B. ein Gespräch auf der Straße. Geräusche definieren sich über die Determinanten Lautstärke, Tonhöhe, Lokalisation und Klangfarbe. Ihre Kombination lässt Individuen Geräusche unterschiedlich wahrnehmen (Goldstein 2001, S. 313 ff.).

Die wesentlichen Anwendungen im Handel sind – neben den natürlichen Geräuschen von Stimmen oder Tätigkeiten – Hintergrundmusik und das Instore-Radio. Die Hintergrundmusik sollte als Teil der Einrichtung verstanden werden, welche dazu genutzt werden kann, den Verbraucher mit einer angenehmen akustischen Atmosphäre zu umgeben. Darüber hinaus soll die Musik störende Geräusche überlagern, müde Kunden aufmuntern und hektische entspannen (Hannen 2002a, S. 38). Der Einsatz von Musik hat noch einen Effekt: Wenn der Kunde allein ist in einem geräuscharmen Raum, entsteht ein Angst- und Unsicherheitsgefühl weil er sich verlassen bzw. beobachtet fühlt (Häusel 2002a, S. 178). Musik kann allerdings sehr unterschiedlich aufgenommen werden, beispielsweise abhängig davon ob es sich um Rock- oder klassische Musik handelt. Darüber hinaus kann das Verkaufspersonal von der ständigen Beschallung genervt werden (von Rosenstiel/Neumann 2002, S. 194). Hintergrundmusik sollte deshalb gemäßigt, harmonisch und textfrei sein (Schenk 1995, S. 212). Eine andere Möglichkeit wäre eine zielgruppenorientierte Auswahl, z. B. Schlager für die Rentner am Morgen, oder Hot AC (Hot Adult Contemporary, übersetzt aktuelle heiße Gegenwartsmusik für Erwachsene) für die Jugendlichen nach Schulschluss. Da die Kundschaft allerdings nie aus einer eindeutigen Zielgruppe besteht, sondern stets gemischt ist, kann es bei bestimmten Musikstilen zu negativen Assoziationen kommen. Deswegen bleibt es letztlich meist bei Mainstream-Musik (Thiermann 2005, S. 182 f.).

Neben den atmosphärischen sind direkte Verkaufswirkungen durch Musik möglich. Die Abverkaufszahlen über Ladenfunk beworbener Produkte waren nach GfK-Untersuchungen um durchschnittlich 27 % höher als in Märkten ohne Einkaufsradio (Hannen 2002a, S. 38). Eine Studie von North/Hargreaves/McKendrick in einem Kaufhaus ergab eine deutliche Korrelation zwischen der Herkunft der Hintergrundmusik und der Wahl von Weinen (von Rosenstiel/Neumann 2002, S. 151; Soars 2003, S. 631).

	Französische Hintergrundmusik	Deutsche Hintergrundmusik
Kauf von französischem Wein	40 %	12 %
Kauf von deutschem Wein	8 %	22 %

Tab. 5.1: Kauf von länderspezifischem Wein in Abhängigkeit von der Musikart (Quelle: von Rosenstiel/Neumann 2002, S. 151).

Scheuch (2001, S. 74) zitiert eine amerikanische Studie, wonach die Aufenthaltszeit im Laden bei langsamer Musik deutlich zunahm. In einer Nachfolgestudie in einem Restaurant stieg die Verweildauer bei langsamer Musik im Vergleich zu schneller Musik um 25 %, die Ausgaben sogar um 50 %. Laute Musik verringerte dagegen die Verweildauer. Soars berichtet von einer Studie beim amerikanischen Wäschehaus Victoria's Secret, die den positiven Einfluss klassischer Mu-

sik ermittelte. Diese Musikrichtung führte zur Wahrnehmung von höherer Produkt- und Servicequalität (Soars 2003, S. 631).
Die technischen Anforderungen an einen wirkungsvollen Einsatz von Musik im Handel sind groß. Aufgrund der vielen Raumelemente und Warenträger ist eine ausgeklügelte Akustiksteuerung nötig, damit die Musik nirgends zu laut oder zu leise erscheint. Diese Bedingungen erhöhen die zu investierenden Kosten. Hinzu kommt, dass zu viele akustische Quellen störend sind. Wenn Lautsprecherdurchsagen, Propagandisten und Musik aus der CD-Abteilung gleichzeitig beschallen, dürfte auch der letzte Kunde genug haben, ganz zu schweigen vom Personal.

Welt der Sinne

Nicht die einzelnen Reize sind entscheidend für unser Verhalten, sondern deren Zusammenspiel. Alle Käufe sind das Resultat eines ganzheitlichen Sinneseindrucks. Viele Produkte wollen die Kunden ausprobieren, sie riechen, schmecken, anfassen. Selbst Bücher werden angefasst. Auch deren Geruch ist fast jedermann geläufig. Besitzen ist ein emotionaler und geistiger Prozess (Underhill 2000, S. 168 ff.). Ein gutes Beispiel sind die Wochenmärkte wo Gerüche, Geräusche und natürliches Licht vorherrschen, wo die Ware angefasst werden kann, und ein Schwatz mit dem Markthändler möglich ist. Die Kombination verschiedener Sinneseindrücke ist darüber hinaus optimal für die Erinnerungsleistung. Isolierte Sinneseindrücke hinterlassen bei weitem nicht so starke Spuren im Gehirn wie ein ganzes Reizbündel (Schmitz 2001, S. 30 f.). Über das Ansprechen von Sinneswahrnehmungen kann es dem Handel gelingen, einen Einkauf in ein Erlebnis der Sinne zu verwandeln. Nicht nur die Chance, dass der Konsument länger verweilt und mehr konsumiert, steigt dadurch. Die Aussicht, dass der Verbraucher eher eine die Sinne ansprechende Einkaufsstätte besucht als ein weniger anziehendes Geschäft, ist ebenfalls größer. Entscheidend bei der Gestaltung von Läden ist nach Ansicht von Umweltpsychologen, dass die Einzelreize zusammenwirken (Kroeber-Riel/Weinberg 2003, S. 429). Jeder Sinn kann dazu beitragen, bestimmte Emotionen zu vermitteln und jeder einzelne Sinneseindruck verstärkt diese Empfindungen. Hinzu kommt, dass Reize einer Modalität Reize anderer Modalität auslösen können. Durch Gerüche können Bilder, durch Farben Gerüche ausgelöst werden. Bei einem Verpackungstest stellte sich heraus, dass rote Verpackungen bei Speiseöl den Eindruck hervorrufen, dass es sich um dickflüssiges Öl handelt, während eine gelbe Verpackung auf Dünnflüssigkeit schließen lässt (Kroeber-Riel/Weinberg 2003, S. 123 f.).
Wie viele Empfindungen beim Konsum ausgelöst werden, beschreibt Häusel (2004, S. 51 f.) am Beispiel Kaffee. Haben Sie schon einmal darüber nachgedacht, warum Kaffee der Getränke-Top-Favorit beim Konsumenten ist? Weil er durch seinen leicht bitteren Geschmack dem Appetit-Modul eine Freude bereitet? Sicher auch, aber Kaffee ist zunächst einmal ein Genuss, der durch die vielen Sorten und Zubereitungsformen ein weites Genuss-Spektrum erschließt. Aber das ist noch lange nicht alles: Kaffee aktiviert und belebt die Lebensgeister. Für manche ist Kaffee aber auch ein richtiges Doping-Mittel, um mehr zu leisten als die Konkurrenz. Für andere bedeutet eine Tasse Kaffee Entspannung. Neben diesen Kernmotiven gibt es eine Reihe zusätzlicher Motive: Selbstverwöhnung, Ausdruck eines individuellen Lebensstils (z. B. Trinken von Latte Macchiato oder Kaffeespeziali-

täten), Ausdruck eines anspruchsvollen Lebensstils (durch den Konsum besonders teurer und exklusiver Sorten), Kaffee-Genuss als Ritual, das den Tag oder die Woche strukturiert und schließlich Kaffee als sozialer „Kitt" (man genießt ihn zusammen mit anderen und plaudert dabei). Auch andere Gehirnverführer wie Wein, Bier, Zigaretten, Schokolade usw. haben deshalb eine so hohe Verbreitung, weil sie viele Emotions- und Motivsysteme zugleich ansprechen.

Für den Handel lässt sich aus diesen Überlegungen ableiten, möglichst viele Sinneswahrnehmungen zu ermöglichen. Düfte, Bilder und die Möglichkeit, die Ware anzufassen, sprechen die unterschiedlichen Präferenzen der Kunden an. Reize bei der Warenpräsentation wecken Aufmerksamkeit. Der Duft von Backwaren löst Hunger aus. Wühltische reizen zum Anfassen und der Bodenbelag beeinflusst die Laufwege. Durch unzureichende Abstimmung eingesetzter Reize und durch Vernachlässigung vieler Reizmodalitäten kommen erhebliche Wirkungsverluste zustande. Das Risiko liegt in der Reizstärke bzw. in der Dosierung einzelner Instrumente wie Düfte, Farben oder Musik. In hektischen Zeiten können angenehme Düfte und eine entspannende Farbgestaltung beruhigende Wirkung haben.

Feng Shui bei Obi
Feng Shui ist eine 3.000 Jahre alte Mischung aus Ästhetik, Analytik, mystischer Philosophie und gesundem Menschenverstand. Es geht um die fünf Elemente Feuer, Wasser, Holz, Metall und Erde. Jedes Element steht für eine Farbe, eine Jahreszeit, eine Charaktereigenschaft, eine Himmelsrichtung usw. Holz steht beispielsweise für Wachstum. Seine Himmelsrichtung ist der Osten. Dort geht die Sonne auf und so steht Holz auch für den Frühling, die Farben grün und blau und für Kreativität (Schmitz 2001, S. 266 ff.). Seit der ehemalige Obi-Vorstandsvorsitzende Manfred Maus erste Märkte in China eröffnet hat, ist er fasziniert von der jahrtausende alten Feng-Shui-Lehre. Feng Shui – wörtlich übersetzt „Wind-Wasser" – beschäftigt sich mit der Frage, wie Räume so gestaltet werden können, dass sie stärkend auf Menschen wirken und diese sich darin wohl und vital fühlen. Bei der Ladengestaltung der Filiale in Friedrichshafen wurden die Himmelsrichtungen berücksichtigt und auf abgerundete Ecken und den Fluss des Lichtes geachtet. Berater war das Konstanzer Unternehmen Lipczinsky & Boerner. Ihrer Meinung nach vermitteln die Geschäftsräume ständig bewusste und vor allem unbewusste Signale. Wichtig ist u. a. dass die Raumbotschaften nicht im Widerspruch stehen (z. B. aufwändige Ladengestaltung aber winzige Toiletten) und dass Ordnung und Sauberkeit herrscht (Kettl-Römer 2003, S. 45).

Die Berücksichtigung der Feng Shui-Regeln soll also dazu führen, dass die Kunden sich wohlfühlen. Müller-Hagedorn/Seifert kommen beim Vergleich von zwei Buchhandlungen, von denen eine nach Feng Shui-Prinzipen gestaltet wurde, zu dem Ergebnis, dass ein hohes Lustempfinden und ein mittleres Erregungsniveau (aktivierende und deaktivierende Elemente) positive Wirkungen haben auf Wiederbesuchsabsicht, Besuchshäufigkeit und Verweildauer. Im Beispiel verfügt die Buchhandlung u. a. über eine Lesezone mit Wasserbassin und Aquarien in der Kassenzone (Müller-Hagedorn 2005, S. 406).

Weiterführende Literaturhinweise zum Kapitel Sinnesreize:

Goldstein, E.B. (2001): Wahrnehmungspsychologie, Heidelberg.
Heller, E. (2002): Wie Farben wirken, Reinbeck.
Henseler, J. (2005): Basisdüfte und Lebensstile, Lohmar.
Knoblich, H./Schubert, B. (1995): Marketing mit Duftstoffen, 3. Aufl., München.
Meyer, S. (2001): Produkthaptik, Wiesbaden.
Soars, B. (2003): What every retailer should know about the way into the shopper's head, in: International Journal of Retail & Distribution Management, H. 12, S. 628–637.
Stöhr, A. (1998): Air-Design als Erfolgsfaktor im Handel, Wiesbaden.
Welsch, N. (2003): Farben, Heidelberg u. a.

5.5 Warenpräsentation und Sortiment

5.5.1 Überblick

Rudolph/Kotouc (2005, S. 66) halten folgende Faktoren für wesentliche Bestandteile des Sortimentsimages:

1. Vielfalt
2. Qualität
3. Preis-Leistungs-Verhältnis
4. Präsentation des Sortiments

Zielke nennt vier zentrale Einkaufsmotive der Kunden, an denen sich die Warenplatzierung orientieren kann (2004, S. 382 ff.):

- Sucheffizienz: Die Artikel sollen einfach und schnell zu finden sein.
- Entscheidungseffizienz: Preis- und Qualitätsvergleiche sollen erleichtert werden.
- Stimulation der Wahrnehmung: Die Präsentation soll auf bestimmte Artikel oder Angebote aufmerksam machen.
- Emotionale Stimulation: Eine angenehme und anregende Einkaufsatmosphäre ist das Ziel.

Je nachdem, welche Einkaufsmotive befriedigt werden sollen, kommen unterschiedliche Präsentationsmöglichkeiten zum Einsatz. Wieder zeigt sich die grundlegende Ausrichtung in Kriterien, die vorwiegend beim Versorgungskauf wichtig sind (Such- und Entscheidungseffizienz) und beim Erlebniskauf (Stimulation). In diesem Kapitel werden folgende Punkte diskutiert:

- Warenpräsentation
  - Kundenorientierte Warenplatzierung.
  - Verbundpräsentation.
  - Zweitplatzierungen.
  - Psychologische Regeln der Warenpräsentation.
- Sortiment
  - Sortimensbildung und Variety Seeking.

- Qual der Wahl, Konsumentenverwirrtheit und Flopraten.
- Handelsmarken.

> Das Warenangebot, das im Laden zum Greifen nahe ist, wirkt als solches werblich intensiver als jede noch so ausgeklügelte Werbung (Schenk 1995, S. 282).

5.5.2 Kundenorientierte Warenplatzierung

Dass die kundenorientierte Warenplatzierung sinnvoll ist, dürfte unstrittig sein. Sie ist die Kernidee des Category-Management-Ansatzes, der seit einigen Jahren im Handel diskutiert wird. Die Orientierungsfreundlichkeit wird unterstützt durch die Anpassung an die psychischen Ordnungsschemata der Kunden: Wie suchen die Kunden im Regal? Nach Größen, Farben oder Marken? (Weinberg 1992, S. 157 ff.). Wählt der Kunde bei Wein erst nach Land, z. B. Frankreich, dann nach Region, z. B. Burgund, und schließlich nach Preisklasse, sollte die Platzierung im Regal entsprechend sein. Allerdings können diese Entscheidungsheuristiken sehr unterschiedlich sein je nach Person und Situation. Ein anderer Kunde sucht zunächst nach Rotwein (Attribut Farbe), dann nach Region. Um das Sortiment zu optimieren, ist es wichtig, die für die Konsumenten zentralen Produktattribute zu bestimmen. Wenn bei Orangensäften die Attribute Marke und Verpackungsgröße entscheidend sind, genügt es u. U., wenn je Verpackungsgröße nur eine Marke angeboten wird. Der Kunde entscheidet danach, ob ihm die Marke oder die Verpackungsgröße wichtiger ist. Wenn bei Joghurt die Geschmacksrichtung das entscheidende Auswahlkriterium ist, benötigt der Kunde kein ausgeprägtes Markenangebot, und eine nach Marken geordnete Präsentation ist kontraproduktiv, da sich der Erdbeerjoghurt an ganz unterschiedlichen Stellen befindet. Werden solche Überlegungen konsequent angewandt, erscheint das Leistungsangebot klarer strukturiert und die Auswahl wird erleichtert (Rudolph/Kotouc 2005, S. 72 f.). Die für die Kunden wichtigen Attribute sind auch die Grundlage für die Wahrnehmung der Auswahl. Die vier Produkte Socke/schwarz/Baumwolle, Socke/schwarz/Kunstfaser, Socke/weiß/Baumwolle und Socke/weiß/Kunstfaser bieten mehr Auswahl als die vier Produkte zwei Socken/schwarz/Kunstfaser und zwei Socken/weiß/Baumwolle (Broniarczyk/Hoyer 2006, S. 227).

Häufig dienen den Konsumenten die **Produkt- und Verwendungszusammenhänge** als Suchfilter. Lebensmittel können beispielsweise nach Frühstück, Mittagessen und Abendessen eingeteilt werden. Die Mahlzeiten bilden für viele Konsumenten die Eckpunkte des Tages. Sie sind willkommene Unterbrechungen und wirken wie eine Belohnung. Wenn Lebensmittel eingekauft werden, dient dieses Programm als Orientierungshilfe und die Ware sollte in den Regalen des Lebensmittelhandels entsprechend präsentiert werden: Zuerst kommen Brot, Marmelade und das Milchregal. Dann das Fleischregal und gegenüber die Nudeln und Saucen. Den Abschluss bilden die Getränke inklusive Wein und Bier und das Regal mit den Knabberartikeln (Häusel 2004, S. 194). Soars (2003, S. 630) nennt den Convenience-Store-Betreiber Seven Eleven als Beispiel. Zum Frühstück werden Orangensaft, Milch, Kaffee, Cerealien und Zeitungen angeboten, mittags Reisgerichte und abends Video, Bier und Sake. Rudolph/Kotouc (2005, S. 69) berichten von einem Händler im Züricher Flughafen, bei dem die wichtigsten Artikel bereits in Einkaufstüten zur Mitnahme bereit stehen. In den Tüten mit der Aufschrift „Frühstück für 2 Personen" oder „Basisprodukte Kühlschrank" finden sich eine Auswahl der gängigsten Artikel der gewählten Kategorie. Zielke schlägt für die Warengruppe PBS (Papier-, Büro-, Schreibwaren) folgende Aufteilung vor (Müller-Hagedorn 2005, S. 411):

- Artikel zum Schreiben (Schreibgeräte, Blocks, Hefte)
- Artikel zum Ordnen (Ordner, Schnellhefter, Locher)
- Artikel zum Versenden (Briefpapier, Briefumschläge, Karten, Druckerpapier, Papier)

Leider wird die kundenorientierte Warenpräsentation in der Praxis noch zu häufig vernachlässigt. Während Süßwaren in unseren Supermärkten aus Produktionssicht in die Warengruppen Schokolade und Zuckerwaren eingeteilt werden, kauft der Kunde bedürfnis- und anlassorientiert. Mal will er den Hunger stillen, ein anderes Mal sucht er nach einem Geschenk.

Abb. 5.6: Produktions- und kundenorientierte Warenpräsentation von Süßwaren (Quelle: Glendinning/Nielsen, in: Lebensmittelzeitung, 16.04.1999).

Komplementärprodukte sollten generell zusammen platziert werden, z. B. Schreibblock und Stifte oder Wein, Cracker und Käse (**Verbundpräsentation**). Allerdings kann es vorkommen, dass bei Produkten, die zusammengehören, unterschiedliche Einkaufsintervalle vorliegen und die Produkte deshalb zeitversetzt gekauft werden. Brot wird beispielsweise schneller verbraucht als Butter. Deswegen werden Brot und Butter nicht immer zusammen gekauft, sondern nur jedes zweite oder dritte Mal. Der Verbrauchsverbund hat größeren Einfluss auf das Einkaufsverhalten als der Kaufverbund (Müller-Hagedorn 2005, S. 222). Es ist zu bemängeln, dass viele Läden zusammenhängende Produkte räumlich voneinander getrennt präsentieren. Dadurch werden die natürlichen Assoziationen des Kunden gestört, der Kunde vergisst Ware zu kaufen, und auf Zusatzkäufe wird verzichtet. Darüber hinaus sollten die Verbundpräsentationen um entsprechende Dekorations-

mittel erweitert werden, um Themenwelten zu schaffen (Gröppel 1995, Sp. 1029). Gröppel konnte in einer Studie, bei der den Befragten Bilder mit und ohne Verbundpräsentation vorgelegt wurden, nachweisen, dass sich die kontextbezogene Präsentation durch eine höhere Informationsrate, größere Orientierungsfreundlichkeit und größere Prägnanz auszeichnet (Gröppel 1991, S. 266 f.).
Themenwelten haben im Handel an Bedeutung gewonnen. Beispiele sind die italienische, chinesische und sonstige nationale Wochen im Supermarkt. Ein Vorbild sind die Schaufenster von Tchibo, die wöchentlich „eine neue Welt" versprechen. Kaum ein anderer stellt die Artikel aus einem Bedarfsbereich so geschickt zusammen und präsentiert sie so ansprechend. Die Verbundplatzierung ist sowohl für Impuls- als auch für Plankäufe zweckmäßig. Im ersten Fall regt sie den gemeinsamen Kauf an, im zweiten Fall verringert sie die Suchzeiten (Schröder 2002, S. 146). Die Sortimentsstruktur von Strauss Innovation, eine Art Edeldiscounter mit 300 Artikeln, ist ein Beispiel für verbundorientierte Sortimentsbildung. Die Abteilungen heißen „Was Frauen wollen" und „Herrenwelt" (Textil und Zubehör), „Genuss" (Nahrungsmittel), „Wellness" (Körperpflege) und „Living" (Haushalt und Wohnen).

Verbundpräsentation kann auch für Fachgeschäfte eine attraktive Möglichkeit sein, ihre Anziehungskraft zu erhöhen. Insbesondere neuartige Warenkombinationen können erfolgreich sein. In Hückeswagen schlossen sich ein Textilhändler, ein Fotostudio und ein Laden für Wohnaccessoires zusammen und zogen in ein leerstehendes Ladenlokal in der Innenstadt. Die Kombination von moderner Mode mit Fotografie und Schönem rund ums Wohnen, Schenken und Dekorieren sorgt wechselseitig für Kundenfrequenz. In Wuppertal-Elberfeld zog ein Wein- und Sekthändler zum Buchhändler in den für diesen zu großen Verkaufsraum (Quäck 2005, S. 11 f.). In einem Guatemala-Urlaub faszinierte mich die Kombination einer Gaststätte, die berühmt war für die Suppen des deutschen Wirtes, mit dem An- und Verkauf von gebrauchten Büchern, in denen man während des Aufenthaltes stöbern konnte.

Da die Verwendung je Kunde variiert, können **Zweitplatzierungen** notwendig werden. Artikel, die aus Sicht der Verbraucher mehreren Kategorien angehören, müssen mehrfach platziert werden. Beispielsweise kann Holzleim im Regal für Klebstoffe angeboten werden oder beim Holz. Durch die Erhöhung der Kontaktwahrscheinlichkeit kann die Begehrlichkeit gesteigert, oder gar ein Erwerbswunsch ausgelöst werden. Sehr erfolgreich ist dieses Prinzip an der Kasse mit den „Quengelwaren" für Kinder, mit Zigaretten und sonstigen Kleinartikeln (Schenk 1995, S. 134). Hinzu kommt, dass der wiederholte Kontakt mit der Ware deren Bekanntheit erhöht und damit ihre Sympathie. Meine Frau kauft gerne Dekorationsartikel bei Ikea. Nach dem x-ten Vorbeigehen kann sie einfach nicht mehr widerstehen. Ikea erzielt mit den so genannten Satelliten, die 40 % der Artikel ausmachen, mehr Profit als mit den Möbeln.

Für die **Warenplatzierung** gelten – ähnlich wie für die Ladengestaltung – gewisse **psychologische Regeln** (Schenk 1995, S. 216 f.; Schröder 2002, S. 149):

- Stapellagerung erzeugt den Eindruck günstiger Ware.
- Impulsware wird bevorzugt auf Displays platziert, die sich an den Gondelenden, in den Kassenzonen oder der Gangmitte befinden. Gut geeignet sind Wühltische und Schütten.

- Der bewusste Einbau von Grifflücken im Regal kann starke Nachfrage suggerieren und Me-Too-Verhalten auslösen.
- Die Kunden richten ihr Hauptaugenmerk auf die Mitte der Warenträger.
- Waren, die rechts von der Mitte platziert werden, haben eine höhere Kaufwahrscheinlichkeit.
- Gesehen wird Ware nur von etwas oberhalb der Kniehöhe bis zur Augenhöhe, der Rest wird nur bei gezielter Suche wahrgenommen.
- Die Waren, die bevorzugt verkauft werden sollen, sollten in Griffhöhe platziert werden.
- Je mehr Sichtkontakt ein Artikel hat, desto mehr Absatz wird erzielt. Die Absatzzunahme ist aber degressiv.
- Mit zunehmenden Facings steigt die Wahrnehmungswahrscheinlichkeit, gleichzeitig sinkt die Suchdauer.
- Vertikale Blockbildung ist der horizontalen Blockbildung vorzuziehen, da die Kunden vertikal suchen.

Zahnpasta
Zahnbürsten
Mundwasser
Zahnputzbecher

Horizontale Anordnung (nicht zu empfehlen)

Zahnpasta	Zahnbürste	Mundwasser	Zahnputzbecher

Vertikale Anordnung (empfehlenswert)

Die Abb. 5.7 zeigt die Wirkungen einer Regal-Umplatzierung nach einer nicht näher beschriebenen Studie. Demnach weist die Griffzone (1,20-1,50 m) die stärkste Abverkaufswirkung auf, gefolgt von der Augenzone (1,50-1,80 m). Wird Ware aus der Hüftzone (0,90-1,20 m) in Augenhöhe umplatziert, steigt der Absatz um 63 %. Umgekehrt sinkt der Absatz um 20 %.
Ob die Platzierung nach Marken oder nach Produkten sinnvoller ist, wurde mehrfach untersucht. Berghaus beobachtete in ihrer Studie zunächst 51 Frischkäsekäufer in drei SB-Warenhäusern. Anschließend baute sie ein Süßwarenregal im Labor auf, wo sie die Präsentation zunächst nach Produktblöcken, dann nach Herstellerblöcken vornahm. Zentrales Ergebnis der vorgenommenen Blickaufzeichnung war, dass für die Aufmerksamkeitswirkung im Regal die Erscheinungsform des Produktes maßgeblich ist, nicht die Regalplatzwertigkeit (Berghaus 2005, S. 199; Schröder/Berghaus 2005, S. 329 ff.). Die Gestaltung des Produkts lenkt den Blick des Betrachters deutlich stärker als die Platzierung im

Regal. Die Wirkung kann darauf zurückzuführen sein, dass die Verpackung sehr auffällig ist, oder dass das Produkt sehr bekannt ist, z. B. die lila Kuh. Das Ergebnis entspricht denen der Werbepsychologie, wo nachgewiesen wurde, dass die Gestaltung von Anzeigen die Aufmerksamkeit mehr beeinflusst, als die Platzierung innerhalb der Zeitschrift.

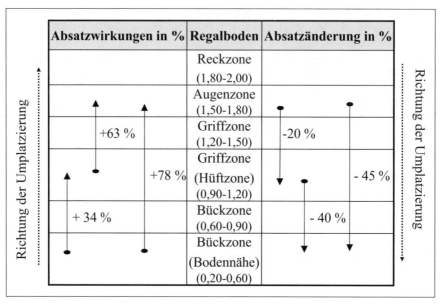

Abb. 5.7: Absatzveränderungen bei Umplatzierung (Quelle: Berghaus 2005, S. 33).

Kaufhof – Haben wir verstanden?
Die Warenhäuser von Kaufhof sollen nach Lovro Mandac, dem Vorstandsvorsitzenden, zu Orten für Lebensstil, Lebensfreude und Luxus werden. Die Philosophie der Galeria Kaufhof lautet, Bedürfnisse zu wecken und Erlebnisse zu verkaufen, in Verbindung mit dem notwendigen Vertrauen, das Mitarbeiter/innen in jeder einzelnen Filiale aufbauen (Mandac 2006, S. 463). In der im September 2005 eröffneten Filiale in Aachen laufen die Gänge auf Großposter an den Rückwänden zu. Dies dient der Kundenführung und soll den Lifestyle der Abteilung widerspiegeln. Bei der Warenpräsentation wird auf sortimentsübergreifende Zusammenstellung gesetzt. So zeigt ein Tisch das komplette herbstliche Outfit für den Mann, von den Schuhen bis hin zu den passenden Armbändern. Darüber hinaus soll ein neues Beleuchtungskonzept die Orientierung verbessern. Die Leseecke in der Bücherabteilung und die Ruhezonen vor den Anproben sollen die Verweildauer erhöhen und zur Entspannung dienen (Dreher 2005, S. 36 f.).

5.5.3 Sortimentsbildung und Handelsmarken

Die systematische, zielgerichtete Zusammenstellung von Waren, die Sortimentsbildung, wird immer die Kernfunktion des Handels bleiben. Sie ist die spezifische und unverwechselbare Leistung jedes Handelsunternehmens (Schenk 1995, S. 186). Die Kunden haben ganz bestimmte Sortimentserwartungen an die verschiedenen Betriebstypen. Ein Abweichen von diesen Erwartungen kann nötig sein, um Innovationen herbeizuführen. Die Drogerie Müller führt neben den im Namen genannten Produkten so unterschiedliche Warengruppen wie Spielwaren, Haushaltswaren und Textilien. Das bereits erwähnte Unternehmen Strauss Innovation stellt nach eigenen Angaben gar einen Gemischtwarenladen dar, und die Discounter haben mit immer neuen Produkten die Attraktivität ihrer Aktionen deutlich erhöht. Andererseits erscheint die Konstanz im Sortiments-Kernbereich ein Erfolgsfaktor zu sein. Die Konstanten kommen dem Sicherheitsbedürfnis entgegen und dienen der Orientierung, dem Wiedererkennen, dem Sich-heimisch-fühlen (Schenk 1995, S. 198 ff.). Dennoch ist Innovation im Sinne von Abwechslung unumgänglich. Auf keinen Fall darf Langeweile aufkommen. Ist das Kernsortiment von Aldi stabil, so muss über die Aktionen Abwechslung geboten werden. Im Buchhandel sorgen die Neuerscheinungen, denen ein besonderer Platz eingeräumt wird, für Anregungen. In den Großbetriebsformen sind es die Schnäppchenmärkte (Aktionsflächen). Der Kunde muss das Gefühl haben, dass es sich lohnt, vorbeizuschauen und zu sehen, was es Neues gibt.

Einige Kunden verfügen über ein ausgeprägtes Bedürfnis nach Abwechslung, im wissenschaftlichen Jargon als **Variety Seeking** bezeichnet. Der Wechsel an sich stellt den Reiz dar. Gründe sind Langeweile, Sättigung oder Neugier. Insbesondere im Modehandel ist das Bedürfnis nach Abwechslung eine zentrale Kraft. Dabei ist ein individuell unterschiedliches optimales Level zu beachten (Optimum Stimulation Level). Tendenziell weniger anfällig sind Konsumenten mit traditionellen, konservativen oder sicherheitsorientierten Werten. Ein weiterer Einflussfaktor sind die kognitiven Fähigkeiten. Personen mit hohem Wissensstand neigen eher zu Wechseln weil sie die Folgen besser abschätzen können. Darüber hinaus sinkt das Bedürfnis nach Abwechslung üblicherweise mit dem Alter und dem Einkommen. Variety Seeking ist als Persönlichkeitsmerkmal des Konsumenten zu verstehen (Raab/Unger 2005, S. 158). Hinzu kommen situative Einflüsse. Konsumenten, die oft unter Zeitdruck einkaufen, bevorzugen habituelles, gewohnheitsmäßiges Einkaufen. Prädestiniert für Variety Seeking sind Produkte, die impulsiv gekauft werden. Dagegen verringert das wahrgenommene Risiko die Neigung zur Abwechslung (Koppelmann/Brodersen/Volkmann 2001, S. 56 ff.). Der wechselwillige Kunde ist für den Einzelhandel Segen und Fluch zugleich. Einerseits braucht der Handel Konsumenten, die auch mal etwas anderes ausprobieren wollen, andererseits will man treue Kunden (Bowlby 2001, S. 215). Als Fazit ist es wichtig, ein Gleichgewicht zwischen innovativer Offenheit und integrativer Stabilität anzubieten (Schweizer/Rudolph 2002, S. 411 ff.).

> Aus psychologischer Sicht lautet die Sortiments-Erfolgsformel: Konstant im Kern gepaart mit vorsichtiger Innovationspolitik in Randbereichen.

5.5 Warenpräsentation und Sortiment

Es ist sehr schwierig, eindeutige Vorschläge zur Sortimentspolitik zu geben, da die Kunden das Angebot sehr unterschiedlich wahrnehmen. Ein reichhaltiges Sortiment kann bei dem Einen ein Glücksgefühl auslösen aufgrund der Wahlmöglichkeiten, bei dem Anderen innere Zerrissenheit aufgrund der Diskrepanz zwischen Besitzwunsch und Kaufkraft. Der Dritte empfindet das Angebot als Qual der Wahl (Schenk 1995, S. 194). Heutzutage wird zu große Auswahl zunehmend als Last empfunden.

> Im Supermarkt, Autohaus und in der Einkaufspassage müssen wir aus einer großen Palette von Stilen und Produkten auswählen, die noch vor einem Jahr niemand kannte und nach denen schon ein Jahr später oft kein Hahn mehr kräht (Cialdini 2002, S. 336).

Wenn Menschen zu viel Optionen haben, reagieren sie konfus und fühlen sich überfordert (o.V. 2002c, S. 12). Bei Kunden tritt deshalb zunehmend das Konstrukt der **Konsumentenverwirrtheit** auf (Wiedmann/Walsh/Klee 2001, S. 83 ff.). Es beschreibt die Schwierigkeit oder Unfähigkeit von Konsumenten, optimale Kaufentscheidungen zu treffen. Im negativen Fall werden Kaufentscheidungen verschoben oder aufgegeben. Unzufriedenheit mit dem Kauf, negative Mundpropaganda und abnehmende Markenloyalität sind die Folge. Nahezu jeder Konsumgüterbereich ist heute durch ein Übermaß an Auswahl, ständige Produktneueinführungen, homogene Produkte und eine unaufhörlich wachsende Informationsflut gekennzeichnet. Zwar braucht der Mensch einen gewissen Neuigkeitsgrad, da sonst Langeweile eintritt, der Reiz des Neuen ist aber nur bis zu einem bestimmten Maße angenehm (Scitovsky 1989, S. 237). Der Grad der Verwirrtheit hängt von verschiedenen Faktoren ab, z. B. von der Produkterfahrung, dem Involvement, dem Produkt, personenspezifischen Faktoren wie Alter und Bildung oder von der Kaufsituation, z. B. Zeitdruck
Die Konsumentenverwirrtheit kann folgende Dimensionen umfassen (Wiedmann/Walsh/Klee 2001, S. 87 f.):

- Die Stimuli sind zu ähnlich, z. B. die Ladengestaltung verschiedener Unternehmen oder sich zu sehr ähnelnde Produkte.
- Es werden zu viele Stimuli geboten, z. B. zu umfangreiche Sortimente.
- Die Informationen sind unklar, z. B. der oft zu beobachtende Schilderwald im Laden, der eigentlich die Übersichtlichkeit verbessern soll.

Schweizer/Rudolph nennen zu häufige Veränderungen von Sortiment und Laden, diffuse Preispolitik, unqualifiziertes Personal und komplizierte Technologien als weitere Ursachen (Schweizer/Rudolph 2004, S. 59).

> Die Auswirkung der Kundenverwirrung fällt recht unterschiedlich aus. Kunden leiden nur kurz. Wenn Sie das gewünschte Produkt nicht finden, dann verschieben sie den Kauf, gehen zur Konkurrenz oder verzichten. Man hat gelernt, mit der kurzfristigen Verwirrung im Laden umzugehen. Kunden reklamieren höchst selten. Sie haben sich an die Defizite gewöhnt. Für Handel und Industrie sind die Auswirkungen allerdings dramatisch. Wenn nur zehn Prozent der Kunden beim Einkaufen in einen Zustand der Verwirrung geraten, entsteht daraus gesamtwirtschaftlich ein Verlust in Milliardenhöhe (Schweizer/Rudolph 2004).

Ein Ausdruck der Verunsicherung ist die Ablehnung von Sortimentsinnovationen. In Deutschland kommen nach Studien der Information Resources GmbH (IRI) im Jahr ca. 30.000 neue Artikel aus dem Bereich FMCG (Fast Moving Consumer Goods) in die Regale des Lebensmittelhandels. Fast die Hälfte davon ist nach einem Jahr wieder aus den Regalen verschwunden, ein weiteres Drittel entwickelt sich danach so schlecht, dass es ausgelistet wird. Lediglich 27 % aller neuen Produkte bleiben im Handel (Rück 2005a, S. 29 f.). Damit liegt die **Floprate** bei 73 %. Weniger innovationsfreudige Kunden überspringen ganze Produktgenerationen. Das ist kein Wunder, denn ein durchschnittlicher Haushalt kauft im Jahr nur rund 440 verschiedene Artikel, davon hat er 60 % schon im Vorjahr gekauft (GfK/BVE 2005, S. 13). Wichtig ist bei Innovationen, dass die Produkte als unterschiedlich wahrgenommen werden. Das ist abhängig von den Attributen. Drei Joghurts unterschiedlicher Marke mit der Geschmacksrichtung Schokolade bieten weniger Auswahl als drei Joghurts unterschiedlicher Marke mit den Geschmacksrichtungen Schokolade, Erdbeer und Vanille obwohl je drei Artikel angeboten werden (Rudolph/Kotouc 2005, S. 67).

Es gibt immer noch Händler, die **Auswahl** mit Kundenorientierung verwechseln. Die Regale werden immer bunter und voller, andererseits nur noch als wahllose Ansammlung austauschbarer Produkte empfunden. Die Sortimentsverwilderung ist ein Zeichen, dass der Handel nicht weiß, was er dem Kunden anbieten soll (Rudolph/Kotouc 2005, S. 64 f.). Bei Händlern ist deswegen zunehmend der Mut auf Verzicht gefordert. Gute Unternehmen bieten Vorselektion und Orientierung. Produkte, die der Kunde nicht braucht, müssen eliminiert werden. Werden dem Kunden Auswahlentscheidungen abgenommen, ist das ein Service für das Zeitbudget des Kunden. In Hamburg gibt es einen CD-Laden, in dem ausschließlich die 25 Lieblings-CD's des Inhabers angeboten werden (o.V. 2002b, S. 19 f.).

> Bei Tchibo gibt es nicht zehn verschiedene Picknick-Decken, sondern eine. Und die vereint die unserer Meinung nach besten Eigenschaften zu einem sensationellen Preis... Tchibo trifft für die Kunden eine Vorauswahl, auf die sie sich verlassen können. Wir wollen den Alltag unserer Kunden erleichtern und das Leben ein bisschen schöner machen (Tchibo-Pressesprecherin Stefanie von Carlsburg, in: uni magazin, H. 5, 2005, S. 58).
> Alles was den Kunden verwirrt und die Auswahl erschwert, darf nicht ins Globus-Sortiment (Globus team info, H. 6–7, 2005, S. 3).

Dennoch ist eine große Auswahl nicht grundsätzlich schlecht. Sucht man ein Ferienhaus in Frankreich, sind möglichst viele Angebote mit spezifischen Merkmalen nötig, um die unterschiedlichen Bedürfnisse zu erfüllen (Wohnung für 2 bis 8 Personen, mittlere Preiskategorie, Nähe zum Strand, ruhige Lage, Kinderfreundlichkeit usw.). Damit die Auswahl nicht belastend wird, sind möglichst viele Ordnungsprinzipen sinnvoll (Auswahl nach Ort, Preis, Zeitraum, Personenzahl usw.). Im Internet ist das recht einfach machbar, im stationären Einzelhandel ist die Möglichkeit zur Mehrfachplatzierung eingeschränkt. Es gibt keine generelle Antwort auf die Frage, ob es günstiger ist, Konsumenten Wahlmöglichkeiten anzubieten oder nicht. Aus der bisherigen Forschung soll folgendes Ergebnis erwähnt werden: Werden Alternativen angeboten, gewinnen vergleichbare Merkmale

(Comparable Attributes wie Preis oder Testurteile) an Bedeutung. Wird ein Produkt isoliert angeboten, ziehen die Verbraucher Enriched Attributes vor (z. B. Marke oder Herkunftsland), die eine Schlüsselinformation darstellen (Gierl 2003, S. 501). Für den Handel heißt das, dass eine hochwertige Marke mit entsprechender Qualität und Preis isoliert dargeboten werden kann. Sollen weniger bekannte Produkte mit geringerem Preis verkauft werden, ist es sinnvoll, Vergleichsmöglichkeiten zu bieten.

Hohe Aufmerksamkeit hat eine Studie gefunden, die nachwies, dass die populäre These, je mehr Auswahl desto besser, nicht immer gilt. Im Journal of Personality an Social Psychology, Heft 6/2000 beschreiben Iyengar und Lepper ein Experiment, bei dem den Kunden eines Supermarktes in Kalifornien zunächst 6, dann 24 Marmeladensorten zum Probieren angeboten wurden. Beobachtet wurde das Probier- und Kaufverhalten der Kunden. In zwei fünfstündigen Testphasen, in denen jeweils nach einer Stunde der Aufbau gewechselt wurde, wurden insgesamt 754 Konsumenten beobachtet. Die angebotenen Produkte stammten alle von einer Marke (Wilkin & Sons). Die Kunden konnten probieren soviel sie wollten, und jeder, der probierte, erhielt einen Coupon mit einem 1 $-Rabatt für den Kauf der Produkte. Die Ergebnisse waren bemerkenswert. Bei der großen Auswahl blieben 60 % der Passanten stehen, bei der kleineren Auswahl dagegen nur 40 %. Beim Kaufverhalten war das Ergebnis deutlich anders. 30 % der Kunden, die bei der kleineren Auswahl stehen geblieben waren (31 Personen) kauften eines der Produkte, während nur 3 % (4 Personen) derjenigen, die die größere Auswahl getestet hatten, tatsächlich kauften. Die Autoren begründen diesen Effekt mit der Qual der Wahl, der Last der Verantwortung die richtige Entscheidung zu treffen. Dabei ist zu beachten, dass die als zu groß empfundene Auswahl davon abhängig ist, inwieweit jemand Experte auf einem bestimmten Gebiet ist. Je besser er sich auskennt, desto schneller kann er die angebotenen Alternativen selektieren (Iyengar/Lepper 2000, S. 995 ff.).

Die Ergebnisse vieler Category-Management-Projekte weisen ebenfalls darauf hin, dass der Umsatz einer Warengruppe bei einer **Reduktion der Artikelzahl** nicht sinkt, sondern steigt. In einer amerikanischen Studie in 42 Produktkategorien wurde nach der Sortimentsbereinigung bei fast der Hälfte eine Umsatzsteigerung von über 10 % erzielt, die restlichen realisierten 4%ige Zuwächse. Zwar birgt eine Sortimentsreduktion immer die Gefahr, einige Kunden zu verlieren, der Zuwachs an Convenience für die Mehrzahl der Kunden scheint diesen Effekt aber auszugleichen. Broniarczyk/Hoyer konnten nachweisen, dass die Konsumenten eine Reduktion der Artikelzahl um 25-50 % nicht als problematisch empfinden, wenn die Regalfläche konstant bleibt und ihr Lieblingsprodukt weiter vorhanden ist. In einer empirischen Studie verringerten die Wissenschaftler die Zahl der Artikel in zwei Testläden eines Convenience-Store-Betreibers um 54 % und verglichen die Sortimentswahrnehmung mit der in zwei Kontrollläden. Während die Sortimentswahrnehmung der Kunden sich nicht änderte, berichteten die Konsumenten, dass das Einkaufen nun einfacher sei und der Umsatz in den Testläden stieg um 8 bzw. 2 % (Broniarczyk/Hoyer 2006, S. 226 f.). Schweizer/Rudolph sprechen von einer Selbstselektion der Kunden, die das Profil des Händlers stärkt (Schweizer/Rudolph 2004, S. 150).

Wie unsere gesamte Wahrnehmung ist auch die Wahrnehmung von Auswahl subjektiv. Eine geschickte Präsentation kann den Eindruck von Auswahl fördern. So fanden van Herpen/Pieters heraus, dass ein Sortiment mit drei unterschiedlichen Artikeln, von denen jeweils vier Stück nebeneinander im Regal aufgestellt wurden, auf den ersten Blick als abwechslungsreicher wahrgenommen wird, als vier verschiedene Artikel, bei denen jeweils zwei nebeneinander stehend präsentiert werden, obwohl die Auswahl im zweiten Fall größer ist (Rudolph/Kotouc 2005, S. 66).

> **Vom Innenleben eines ganz normalen Konsumenten**
> Als Kind hatte ich die Vorstellung, es gäbe für jedes Leben auf der Erde ein kleines oder großes Buch, in dem alles genau drinsteht, was in diesem Leben geschehen wird. [...] Na ja. Ich war klein, wie gesagt, Und jetzt bin ich groß. Ein freier Mann. Jetzt kann ich machen was ich will. Wenn ich nur immer wüsste, was ich will. Kaffee oder Tee zum Frühstück? Durch die Baader- oder die Corneliusstraße ins Büro? Den grauen Pullover kaufen oder doch den braunen (obwohl er etwas teurer ist)? [...] Das steht in keinem Buch. Das muss ich selbst entscheiden. Den ganzen Tag muss ich das persönlich selbst entscheiden. Und morgen auch. Und übermorgen. Hören Sie, ich bin ein entscheidungs-schwacher Mensch. Und die Welt ist voll von Leuten wie mir. Man erkennt uns am grüblerischen Gesichtsausdruck, an den leicht verstörten Bewegungen und daran, dass wir manchmal laut seufzen, besonders in chinesischen Restaurants. Chinesische Restaurants sind ja das Schlimmste. Ihre Speisekarten sind meterdick und verzeichnen Hunderte von sorgfältig nummerierten Gerichten. Allein das zu lesen, dauert eine halbe Stunde, und wenn man bei den Rindfleisch Speisen angekommen ist, hat man die Suppe schon wieder vergessen. Dann soll man sich entscheiden. Und man überlegt hin. Und überlegt her. Überlegt vor. Überlegt zurück. Der Kellner steht da und wartet. Die anderen Gäste am Tisch sitzen da und warten. Und du gerätst in Panik und nimmst irgendetwas. Das wird dann wieder das Falsche sein (Hacke 2005, S. 52).

Die vieldiskutierte Aldi-Studie des Rheingold-Institutes (Grünewald 2002) kommt zu dem Schluss, dass die Verbraucher zunehmend verunsichert werden. Ständig kann und muss man wählen. Geht man zum Discounter, zum Türken an der Ecke oder zum Supermarkt? Menschen, die derart verunsichert sind, flüchten sich häufig in nostalgische Gefühle („Früher war alles besser"!). Diese Flucht, die sich z. B. in Musikgeschmack und Kleidung ausdrückt, verleiht eine Vertrautheit, die in unserer dynamischen Umwelt etwas Sicherheit vermittelt. Die vielen Veränderungen im Sortiment oder in der Ladengestaltung der Händler überfordern viele Kunden. Ob der Kunde für ständige Innovationen bereit ist, wird nicht in Erwägung gezogen. Offensichtlich handeln die Verantwortlichen mehr wettbewerbs- als kundenorientiert. Aldi verspricht in diesem Umfeld Entlastung (Grünewald 2002, S. 4). Das wird erreicht durch verlässliche Standardisierung von Ladengestaltung, Sortiment und Preisstruktur.

Es spricht einiges dafür, dass die häufig beklagte Preisorientierung deutscher Verbraucher eher ein Ausdruck von Hilflosigkeit ist als ein Absenken von Anforderungen. Wenn der Kunde das Gefühl hat, dass die Produkte eh alle gleich sind (wofür vieles spricht), entscheidet er in seiner Verzweiflung nach dem einfachsten Kriterium: dem Preis. Die Menschen sind müde geworden, sich entscheiden zu müssen. „Der Preis ist dann ein unheimlich betörender und einfacher Differenzierungsfaktor" (Trendforscher Matthias Horx, in: Hanser 2006, S. 31). Die Manager in der Konsumgüterwirtschaft schließen daraus, dass der Preis das einzig entscheidende Kriterium ist und so schaukelt sich diese Spirale immer höher (Prof. Thomas Rudolph, in: Hanser 2005, S. 27).

Handelsmarken als Alternative zum klassischen Markenartikel

Handelsmarken sind Markenartikel des Handels, bei denen die Marketingführerschaft beim Handel liegt, und die Distribution auf das Handelsunternehmen beschränkt ist. Als erste Eigenmarke des Handels gelten Transpapers. Dieser Begriff wurde für durchsichtige Verpackungen schon 1935 in der Verpackungs-Zeitschrift Shelf Appeal verwendet, um Probleme mit Cellophan zu vermeiden. Diese hatten sich über die inkorrekte Schreibweise ihres Markennamens beschwert (Bowlby 2001, S. 100). In Deutschland waren die Versender Pioniere der Eigenmarken (Universum, Privileg), im Lebensmittelhandel begann die Entwicklung Mitte der 70er-Jahre mit ja!, A&P und den Sparsamen. Heute werden hochwertige Marken wie Erlenhof oder Füllhorn angeboten. Rund zwei Drittel der deutschen Verbraucher kennen ja! und Tip. Das Spülmittel Una von Aldi wird in Deutschland häufiger verkauft als Palmolive oder Pril, und das ohne spezifische Produktwerbung. In Großbritannien decken die Eigenmarken von Tesco den Preiseinstiegsbereich („Tesco Value") ebenso ab wie Premium- („Tesco Finest") und Spezialbereiche (z. B. „Organic" für Ökofans). Tesco macht mehr als die Hälfte seines Umsatzes mit Eigenmarken. In Deutschland ist der Umsatz mit Handelsmarken insbesondere nach der Euro-Einführung stark gestiegen. Das hat einiges mit der positiven Entwicklung der Discounter zu tun, die einen hohen Anteil an Eigenmarken aufweisen. Der Handelsmarken-Marktanteil im Lebensmittelhandel wird auf 30 bis 40 % geschätzt, je nachdem ob Aldi eingerechnet wird oder nicht. Aus Sicht des Unternehmens haben Handelsmarken den Vorteil, dass sie preislich nicht unterboten werden können. Das dürfte der Grund sein, dass Aldi die Herstellermarken vor einigen Jahren gänzlich aus seinem Sortiment verbannt hat trotz zum Teil deutlichen Umsatzrückgängen, z. B. bei der Auslistung von Kellog's Cornflakes. Weitere Gründe für Eigenmarken sind die geringere Abhängigkeit von der Industrie und die Möglichkeit, sich durch exklusive Produkte zu profilieren. Das dürfte insbesondere mit qualitativ hochwertigen Produkten möglich sein (Zentes/Morschett 2004b, S. 2737).

Aus psychologischer Sicht ist interessant, unter welchen Bedingungen die Kunden Handelsmarken bevorzugen, und welche Merkmale Handelsmarkenkäufer aufweisen. **Bedingungen, unter denen die Käufer Handelsmarken bevorzugen**, sind (Esch 2005a, S. 461):

- Das wahrgenommene Kaufrisiko ist gering.
- Die wahrgenommenen Qualitätsunterschiede sind gering. Dafür spricht, dass Handelsmarken bei der Stiftung Warentest ähnlich gut abschneiden wie die Herstellermarken.
- Die Produkte sind schon länger am Markt.
- Es sind keine stark profilierten Herstellermarken vorhanden.

Bauer/Huber/Mäder (2004, S. 22 f.) kommen in einer Befragung von 226 Drogeriemarktkunden zu dem Ergebnis, dass Verbraucher vor allem dann Eigenmarken kaufen, wenn sie mit der Warengruppe gut vertraut sind. In diesem Fall ist das wahrgenommene Risiko gering. Bei Papiertaschentüchern kann man nicht viel falsch machen, bei Babynahrung ist der Anteil der Eigenmarken dagegen deutlich geringer. Ein weiterer wichtiger Faktor für die Wahl von Handelsmarken ist ein gutes Preis-Leistungsverhältnis.

Wie groß das Interesse ist, das die Verbraucher den Handelsmarken entgegenbringen, ist den Medien zu entnehmen: Plusminus hat sich damit beschäftigt, „welche Marken dahinterstecken", im Internet gibt es Websites, bei denen Hobbydetektive akribisch recherchieren, welche Markenhersteller ihre Produkte unter anderem Namen beim Discounter verkaufen (z. B. lebensmittelmarken.de), und zwischenzeitlich gibt es ganze Bücher mit den entsprechenden Artikellisten, z. B. Schneider (2005). Offensichtlich glauben viele Handelsmarkenkäufer, dass sie die gleichen Produkte in anderer Verpackung für weniger Geld bekommen, was allerdings nur teilweise richtig ist. Betrachtet man die Gestaltung und Verpackung der Eigenmarken liegt es auf der Hand, dass die Händler diesen Eindruck gerne unterstützen. Aldi bietet seinen Kunden u. a. Knusper Schoklis (= Schokocrossies), Scholetta Mints (= After Eight), Crispy Bits Minis (= Lion Minis), Gletscherkrone (= Schneekoppe) und Dusch Bad (= Dusch Das). dm-Drogeriemarkt hat eine ganze Range von Balea-Produkten, die am Nivea-Angebot angelehnt sind, z. B. Balea VITAL (NIVEA VITAL) oder Balea BODY (NIVEA body). Die Produkte werden im Regal nebeneinander präsentiert. Im Gegensatz zu Nivea (weiss-blau) sind die Balea-Produkte ganz in blau gehalten. Wiedmann/Walsh/Klee kritisieren in diesem Zusammenhang die Eigenmarkenpolitik des Handels weil sie die Gesamtproduktzahl erhöht, ohne wirklich neue Produkte anzubieten (2001, S. 95). Dieses Argument ist differenziert zu betrachten, je nachdem, um welche Eigenmarken-Formen es sich handelt (Gröppel-Klein 2005, S. 1120 f.):

- Discountmarken (z. B. Tip).
- Imitationsmarken (z. B. Scholetta Mints).
- Präferenzmarken (z. B. Erlenhof).

Nicht vergessen werden darf, dass einige Händler sehr kreative Eigenmarken entwickelt haben. Fishbone von New Yorker ist so erfolgreich geworden, dass Lizenzen der Marke verkauft werden können – inzwischen gibt es beispielsweise Fishbone-Uhren.

Die meisten Händler planen, den Anteil der Eigenmarken im Sortiment auszuweiten. Ob das sinnvoll ist, wird von einigen Autoren angezweifelt. In einer Befragung von 231 Personen in einem Verbrauchermarkt kommen die Wissenschaftler zu dem Ergebnis (Bauer/Görtz/Strecker 2004, S. 43 und 2005, S. 21), dass die identifizierten Handelsmarken-Heavy-User gezielt nach niedrigen Preisen suchen und mehr niedrigpreisige Produkte kaufen, also geringere Umsätze tätigen. Sie kommen weiter zu dem Ergebnis, dass diese Kunden nicht loyaler sind als die restlichen Kunden, dass sie also nicht dem Geschäft gegenüber treu sind, sondern den Eigenmarken. Darüber hinaus sei der Einfluss von Handelsmarken auf das Preisimage geringer als der der Herstellermarken und der Kauf von Eigenmarken führe mittelfristig zur Abwanderung zum Discounter. Zu einem ähnlichen Ergebnis kommen Ailawadi und Harlam (2004, S. 163). Mit Hilfe einer Datenanalyse bei zwei Handelsketten ermitteln sie, dass mit zunehmendem Handelsmarkenanteil die Spanne steigt, nicht aber der Rohertrag (da die Produkte meist niedrigpreisig sind) und dass die Heavy User weniger Artikel einkaufen. Dagegen ist zu sagen, dass viele Kunden zumindest in einigen Bereichen nach preisgünstigen Alternativen suchen, der Händler auf diese Produkte also gar nicht verzichten kann. Das Argument, dass das Preisimage durch Herstellermarken bestimmt wird, mag richtig sein, beinhaltet aber die Gefahr, dass deren reguläre Preise durch Sonderangebote bei den Wettbewerbern regelmäßig unterboten werden.

Als Fazit ist den meisten Händlern zu empfehlen, nicht ausschließlich auf Handelsmarken zu setzen, sondern das Sortiment gezielt mit ausgewählten Herstellermarken zu ergänzen.

Ein hundertprozentiges Eigenmarkenangebot funktioniert nur, wenn nach dem Diskontprinzip (große Menge – kleiner Nutzen) gearbeitet wird. Der Händler, der auf alle Bedürfnisse eingehen will, braucht die Marken, um die qualitätsbewussten Kunden anzusprechen. Bekannte Marken übernehmen eine Art Leuchtturmfunktion. Die Konsumenten orientieren sich an diesen Artikeln und ziehen daraus Rückschlüsse auf die Qualität des Sortiments. Die Schweizer Handelskette Migros wertet ihr von Eigenmarken dominiertes Sortiment durch selektive Leitmarken auf (Rudolph/Kotouc 2005, S. 68). Selbst Aldi wendet sich angesichts der größeren Wachstumsraten bei Lidl wieder ausgewählten Industriemarken zu.
Die Notwendigkeit, Herstellermarken zu führen, wird umso geringer, je professioneller die Eigenmarken des Handels vermarktet werden. In diesem Fall verwischen die Grenzen zwischen Hersteller- und Handelsmarken (Zentes/Morschett 2004b, S. 2737; Wildner 2003, S. 126). Aus kundenorientierter Sicht spielt es heute kaum noch eine Rolle, ob es sich bei einer Marke um einen klassischen Markenartikel oder um eine Handelsmarke handelt (Esch 2005a, S. 21). Wieso sollte es auch? Auch Herstellermarken sind längst nicht überall erhältlich (ubiquitär) und für Handelsmarken wird teilweise mehr Werbung gemacht als für manche Herstellermarke. Die Produkte von H&M oder C&A (z. B. L.O.G.G. und Rodeo) sind in den Augen der Kunden keine Eigenmarken, sondern Produkte, die sie bei H&M und C&A gekauft haben. In diesem Fall ist nicht das Produkt, sondern der Einkaufsort als Herkunftsnachweis entscheidend. Sogar der Begriff Herstellermarke ist zu hinterfragen, da die Hersteller genau wie die Händler Auftragsproduzenten in Asien einsetzen. Lediglich die klassischen Eigenmarken wie ja! und Tip werden vom Verbraucher noch eindeutig als Handelsmarken identifiziert. Dass die Professionalität bei der Vermarktung zunimmt, zeigen zahlreiche Beispiele. Tesco warb bei den bekannten Markenherstellern Produktmanager ab. Rossmann und dm haben inzwischen eine Fülle von Warengruppenmarken und der TextilDiscounter Takko hat seine Eigenmarken an Kundengruppen ausgerichtet. Hier einige Beispiele von den 14 Marken, die auf der Website vorgestellt werden:

- „Crazy world" für Frauen zwischen 18 und 35.
- „Colours of the world" für modebewusste Frauen ab 30.
- „Crash one/Power girls" für Mädchen zwischen 7 und 14.
- „Crossball" für junge Männer zwischen 18 und 35.
- „Basketboy" für Jungen zwischen 1 und 6.

Beispiel Deichmann
Deichmann schrieb in den 90er-Jahren die Erfolgsgeschichte des deutschen Schuheinzelhandels. Während der deutsche Schuhmarkt zwischen 1992 und 1998 um fast 10 % schrumpfte, konnte Deichmann Umsatz und Marktanteil in Deutschland um fast 50 % ausweiten. Neben einem guten Management der Wertschöpfungskette war die Eigenmarkenstrategie ein wichtiger Erfolgsfaktor. Da der Bekanntheitsgrad von Schuhherstellermarken sehr gering ist, konnte Deichmann sich als Markenanbieter mit günstigen Preisen etablieren („Kaum zu glauben, Markenschuhe so günstig!"). In Wahrheit handelt es sich zu 100 % um Eigenmarken. Auch Deichmann hat diese auf Kundengruppen zugeschnitten, z. B. Graceland (Trendschuhe für junge Frauen), Bärenschuhe (Kleinkinder), Medicus (Komfortschuhe für mittlere und ältere Frauen), Memphis One (Trendschuhe für junge Männer) und Victory (Sportschuhe). Deichmann dürfte mit diesen Marken inzwischen ähnlich hohe Bekanntheitsgrade erzielen wie die meisten Hersteller (Jary/Schneider/Wileman 1999, S. 163 f.).

Aufgrund des Irradiationseffekts (die Zufriedenheit mit einem Teilaspekt strahlt aus auf die Gesamtwahrnehmung) muss der Händler auf die Qualität seiner Eigenmarken größten Wert legen, insbesondere wenn es sich um Dachmarken handelt, z. B. die SPARsamen. Andernfalls könnte aus der mangelhaften Qualität einzelner Produkte auf die geringe Leistungsfähigkeit des gesamten Unternehmens geschlossen werden. Schenk empfiehlt deshalb auch bei Eigenmarken Qualitätssiegel einzusetzen, selbst dann wenn den Verbrauchern deren genaue Aussage gar nicht bekannt ist (Schenk 1995, S. 195). In der Zukunft wird sich auch in diesem Bereich die Polarisierung fortsetzen. Die günstigen Einstiegsmarken dienen dazu, den Verbraucher vom Einkauf beim Diskont abzuhalten. Die qualitativ hochwertigen und nur wenig preiswerteren Alternativen zum Marktführer sollen den Händler von anderen Anbietern differenzieren.

	Food	Nonfood
Einstiegspreislage	Tip Ja Die Weissen	Simply Basic Westbury Medion
Qualität/Lifestyle	Excellent Erlenhof Auenperle	Fishbone TCM Mc Neal

Abb. 5.8: Ausgewählte Handelsmarken

> **Es lebe die Vitalität**
> Im Januar 2006 führte Plus ein 85 Produkte umfassendes gesundheitsorientiertes Food-Sortiment mit dem Namen Viva Vital ein. Für zusätzliche Aufmerksamkeit sorgt eine markenorientierte Zweitplatzierung im Block. Platz geschaffen wurde für die neuen Artikel durch gezielte Sortimentsbereinigung im Vorfeld. Neben bewährten Artikeln, deren Verpackung neu gestaltet wurde, wurden zahlreiche Produkte eigens entwickelt. Nach eigener Aussage legte Category Manager Pestner besonderen Wert darauf, keine Dupletten zu produzieren. Die angesprochenen Bedürfnisse sind Essen und Trinken mit Genuss und Verstand und erlebbarer Luxus für jedermann. Als Promoter konnte der Discounter den TV-Moderator Kai Pflaume verpflichten (o.V. 2006b, S. 6).

Weiterführende Literatur zu Handelsmarken:

Ahlert, D./Kenning, P./Schneider, D. (2000): Markenmanagement im Handel, Wiesbaden.
Bruhn, M. (Hrsg.) (2004b): Handbuch Markenführung, 2. Aufl., Wiesbaden.
Bruhn, M. (Hrsg.) (2001): Handelsmarken, 3. Aufl., Stuttgart.
Gröppel-Klein, A. (2005): Entwicklung, Bedeutung und Positionierung von Handelsmarken, in: Esch, F.-R. (Hrsg.): Moderne Markenführung, 4. Aufl., Wiesbaden, S. 1113-1137.

Folgende Anregungen aus Kap. 5 halte *ich* für wichtig:

- Grundlegende Möglichkeiten, die Kundenzufriedenheit mit Ladengestaltung und Warenpräsentation zu erhöhen, sind (Schröder 2002, S. 140):
  – Verringerung von Suchzeiten, Orientierung verbessern (Orientierungsfreundlichkeit).
  – Erlebnisse vermitteln, Abwechslung bieten (Atmosphäre und Informationsrate).
- Ein Händler sollte sich entscheiden, ob er versorgungsorientiert sein möchte oder erlebnisorientiert. Darauf müssen Ladengestaltung und Warenpräsentation abgestimmt werden. Das kann nach Warengruppen getrennt geschehen.
- Händler sollten nicht versuchen, den Kunden ihre Ladengestaltung aufzuzwingen, sondern sich dem Lauf- und Suchverhalten der Kunden anpassen.
- Sehr wichtig ist der Eingangsbereich. Er sollte gut zugänglich, offen und hell sein.
- Die Händler können nicht länger damit warten, sich auf die zunehmend ältere Kundschaft einzustellen. Es gibt eine Unmenge Literatur und zahlreiche Berater mit deren Hilfe man sich informieren kann.
- Wichtige Anforderungen an Events sind Passfähigkeit (der Sportfachhändler veranstaltet eine Skaternacht) und Integration der Kunden.
- Ein guter Laden spricht alle Sinne an. Erfolgversprechend ist ein Wechselspiel zwischen Entspannung (z. B. Ruhezonen) und Aktivierung (überraschende Reize, Events).
- Beim Einsatz von Sinnesreizen ist auf folgende Punkte zu achten:
  – Natürliche Düfte sind besser als künstliche. Düfte und Sortiment sollten übereinstimmen und es gilt „weniger ist mehr".
  – Natürliches Licht ist besser als künstliches.

- Ware sollte man anfassen können.
- Musik ist vorsichtig einzusetzen.
- Themenorientierte Verbundpräsentationen inklusive passender Dekoration ist zu empfehlen.
- Konsumentenverwirrung kann vermieden werden durch konsequente Vereinfachung:
  - Schilderwald abbauen.
  - Sortimentsreduktion.
  - Vereinfachung der Leistungssysteme (Einfaches Preissystem, konsequente Geld-zurück-Garantie statt Garantienwirrwarr, klar strukturierte Sortimente usw.).
- Für das Kernsortiment ist Konstanz zu empfehlen. Es sollten keine neuen Produkte mehr aufgenommen werden, ohne andere auszulisten. Ein solcher Produkttausch ist nur bei echten Innovationen sinnvoll.
- In den Randbereichen des Sortiments ist auf Abwechslung zu achten durch Saisonprodukte oder Partievermarktung.
- Gröppel (1991, S. 268 ff.) empfiehlt Einzelhändlern zusammenfassend folgendes:
  - Ladengestaltung
    - Orientierungsfreundlichkeit erhöhen.
    - Emotional entspannende Reize bieten.
    - Wechselspiel von Aktivierung und Deaktivierung.
  - Warenpräsentation
    - Präsentation im Bedarfszusammenhang.
    - Dekorationen mit Bezug zum Sortiment.

Weiterführende Literaturhinweise:

Broniarczyk, S.M./Hoyer, W.D. (2006): Retail Assortment: More $\neq$ Better, in: Krafft, M./Mantrala, M.K. (Hrsg.): Retailing in the 21st Century, Berlin u. a., S. 225–238.
Gröppel-Klein, A. (2006): Point-of-Sale-Marketing, in: Zentes, J. (Hrsg.): Handbuch Handel, Wiesbaden, S. 671–692.
Kroeber-Riel, W./Weinberg, P. (2003): Konsumentenverhalten, 8. Aufl., München.
Rudolph, Th./Kotouc, A. (2005): Das optimale Sortiment aus Kundensicht, in: Harvard Business Manager, H. 8, S. 64–73.
Scheuch, M. (2001): Verkaufsraumgestaltung und Ladenatmosphäre im Handel, Wien.
Schenk, H.-O. (1995): Handelspsychologie, Göttingen.
Schröder, H. (2002): Handelsmarketing, München, S. 132 ff.
Zielke, S. (2003): Kundenorientierte Warenplatzierung, Stuttgart.

6 Persönlicher Verkauf und Service

6.1 Einführung

Unter persönlichem Verkauf versteht man den Kontakt zwischen Verkäufer und Kunde bei unmittelbarer Anwesenheit beider (Bänsch 1998, S. 3; Tebbe 2000, S. 20). Die Psychologie des persönlichen Verkaufs beschäftigt sich mit dem Erleben und Verhalten der Personen, die am Verkauf beteiligt sind, d. h. mit deren Interaktion und Kommunikation (Nerdinger 2001, S. 13). In dieser Arbeit geht es ausschließlich um den direkten Kontakt am POS.

Oft wird argumentiert, dass die persönliche Kommunikation der (unpersönlichen) Massenkommunikation überlegen ist. Jeder von uns hat schon solche Erfahrungen gemacht. Schildert einer unserer Bekannten ein konkretes Beispiel von Unzufriedenheit, z. B. mit einer japanischen Automarke, hat das stärkeren Einfluss auf unser Bild von dieser Marke als die statistisch abgesicherte Information, dass japanische Autos zuverlässiger sind als die der meisten Wettbewerber. Das hat auch damit zu tun, dass wir Informationen bevorzugen, die unsere Meinung – dass deutsche Autos besser sind – bestätigen. Folgende Gründe werden für die Überlegenheit der persönlichen Kommunikation angeführt (Kaas 1973, S. 54 ff.):

1. Der persönliche Kontakt verfügt über größere Glaubwürdigkeit.
2. Die selektive Informationsaufnahme ist einfacher.
3. Der gegenseitige Informationsaustausch ermöglicht eine größere Flexibilität bei der Kommunikation.

Das erste Argument gilt insbesondere für persönliche Bekannte und weniger für (kommerziell motivierte) Vertreter oder Verkäufer. Doch auch in diesem Fall ist die persönliche Kommunikation meist überzeugender. Ein Nachbar erzählte mir, dass er mit dem festen Vorsatz in einen Laden ging, eine Juno-Geschirrspülmaschine zu kaufen. Er hatte sich im Vorfeld ausführlich informiert. Vor Ort warb ein Verkäufer aber derart geschickt für ein Siemens-Gerät, dass er sich spontan zum Markenwechsel entschloss. Eine Imitation persönlicher Kommunikation in der Werbung ist die Darstellung von **Meinungsführern**. Der Zahnarzt empfiehlt eine bestimmte Zahnpastamarke, Michael Schumacher die richtige Tankstelle. Schauspieler Rainer Hunold präsentiert Mode für große Größen bei C&A, Heidi Klum findet, dass Douglas sie und das Leben schöner macht. Globus Baumarkt warb zeitweise mit dem Hausmeister (ein bekannter Kabarettist), der gleichzeitig Kompetenz und Glaubwürdigkeit demonstrierte. Eine erfolgreiche Technik selbst als Meinungsführer aufzutreten, besteht darin, dem Kunden ein Produkt mit persönlichen Erfahrungen schmackhaft zu machen. Der frühere Vertriebsmann der Firma Eismann antwortete auf die Frage meiner Schwiegermutter, ob er denn ein bestimmtes Produkt empfehlen könne, regelmäßig mit dem Hinweis: „Das ist un-

ser Bestes. Das hatten wir letzte Woche selbst". Sie machte sich darauf hin einen Spaß daraus, immer wieder nach der Güte von Angeboten zu fragen und erzählt immer noch gerne die Anekdote, dass der Eismann eines Tages bei der Frage nach einem Produkt, das er häufig gelobt hatte, gestehen musste, „das Produkt führen wir nicht mehr, da war etwas nicht in Ordnung."
Meinungsführung ist eine Form des Kommunikationsverhaltens in kleinen Gruppen. Dort haben nicht alle Teilnehmer das gleiche Gewicht. Einige sind für einen bestimmten Bereich sehr kompetent, andere sind besonders gute Kommunikatoren. Meinungsführerschaft entsteht häufig durch die Kombination persönlicher Eigenschaften mit Interesse an einer Sache (Kroeber-Riel/Weinberg 2003, S. 519; Trommsdorff 2004, S. 238 f.). Meinungsführer suchen aktiv nach Informationen, nehmen diese aus den Massenmedien auf und verbreiten sie weiter (Foscht/Swoboda 2005, S. 133). Die Ansprache von Meinungsführern ist schwierig, da die Rollen der Teilnehmer in verschiedenen Gruppen wechseln. Der Lebensmittelhandel müsste beispielsweise die Kommunikationsstrukturen in den Konsumentengruppen kennen, also die konkreten Beziehungen zwischen den Hausfrauen eines Ortes. Welche Meinung hat mehr Gewicht, wer kennt sich mit Staubsaugern besonders gut aus, wer mit Kochrezepten? Es ist offensichtlich, dass das praktisch unmöglich ist. Anders ist es mit spezifischen Warengruppen. Die kompetentesten Briefmarken- oder Münzensammler sind in der Szene persönlich bekannt und können gezielt angesprochen werden. Versucht man, über ausgewählte Kunden andere Kunden anzusprechen, spricht man von zweistufiger Kommunikation. Ein Anwendungsbeispiel ist der Einsatz von Referenzkunden für Fertighäuser aus dem Baumarkt. Wenn der Kunde sich verpflichtet, Interessenten das neue Haus zu zeigen, erhält er einen gewissen Rabatt. Ein anderes Beispiel ist der Einsatz von ganz normalen Kunden in der Werbung. Wal-Mart nimmt diese als Models für seine Textilien und stellt sie in den Prospekten namentlich vor. Das erhöht die Glaubwürdigkeit der Werbung. Nach Happel (1998, S. 303) ist keine Werbeaussage glaubwürdiger als die Aussage von zufriedenen Stammkunden. Aus diesem Blickwinkel wäre es im Modehandel angeraten, häufiger natürliche Models einzusetzen. Dann könnten sich die Kundinnen eher vorstellen, wie die Kleider an ihnen selbst aussehen. Dies gilt umso mehr, da Frauen sich ständig mit anderen vergleichen. Die überaus attraktiven Top-Models erzeugen psychischen Druck (Jaffé 2005, S. 291 f.).
Trotz der Bedeutung der Verkäufer-Käufer-Beziehung sind wissenschaftliche Untersuchungen Mangelware (Angerer 2004a, S. 32). Es gibt keine eigenständige Verkaufspsychologie. Der persönliche Verkauf wird als ein Instrument des Marketing – meist dürftig – dargestellt. Eine mögliche Begründung für dieses Defizit ist der Hermeskomplex, der die mangelnde Identifikation vieler Verkäufer mit ihrem Beruf beschreibt. Voswinkel/Korzekwa (2005, S. 287) berichten, dass sich die Beschäftigten in ihrer Untersuchung darüber beschweren, dass sie „nur für Verkäuferinnen" gehalten werden. Die Kunden würden gar nicht wahrnehmen, dass sie nicht nur verkaufen, sondern auch mit Warenbereitstellung und -präsentation beschäftigt seien. Tätigkeiten, denen in ihren Augen höheres Prestige zuzukommen scheint. Der Komplex wird unter anderem durch die Vermeidung des Verkaufsbegriffes bei der Funktionsbeschreibung deutlich. Der Verkäufer wird zum Kundenberater, Key Account Manager oder zum Bezirksleiter. Das in der Öffentlichkeit verbreitete und in Büchern oft wiederholte aggressive Bild des

Verkaufens als Krieg oder Jagd verhindert eine Identifikation und führt zu einer Geheimhaltung der wahren Absichten, was innere Spannungen hervorrufen muss (Kramer 1993, S. 8 f. und S. 87).

Krieg	Generalvertreter, Verkaufskanone, Killerphrase, Kunden ausmanövrieren
Sport	Rabattkampf, Verkauf als Speerspitze des Marketing, am Ball bleiben
Jagd	Lockvogelangebote, Köder auslegen, den Kunden am Haken haben, an Land ziehen, dicker Fisch, ins Netz gehen
Handwerk	Kunden einwickeln, festnageln, einseifen
Technik	Preisschwellen, Abschlusssignale, optische Verkleinerung, absatzpolitisches Instrumentarium, Abwehrmechanismen, Verkaufsformel
Hilfe	Sich in den Kunden hineinversetzen, bedienen, Bedarf analysieren

Abb. 6.1: Ausgewählte Verkaufsmetaphern (Quelle: Kramer 1993, S. 73 ff.).

Als Beispiel für die immer noch weit verbreiteten Vorurteile gegenüber Verkäufern soll folgende Passage von Hanno Beck – immerhin Journalist der renommierten F.A.Z. – dienen: „Warum wir schlecht beraten werden [...] Es ist ein recht einfaches Dilemma und Kalkül: Der Verkäufer und der Käufer haben völlig unterschiedliche Interessen. Der Käufer mag es so billig wie möglich, der Verkäufer möchte gerne so viel Geld wie möglich abkassieren [...] Um es kurz zu machen: Ein Verkäufer ist a priori kein guter Sachverwalter der Interessen des Käufers; und will der Käufer vermeiden, dass er übers Ohr gehauen wird, so muss er sich selbst um seine Interessen kümmern" (Beck 2004, S. 221 ff.).
Der mangelnden Berücksichtigung in der Wissenschaft steht die Bedeutung des persönlichen Verkaufs in der Praxis gegenüber. Die Verkaufskosten in Prozent des Umsatzes sind im Handel deutlich höher als die Werbeausgaben. Dennoch werden die Werbekosten viel häufiger diskutiert und die bekannten Marketingbücher stellen die rechnerische Ermittlung des optimalen Werbebudgets ausführlich dar. Obwohl der Einfluss der Verkäufer auf den Kunden viel größer ist als der der Werbung und die Zahl der Verkäufer deutlich höher als die der Beschäftigten in der Werbung, wird der massenmedialen Werbung in der Wissenschaft mehr Aufmerksamkeit geschenkt als dem Verkauf. An praxisorientierten Ratgebern herrscht dagegen kein Mangel. Mittlerweile liegen allein im deutschsprachigen Raum über 1.000 Veröffentlichungen vor, die sich mit dem Verkauf befassen. Vermittelt werden darin Tipps, Tricks und Empfehlungen von Praktikern für Praktiker, die Verkäufern „todsicheren" Erfolg versprechen. Das wichtigste Verkaufsinstrument ist gewöhnlich, dass das Buch anders ist als die anderen – was nahe legt, dass alle dasselbe vermitteln. Wer sich aber für Belege und Begründungen interessiert, wird zumindest auf dem deutschsprachigen Markt nicht fündig – ein wissenschaftlich fundiertes Werk über die psychologischen Grundlagen des persönlichen Verkaufs sucht man vergeblich (Nerdinger 2001). Dass Herr Ner-

dinger weiß wovon er spricht, belegen folgende Fundsachen aus den Vorworten diverser Verkaufsratgeber:

- „Der Autor weiß um die umfassende Literatur über das Thema Verkaufsgespräch. Sein Ziel ist es jedoch auch diesmal kein „wissenschaftliches" Buch zu schreiben" (Formatschek 1993).
- „Mein Buch „Das Gewinner-Prinzip" liefert Ihnen die Grundlagen für Ihren Weg zur erfolgreichen Verkäuferpersönlichkeit" (Tray 1996).
- „Aus diesem Grund ist mein Buch anders. Und deshalb wird es Ihnen auf vielfältige Weise nützen, wie es die anderen niemals konnten" (Girard/Brown 2000).
- „Die Erkenntnisse, die ich Ihnen darlege, sind in der beruflichen Praxis erprobt und werden erfolgreich eingesetzt. Das bedeutet für Sie aus der Praxis für die Praxis!" (Schebitz 1994)

Vielleicht hätte dem einen oder anderen Ratgeber etwas mehr Wissenschaftlichkeit nicht geschadet. Das Buch von Nerdinger füllt die von ihm aufgezeigte Lücke durchaus und gibt einen guten Überblick über die bisher vorliegenden verhaltenswissenschaftlichen Erkenntnisse zum Thema.

Einige der bereits in den grundlegenden Kapiteln dieses Buches genannten Theorien können herangezogen werden, um den Käufer während eines persönlichen Verkaufsgespräches psychologisch zu beeinflussen.

Theoretische Grundlage	Das sollte der Verkäufer beachten
Motivation und Bedürfnisse	Der Verkäufer kann auf die Motivation des Käufers eingehen. Er kann Signale aussenden, die auf Bedürfnisse treffen oder Informationen geben, die eine Einstellungsänderung herbeiführen. Die überzeugendste Wirkung haben die Demonstration eines Produktes oder persönliche Erfahrungen.
Dissonanztheorie	Der Verkäufer sollte Dissonanzen vermeiden oder abbauen („Die guten Testergebnisse sprechen gegen die Meinung Ihres Bekannten"). Wichtig ist es, keine falschen Erwartungen zu wecken.
Gruppenforschung	Der Verkäufer sollte Mitglieder von Bezugsgruppen als Verwender nennen und Meinungsführer gezielt ansprechen.

Abb. 6.2: Erklärungsbeitrag ausgewählter Theorien zum optimalen Verkäuferverhalten (Quelle: Eigene Darstellung in Anlehnung an Bänsch 1998, S. 17 ff.).

Im Folgenden werden zunächst die Persönlichkeit und Motivation von Verkäufern betrachtet. Anschließend wird auf den Prozess zwischen Verkäufer und Käufer eingegangen. Neben Aspekten der Interaktion geht es um psychologische Tricks und Verhalten bei Preisverhandlungen. Im letzten Abschnitt wird die Selbstbedienung als Verkaufsform betrachtet.

6.2 Persönlichkeit und Motivation der Verkäufer

Nach Nerdinger (2001, S. 63) gibt es drei wesentliche psychologische Determinanten des Verkäuferverhaltens:

- Die Rollenwahrnehmung: Wie verarbeitet ein Verkäufer die Erwartungen an sein Verhalten?
- Die Motivation und Leistungsbereitschaft des Verkäufers.
- Die Persönlichkeit des Verkäufers.

> **Zur Rolle des Verkäufers** (Adams 1997, S. 222)
> Wichtig ist die Einstellung. Optimismus steckt an. Ein Verkaufsprofi wird negative Formulierungen vermeiden und nur positiv klingende Wörter verwenden.
>
> | Sagen Sie nicht | Sagen Sie |
> |---|---|
> | „Veraltete Technologie" | „Mit früheren Geräten kompatibel" |
> | „Überteuert" | „Exklusiv" |
> | „Nicht lieferbar" | „Immer sofort ausverkauft" |
> | „Ein Haufen Mist" | „Einzigartig" |

Hilfreiche Persönlichkeitsmerkmale eines Verkäufers sind (Nerdinger 2001, S. 82 f.):

- Hohe Leistungsorientierung.
- Einfluss auf andere.
- Hohe Selbstüberwachung. Solche Verkäufer beobachten das Verhalten ihrer Kunden sehr genau, sind sensibel für deren Erwartungen und versuchen, diese Erwartungen zu erfüllen.

Aus psychologischer Sicht soll sich ein Verkäufer in den Käufer hineinversetzen (Bowlby 2001, S. 169). Er soll überlegen, wie er sich als Käufer verhalten würde, er soll sich selbst mit den Augen des Kunden sehen und er soll selbst einkaufen (in anderen Läden) und dadurch die Probleme der Kunden kennenlernen.

Der Arbeitgeber sollte bei seinen Verkäufern vor allem die intrinsische Motivation stärken und sich die Frage stellen, was an der Tätigkeit des Verkaufens eigentlich motivierend ist. Welche Bedingungen müssen dazu erfüllt sein? Weiter sollte er auf soziale Kompetenz achten, das ist die Orientierung an den Bedürfnissen des Interaktionspartners (Nerdinger 2001, S. 127 ff.). Die Anforderungen an die Mitarbeiter des Handels hängen von vielen Faktoren ab. Eine davon ist die Erfahrung des Kunden mit dem Produkt. Schuckel (2003) kommt zu dem Ergebnis, dass die fachliche Kompetenz des Personals besonders wichtig wird, wenn der Kauf bedeutend, und die eigene Kompetenz niedrig eingeschätzt wird. Ist der Kauf weniger problematisch, wird die soziale Kompetenz des Personals wichtiger für den Verkaufserfolg. Müller-Hagedorn weist darauf hin, dass die Zufriedenheit mit und die Treue zum Verkaufspersonal positiven Einfluss auf die Geschäftstreue der Kunden hat (Müller-Hagedorn 2005, S. 376).

6.3 Verkaufsprozess

Während früher vor allem die Eigenschaften eines guten Verkäufers untersucht wurden, geht man heute von einem Interaktionsprozess zwischen Käufer und Verkäufer aus. Der Prozessverlauf hängt demnach von beiden Partnern ab (Schuchert-Güler 2001, S. 36; Weis 2005, S. 216 ff.). Der Interaktionsansatz unterstellt u. a., dass die Wahrscheinlichkeit eines Kaufabschlusses steigt, je ähnlicher sich Kunde und Verkäufer sind und je mehr das Verhalten des Verkäufers den Erwartungen des Kunden entspricht (Brockelmann 2001, S. 77). Dabei ist für den Einzelhandel darauf hinzuweisen, dass der Verkäufer die Absichten des Kunden im stationären Handel nur schwer abschätzen kann. Er ist mit einem mehr oder weniger konstanten Strom von Besuchern konfrontiert, die sehr unterschiedlich sind. Verlauf und Ergebnis des Verkaufsgespräches sind abhängig von personenspezifischen Merkmalen von Käufer und Verkäufer aber auch von der Situation (Tebbe 2000, S. 245, S. 121). Erfolgreiches Verkaufen ist deshalb je nach Kontext anders (Kramer 1993, S. 17). Die erwähnten „todsicheren" Regeln können nicht gelten.

Da eine erfolgreiche Interaktion dazu dient, eine Beziehung zum Kunden aufzubauen, sind die Merkmale einer guten Beziehung von Interesse. Sie sind (Nerdinger 2001, S. 228):

- Reziprozität, es muss Vorteile für beide Seiten geben.
- Vertrauen begründet eine stabile Beziehung und entwickelt sich in einem Prozess.
- Bindung ist eine langfristige Folge von Vertrauen.

Nerdinger (2001, S. 239) postuliert den Beziehungsverkauf als neues Leitbild für den Beruf des Verkäufers. Die Betrachtung der Interaktion kann in folgende Aspekte untergliedert werden:

- Positive Beeinflussung der Interaktion.
- Phasenansätze zur Strukturierung der persönlichen Gespräche.
- Beachtung von nonverbaler Kommunikation.

Positiven Einfluss auf den Transaktionserfolg haben Verhaltensmuster der Teilnehmer, z. B. eher rationales Verhalten (das Erwachsenen-Ich) und Grundeinstellungen, z. B. die konstruktive Einstellung „Du bist OK – ich bin OK" im Gegensatz zu „Ich bin OK, du bist nicht OK" (Angerer 2004b, S. 310). Auf Basis dieser psychologischen Überlegungen kommt Angerer bei der Analyse von mehr und weniger erfolgreichen Verkaufsgesprächen im Automobilhandel zu folgendem Merkmalsvergleich:

Kategorie	Merkmalsausprägung erfolgreiches Gespräch	Merkmalsausprägung nicht erfolgreiches Gespräch
Blickkontakt	Häufig zu beobachten	Sehr selten zu beobachten
Lächeln	Mehrmals bei beiden Interagierenden	Einmal, bei beiden Interagierenden
Scherze	Mehrmals zu beobachten	Keine zu beobachten
Bemühen um den Kunden	Deutlich ersichtlich	Nicht ersichtlich
Aufmerksamkeit gegenüber dem Kunden	Deutlich ersichtlich	Nicht ersichtlich
Kritische Beratung des Kunden	Mehrmals zu beobachten	Nicht zu beobachten

Abb. 6.3: Merkmale erfolgreicher Verkaufsgespräche (Quelle: Angerer 2004a, S. 47).

Der Verkäufer kann den Ausgang von Verkaufsgesprächen positiv beeinflussen, indem er

- Zweiseitig argumentiert, also auch Nachteile nennt, insbesondere dann, wenn mit späterer Gegenargumentation zu rechnen ist (Trommsdorff 2004, S. 293).
- Den Käufer durch versteckte Komplimente aktiviert und belohnt.
- Den Konsumenten darauf hinweist, dass er in Einklang mit seiner Bezugsgruppe handelt.

Neuere Studien belegen die Vorteilhaftigkeit von aktivem Zuhören (Nerdinger 2001, S. 208). Dabei ist es wichtig, die Bedeutung des Gesagten zu verstehen. Dazu muss dem Sprecher die ganze Aufmerksamkeit gewidmet, und verbal und nonverbal Interesse ausgedrückt werden. Drei Komponenten sind entscheidend:

- Der Verkäufer soll wahrnehmen. Der Kunde bemerkt, ob man ihm zuhört.
- Der Verkäufer soll bewerten. Das wird deutlich durch Nicht-Unterbrechen, Nicht-das-Thema-wechseln und gezieltes Nachfragen.
- Der Verkäufer soll mit ganzen Sätzen antworten, nicht mit ja/nein.

> Seien Sie ein Partner des Kunden, nicht einfach nur ein Verkäufer. Das ist ein wichtiger Unterschied. Ein Verkäufer nimmt lediglich das Geld des Kunden und gibt ihm dafür das Produkt. Ein Partner nimmt das Geld des Kunden und stellt eine Lösung zur Verfügung, die wie ein Produkt aussieht, aber mehr kostet (Adams 1997, S. 221).

Underhill weist auf die positiven Wirkungen der Kontakthäufigkeit im Laden hin. Je mehr Kontakt es zwischen Kunden und Angestellten gibt, umso höher sind die durchschnittlichen Ausgaben je Kauf (Underhill 2000, S. 38). Die Studie von Stenzel kommt ebenfalls zu dem Ergebnis, dass die Kaufquote mit der Kontaktwahrscheinlichkeit steigt. Die Abteilungen mit den höchsten Kontaktquoten erreichen die höchsten Kaufquoten. In der Strumpfwarenabteilung lag die Kontaktquote bei 83 %, die Kaufquote bei 67 %. In der Uhren/Schmuck-Abteilung lag das Verhältnis bei 89/56. Im Hinblick auf die Senioren, die er beobachtet hat, ist interessant, dass diese meist allein unterwegs sind und dass ihre Kaufquote mit 50 % niedriger ist als bei den Kunden insgesamt. Beides spricht dafür, dass das Kaufhaus die Kontakte zwischen Personal und Senioren fördern sollte (Stenzel 2005, S. 45 ff.). Der soziale Kontakt ist auch unabhängig vom Alter ein wichtiger Faktor beim Einkauf. Dem wird in Shopping-Centern, auf dem Markt oder in Quartierläden wie Bäckereien und Metzgereien entsprochen (Kuß/Tomczak 2004, S. 85). Die GfK konnte nachweisen, dass die Umsätze mit Beratung steigen. Die folgende Abbildung zeigt, dass der Durchschnittspreis von TV-Geräten ohne Beratung bei 346 Euro lag, mit Beratung dagegen bei 669 Euro. Davon profitiert insbesondere der Fachhandel, wo 90 % der Geräte mit Beratung verkauft werden. Ein weiteres Ergebnis der Studie ist, dass der Beratungsbedarf zumindest bei elektronischen Geräten mit dem Alter stark ansteigt. Während bei den unter 30-jährigen 39 % Beratung wünschen, sind es bei den über 60-jährigen 62 % (o.V. 2005c, S. 64).

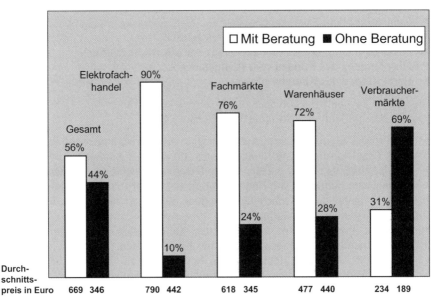

Abb. 6.4: Beratungsanteil in % nach Betriebstypen und Durchschnittspreis in Euro in Abhängigkeit der Beratung am Beispiel von TV-Geräten (Quelle: Gfk, in: o.V. 2005c, S. 64).

Butter Lindner – Deutscher Handelspreis 2005
Die Robert Lindner GmbH & Co. KG wurde als Firma Butter Lindner am 20. Oktober 1950 gegründet. Aus dem damaligen Stand auf dem Wochenmarkt in Berlin-Schmargendorf wurden 48 Feinkostgeschäfte. Das Sortiment besteht aus 900 ständigen und ca. 150 saisonalen Artikeln, die von Wurst- und Käsespezialitäten über 70 Feinkostsalate bis hin zu Snacks und warmen Speisen zum Direktverzehr oder Mitnehmen reichen. Der Eigenmarkenanteil am Gesamtsortiment liegt bei 90 %. Regelmäßige Verkaufsschulungen qualifizieren das Verkaufspersonal für die richtige Handhabung der Spezialitäten. Deren Empfehlungen helfen den Kunden, die Genüsse persönlich und mit Gästen richtig zu entfalten. Die Bedeutung des Services spiegelt sich in den Umsätzen wieder. Nur 10 % des Gesamtumsatzes entsteht aus Selbstbedienung (www.lindner-esskultur.de).

Nach Expertenmeinung ist das erfolgversprechende Verhalten beim Verkauf erlernbar. Ein typischer Beeinflussungsprozess kann in **Phasen** eingeteilt werden (Kroeber-Riel/Weinberg 2003, S. 540 ff.):

- Aufmerksamkeit auslösen.
- Kontakt mit dem Kunden herstellen.
- Ansprache der Motive des potenziellen Käufers.
- Herausarbeitung des Produktangebotes zur Motivbefriedigung.
- Überzeugung des Kunden vom Produktangebot.
- Herbeiführen des Kaufabschlusses.

Eine noch psychologischere Einteilung entwickelt Kramer (1993, S. 49). Für jede Phase empfiehlt er bestimmte Verhaltensregeln:

- Der Prozess beginnt mit dem Aufbau einer kauffördernden menschlichen Beziehung. Glaubwürdigkeit, Höflichkeit, gutes Auftreten, Anpassung an den Kunden und der Umgang mit der eigenen Verkäuferrolle sind dafür entscheidend.
- Der nächste Schritt ist die Herstellung einer kauffördernden Beziehung zwischen Angebot und Bedarf. Dazu dienen Bedarfserkennung, Bedarfsschaffung und Warenpräsentation.
- Dann ist Preisakzeptanz beim Kunden zu erzeugen. Preisargumentation, Preisverhandlung und Preisnennung sind Komponenten.
- Schließlich ist die Kaufentscheidung herbeizuführen. Die Kaufbereitschaft muss erkannt werden, dann folgt der Entscheidungsvollzug.

Die genannten Begriffe werden bei Kramer (1993) detailliert erläutert, z. B. können Höflichkeit und gutes Auftreten umgesetzt werden durch Pünktlichkeit, Lächeln, mit Namen begrüßen, festen Händedruck, Blickkontakt, dem Kunden entgegen gehen, Danke sagen und gepflegte Sprache und Komplimente. Die Phaseneinteilung und die konkreten Empfehlungen liefern pragmatische Ansätze zur Schulung von Verkäufern. Auch Weis (2003, S. 139 ff.) beschreibt die empfohlenen Verhaltensweisen innerhalb der einzelnen Phasen sehr ausführlich. Allerdings gibt es unterschiedliche Phaseneinteilungen, die alle eine gewisse Logik aufweisen. Bänsch (1998, S. 44 ff.) geht von drei Phasen aus, für die er jeweils Empfehlungen ableitet. Einige wichtige Punkte werden in der folgenden Abbildung zusammengefasst.

Phase	Empfohlene Verhaltensweisen
A Kontaktphase	Der erste Eindruck zählt. Positives Verkaufsumfeld schaffen. Namen nennen. Small Talk.
B Verhandlungsphase	Weniger Verkaufen als gemeinsames Problemlösen. Vorgelegte Auswahl nicht zu klein und nicht zu groß. Verständliche Demonstration des Objektes. Kunde aktivieren durch ausprobieren und anfassen lassen. Kunden bestätigen/loben.
C Geschäftsabschluss und Anbahnung weiterer Geschäfte	Abschluss erst einleiten, wenn Kaufsignale des Kunden erkennbar sind. Zusatzverkäufe anregen. Verabschiedung inklusive Zweifel ausräumen, um Dissonanzen zu vermeiden.

Abb. 6.5: 3-Phasen-Modell des Verkaufsvorganges (Quelle: eigene Darstellung nach Bänsch 1998, S. 44ff.).

Als letztes Beispiel sei noch auf die Einteilung von Müller-Hagedorn hingewiesen:

Mögliche Aktivitäten des Verkäufers	Interaktionsphasen zwischen Verkäufer und Käufer	Fragestellung zum Verhalten des Käufers
Ansprache des Kunden, Begrüßung	Kontakt	Wann sucht ein Konsument den Kontakt zum Verkaufspersonal?
Fragen zur Klärung der Bedürfnislage	Bedürfnisermittlung	Wie konkret ist der Kaufwunsch?
Darstellung einzelner Merkmale	Beurteilung einzelner Güter	Wie bildet sich der Kunde ein Urteil über alternative Artikel?
Anregung und Abwicklung des Kaufs, u. U. Angebot von Zusatzartikeln	Kauf	Unter welchen Umständen entschließt sich der Kunde zum Kauf?
Bestätigung der Vorteilhaftigkeit des Kaufs, Hinweise auf künftige Kontakte	Nach-Kaufphase	Wie beurteilt der Kunde den getätigten Kauf?

Abb. 6.6: Bestimmungsfaktoren für das Verhalten von Verkäufern und Käufern nach Interaktionsphase (Quelle: Müller-Hagedorn 2005, S. 388).

6.3 Verkaufsprozess

Die persönliche Kommunikation wirkt auch durch **nonverbale Komponenten**, das sind Gesichts- und Körpersprache und Gegenstände, z. B. Kleidung oder Geschenke. Durch die nonverbalen Signale werden Gefühle und Einstellungen geäußert und Informationen über den Kommunikator vermittelt. Das nonverbale Verhalten begleitet jede verbale Kommunikation (Kroeber-Riel/Weinberg 2003, S. 526 ff.). Viele Autoren vermuten, dass die Wirkung der nonverbalen Kommunikation größer ist als die der verbalen Kommunikation. Mehrabian und Ferris kamen in ihren Untersuchungen zu dem Ergebnis, dass der Gesamteindruck im Verkaufsgespräch nur zu 7 % vom Inhalt, aber zu 38 % vom Tonfall und zu 55 % von der Mimik abhängt (Weis 2003, S. 223). Auch die Sprache hat nonverbale Komponenten: Ein „Ja, okay" kann je nach Betonung aufrichtig, resignierend oder aggressiv wirken (Zaltman 2003, S. 36). Folgende Ergebnisse zur nonverbalen Interaktion zwischen Verkäufer und Käufer, die durch empirische Studien belegt sind, werden zusammenfassend wiedergegeben (Kroeber-Riel/Weinberg 2003, S. 543 ff.):

- Der Verkäufer kann die Körpersprache einsetzen, aber auch durch Beobachtung der Körpersprache beim Kunden Vorteile erzielen.
- Bei zunehmender Sprechgeschwindigkeit steigt die wahrgenommene Kompetenz des Verkäufers.
- Eine positive Haltung kommt durch räumliche Nähe zum Ausdruck, solange der intime Raum dabei nicht verletzt wird.
- Wenn der durch die Kleidung ausgedrückte Status des Verkäufers als zu niedrig eingeschätzt wird, wirkt sich das nachteilig aus.

Bei der Untersuchung von Klammer wurde das verbale und nonverbale Kommunikationsverhalten von zwei Möbelverkäufern in 45 Verkaufsgesprächen aufgezeichnet. Ein Verkäufer war sehr erfolgreich (in 85 % der Fälle erfolgte ein Kaufabschluss), der andere weniger (50 %). Der erfolgreiche Verkäufer war nonverbal aktiver (Vorbeugen, Kopfbewegungen, Blickkontakt) und setzte mehr verbale Verstärker ein wie „ja, ja" oder „ganz richtig" (Nerdinger 2001, S. 221 f.). Die Studie von Rüdell konnte für den Facheinzelhandel nachweisen, dass mit Hilfe systematischer Beobachtung nonverbaler Signale Kundenwünsche besser erkannt, und Kunden bereits vor dem Kaufabschluss von den Nichtkunden unterschieden werden konnten. Verkäufer können dadurch in die Lage versetzt werden, das Verkaufsgespräch zu steuern (Rüdell 1993, S. 223). Diese Möglichkeiten sollten Verkäufern und Verkäuferinnen mit Kommunikationstraining vermittelt werden.

Emotion	Indikator
Interesse	Seitliche Neigung des Kopfes Nicken Blickkontakt Berührung des Produkts Vorbeugen des Oberkörpers Distanzverringerung Offene Körperhaltung
Überraschung	Heben der Augenbrauen Weit geöffnete Augen Geöffneter Mund
Freude	Heben der Mundwinkel Geöffneter Mund
Negative Gefühle	Senken der Mundwinkel Kopfschütteln Geschlossene Körperhaltung Distanz

Abb. 6.7: Nonverbale Signale des Kundenverhaltens (Quelle: Rüdell 1994, S. 34 ff.).

Hilfreiche psychologische Kniffe für Verkäufer

Die folgenden Ausführungen sollen nicht dazu dienen, den Kunden zu übervorteilen, sondern helfen, eine für beide Seiten konstruktive Kommunikation aufzubauen. Wenn sie dennoch in unlauterer Absicht eingesetzt werden sollten, kann der aufmerksame Leser zumindest als Kunde darauf achten, nicht darauf hereinzufallen. Die vorgestellten psychologischen Kniffe sind

- Reziprozität und Kontrastprinzip
- Commitment und Konsistenz
- Autorität
- Ähnlichkeit

Reziprozität und Kontrastprinzip. Die psychologische Wirkungsweise von Reziprozität (Geben und Nehmen) wurde bereits im Zusammenhang mit Zugaben erläutert. Kleine Geschenke können dazu führen, dass wir uns jemandem verpflichtet fühlen. Eine psychologische Variante ist, jemandem ein Zugeständnis zu machen, wenn er uns auch eines gemacht hat. Bittet uns jemand um einen großen Gefallen und wir lehnen ab, fällt es uns umso schwerer, eine nachfolgende kleinere Bitte abzuschlagen (Cialdini 2002, S. 68). Ein Verkäufer im Einzelhandel kann diese Technik nutzen, indem er zuerst ein Modell am oberen Preislimit anbietet. Greift der Kunde zu, hat er ein gutes Geschäft gemacht. Lehnt der Kunde ab, steigt die Wahrscheinlichkeit, dass er ein preiswerteres Modell kauft. Hinzu kommt, dass das preiswertere Modell relativ gesehen noch günstiger erscheint, als wäre der Preis dafür sofort genannt worden (Kontrastprinzip) (Cialdini 2002,

S. 81). Ein empfehlenswertes Vorgehen für einen Verkäufer ist demnach, Wartungsverträge oder Garantien zuerst mit einer sehr langen Laufzeit anzubieten, um dann nachzugeben: „zwei Jahre Garantie sollten sie unbedingt nehmen". Bekleidungsfachgeschäfte weisen ihre Verkäufer an, zuerst den Anzug zu verkaufen. Wenn es um das Hemd geht, auch um ein teures, kommt dieses dem Kunden im Vergleich günstig vor. Untersuchungen zeigen, dass ein Mann wesentlich mehr für Accessoires ausgibt, wenn er sie nach dem Anzug kauft. Ein anderes Beispiel sind Immobilienverkäufer, die erst mit wenig verlockenden Angeboten beginnen, um am Ende das beste Angebot zu zeigen, das relativ gesehen noch besser erscheint. Genauso gehen Autoverkäufer vor, die erst den Preis für den Wagen aushandeln, um danach die Extras anzubieten. Ein Navigationsgerät für 900 Euro erscheint günstig im Vergleich zum Auto-Anschaffungspreis von 30.000 Euro. Ebenso ist es mit der getönten Scheibe oder dem zusätzlichen Außenspiegel. Ein weiterer Trick besteht darin, den Preis für jedes Extra einzeln zu nennen (Cialdini 2002, S. 35-36). Ein sehr gutes Beispiel hat sich bei uns zu Hause abgespielt. Ein älterer Herr wollte meiner Frau Kunstpostkarten verkaufen für einen guten Zweck. Sie war interessiert, aber vom genannten Preis erschrocken (18 Karten zum Preis von 40 Euro!). Um ihr „entgegenzukommen", bot ihr der Mann neun Karten zum Preis von 20 Euro an. Auch das erschien meiner Frau zu teuer. Schließlich einigten sich beide auf eine Spende von fünf Euro. Da ist sie ja noch mal gut weggekommen ...

Abb. 6.8: Behinderten-Postkarte als Beispiel für Reziprozität und Kontrastprinzip

Commitment und Konsistenz. „Wer A sagt, muss auch B sagen". Wir haben ein großes Bedürfnis in unseren Worten, Überzeugungen und Taten konsistent zu sein. Will jemand uns zu etwas bringen, kann er sich auf eine von uns geäußerte Position beziehen und dann konsistentes Verhalten einfordern (Cialdini 2002, S. 147). Bejahen wir beispielsweise die Frage eines Verkäufers „Sie legen doch Wert auf Qualität?", können wir anschließend unmöglich das preisgünstigste Produkt auswählen. Beantragt ein Kunde die Kundenkarte eines Einzelhändlers, oder ist er bereit, einen Aufkleber des Unternehmens auf seinem Auto anzubringen, „commited" er sich mit dem Händler. Er wird gegenüber Freunden die Meinung vertreten, dass es sich um ein gutes Unternehmen handelt. Ansonsten wäre sein Verhalten inkonsistent. Wenn wir etwas schriftlich festlegen, fühlen wir uns besonders verpflichtet. Der Rücktritt von Kaufverträgen kann deshalb dadurch verringert werden, dass die Kunden die Verträge selbst ausfüllen (Cialdini 2002, S. 115). Ein weiterer für das Commitment förderlicher Faktor ist Öffentlichkeit. Wenn wir öffentlich (im Freundeskreis) bekennen, dass wir in der nächsten Zeit abnehmen, oder mit dem Rauchen aufhören wollen, ist die Wahrscheinlichkeit der Durchführung deutlich höher, als wenn wir uns das still und heimlich vornehmen.

Autorität. Im persönlichen Verkauf ist es wichtig, dass der Verkäufer Kompetenz ausstrahlt. „Wenn es ein Experte so gesagt hat, wird es wohl stimmen" (Cialdini 2002, S. 28). Insbesondere wenn der Kunde unsicher ist, ist diese Technik zu empfehlen. Ein Malermeister kann im Baumarkt ebenso überzeugend auftreten wie der Philatelist im Briefmarkengeschäft. Das mittelständische Unternehmen Globetrotter, ein Spezialist für Outdoor-Sportarten, das im Jahr 2003 mit dem deutschen Handelspreis ausgezeichnet wurde, stellt grundsätzlich nur Verkäufer oder Verkäuferinnen ein, die selbst eine der Sportarten ausüben, deren Ausrüstung angeboten wird. Bei 1.000 Töpfe, einem Hamburger Fachmarktzentrum für Technik, Haushalt und Freizeit, werden Farben und Tapeten von einem Innendekorateur verkauft. Um die Fotoabteilung kümmern sich ausgebildete Fotografen. Schenk (1995, S. 210) empfiehlt dem Handel Uniformen. Neben dem Vorteil, dass das Personal eindeutig identifizierbar wird, kann durch passende Kleidung Kompetenz signalisiert werden. Ein Beispiel aus dem deutschen Einzelhandel sind die Verkäuferinnen von Douglas, die in ihrem türkisfarbenen Kittel an Apothekerinnen erinnern.

Die wahrgenommene **Ähnlichkeit** zwischen Verkäufer und Käufer steigert die Sympathie, die Attraktivität als Sozialpartner und erhöht die Glaubwürdigkeit. Menschen lassen sich lieber von jemandem überzeugen, den sie sympathisch finden. Sympathiesteigernd sind neben der Ähnlichkeit die körperliche Attraktivität und die Vertrautheit aufgrund wiederholter Kontakte (Cialdini 2002, S. 252 f.). Die Bedeutung von Bekanntheit als Sympathiefaktor kann nicht hoch genug eingeschätzt werden. Der Mensch hat durch die Evolution gelernt, dass mit unbekannten Dingen/Personen vorsichtig umzugehen ist. Durch wiederholte Kontakte entsteht Sicherheit. Wir können nun einschätzen, um was oder wen es sich handelt. Das lässt sich sehr gut bei Kindern beobachten, die viel Wert legen auf ein bekanntes Umfeld. Aus motivationaler Sicht wirkt Ähnlichkeit wie eine Belohnung, aus kognitiver Sicht ist sie stabilisierend und beruhigend (Tebbe 2000, S. 255). Der Interaktionsprozess verläuft umso erfolgreicher, je ähnlicher sich Verkäufer und Käufer sind (Müller/Lohmann 1995, Sp. 1789). Diese These konnte durch Experimente bestätigt werden, z. B. durch Brock in der Farbenabteilung eines großen Kaufhauses. Zwei Verkäufer versuchten während fünf Monaten die Kunden vom Kauf einer Farbe zu überzeugen. In der Hälfte der Fälle bestätigte der Verkäufer die vom Kunden genannte Verbrauchsmenge (= Ähnlichkeit). Es zeigte sich, dass der Ähnlichkeit suggerierende Verkäufer erfolgreicher war als der andere. In einem anderen Experiment von Woodside/Davenport wurde Kunden, die in einem Musikgeschäft an der Kasse bezahlen wollten, ein neuartiger Tonkopfreiniger empfohlen. Dabei betonte die Verkäuferin ihren dem Kunden ähnlichen/abweichenden Musikgeschmack. Der Ähnlichkeitseindruck führte zu einem signifikanten Umsatzeffekt (Tebbe 2000, S. 256 f.). Für den Handel bedeutet das, dass in einem Bekleidungsgeschäft für junge Leute, z. B. New Yorker, entsprechende Verkäufer/innen arbeiten sollten. Wer würde einem 50-jährigen Mann bei diesem Segment eine kompetente Beratung abnehmen? Ganz anders ist es im Baumarkt. In der Haushaltswarenabteilung bietet sich eine Frau mittleren Alters an, die selbst einen Haushalt führt. Die Ähnlichkeit zwischen Käufer und Verkäufer kann beruhen auf (Schoch, in: Schuchert-Güler 2001, S. 39):

- Soziodemographischen Merkmalen (z. B. Alter und Bildung).
- Psychologischen Faktoren (Einstellung).
- Rollen und Rollenerwartungen.
- Kommunikation und sozialer Distanz.
- Sozialer Umwelt und Umgebung (z. B. gleiche Herkunft).

Ein Verkäufer kann seine Akzeptanz beim Kunden u. a. dadurch erhöhen, dass er gleiche Interessen betont. Ein Küchenverkäufer berichtete mir ausführlich über seine Bindung zu einem Fußballverein aus meiner Region. Fußballinteresse und Herkunft dienten als gemeinsame Merkmale. Cialdini berichtet von Autoverkäufern, die im Gebrauchtwagen nach Merkmalen über den Kunden suchen. Sieht der Verkäufer Campingutensilien, kann er betonen, bei jeder Gelegenheit ins Grüne zu fahren. Wir alle haben eine phänomenale Schwäche für Schmeicheleien. Zwar gibt es Grenzen der Glaubwürdigkeit, in der Regel fühlen wir uns aber gut, wenn wir Lob erhalten (Cialdini 2002, S. 222).

Ein mit der Ähnlichkeit verwandtes Konstrukt ist das Pacing. Schebitz betont die Bedeutung des „Mitgehens" für den Verkaufserfolg. Dem Unterbewusstsein des Gesprächpartners wird durch diese Technik Sympathie vermittelt. Eine Möglichkeit ist, sich auf die Atmung einzustellen. Man spiegelt dabei die Atmung des Gegenübers. Atmet er flach, atmet man ebenfalls flach. Ähnlich funktioniert es mit der Stimme. Spricht der Kunde mit leiser Stimme sollte man ebenso antworten. Das gleiche Prinzip lässt sich bei Körperhaltung und Bewegung, Sprache und Formulierungen, Werten und Normen, Interessen und Hobbies einsetzen (Schebitz 1994, S. 175 f.). Bekannt geworden ist der Begriff NLP (Neurolinguistische Programmierung), deren Grundidee es ebenfalls ist, sich auf die andere Person gemäß ihrem Typ einzustellen (Foscht/Swoboda 2005, S. 198). So können Kellner, welche die Bestellung ihrer Gäste wörtlich wiederholen, mit einem höheren Trinkgeld rechnen. Wissenschaftler vermuten schon länger, dass eine einfache Imitation des Verhaltens soziale Gefühle fördert. Niederländische Forscher konnten das nun mit Kellnerinnen nachweisen. In den Niederlanden ist – wie in Deutschland – der Service im Preis inbegriffen. Das Trinkgeld drückt die Zufriedenheit des Gastes aus. Und diese variierte eindeutig: Kunden, deren Wünsche wörtlich wiederholt wurden, gaben häufiger Trinkgeld als die restlichen Gäste – und sie gaben mehr: im Durchschnitt rund doppelt so viel (Apothekenmagazin Gesundheit, in: www.gesundheit.icpro.de, 16.12.2003).

Abb. 6.9: Ähnlichkeit als Erfolgsfaktor (Quelle: Cialdini 2002, S. 221).

Parties

Viele Direktvertriebsunternehmen arbeiten mit dem Schneeballsystem (Networking), bei dem sie sich von Kunden den Namen von Freunden oder Bekannten nennen lassen. Erscheinen die Vertreter an der Haustür und möchten etwas anbieten, fällt es uns schwer, diese abzuwimmeln. Es ist fast, als würden wir unserem Freund eine Abfuhr erteilen. Cialdini (2002, S. 210 f.) beschreibt die Fülle der psychologischen Mechanismen einer Tupperparty wie folgt:

- Zuerst können die Gäste ein paar Preise gewinnen. Wer nichts gewonnen hat, kann sich etwas aus einem Sack nehmen, so dass jeder vor der Party etwas geschenkt bekommen hat (Reziprozität).
- Die Teilnehmer sollen den anderen die Vorzüge der Produkte beschreiben, die sie bereits besitzen (Commitment).
- Sobald der Verkauf beginnt, bestätigt jeder verkaufte Artikel, dass andere die Produkte haben wollen. Sie müssen also gut sein (Soziale Bewährtheit).
- Alle wissen, dass die Gastgeberin an den Umsätzen mitverdient. Die Kunden kaufen also nicht nur beim Vertreter, sondern auch von einer befreundeten Person (Sympathie).

Studien belegen, dass der Grad der freundschaftlichen Verbundenheit doppelt so ausschlaggebend ist für den Kauf wie der Artikel selbst. Selbst wenn den Kunden dieser Zusammenhang bewusst ist, haben sie große Schwierigkeiten, die Einladung einer Freundin zur Tupperparty abzuschlagen.

> Inzwischen ist es soweit gekommen, dass ich es hasse, zu Tupperparties eingeladen zu werden. Ich habe alle Behälter, die ich brauche; und wenn ich noch einen haben will, kann ich im Laden einen billigeren von einer anderen Marke kaufen. Aber wenn eine Freundin anruft, fühle ich mich verpflichtet hinzugehen. Und wenn ich dann da bin, fühle ich mich verpflichtet, etwas zu kaufen (Tupper-Kundin, in: Cialdini 2002, S. 211).

Vor ein paar Jahren sind wir umgezogen. Meine Frau war zu dieser Zeit manchmal etwas niedergeschlagen, da sie zu den Tupperparties *nicht* eingeladen wurde. Wenn man eingeladen wird, gehört man dazu. Deshalb hat sie der ersten Einladung zugestimmt, obwohl sie nichts brauchte und ihr klar war, dass sie dort Geld ausgeben musste. Schließlich würde der, der sich einladen lässt, das Geschenk entgegennimmt und dann nichts kauft, sehr schnell nicht mehr dazugehören. Alles in allem wird ein hoher sozialer Druck aufgebaut. Dem kann nur der entgehen, der keinen Wert darauf legt, dazuzugehören.

Empfehlungen für Preisverhandlungen im Einzelhandel

Da Preisverhandlungen nach Wegfall des Rabattgesetzes noch wichtiger geworden sind, und die Medien immer wieder darauf hinweisen, dass blöd ist, wer nicht feilscht, möchte ich einige Hinweise für den geschickten Umgang mit Rabattwünschen geben:

- Generell sollte der Preis möglichst spät diskutiert werden. Der Verkäufer kann die Frage zunächst überhören, davon ablenken oder um Rückstellung bitten. Bevor über den Preis diskutiert wird, sollte zunächst die Leistung erläutert werden, um den Preis nicht isoliert wirken zu lassen.
- Rhetorische Verkleinerungen des Preises gelingen u. a. durch (weitere Möglichkeiten siehe Bänsch 1998, S. 83 ff.):

- Nennung von Stückpreisen statt des absoluten Preises.
- Nutzung von Begriffen wie Fabrik-, Sonder- oder Sparpreis.
- Vergleichen des Preises mit teureren Varianten.
- Nennung des Nettopreises, z. B. nach Abzug einer Inzahlungnahme.
- Es sollte geprüft werden, ob der Kunde alle Vorteile des Produktes kennt. Gegebenenfalls sollten diese noch einmal aufgezählt werden.
- Für ein Entgegenkommen des Verkäufers sollte vom Kunden ein Zugeständnis gefordert werden, z. B. ein Rabatt gegen ein höheres Auftragsvolumen. Der Bruttopreis darf nur über klar begründbare Rabatte reduziert werden, ansonsten gilt der Preis nicht mehr (Detroy 2001, S. 58).
- Je sympathischer der Verkäufer dem Kunden ist, desto preisunempfindlicher ist dieser.
- Ein Händler sollte nicht versuchen, mit allen Mitteln jeden Kunden zu gewinnen.
- Gute Argumente gegen zu große Preissensibilität sind:
  - „Kaufen Sie immer nur das Billigste? Haben Sie damit noch keine schlechten Erfahrungen gemacht?"
  - „Der Preis kümmert Sie nur heute, mit der Qualität müssen Sie noch lange leben."
  - „Glauben Sie, dass man für etwas zu viel zahlt, wenn es einem wirklich gefällt?"
  - „Wir hätten es so billig machen können, dass wir uns später tausendmal für die Qualität hätten entschuldigen müssen. Wir argumentieren lieber einmal für den richtigen Preis."

Kaufst Du billig, kaufst Du teuer!

Immer häufiger kommt es vor, dass Kunden mit Preisvergleichen aus dem Internet in den Laden kommen. Wenn zu diesem Preis Verlust gemacht wird, sollte der Händler auf das Geschäft verzichten. Dass der Internetanbieter langfristig solche Preise anbieten kann, ist eher unwahrscheinlich. Nicht wenige sind schon wieder verschwunden und die Preise der Internet-Marktführer (Amazon, Quelle, Otto, Neckermann und Co.) sind nicht günstiger als die der stationären Händler.

Das problematische Verhältnis zwischen Käufer und Verkäufer

Die Kundenerwartungen an Verkäufer lassen sich in drei Bereiche einteilen (Kuß/Schuchert-Güler 2004, S. 196):

- Hilfe bei Entscheidungsunsicherheit: Fachkompetenz, Ratschläge geben, Hilfestellung bei der Entscheidungsfindung leisten, und Unsicherheit abbauen sind gefragt.
- Kontrolle über das Verkaufsgespräch: Obwohl der Kunde Hilfe beansprucht, will er die Kontrolle nicht verlieren. Er muss das Gefühl behalten, eine eigene Entscheidung zu treffen. Dafür sind Einfühlungsvermögen und eine gewisse Zurückhaltung des Verkäufers wichtig.
- Emotionale Vorteile: Die Freundlichkeit spielt eine Rolle, der Kunde will sich wohlfühlen und höflich behandelt werden.

Während die Interessen von Käufer und Verkäufer in einigen Punkten übereinstimmen, gibt es auch Gegensätze. So wünscht der Anbieter einen für ihn profitablen Verkauf, der Kunde möchte dagegen einen günstigen Kauf tätigen. Gleichzeitig sind die Anforderungen an den Verkäufer durch Kunden und Unternehmen groß. Voswinkel/Korzekwa (2005, S. 163) nennen sieben Elemente der Kundeninteraktionsarbeit:

- Normalisierungsarbeit   Beseitigung und Überspielen von Störungen
- Kontrollarbeit   Sicherung korrekten Kundenverhaltens
- Transferarbeit   Übermittlung der gewünschten Ware
- Beratungsarbeit   Entscheidungshilfe für den Kunden
- Verkaufsarbeit   Verkaufsorientierte Beeinflussung der Entscheidung
- Animationsarbeit   Steigerung der Kundenstimmung
- Hilfearbeit   Problemlösung als Extraservice

Die Aufzählung lässt unschwer erkennen, dass es zu Zielkonflikten kommen muss. Wenn Verkäufer mit Prämien belohnt werden, können sich Beratungs- und Verkaufsarbeit widersprechen. Einerseits soll der Kaufprozess reibungslos ablaufen (Normalisierungsarbeit), andererseits soll der Kunde an der Kasse die Tasche öffnen (Kontrollarbeit) (Voswinkel/Korzekwa 2005, S. 180).

Eine umfassende Untersuchung zu den Wirkungen des persönlichen Verkaufs im Handel erstellte Schuchert-Güler (2001). Dabei wurde 38 Parfümerie-Fachverkäuferinnen und 48 TextilverkäuferInnen eine Computersimulation vorgegeben, bei der sie aufgrund von Bildern und Informationen die Kundenwünsche fiktiver Kunden ermitteln sollten. Auch wenn die Methodik hinsichtlich Stichprobengröße und Künstlichkeit zu kritisieren ist, sollen hier die wesentlichen Ergebnisse wiedergegeben werden:

- Das schlechte Bild vom Verkäufer in der Öffentlichkeit wird auch erzeugt durch die Tatsache, dass die Ähnlichkeit zwischen Verkäufer und Käufer vorgespielt werden muss, da sie tatsächlich nicht vorhanden ist.
- Ein weiterer Grund ist die mangelnde Kommunikation. Der Kunde möchte beraten werden und nicht nur die Bestätigung seiner Vorstellungen und Einstellungen erhalten.
- Die Eindrucksbildung der Verkäufer beginnt bei der ersten Begegnung. Verkäufer machen oft den Fehler, dass der Kunde nach dem ersten Eindruck in eine Kategorie eingeteilt wird. Anschließend werden bestimmte Informationen nicht mehr erfragt, da der Verkäufer bereits ein bestimmtes Schema abgerufen hat und nur noch schematypische Fragen stellt.

Ein echtes Problem ist, dass manche Händler bzw. Verkäufer einfach unsympathisch sind. Sie wirken arrogant, herablassend, gestresst oder auch nur lustlos. Regelmäßig schwierig ist es, hilfreiche Antworten auf Fragen zu bekommen. Manche Fragen scheinen einfach zu dumm zu sein, oder sie haben keinen direkten Umsatzzusammenhang. Meiner Erfahrung nach handelt es sich dabei um persönliche Schwächen, die durch kein Training behoben werden können, sondern nur durch Berufswechsel. Andere Verkäufer hören sich zwar gerne reden, sind aber unzuverlässig. Mir erläuterte der Inhaber eines Küchenstudios in einem einstündigen Gespräch neben vielen privaten Geschichten („Wen er alles kennt!")

auch die Vorteile des mittelständischen Einzelhandels („Da bekommen Sie geholfen!"), um sich dann nie wieder zu melden. Auslöser war die Bitte um die Beschaffung eines defekten Scharniers für eine Schranktür der in dem Studio gekauften Küche. Ergebnis war, dass der besagte Küchenschrank zwei Monate ohne Tür auskommen musste bis ich, nachdem ich das Warten aufgegeben hatte, mit Hilfe eines Baumarktes, der mir den Hersteller verriet, und über Internet-Direktkontakt das Scharnier selbst – schnell und kostenlos – besorgte.

> Ein Einkaufserlebnis meiner Frau mit einer Freundin spielte sich im März 2004 in einer Filiale eines familienorientierten Textilanbieters wie folgt ab:
> Verkäuferin räumt Ware aus.
> Kundin an der Kasse: „Könnten Sie mich bitte abziehen?"
> Verkäuferin: „Wenn ich fertig bin, gleich." (Nach einer kurzen Wartezeit wird die Kundin abkassiert)
> Verkäuferin räumt weiter aus.
> Nächste Kundin: „Haben Sie auch Oberteile für Mädchen, Größe 122?"
> Verkäuferin: „Weiß ich nicht. Da müssen Sie mal auf der Stange schauen."
> Kundin: „Da hängt nichts."
> Verkäuferin: „Dann ist eben nichts mehr da". (Räumt weiter aus)
> Wieder andere Kundin: „Im Schaufenster steht ein Rasenmäher für Kinder. Haben Sie den auch im Geschäft?"
> Verkäuferin: „Nein."
> Kundin: „Was kostet so ein Rasenmäher?"
> Verkäuferin (dreht sich weg): „4,95 Euro."
> Kundin: „Könnten Sie mir den Rasenmäher aus dem Schaufenster holen? Ich möchte ihn mir ansehen."
> Verkäuferin (holt Rasenmäher raus): „Wenn ich drankomme."
> Kundin: „Kann ich meine Sachen auf den Tisch legen während ich den Rasenmäher anschaue?" (Es handelt sich um den Tisch, den die Verkäuferin als Ablage für die einzuräumende Ware nutzt)
> Verkäuferin: „Wenn Sie die Sachen nicht zu lange liegen lassen."
> Wieder andere Kundin, eine alte Frau mit Prospekt in der Hand: „Haben Sie den Artikel auf dem Bild?"
> Verkäuferin: „Gute Frau!! Können Sie nicht lesen, was auf dem Prospekt steht? Das gilt erst ab morgen."
> Alte Frau (schämt sich): „Ach, ich habe nicht so genau hingeschaut."

Alle Untersuchungen zeigen, dass die gravierendsten Probleme im Handel Personalprobleme sind. Ist ein Kunde unzufrieden, ist in den allermeisten Fällen eine unfreundliche Bedienung die Ursache. Weit abgeschlagen kommen Qualitätsmängel oder fehlende Ware.

Abb. 6.10: „Frag mich. Ich möchte helfen." (Quelle: Levy/Weitz 2003).

Weiterführende Literaturhinweise zum persönlichen Verkauf:

Bänsch, A. (1998): Verkaufspsychologie und Verkaufstechnik, 7. Aufl., München.
Brockelmann, K. (2001): Multimedia im persönlichen Verkauf unter besonderer Berücksichtigung des Außendienstes, Frankfurt u. a.
Kramer, J. (1993): Philosophie des Verkaufens, Wiesbaden.
Schuchert-Güler, P. (2001): Kundenwünsche im persönlichen Verkauf, Wiesbaden.
Tebbe, C. (2000): Erfolgsfaktoren des persönlichen Verkaufsgespräches, Frankfurt u. a.
Weis, H. Chr. (2005): Verkaufsmanagement, 6. Aufl., Ludwigshafen.
Weis, H. Chr. (2003): Verkaufsgesprächsführung, 4. Aufl., Ludwigshafen.

Meine Empfehlung:

Nerdinger, F.W. (2001): Psychologie des persönlichen Verkaufs, München u. a.
Ein fundiertes Buch. Käufer und Verkäufer werden verhaltenswissenschaftlich betrachtet. Den Hauptteil bildet das Kapitel zur Interaktion und Kommunikation zwischen Käufer und Verkäufer.

Ausgewählte praxisorientierte Verkaufsberater:

Detroy, E.-N. (2001): Sich durchsetzen in Preisgesprächen und -verhandlungen, 12. Aufl., Zürich (Detaillierte Tipps zum Verhalten in Preisgesprächen).
Formatscheck, W. (1993): Verkaufen, Verkaufen, Verkaufen, Bamberg (Ausführlicher Ratgeber).
Girard, J. (2000): Ein Leben für den Verkauf, Wiesbaden (Tipps vom erfolgreichsten Verkäufer der Welt).
Kiwus, D. (2003): Mehr Verkaufserfolg durch Selbstcoaching, 2. Aufl., Wiesbaden (Gute Tipps, in 21 Tagesrationen aufgeteilt).
Schebitz, U. (1994): Das 1x1 erfolgreicher Verkäufer, Wiesbaden.

6.4 Selbstbedienung

Die Selbstbedienung war eine der gravierendsten Veränderungen im Handel des 20. Jahrhunderts. Die frühere Distanz zwischen Ware und Kunde wurde aufgehoben. Im Supermarkt durfte man nun die Produkte ohne Zwang anfassen, ansehen und wieder zurücklegen. Aus soziologischer Sicht ist die Selbstbedienung ein klassenloser Einkauf, alle werden gleich behandelt. Andererseits wurde die Person des Verkäufers durch ein „Etwas" ersetzt. Kein Gespräch, keine Wiedererkennung sind möglich. Eine der Komponenten des klassischen Einkaufs ging verloren.

> Heutzutage kannst Du überall in Europa in der Umkleidekabine sterben, und kein Verkäufer wird es merken (T. Brûlé).

Zwar wurde durch die Selbstbedienung Arbeit auf die Kunden abgewälzt – die Kommissionierung, der Transport der Ware, das Wiegen von Obst, neuerdings das Scannen der Preise – für den Kunden bedeutet diese Art des Einkaufs aber auch einen Zugewinn an Freiheit. Bowlby sieht auch ein kindliches Element in der Selbstbedienung. Es gibt keine Einschränkungen, alles was zu sehen ist, kann eingepackt werden, und man kann solange bleiben wie man will (Bowlby 2001, S. 31 ff.). Ein weiterer psychologischer Effekt der Selbstbedienung ist, dass der Kunde autark ist und sich als Experte fühlen kann. Allerdings beinhaltet die Autonomie einen Konflikt. Wer autonom ist, braucht keine Hilfe, erhält indes auch keine. Das ist Zumutung und Anerkennung zugleich. Der Kunde verhält sich entsprechend paradox. Auf der einen Seite reagiert er schon einmal verärgert wenn er angesprochen wird, auf der anderen Seite vermisst er ausreichend Personal wenn er welches braucht (Voswinkel 2005, S. 90 f.). Viele wollen nicht dienen, viele wollen aber auch nicht bedient werden. Dienst im Sinne von dienen stößt in Deutschland – aber keineswegs nur hier – auf Vorbehalte oder gar Ablehnung, besonders, wenn es um den Dienst am Menschen geht. Eine Maschine oder einen Computer zu bedienen ist dagegen in Ordnung (Voswinkel/Korzekwa 2005, S. 12 f.).

In Deutschland hat sich die Selbst- bzw. die Teilselbstbedienung in vielen Bereichen des Handels seit den 60er-Jahren durchgesetzt. In mehreren Untersuchungen in den 70er und 80er-Jahren kam die vormalige Rationalisierungs-Gemeinschaft des Handels (RGH) zu dem Schluss, dass die Teilselbstbedienung dort optimal ist, wo sich Teile des Sortiments dank ihrer SB-Eignung selbst verkaufen lassen und andere Sortimentsteile erklärungsbedürftig sind (Schenk 1995, S. 152). So ist es in heutigen Supermärkten üblich, dass der Frischthekenbereich weiter in Bedienung betrieben wird.

Positive psychologische Aspekte der Teilselbstbedienung	Negative psychologische Aspekte der Teilselbstbedienung
Die Kunden können ungestört einkaufen und im Zweifel auf Beratung zurückgreifen.	Auf der einen Seite kann der Eindruck des Verlassenseins entstehen, auf der anderen Seite kann der Kunde glauben, die Kosten für die Bedienung werden über den Preis wieder hereingeholt.
Die Kunden, die soziale Kontakte wünschen, können diese an den Theken erhalten.	Das Personal kann als uninteressiert empfunden werden.
Die Teilselbstbedienung kommt dem Zeitmanagement der Kunden entgegen. Je nach Bedarf kann der Einkauf schnell oder weniger schnell erfolgen.	Ein Eindruck der Inkonsequenz ist möglich: Warum wird hier bedient und dort nicht?
Die Teilselbstbedienung kommt dem Abwechslungsbedürfnis entgegen.	Die Verlockung zum Ladendiebstahl besteht ähnlich wie bei der Selbstbedienung.

Abb. 6.11: Ausgewählte Aspekte der Teilselbstbedienung (Quelle: Schenk 1995, S. 153 f.).

Die Teilselbstbedienung stellt Anforderungen an den Kunden. Wenn er Aktivitäten übernehmen soll, muss er dafür angelernt werden. Den Kunden, der sich bei Einscannen, Einräumen oder Verpackung inkompetent zeigt, treffen mitleidige Freundlichkeit, Verachtung oder Ärger des Personals. Bei Aldi gerät der Kunde in einen Wettstreit mit der Kassiererin, bei dem es darum geht, die Ware schneller auf das Band zu legen, als es der Kassiererin gelingt, die Ware über den Scanner zu ziehen. Selbstbedienung bedeutet neben Selbstbestimmung auch Selbstverantwortung. Wer übersieht, dass die Ware anderswo billiger ist, oder wer zu Hause feststellt, dass er die Ware, die er gekauft hat, nicht braucht, ist selbst dafür verantwortlich. Scheitert der Kunde an seiner Autonomie, pocht er umso mehr auf seine Dominanz gegenüber dem Personal. Ist er es doch, der deren Arbeitsplätze sichert (Voswinkel 2005, S. 96 ff., S. 107). Die Probleme bei der heutigen Form des Einkaufs beginnen schon mit den Einkaufswagen. An der Sammelstelle müssen wir die Übergabe organisieren. Es ist abzustimmen, wer in welcher Reihenfolge einen Wagen einstellt und übernimmt. Ein großes Malheur ist, wenn man kein passendes Geldstück dabei hat. Mir passiert das recht häufig, weil ich ungern viele Münzen in meinem Geldbeutel umhertrage. Im schlechtesten Fall muss ich mich dann an der Kasse vordrängeln, um Geld gewechselt zu bekommen. Eine andere Möglichkeit ist, andere Kunden anzusprechen. Dass man angesprochen wird, ist in Selbstbedienungsläden allerdings sehr ungewöhnlich, deswegen gibt es eine Hemmschwelle. Ein weiteres Problem ist das Sich-Vorwärtsbewegen mit dem Einkaufswagen im Laden. Oft sind die Durchgänge nicht breit genug, um andere Kunden mit Einkaufswagen passieren zu können und es gibt keine klaren Vorfahrtsregeln. Will ich in enge Nebengänge abbiegen, lasse ich den Wagen häufig am Hauptgang stehen, was andere Kunden teilweise behindert, und auch schon dazu geführt hat, dass mein Einkaufswagen weg war (Keim 2005, S. 119 ff.).

An die Stelle des persönlichen Vertrauens zum Verkäufer treten bei der Selbstbedienung Vertrauensintermediäre, z. B. Garantiesiegel oder Fachzeitschriften, und das Systemvertrauen. Das hat Sinn, da dem persönlichen Urteil eines Verkäufers immer weniger Gewicht eingeräumt, und ein Wiedersehen aufgrund der wachsenden Mobilität immer unwahrscheinlicher wird. Analog beziehen die Unternehmen ihr Wissen über den Kunden immer weniger vom Personal sondern aus Datensystemen (Voswinkel 2005, S. 105).

> Aufgabe des Verkaufs ist es in der Selbstbedienung nicht mehr, den Kunden durch den Verkäufer zum Kauf zu bewegen, sondern sich in die Position des Kunden zu versetzen, um dann Ware, Informationen, Plakate usw. so zu platzieren und aufzubereiten, dass der Kunde selbständig so handelt, wie es der Anbieter wünscht (Voswinkel 2005, S. 99).

Die zunehmende Selbststeuerung im Laden erfordert ein erhöhtes Maß an Selbstkontrolle. Der Kunde darf nicht zu viel kaufen und nichts kaufen, was man später bereuen könnte. Während die Mehrheit ausreichend Selbstkontrolle aufbringt, benötigen die anderen Fremdkontrolle (Voswinkel/Korzekwa 2005, S. 60). Zwischen 1965 und 1985 stieg die Zahl der Ladendiebstähle um 815 % (Voswinkel 2005, S. 102). Die Warenüberfülle suggeriert dem Dieb, dass sein Vergehen nur marginal ist. Das Selbstbedienungsprinzip hat die Hemmschwelle gesenkt und das Stehlen vereinfacht. Externe Einflüsse sind zunehmende Armut, Verwahrlosung von Jugendlichen oder zu geringe Sanktionen. Die Maßnahmen gegen Ladendiebstahl sind psychologisch zweischneidig. Plakate mit Strafandrohungen oder Video-Kameras suggerieren Misstrauen gegenüber den Kunden. Lösen die elektronischen Sicherungsetiketten aufgrund mangelnder Deaktivierung bei einem ehrlichen Kunden Alarm aus, kann das für ihn sehr peinlich sein (Schenk 1995, S. 98). In einer Studie der Berliner Unternehmensberatung IMCo Inventory Management aus dem Frühjahr 2003 wurden Ladendiebe nach ihren Motiven und Vorgehensweisen befragt. Demnach zielt das Klauen – wie das Kaufen – darauf ab, Bedürfnisse zu befriedigen. Es geht darum, den Lebensstandard zu erhöhen, sich besser zu fühlen oder den Kick zu spüren. Fast alle Täter sind der Auffassung, sich nur das zu holen, was ihnen zusteht. Der Warenüberfluss, die eigene finanzielle Lage oder dass man den reichen Unternehmen ruhig etwas wegnehmen kann, sind Argumente. Abschreckend ist für den Dieb, wenn die Enttarnung vor anderen Kunden passiert oder man von der Polizei abgeführt wird. Diese Ereignisse wurden als höchst peinlich erlebt. Lief der Vorgang diskret ab, verpuffte die abschreckende Wirkung sehr schnell (Feese 2003, S. 46). Ein aktuelles Beispiel für den anhaltenden Siegeszug der Selbstbedienung sind die neuerdings überall auftretenden Diskontbäckereien. Deren Erfolg beruht neben dem Preis auf der attraktiven Warenpräsentation. Während in den klassischen Bäckereien die Brötchen meist in Körben an der hinter der Theke liegenden Wand verschwinden, liegen die Produkte in den Selbstbedienungsbäckereien wie auf dem Präsentierteller. Auch in unseren Supermärkten ist zu beobachten, dass Fleisch, Wurst und Käse zunehmend in selbstbedienungsfähiger, verpackter Form verkauft werden. Der nächste Schritt ist die Einführung von Selfscanning. Entweder scannt der Kunde die Ware mit einem mobilen Scanner bevor er sie in den Einkaufswagen legt, oder er steuert eine der SB-Kassen an, die immer häufiger angeboten werden. Die Kunden mögen es, ihr eigenes Tempo zu bestimmen ohne dass der Hintermann drängelt und ohne den Druck, gleichzeitig bezahlen und einräumen zu müssen. Die Kunden wollen Kontrolle haben über die im Handel eingesetzten Technologien (Uncles 2006, S. 164). Der Erfolg dieser Maßnahmen zeigt, dass den Kunden der selbstbestimmte Einkauf wichtiger ist als die persönliche Beratung an der Theke wo man schon mal warten muss. Nach dieser Selbstverantwortung scheinen die Kunden sogar regelrecht süchtig zu werden. Es gibt keinen bestimmten Kundentyp, der Self-Service bevorzugt, „nur wer einmal selbst gescannt hat, wird zum wahren Self-Scanning-Fan" (Michel Goisse, Analyst Retail Services bei Delhaize, in: Wilhelm 2005, S. 62). Nicht nur im Handel gewinnt die Selbstbedienung deshalb weiter an Bedeutung. Kontoauszugsdrucker und Geldautomaten, das Frühstücksbüffet im Hotel und die Kartenautomaten der Deutschen Bahn sind weitere Beispiele.

Weiterführender Literaturhinweis zur Selbstbedienung:

Hellmann, K.-U./Schrage, D. (Hrsg.) (2005): Das Management der Kunden. Studien zur Soziologie des Shopping, Wiesbaden, Kap. 2 „Logik und Praxis der Selbstbedienung", S. 87 ff.

6.5 Service – *Irrtümer*

Unabhängig davon, ob die Konsumenten Versorgungskauf oder Erlebniskauf betreiben, benötigen sie dafür Zeit. Die Versorgungskonsumenten wollen keine Zeit verlieren, die Erlebniskonsumenten wollen Zeit gewinnen, um genießen zu können. Der Service muss dazu dienen, dem Kunden einen Zeitvorteil zu verschaffen (o.V. 2003a, S. 193). Bietet ein Geschäft die Möglichkeit, zusammen mit dem Kauf zu entspannen oder Freunde zu treffen, beispielsweise durch ein Café, erhöht es die Konsumproduktivität des Kunden. Er kann mehrere Bedürfnisse miteinander verknüpfen und an einem Ort erledigen.
Das folgende Beispiel soll die Bedeutung von Service verdeutlichen. Als ich mir vor einiger Zeit Schuhe kaufen wollte, lies ich mir von der Verkäuferin helfen, da einige Modelle, die mich interessierten, nicht in meiner Größe da waren. Nach

einiger Zeit wählte ich ein – meiner Meinung nach – sehr teures Paar aus und ging zufrieden zur Kasse. Dort wollte ich einen Gutschein über 30 Euro einlösen, der mir geschenkt worden war, und der für das ganze Shopping-Center gilt, in dem das Geschäft angesiedelt ist. Die freundliche Angestellte teilte mir mit, dass ich in diesem Fall nicht mit Kreditkarte zahlen könne, da der Restbetrag bei Einlösen eines Gutscheins nur in bar bezahlt werden könne. Da ich meist nur wenig Bargeld bei mir trage, reichte es nicht für die Differenz. Den Gesamtbetrag wollte ich nicht mit Karte bezahlen, da ich nicht wusste, wie ich den Gutschein sonst in absehbarer Zeit einlösen sollte. Darauf hin schlug die Verkäuferin vor, ich solle doch zum Geldautomaten gehen, Geld holen und dann bezahlen. Das wollte ich wiederum nicht („Schließlich wollen die doch etwas von mir!"). So lies ich die Schuhe für morgen zurücklegen. Zu Hause angekommen meinte meine Frau, so teuere Schuhe hätte sie noch nie gekauft. Ich kämpfte etwas mit mir (kognitive Dissonanz), ging am nächsten Tag in ein anderes Geschäft und kaufte dort günstigere Schuhe.

Die Servicepolitik – es geht in diesem Kapitel ausschließlich um kundengerichtete Serviceleistungen – bietet unzählige Möglichkeiten, die nur durch die Kosten begrenzt werden. Eine definitorische Schwierigkeit ist, dass das Warengeschäft und die verbundene Dienstleistung nicht eindeutig voneinander abzugrenzen sind. Im Einzelhandel handelt es sich fast immer um Einzelfertigungen, die eine Kombination von Ware und Service darstellen. Selbst wenn die Ware in Selbstbedienung entnommen wird, ist ein Serviceanteil enthalten, so die Präsentation der Ware im Regal oder die über Werbeträger vermittelten Informationen. Aufgrund dieser Problematik wird im vorliegenden Abschnitt nur auf einige ausgewählte Aspekte eingegangen. Eine vollständige Aufzählung von Serviceleistungen ist unmöglich. Die Abb. 6.12 ordnet der Bedürfnispyramide von Maslow exemplarische Services zu.

Motivklasse	Bedürfnisse	Service-Beispiele im Handel
Physiologische Bedürfnisse	Essen, Trinken, Wohnen, Schlafen	Restaurant, Sitzgelegenheiten, Heizung, Lüftung
Sicherheit	Geborgenheit, Ordnung, Stabilität	Beratung, Garantien, Frauenparkplätze
Soziale Bindung	Liebe, Freundschaft, Kontakt, Zugehörigkeit	Clubkarte, Spielecke, Kundenzeitschrift, Information
Wertschätzung	Selbstvertrauen, Selbstachtung, Anerkennung, Prestige, Status	Stammkundenrabatt, Kulanz, Kreditgewährung, Bargeldlose Zahlung
Selbstverwirklichung	Entfaltung der Persönlichkeit	Erlebniseinkauf, Persönliche Einkaufsberater, Frei-Haus-Lieferung, mehrere Stücke zur Auswahl

Abb. 6.12: Bedürfnishierarchie und Service (Quelle: Schenk 1995, S. 252).

Ausgewählte Themen der Servicepolitik sind:

- Die heutige Servicesituation.
- Populäre Service-Irrtümer.
- Die Psychologie der Warteschlange.
- Kosten und Nutzen von Service – Muss guter Service teuer sein?
- Schlagwort Convenience.

In einer Studie vom August 2003 befasst sich das ifm-Institut mit der heute vorherrschenden **Servicesituation im deutschen Handel**. Wir alle sind im Leben ständig auf andere angewiesen. Diese Konstellation birgt Konfliktpotenzial in sich. Damit diese Abhängigkeit dennoch funktioniert, brauchen wir Konventionen für den Umgang miteinander. Nach Meinung des ifm-Instituts ist eine Verunsicherung dadurch eingetreten, dass diese Konventionen nicht mehr eindeutig sind: Wer muss bei einem Laden mit Teilselbstbedienung eigentlich was machen? Zum Teil kommen sich die Kunden ohne Personal oder in Kontakt mit gestressten Mitarbeitern hilflos vor.

Angenehme Seiten der heutigen Servicelandschaft	Unangenehme Seiten der heutigen Servicelandschaft
Reibungslose Abläufe, vor allem beim Discount.	Zum Teil ist das Personal aufdringlich – der Kunde fühlt sich gejagt.
Orientierung durch gute Ladeneinrichtung.	Unpassendes wird aufgeschwatzt – der Kunde fühlt sich ignoriert.
Verwender vermeiden unsicheren Kontakt, suchen ihn nur wenn unbedingt nötig.	Warten müssen macht aggressiv.
Ungehindertes Stöbern entspannt.	Fehlen verbindlicher Verhaltensregeln für Personal und Kunden führt zu Missverständnissen und Konflikten („den richtigen Ton treffen").
Kunden wälzen in Ruhe Prospekte und erstellen einen Einkaufsplan.	Ist Orientierung nicht gewährleistet, erwachen frühkindliche Ängste (man fühlt sich verloren).
Bei beratungsintensiven Produkten wird der Kunde hofiert.	Allein gelassen werden, das Personal ist trotz Suche nicht zu finden.

Abb. 6.13: Angenehme und unangenehme Seiten der heutigen Service-Situation (Quelle: In Anlehnung an ifm 2003a).

Die Krise hat sich zugespitzt. Die Erwartungen an den Service sind zunehmend gestiegen. Der Service ist nicht generell schlechter geworden – vielmehr hat die Sensibilität für die Probleme zugenommen. Das Personal ist resigniert, weil es die Erwartungen nicht erfüllen kann. Es kommt zu wechselseitigen Blockaden und Kränkungen. Das sind Störungen, die wiederum Kaufwiderstände verstärken. Als Reaktion nimmt ein Teil der Kunden eine devote Haltung ein, um zum Ziel zu kommen, der andere Teil wird aggressiv. Am Ende funktionieren nur noch die Extreme: Der reduzierte Kontakt beim Discounter und der „Streicheleinkauf" beim Fachgeschäft. Die Betriebsformen dazwischen versprechen zwar Beratung und großes Angebot, halten diese Versprechen aber nicht ein. Es fehlt an Personal, in den großflächigen Märkten herrscht Orientierungslosigkeit, und im Supermarkt mangelt es an Service (ifm 2003a).

Problematisch ist, dass sich die Anforderung des Kunden an den Service danach richtet, welche Beziehungsstruktur er in einem bestimmten Markt sucht. In der Apotheke will er Autorität, die gewissenhaft ist und durchaus bevormundend. Im kleinen Laden um die Ecke sucht er eher mütterlichen Beistand, bei der Schnell-Bevorratung in der Tankstelle verzichtet er dagegen lieber auf persönlichen Kontakt. Grünewald zählt sieben populäre **Service-Irrtümer** auf, die dazu führen, dass das Verhältnis zwischen Kunde und Anbieter problematisch bleibt (Grünewald 2003, S. 20 ff.):

1. Der Kunde will die volle Auswahl. In Wahrheit führt zuviel Auswahl zu Stress.
2. Der Kunde will Produkte, die alles können. Es geht aber nicht darum, was technisch möglich ist, sondern darum, was der Kunde benötigt.
3. Der Kunde will das totale Einkaufserlebnis. Dagegen hat der Kunde ganz bestimmte Erwartungen an die verschiedenen Betriebstypen. Entscheidend ist, dass diese nicht enttäuscht werden.
4. Der Kunde will prompte Bedienung. Das gilt häufig, insbesondere beim Versorgungskauf, aber nicht immer. Zum Teil wünscht der Kunde ein „Vorspiel", z. B. beim Autokauf.
5. Der Kunde will königlich behandelt werden. In Wirklichkeit hängt der Anspruch an den Service vom Betriebstyp ab. Der Kunde ist bereit, Abstriche zu machen, wenn er dafür andere Vorteile, z. B. gute Preise, erhält.
6. Der Kunde will Innovation und Abwechslung. Die Innovationsfreudigkeit der Kunden wird meist überschätzt. Der Verbraucher sucht vor allem Halt, Sicherheit und Stabilität. Benötigt wird eine gute Balance zwischen dem Wunsch nach Abwechslung und dem Streben nach Sicherheit.
7. Der Kunde will immer neue Sonderangebote. In Wahrheit möchte sich der Verbraucher am liebsten gar keine Gedanken machen über Preise.

Zur Psychologie der Warteschlange

> Die Wartezeiten im Laden haben den stärksten Einfluss auf die Zufriedenheit der Kunden (Underhill 2000, S. 39; Häusel 2002a, S. 172).

Der psychologische Aspekt der Zeit – d. h. wie sie erfahren wird – hat großen Einfluss auf die Wahrnehmung der Servicequalität (Solomon/Bamossy/Askegaard 2001, S. 287). Es ist offensichtlich, dass die subjektive Wartezeit der Kunden von der objektiven abweicht. Bis 90 Sekunden können Kunden die Wartezeit gut einschätzen, danach erscheint sie deutlich länger als sie tatsächlich ist. Eigentlich müsste das Kassiererlebnis im Handel besonders positiv gestaltet werden, denn hier lässt der Kunde sein Geld. In Wahrheit ist es der langweiligste und unangenehmste Teil des Kaufs (Underhill 2000, S. 205; Häusel 2002a, S. 172). Darüber hinaus ist es der letzte Eindruck vom Laden, den der Kunde unbewusst mit nach Hause nimmt, und unser Gehirn hat die Angewohnheit, sich an zuletzt erlebte Eindrücke besser zu erinnern („Der letzte Eindruck bleibt!"). Nehmen wir an, eine Kundin kommt in einen Supermarkt. Sie wird freundlich begrüßt und hat ein nettes Gespräch mit der Verkäuferin an der Käsetheke. Anschließend macht sie schnell ihre Einkäufe im SB-Bereich, da der Laden sehr aufgeräumt ist und keine Ware fehlt. Am Ende will sie zahlen. Leider muss sie sich weit hinten anstellen, weil nur eine Kasse geöffnet ist. Da ein Artikel nicht gescannt werden kann, muss die Kassiererin in den Laden, um den Preis nachzusehen. Beim übernächsten Kunden gibt es Probleme mit der Akzeptanz der Kundenkarte woraufhin die Kassenaufsicht gerufen werden muss. Schließlich darf unsere Kundin bei der inzwischen genervten Kassiererin bezahlen und verlässt den Laden. Wäre das Gehirn ein Computer, der positive und negative Erlebnisse aufrechnet, sähe die Bilanz des Besuches gut aus. Leider ist dem nicht so. Das tatsächliche Rechenergebnis ist eher unerfreulich (Häusel 2004, S. 187). Dass wir häufig das Gefühl haben, dass es an anderen Kassen schneller geht, bestätigt übrigens ein einfaches Rechenexempel. Beobachten wir die Schlange rechts und links von uns, beträgt die Chance, dass es gerade an unserer Kasse am schnellsten geht, nur eins zu drei. Je mehr Kassen wir beobachten können, desto geringer ist die Wahrscheinlichkeit, dass wir dort anstehen, wo es am schnellsten vorangeht (Klein 2004, S. 279).

Das Warteschlangenmanagement ist gekennzeichnet vom Konflikt zwischen kostengünstiger Kapazitätsplanung und Kundenzufriedenheit. Eine subjektive Verkürzung dieser Phase kann erreicht werden durch folgende Maßnahmen (Underhill 2000, S. 199 ff.; Haller 2002, S. 239 f.; Biermann 2003, S. 127):

- Die akzeptable Wartezeit im Laden ist zu ermitteln. Eine Minute in der Bank ist akzeptabel, eine Minute am Telefon erscheint dagegen sehr lange, besonders wenn man dafür zahlen muss.
- Zwischeninformationen sind sinnvoll. Es genügt oft schon wenn der Kunde weiß, dass er wahrgenommen wird („Der Mitarbeiter kommt gleich!"). Auch Tafeln mit Zeitinformationen können helfen. Im September 2005 wurde in Hamburg die erste Restzeitampel Deutschlands in Betrieb genommen. Mit einer digitalen Anzeige werden wartende Fußgänger über die verbleibenden Sekunden bis zur Grünphase informiert.
- Positive Wirkung haben Ablenkung, Unterhaltung und Interaktion durch Gesellschaft anderer Personen, Videobildschirme, Verkostungen, Ladenradio oder Zeitschriftenständer. Im Restaurant warten wir lieber mit Speisekarte als ohne.
- Ein sichtbarer Prozess verkürzt die subjektive Wartezeit. Der Kunde will einen Fortschritt sehen, z. B. dass sich die Warteschlange sichtlich verringert. Darüber hinaus erscheint uns das Warten vor Prozessbeginn länger. Wir warten lieber auf das Essen als auf die Bestellaufnahme.
- Die Erklärung der Warteursachen kann die Akzeptanz erhöhen.
- Dem Gerechtigkeitsempfinden ist zu entsprechen. Die Bedienung sollte in der Reihenfolge geschehen, in der man gekommen ist. Wird am Nebentisch jemand bedient, der nach uns gekommen ist, steigt unser Unwohlsein.

- Mitarbeiter, die am Schreibtisch arbeiten, sollten das nicht in Sichtweite von Wartenden tun. Die Kunden würden das als mangelnden Service empfinden. Biermann (2003, S. 126 f.) berichtet vom gekonnten Taktieren des Disney-Konzerns in seinen Freizeitparks. Bei wenigen Besuchern werden lange Schlangen gebildet, die Attraktivität signalisieren sollen. Bei großem Andrang werden die Schlangen durch parallele Führung mehrerer Warteschlangen optisch verkürzt. Darüber hinaus werden Fernseher und Unterhalter eingesetzt, und die verbleibende Wartezeit wird regelmäßig überhöht angegeben. Wenn es dann schneller geht, ist der Besucher umso zufriedener. Ein anderes interessantes Beispiel stammt aus dem Flugverkehr. Flugzeugpassagiere beschweren sich oft, dass sie zu lange auf ihr Gepäck warten müssen. In einem Flughafen liefen sie in einer Minute vom Flugzeug bis zur Gepäckausgabe, dort mussten sie sieben Minuten warten. Nachdem der Weg so geändert wurde, dass der Weg sechs Minuten dauerte und die Wartezeit zwei Minuten, hörten die Beschwerden auf (Solomon/Bamossy/Askegaard 2001, S. 288). Einer meiner Ärzte packt das Problem (wahrscheinlich intuitiv) richtig an. Zunächst wird der Patient ins Wartezimmer geschickt. Dann erfolgt eine Lautsprecherdurchsage und er wird aufgefordert, im Gang Platz zu nehmen. Dort kann er die Theke beobachten (Ablenkung) und sieht wie seine Sitznachbarn in die Behandlungszimmer gebeten werden (Prozessfortschritt). Schließlich wird er selbst in eines der Behandlungszimmer geleitet und wartet dort auf den Arzt. Die Wartezeit wird in drei Phasen eingeteilt und damit subjektiv verkürzt. Darüber hinaus ist in kurzen Abständen ein Fortschritt zu verzeichnen. Diese Beispiele sollen dazu dienen, Anregungen für ein angenehmeres Warten im Einzelhandel zu geben. Bisher sind nur wenige gute Ansätze im Handel zu finden:

- Bei Bedienungstheken wird teilweise Nummernvergabe eingesetzt. Das ist sinnvoll, denn die verbleibende Wartezeit wird besser kalkulierbar und das Verfahren ist gerecht.
- Eine organisatorische Maßnahme ist die Differenzierung von Kundengruppen, z. B. die Schnellkasse im SB-Warenhaus beim Kauf von weniger als zehn Artikeln.
- Die Zahl der Kassen sollte dem Standort angepasst werden. In einer Geschäftsgegend benötigt ein Laden mehr Kassen als in einem Shopping-Center wo die Kunden weniger in Eile sind (Underhill 2004, S. 42).
- Ein weiterer guter Ansatz ist das erwähnte Self-Scanning. Selbst wenn das Abkassieren nicht wirklich schneller geht, vergeht doch zumindest die Zeit schneller.

Meist ist es aber so wie bei meinem letzten Besuch im Quelle-Kaufhaus. Ich wollte etwas aus dem Katalog zur Abholung bestellen, um die Versandkosten zu sparen. Der junge Mann im Erdgeschoss, der offensichtlich nichts zu tun hatte, verwies mich an das Service-Center im Obergeschoss. Direkt gegenüber dem Ende der Treppe befanden sich die Schreibtische zweier Mitarbeiter, die beide Kundschaft hatten. Da beide Anliegen etwas komplizierter waren, musste ich etwa 15 Minuten warten. Es gab keine Sitzgelegenheit, allerdings konnte ich mich an das Treppengeländer lehnen, sofern nicht gerade ein Kunde die Treppe hochkam. Abgesehen von den Beratungsgesprächen gab es keine Ablenkung für

mich. Immerhin weiß ich jetzt, dass das Paar rechts verheiratet ist, und was beide zusammen verdienen. Links saß eine ehemalige Stammkundin, die in Zukunft nicht mehr bei Quelle kaufen möchte, weil sie eine „Prüfpauschale" bezahlen musste, da sie einen defekten Staubsauger abgegeben und wiedererhalten hatte, der laut Kundendienst keine Mängel hatte.
Eine noch offene Frage ist die nach dem **Kosten-Nutzenverhältnis** von Service. In der Praxis wird oft versucht, sich durch exotische Serviceleistungen von den Konkurrenten abzugrenzen. Dabei zeigen Studien – und die tägliche Praxis – dass die Gründe für die Unzufriedenheit der Kunden meist in der mangelnden Durchführung von Basis-Serviceleistungen zu finden sind. Unfreundliches oder inkompetentes Personal, nicht verfügbare Ware, mangelnde Sauberkeit oder lange Wartezeiten nerven die Kunden (Guldin/Ohr 2005, S. 777). Bevor Kapazitäten für Farbmischservice oder persönliche Einkaufsberater eingesetzt werden, müssen die grundlegenden Anforderungen an einen guten Einkauf erfüllt sein.

> Getting the basics right allows the retailer to add personal services and extra value. The retailer can offer to pack bags at the checkout but only when everything that comes before is right (Crawford Davidson, Director of Clubcard at Tesco, in: Reynolds 2004, S. 313).

Hinzu kommen Probleme, die Wirkung von Service zu messen. Aufgrund der Verbundenheit mit der Ware sind weder Akquisitionswirkung noch Erfolgsbeitrag exakt nachzuweisen (Schenk 1995, S. 254). Aus Kundensicht sind oft einfache Dinge nützlich wie der kostenlose Geschenkeinpackservice. Das spart dem Kunden Zeit, und ist oft hübscher als das, was man(n) selbst zustande bringt. Weitere Beispiele für einfachen, aber wirksamen Service im Handel sind Einkaufskörbe, gastronomische Angebote, Sitzgelegenheiten und Garderobe.
Insbesondere Bahnhofsläden sollten bedenken, dass die Kunden meist bereits beide Hände voll haben. Für viele andere Betriebstypen gilt, dass die Einkaufskörbe den Waren angepasst werden müssen, und dass die Körbe nicht nur am Eingang platziert werden sollten. Da die Einkaufsentscheidung zunehmend am POS getroffen wird, weiß der Kunde beim Betreten selbst nicht, ob er einen Einkaufskorb braucht. Man weiß nicht, wie viel ein Kunde wirklich kaufen möchte, bis man das Einkaufserlebnis so angenehm, bequem und einfach wie möglich gemacht hat (Underhill, 2000, S. 60).
Dass Gastronomie-Einrichtungen das Einkaufen angenehmer machen können, hat Ingvar Kamprad (Ikea) schon lange erkannt: „Hungrige Mägen kaufen keine Möbel" (Rohwetter 2003, S. 34). Essen und Trinken können wir immer und überall. In der Musikschule unserer Tochter wurde vor kurzem ein kleines Café eingerichtet, wo man einen Milchkaffee, kleine Snacks und Süßigkeiten bekommen kann. Seitdem ist das Warten dort wesentlich netter. In Shopping-Center oder großen Möbelhäusern kann die Gastronomie den Aufenthalt deutlich verlängern. Ohne Essen und Trinken kann man vielleicht zwei bis drei Stunden shoppen, dann sind wir erschöpft. Nachdem wir in einem Café aufgetankt haben, können wir den Aufenthalt noch einmal ein bis zwei Stunden verlängern. In einigen Handelshäusern ist die Qualität des Essens so gut, dass sie eine eigene Anziehungskraft besitzen. Das gilt für manche Restaurants in den Warenhäusern und viele

Shopping-Center. In der City-Galerie bei uns ist es in den zahlreichen Restaurants sehr schwierig, zur Mittagszeit einen Tisch zu finden. Die erzeugte Frequenz dient auch den Läden im Center. In kleineren Supermärkten kann schon ein am Einkaufswagen angebrachter Halter für Kaffeebecher die Einkaufsbequemlichkeit erhöhen.
Eine viel zu wenig genutzte Serviceleistung sind Sitzgelegenheiten. Wer schon einmal als Mann mit einer Frau beim Kleiderkauf war, weiß, wie unangenehm es ist, sich die Beine in den Bauch zu stehen. Warum trotzdem überall im Handel Sessel, Bänke und Stühle Mangelware sind, ist mir ein Rätsel. Eine Ausnahme ist die Thalia-Buchhandlung in unserer Nähe. Dort gibt es eine Sitzecke mit Polstermöbeln, wo man bequem in den Büchern stöbern kann. Daneben befindet sich ein Kaffeeautomat. Die Buchhandlung ist immer gut besucht, und wurde von den Kunden zum beliebtesten Geschäft des Shopping-Centers gewählt.
Viele moderne Serviceinstrumente wie Kundenkarte oder Infoterminals verursachen verglichen damit einen hohen Aufwand und werden häufig nur von einem kleinen Teil der Kundschaft genutzt. Das soll nicht heißen, dass innovative, technische Neuerungen generell verdammenswert wären, es ist aber im Einzelfall zu prüfen, wie der Nutzen für die Kunden zu bewerten ist. Gut finde ich beispielsweise die Möglichkeit, in einer CD-Abteilung eine CD-Verpackung an einer Lesestation scannen zu lassen, um dann unter einer Abhörstation stehend, eine Hörprobe zu bekommen. Ein Service, den ich in einem französischen SB-Warenhaus nutzte auf der Suche nach CD's von Interpreten, die ich nur vom Hörensagen kannte.
Für meinen Geschmack ist es in den meisten Warenhäusern und Textilhäusern im Winter eindeutig zu warm. Das führt dazu, dass ich meinen Mantel oder meine Jacke ausziehen muss. Da es keine Garderobe gibt, trage ich die Kleidung dann auf dem Arm, was meine Handlungsfreiheit deutlich einschränkt und meine Einkaufsbequemlichkeit empfindlich stört. Hat man Kinder dabei, muss man deren Jacken auch noch tragen. Ich wäre schon mit einfachen Kleiderhaken – auf eigene Haftung – zufrieden, dennoch gibt es diesen Service nicht. Die Möglichkeiten, kostenlose Services auszuprobieren, sind allerdings eingeschränkt. Sind sie einmal eingeführt, können Sie praktisch nicht mehr zurückgenommen werden.
Das Schlagwort **Convenience** bezeichnet das Bedürfnis der Kunden nach Bequemlichkeit (Swoboda/Schwarz 2006, S. 397). Da in unserer Gesellschaft der subjektive Eindruck der Zeitknappheit zunimmt, wird der Bedarfskauf als lästige Pflicht angesehen und jeder zu erzielende Zeitgewinn als Freizeitgewinn geschätzt (Heinritz/Klein/Popp 2003, S. 159). Convenienceorientierte Anbieter sind in Deutschland Kioske, Tankstellenshops und Bäckereien. Aus Warensicht ist der zunehmende Absatz von Tiefkühlkost und Fertiggerichten ein Indikator für die wachsende Bedeutung dieser Bedürfnisse. Aus Händlersicht wird dem Wunsch nach Convenience am besten durch Komplettlösungen entsprochen, z. B. ein Küchenangebot in Verbindung mit Planungs- und Installationsdienstleistungen. Im Shopping-Center besteht die Komplettlösung aus der Kombination von Handel, Dienstleistung und Gastronomie. Die Anforderungen an Bequemlichkeit werden beim Teleshopping hervorragend erfüllt. Jedes einzelne Produkt wird ausführlich erklärt, der Kunde braucht die umständliche Gebrauchsanleitung nicht mehr zu lesen. Die Moderatoren bauen durch direkte Ansprache in die

Kamera eine Beziehung zum Kunden auf, der sich persönlich beraten fühlt, und zu guter Letzt wird die Ware nach Hause geliefert.

> Die wichtigste und elementarste Service-Leistung besteht darin, dem Kunden Orientierung zu bieten. Der aktuelle Megatrend lässt sich als Sehnsucht nach einer radikalen Komplexitätsreduktion beschreiben (Grünewald 2003, S. 23, S. 31).

Noch ein letztes Wort zum Service: Ein immer wiederkehrendes Ärgernis im Handel sind die Kundentoiletten. Selbst in weiträumigen, exklusiven Läden sind sie meist schmucklos, eng und steril. Was für ein Gegensatz. Nirgends wird beachtet, dass Frauen die Toiletten intensiver nutzen als Männer. Warum sonst sind nur vor den Damentoiletten Warteschlangen? Warum werden nicht mehr Toiletten für Frauen angeboten? Offensichtlich ist die Symmetrie der Ladenplanung wichtiger, als die unterschiedlichen Kundenbedürfnisse. Underhill schlägt sogar vor, die Räume zum Verkauf zu nutzen. Warum auch nicht? Die Kosmetikindustrie könnte dort Probepackungen verteilen, Sanitärhersteller könnten Muster präsentieren (Underhill 2004, S. 74).

Folgende Anregungen aus Kap. 6 halte *ich* für wichtig:

- Persönliche Kommunikation ist glaubwürdiger und wirksamer als mediale Kommunikation.
- In den meisten Fällen ist die soziale Kompetenz der Mitarbeiter wichtiger als die fachliche Kompetenz.
- Gibt es Meinungsführer, die den Konsum der Produkte beeinflussen? Wenn ja, wie können diese in die Absatzbemühungen integriert werden?
- Der Händler sollte den Kontakt seiner Mitarbeiter mit den Kunden fördern. Je mehr Kontakte, desto höher die Ausgaben!
- Verkaufen kann man lernen. Phasenmodelle können für ein Strukturieren von Verkaufsgesprächen hilfreich sein.
- Händler müssen ihre Mitarbeiter mit den Regeln der nonverbalen Kommunikation vertraut machen, z. B. durch Seminare. Mitarbeiter sollten regelmäßig zu Verkaufsschulungen. Ein Verkäufer muss seine Fähigkeiten trainieren und verfeinern. Ein Spitzensportler braucht auch Training.
- Psychologische Methoden, die zur Überzeugung von Kunden dienen, sind noch einmal zusammengefasst:
  - Beim Kontrastprinzip wird zunächst das teuere Hauptprodukt verkauft, dann das günstigere Zubehör.
  - Wichtig ist die Ähnlichkeit mit der Person, die es zu überzeugen gilt (gleiche Interessen und gemeinsame Bekannte). Lob und Anerkennung erhöhen die Sympathie. Eine kleine Bestätigung kann Wunder wirken. Bei einem Schuhkauf meinte die Verkäuferin zu mir: „Oh, die haben wir erst heute wieder reinbekommen. Da haben Sie sich etwas Schönes ausgesucht". Das hat mich aufrichtig gefreut.
  - Commitment: „Sie sind doch ein guter Angler? Ich habe hier ein neues Modell, das ist aber nur was für Profis."

- Autorität: Die Verkäuferin im Bekleidungsgeschäft demonstriert durch ihre geschmackvolle Kleidung ihre Kompetenz.
- Selbstbedienung ist zeitgemäß und in vielen Warenbereichen sinnvoll.
- Dem Kassiervorgang sollte große Aufmerksamkeit gelten. Er ist der letzte Eindruck der Kunden vom Laden. Mit einfachen Maßnahmen sind deutliche subjektive Verbesserungen möglich.
- Zu beachten sind auch alle anderen Wartepunkte im Laden, z. B. Informations- und Bedienungstheken oder Reparaturwerkstatt. Der Händler sollte diese Bereiche regelmäßig beobachten.
- Könnten Einkaufskörbe im Laden den Umsatz fördern?
- Die Serviceleistungen müssen periodisch bewertet werden. Welche werden angeboten, und wie viele Kunden nutzen diese Leistungen?
- Welche zentralen Anforderungen an den Service haben die Kunden?

7 Psychologischer Marketing-Mix

7.1 Einführung

Die bisherige Zerlegung in Teilaspekte der Unternehmenspolitik wie Preis oder Werbung erfolgte, um die Komplexität der faktisch auftretenden Probleme überschaubar und diskutierbar zu machen. In der Realität hängen alle Aspekte zusammen. Dabei sind auch die Details wichtig. Würde zum typischen Media-Markt-Auftritt mit aggressiver, lauter Werbung eine andere Farbe passen als das aggressive Rot? Mit der Abb. 7.1 erhält man eine Vorstellung von der Komplexität der Zusammenhänge in einem Handelsbetrieb. Über die in diesem Buch diskutierten Aspekte hinaus spielen die Beziehungen zu Lieferanten, die Finanzierung, das Controlling, das Warenwirtschaftssystem und weitere Faktoren eine bedeutende Rolle für den Gesamterfolg.

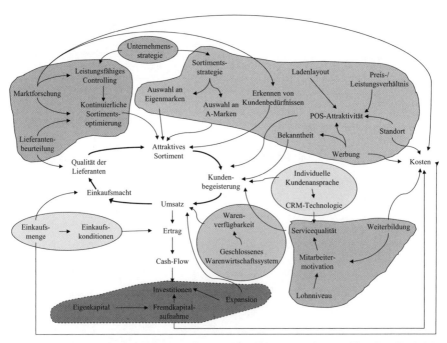

Abb. 7.1: Netzwerk zur Erfolgslogik von Handelsunternehmen (Quelle: Rudolph 2005, S. 18).

In den nachfolgend beschriebenen Beispielen spielen nicht nur die Leistungsmerkmale des Händlers eine Rolle, sondern auch innere (kognitive) Prozesse

beim Kunden und äußere soziale Einflüsse (Bezugsgruppe), die der Anbieter nicht beeinflussen kann.
„Nehmen wir einmal an, ein Konsument geht durch eine Einkaufsstraße und sieht in der Auslage eines Kaufhauses eine teure, edle Uhr. In seinem Bewusstsein hört er seine innere Stimme, die ihm sagt: „Diese Uhr musst Du kaufen!" Er geht hinein und schaut sich die Uhr genauer an. Das Armband besteht aus edlem Krokoleder, die Uhr selbst ist handgefertigt und in Gold gefasst. Wieder meldet sich seine innere Stimme: „Kauf die Uhr! Deine Kollegen und Freunde werden vor Neid platzen, außerdem werden alle sehen, dass du es zu etwas gebracht hast!" Die Uhr liegt schwer in seiner Hand, er spürt, dass dieses Stück etwas ganz Besonderes ist. Das Lederarmband verströmt einen feinen Geruch. Diese Uhr muss er haben. Er fragt nach dem Preis. „3.550 Euro", sagt der Verkäufer. Seine Euphorie und sein Kaufwunsch erhalten einen Dämpfer. Auch seine innere Stimme meldet sich: „Bist du völlig verrückt – du hast nur 3.000 Euro auf dem Konto und die Leasingrate fürs Auto wird noch abgebucht." Der Kampf der inneren Stimmen geht noch ein paar Mal hin und her. Wieder nimmt er die Uhr in die Hand. Er ist von der handwerklichen Kunst fasziniert, gleichzeitig denkt er an die bewundernden Blicke im Golfclub, die er mit dieser Uhr ernten wird. Er kauft die Uhr. Auf dem Heimweg und in den nächsten Tagen erlebt er ein Wechselbad der Gefühle. Zwar schaut er die neue Uhr glücklich an, aber immer wieder kommen ihm Zweifel, ob der Kauf richtig war. Er sucht im Internet nach weiteren Informationen, die den Kauf rechtfertigen. Diese Zweifel sind erst vorüber, als ihm ein Freund erzählt, dass er die gleiche Uhr um 2.000 Euro teurer in einem anderen Geschäft gesehen hat. Es war also richtig, die Uhr zu kaufen" (Häusel 2004, S. 77).
Zaltman weist darauf hin, dass Geist, Körper, Denken und unsere Umwelt unser Verhalten bestimmen (Mind-Body-Brain-Society Paradigm) (Zaltman 2003, S. 29). Der Autor beschreibt in seinem Buch „How Customers Think" die ganzheitliche (holistische) Gestaltung eines Buick-Flagshipstores, mit dem das Unternehmen GM dieser Automobilhandelssparte zu neuem Erfolg verhelfen wollte. Nach Begehungen, Tiefeninterviews und der Analyse von Studien wurden folgende Anforderungen an Händler gestellt, die einen Flagship-Store eröffnen wollten:

- Ein Glockenturm als Symbol für Willkommen.
- Parkähnliche Anlagen mit dem Duft von grünem Gras und Vogelgezwitscher.
- Eine uniformierte Empfangsperson, die den Kunden zum gewünschten Bereich begleitet.
- Wohnzimmermöbel in den Schauräumen.
- In den Schauräumen werden Infoterminals aufgestellt, Verkäufer erscheinen nur auf Anfrage.
- Ein Gemeinschaftsraum, der für Meetings und Events gemietet werden kann, wird für die Öffentlichkeit zur Verfügung gestellt.

Sechs voneinander unabhängige Händler beteiligten sich und erzielten Umsatzwachstumsraten zwischen 9 und 40 %.
Ein weiteres positives Beispiel für ganzheitliche psychologische Vermarktung schilderte mir ein selbständiger Händler. Bei einem Besuch in Rio de Janeiro wurde er zu einer Besichtigung beim bekannten Juwelier Stern eingeladen. Das

Erlebnis begann mit der Abholung im Hotel in einer dunklen Limousine. Nachdem man am firmeneigenen Wolkenkratzer angekommen war, wurde zunächst die Produktion besichtigt, um zu zeigen, wie die edlen Stücke hergestellt werden. Eine solche Demonstration steigert unweigerlich den subjektiven Wert eines Objektes für den Kunden. Er weiß nun, mit welcher Sorgfalt gearbeitet wird, wie viel Handarbeit für die Herstellung nötig ist und woher die Rohstoffe stammen. Zusammen mit dem unvergesslichen Besuch haben die Stücke nun eine persönliche Geschichte. Nach der Besichtigung wurden die Kunden in die Verkaufsräume geführt. Zunächst in die oberste Etage, wo die teuersten Schmuckstücke zu sehen waren. Wer sich dort nicht entschließen konnte, hatte die Möglichkeit, in der mittleren Etage bei den weniger teuren Waren einzukaufen. Schließlich gab es in der untersten Etage die Souvenirs.

Wie man es nicht machen sollte, beschreibt Underhill am Beispiel eines Autohauses (2000, S. 217 f.). Die Verkäufer überschütteten die Kunden mit Produktinformation, gaben ihnen aber keine Mappen oder Taschen dafür, so dass man eine Menge loser Blätter mit sich trug, während man den Vorführraum inspizierte. Es gab eine Menge Ständer für Broschüren, aber sie waren leer, was ein Problem darstellt, nicht etwa weil die Kunden so an Broschüren interessiert sind, sondern weil leere Ständer den (durchaus korrekten) Eindruck vermitteln, dass sich in diesem Laden niemand um solche Details kümmert. Einseitig bedruckte Plakate waren innen und außen an die Fenster geklebt, so dass man auf jeder Seite eine Menge leerer weißer Rechtecke zu sehen bekam. Auf einem Schild wurden die neuen Modelle angekündigt – allerdings die neuen Modelle des Vorjahres. Dagegen waren die Auszeichnungen und Diplome, die der Autohändler vom Hersteller erhalten hatte, an prominenter Stelle aufgehängt – genau die Sorte Informationen, die Konsumenten zum Gähnen bringt. Das Buch, in dem sich Kunden über die verfügbaren Farben für jedes Modell informieren konnten, war das totale Chaos – ein Heft mit Spiralbindung, mit Tesafilm ausgebessert. Anstelle eines Fotos vom Auto in allen möglichen Farben gab es nur ein winziges Musterbuch, das eher für die Auswahl von Vorhängen geeignet schien. Hinweistafeln, die über den Autos hängen sollten, lagen stattdessen auf den Tischen. Positive Berichte über die einzelnen Modelle waren aus Zeitungen ausgeschnitten worden, aber man hatte sie einfach an die Wände geklebt, statt sie schön zu präsentieren. Ein paar der Ausschnitte waren inzwischen verblichen und begannen sich an den Rändern aufzurollen. All das soll dazu dienen, einen Kunden zu einer Ausgabe zwischen 12.000 und 60.000 Dollar zu bewegen!

Die beschriebenen Beispiele zeigen, dass auch kleine Änderungen große Verbesserungen bewirken können. Es geht nicht um eine grundlegende Neuorientierung, sondern um kontinuierlichen Fortschritt.

Eine Grundlage für die Umsetzung eines ganzheitlichen Konzeptes ist die **Unternehmenskultur**. Jedes Unternehmen hat bewusst oder unbewusst eine Unternehmenskultur. Die unternehmenspolitischen Entscheidungen werden auf der Grundlage der Unternehmensphilosophie getroffen, etwa in der Form: Passt das zu uns? Wollen wir das wirklich so? Es handelt sich um die Ideologiegrundlage des Unternehmens, um die unverrückbaren und faktisch auch nur langfristig änderbaren Grundsätze und Glaubenssätze des Unternehmens (Tietz 1993a, S. 53). Die Unternehmenskultur ist – aufgrund der mangelnden Messbarkeit – der wahrscheinlich am stärksten unterschätzte Erfolgfaktor von Unternehmen. Wenn die Mitarbeiter auf ein Ziel eingeschworen sind und stolz sind, für das Unternehmen zu arbeiten, werden große Kräfte freigesetzt. Reinhold Würth, einer der großen deutschen Unternehmer, glaubt denn auch, dass der Wettbewerb der Zukunft auf dem „Marktplatz der Unternehmenskulturen" stattfinden wird (Brandes 2004a, S. 133). Ein gutes Beispiel für die faktische Kraft von Grundsätzen ist ebay. Der erste Grundsatz der Gemeinschaft lautet: „Wir glauben, dass die Menschen gut sind". Zwar häufen sich die kritischen Stimmen, die aus Betrügereien resultieren, insgesamt bleibt ebay aber das erfolgreichste Geschäftsmodell des Handels am Ende des 20. Jahrhunderts, letztlich aufbauend auf Vertrauen: „Wir sehen im Vertrauen der Mitglieder untereinander das wertvollste Gut von ebay" (Grundsatz Nr. 5). Erfolgreiche Unternehmen verfügen über folgende Bausteine der Unternehmenskultur (Häusel 2002a, S. 127 ff.):

- Eine klare Vision lenkt die Kraft auf ein Ziel. Gleichzeitig wird die Angst vor Veränderung genommen.
- Der charismatische Führer ist die treibende Kraft.
- Ein starkes Feindbild schmiedet die Gruppe zusammen und lenkt die Kräfte nach außen. Die Marktführer in den verschiedenen Branchen kämpfen um den ersten Platz: Praktiker mit Obi, Lidl mit Aldi. Beide ziehen Energie aus diesem Vergleich.
- Die Mitglieder der Organisation verbindet ein Gefühl des Stolzes und der Überlegenheit.
- Viele dieser Unternehmen leben von Mythen aus der Vergangenheit. Ingvar Kamprad von Ikea ist ebenso eine Legende wie Sam Walton von Wal Mart.
- Die Gruppe bekommt eine klare Anweisung wie das gemeinsame Ziel zu erreichen ist.
- Es besteht Übereinstimmung über die verbindlichen Werte. In der Kirche sind es z. B. die zehn Gebote. Bei den Unternehmen gibt es Unternehmensgrundsätze. Entscheidend ist nicht die schriftliche Fixierung, sondern dass die Grundsätze gelebt werden.
- Rituale schaffen Commitment. Bei Wal-Mart soll der Wal-Mart Cheer diese Funktion erfüllen („Gib mir ein W, gib mir ein A...").

Im Folgenden werden einige weitere Aspekte mit ganzheitlichem Charakter angesprochen. Kundenzufriedenheit und Kundenbindung entstehen nur durch in sich geschlossene Konzepte. Ebenso verhält es sich mit Marken. Sie sind Vorstellungsbilder in den Köpfen der Konsumenten, die langfristig gebildet werden wenn ein klares Profil existiert. Ein ganzheitliches Vermarktungskonzept wird im Einzelhandel als Betriebstyp bezeichnet. Zwei davon werden abschließend unter psychologischen Gesichtspunkten analysiert: Das Warenhaus und Aldi stellvertretend für die Discounter.

7.2 Kundenzufriedenheit und Kundenbindung

Kundenorientierung ist ein geflügeltes Wort geworden. Welches Unternehmen würde nicht für sich in Anspruch nehmen, kundenorientiert zu sein? Was genau darunter zu verstehen ist, ist allerdings unklar. Oft wird Kundenorientierung als Service im klassischen Sinne (Dienstleistungsvielfalt und persönliche Beratung) missverstanden. Roeb widerlegt in diesem Zusammenhang die These, Deutschland sei eine Servicewüste. Er argumentiert, dass wir die niedrigsten Preise in Europa haben und die Discounter uns mit ihren zahlreichen Standorten, vielen Parkplätzen und übersichtlichen Sortimenten einen hohen Conveniencegrad beim Lebensmittelkauf bieten. Darüber hinaus verfügt Deutschland über eine unübertroffene Auswahl verschiedenster Betriebstypen und über Einkaufsstraßen, in denen man noch bummeln kann (Roeb 2004, S. 3 ff.). Aber sind Discounter wirklich kundenorientiert? Schließlich bieten sie weder Service, noch wird auf einzelne, spezifische Kundenwünsche eingegangen, und Personal ist kaum zu finden. Andererseits scheint insbesondere Aldi genau das zu bieten, was viele Kunden wollen.

Easy Shopping als kundenorientiertes Konzept

Der zentrale psychologische Vorteil der Discounter gegenüber den anderen Lebensmittelbetriebstypen ist nicht der günstige Preis, den andere inzwischen auch bieten, sondern der einfache Einkauf: Gute Parkplatzsituation, schneller Einkauf durch Vorauswahl, garantierte Niedrigpreise, übersichtliche Läden und schnelle Kassenabfertigung werden verbunden mit einer ausreichenden Qualität. Der Kunde kann schlicht nichts falsch machen. Der Discounter vereinfacht unser Leben. Der Konsumforscher Peter Weinberg hat folgendes Easy-Shopping-Modell aufgestellt, dessen Elemente große Ähnlichkeit mit dem Geschäftskonzept der Discounter aufweisen (o.V. 2005a, S. 15):

- Sortiment
    - Sinnvolle Reduzierung der Sortimentstiefe.
    - Klares Erscheinungsbild des Sortiments.
    - Kundengerechte Verbundstrukturen.
- Service und Personal
    - Einfache Umtauschregelungen.
    - Ausreichendes Verkaufspersonal.
    - Reduzierung von Wartezeiten.
- Standort
    - Gute Erreichbarkeit.
    - Gutes Parkplatzangebot.
- Preise und Konditionen
    - Klare, gut nachvollziehbare Preispolitik.
    - Preisehrlichkeit und Preissicherheit.
- Verkaufsraum
    - Hohe Orientierungsfreundlichkeit.

Ein weiterer Beleg für den Erfolg von Einfach-Konzepten ist die dazugehörige Literatur von der „Simplify your life"-Reihe Werner Küstenmachers bis hin zum Aldi-Buch „Konsequent einfach" (Brandes 1998). In unsicheren Zeiten (Euro-Einführung, hohe Arbeitslosigkeit, schleppende Konjunktur) stieg der Marktanteil der Discounter im Lebensmittelhandel in Deutschland auf fast 40 % und in den anderen europäischen Ländern steigt er kontinuierlich von niedrigerem Niveau. Der große Erfolg des Diskont-Shoppings wird zwischenzeitlich auf immer mehr Branchen übertragen. Neben TextilDiscountern (KiK, Takko), MöbelDiscountern (Roller, Boss), BuchDiscountern (Wohlthat'sche Buchhandlung) und Drogerien (Rossmann, Schlecker) gibt es Diskontbäcker, Diskontfriseure und Diskont-Fitnessstudios (McFit). Eine Spezialform der Discounter sind die Sonderpostenmärkte, die ihren Schwerpunkt auf die Vermarktung von Nonfood-Partiewaren legen. Wechselnde Sortimente bieten dem Kunden ständige Abwechslung verbunden mit der Hoffnung auf ein Schnäppchen. Einige Konzepte waren in den letzten Jahren sehr erfolgreich, z. B. McGeiz, Pfennigfuchser, Jawoll oder Thomas Philipps. In den USA gewinnen die bereits erwähnten Dollar Stores Marktanteile. Sie sind gekennzeichnet durch einfache Preisstrukturen. Dollar General hat beispielsweise nur 12 unterschiedliche Dollarpreise (1, 2, 3, 4, 5, 6, 7, 8, 10, 12, 15 und 20 Dollar) und einige Multibuys (vier für 1 Dollar, drei für 1 Dollar, zwei für 1 Dollar, zwei für 3 Dollar und zwei für 5 Dollar). Anders als bei den deutschen Partievermärkten wird ein festes Sortiment angeboten, das dem unserer Discounter ähnelt. Der Erfolg ist so groß, dass Hersteller wie Procter&Gamble sogar spezielle Packungsgrößen produzieren, um für einen Dollar anbieten zu können (Pohlmann 2005, S. 40).

Das Konstrukt Kundenorientierung kann in die Teilbereiche Kundenzufriedenheit und Kundenbindung unterteilt werden. Aus psychologischer Sicht ist zunächst Kundenzufriedenheit nötig, um darauf aufbauend Kundenbindung zu erzeugen. Ohne Kundenzufriedenheit kann es keine echte Kundenbindung geben. Allerdings ist der Zusammenhang nicht zwingend. Auch zufriedene Kunden wechseln den Anbieter, z. B. auf der Suche nach Abwechslung (Variety Seeking). Nach Untersuchungen des Mainzer Marktforschungsunternehmens Forum beträgt der Anteil von zufriedenen Kunden, die beim nächstbesten Angebot zur Konkurrenz wechseln, ohne dass es Anzeichen von Unzufriedenheit gegeben hätte, im Handel etwa 20 % (Holicki 2005, S. 44). Andererseits bleiben auch unzufriedene Kunden dem Geschäft treu, wenn es keine Alternative gibt. Als Antwort auf die Frage, warum Kundenzufriedenheit und Kundenbindung so wichtig sind, findet man in der Literatur häufig Faustregeln, deren Herkunft nicht ganz geklärt ist. Der gesunde Menschenverstand spricht allerdings dafür, dass die Zusammenhänge zumindest der Tendenz nach richtig sind. Demnach erzählt ein unzufriedener Kunde neun Freunden von seinem Problem und es ist fünfmal teurer, einen neuen Kunden zu gewinnen, als einen zu behalten.

Das bevorzugte Erklärungsmodell zum Entstehen von **Kundenzufriedenheit** ist das Confirmation/Disconfirmation-Paradigma (Homburg/Giering/Hentschel 2000, S. 83 ff.). Danach entsteht Zufriedenheit, wenn die Erwartungen des Kunden erfüllt werden (confirmed). Werden die Erwartungen dagegen nicht erfüllt (disconfirmed), ist der Kunde unzufrieden. Die Kundenzufriedenheit ist das Ergebnis eines sehr komplexen Vergleichsprozesses. Die Kunden vergleichen die subjektiven Erfahrungen, die mit der Inanspruchnahme der Dienstleistung verbunden waren

(IST-Komponente), mit ihren Erwartungen, Zielen oder Normen, die in Bezug auf die Leistungen des Anbieters bestehen (SOLL-Komponente) (Meffert/Bruhn 2003, S. 195). Diese Auffassung ist sehr plausibel und zeigt gleichzeitig die größten Schwierigkeiten aus Sicht des Händlers. Zunächst ist die Wahrnehmung des Kunden entscheidend und nicht die objektiven Zustände. Darüber hinaus hängt die Kundenzufriedenheit von den Erwartungen ab. Das macht es so schwierig, allen Kunden gerecht zu werden. Wenn die Erwartungen voneinander abweichen, muss sich die Kundenzufriedenheit bei gleicher Leistung unterscheiden, und je höher die Erwartung des Kunden, desto schwieriger ist es, den Kunden zufrieden zu stellen. Die Erwartungshaltung wird geprägt durch die Bedürfnisse der Kunden, deren Erfahrungen, die Meinungen anderer Kunden und durch die Kommunikationspolitik des Anbieters (Kuß/Tomczak 2004, S. 155). Deshalb gilt: Versprich nie etwas, was Du nicht halten kannst! Eine weitere Schwierigkeit kann abgeleitet werden: Je häufiger die Erwartungen erfüllt werden, desto höher werden sie. Der Mensch ist nie auf Dauer befriedigt. Wenn die Zufriedenheit durch die Erfüllung eines wichtigen Bedürfnisses erreicht ist, sinkt dieses Motiv auf eine weniger dringliche Stufe und wir suchen uns ein neues Ziel (Correll 2000, S. 25). Unsere Gesellschaft ist geprägt von steigenden Erwartungen. Das führt dazu, dass die Maßnahmen zur Kundenzufriedenheit ständig angepasst und erweitert werden müssen. Die Anstrengungen führen nicht zu einem endgültigen Ziel, sondern stellen einen laufenden Prozess dar.

Neuerdings wird häufig von Kundenbegeisterung gesprochen. Nach dem Kano-Modell gibt es Basis-, Leistungs- und Begeisterungsanforderungen. Basisanforderungen werden vorausgesetzt, z. B. ein Mindestmaß an Sauberkeit. Leistungsanforderungen werden ausdrücklich verlangt, z. B. die Kompetenz der Verkäufer im Fachhandel. Begeisterungsanforderungen werden vom Kunden nicht erwartet. Ihre Nichterfüllung führt nicht zur Unzufriedenheit, sie können aber die Zufriedenheit überproportional erhöhen (Müller-Hagedorn 1999, S. 37). Erwartet ein Kunde beispielsweise, dass ein defektes Produkt ersetzt wird, kann er mit einem Blumenstrauß für seine Unannehmlichkeiten überrascht und für das Unternehmen begeistert werden.

Im Handel wird die Kundenzufriedenheit meist mit Hilfe mehrerer Leistungsmerkmale abgefragt, z. B. Freundlichkeit, Kompetenz, Sauberkeit, Preis-Leistungsverhältnis usw. Eine branchenübergreifende Untersuchung, die hohe Aufmerksamkeit erzielt hat, ist der deutsche Kundenmonitor. Die Erhebung wird seit 1992 jährlich durchgeführt. Im Jahr 2005 wurden 19.400 Interviews in ca. 20 Branchen getätigt. Gemessen wird die Zufriedenheit der Kunden mit ihrem bevorzugten Anbieter auf einer Skala von 1 (= vollkommen zufrieden) bis 5 (= unzufrieden). Ergebnis ist ein subjektiver Wert, der den Abgleich individueller Erwartungen berücksichtigt. Die Zufriedenheitswerte der Einzelhandelssparten liegen zwischen sehr zufrieden (2) und zufrieden (3). Die Drogeriemärkte kommen auf eine durchschnittliche Zufriedenheit von 2,24, die Lebensmittelmärkte erzielen 2,35, Bau- und Heimwerkermärkte 2,48. Sie liegen damit etwas schlechter als die Werte der Optiker, die regelmäßig am besten abschneiden mit Werten um 2,0. Der zentrale Vorteil des Kundenmonitors liegt in der Möglichkeit, sich mit anderen und im Zeitablauf vergleichen zu können (Benchmarking). Zahlreiche Unternehmen führen ähnliche Untersuchungen für ihre Filialnetze durch, so Obi, Neckermann, Ikea und Globus. Weitere Verfahren zur Messung der Kundenzufriedenheit sind Testkäufe (Mystery Shopping) und Kundenforen. Schon seit den 80er-Jahren werden Kunden von Obi eingeladen zu Kundenforen, bei denen beispielsweise die Zukunft des Baumarktes diskutiert wird. Bei Tesco wird jede wesentliche Änderung im Unternehmenskonzept von der Geschäftsleitung mit 40 ausgewählten Kunden besprochen. Im Rahmen von Testkäufen prüfen die Mystery Shopper das Serviceniveau im Laden anhand vorgegebener Kriterien. Im Mittelpunkt steht häufig ein Beratungsgespräch, z. B. lässt sich der Testkäufer in der Uhren/Schmuck-Abteilung über ein neues Uhrenarmband informieren. Der Gesprächspartner wird beurteilt bezüglich Freundlichkeit und Kompetenz oder auch danach, wie die Gesprächsführung war. Hat er versucht, die Bedürfnisse des Kunden zu erfahren? Hat er Zusatzverkäufe angestrebt? Ob der Mitarbeiter anonym bleibt, hängt vom Auftraggeber ab. Breuninger, ein mittelständisches Warenhausunternehmen aus Stuttgart, schickt jährlich viermal 300 Testkäufer durch seine Läden. Sie ermitteln den Happy Customer Index. Verbreitet sind Testkäufe darüber hinaus im Automobilhandel.

Entscheidend für die Wirksamkeit dieser Instrumente ist nicht die Messung der Kundenzufriedenheit an sich, sondern die aus den Ergebnissen abgeleiteten Maßnahmen. Stellt sich bei Befragungen heraus, dass die Freundlichkeit des Personals im Vergleich mit dem Wettbewerber schwächer beurteilt wird, sind entsprechende Schritte einzuleiten. Leider werden dabei häufig die Schwächen des Konzeptes in den Vordergrund gestellt. Anstatt die Stärken herauszuarbeiten, werden die Kapazitäten für das Ausmergeln der Mängel eingesetzt. Ergebnis ist ein Profil, bei dem die Kritikpunkte nicht mehr so gravierend sind, die Stärken aber aufgrund der Prioritätensetzung ebenfalls abgebaut wurden. Ein Konzept ohne Vor- und Nachteile hat kein Profil, ist mittelmäßig. Würde Aldi seine Kunden befragen (das Unternehmen betreibt keine Marktforschung im üblichen Sinn), käme sicher Kritik an der Warenpräsentation oder am fehlenden Personal. Diese Schwächen sind aber systemimmanent und müssen akzeptiert werden, um die Vorteile (gute Preise durch niedrige Kosten) voll ausspielen zu können.

Ein Ausdruck von Kundenzufriedenheit ist die Käuferrate. Das ist der Anteil der Besucher, der tatsächlich kauft. Über Branchengrenzen hinweg ist diese Quote sehr unterschiedlich. Während bei Drogerien 87 % erreicht werden, sind es im Textilhandel 26 %, im Möbelhandel nur 18 % (Conz, in: Müller-Hagedorn 2005, S. 373). Auch innerhalb einer Branche kann die Quote unterschiedlich sein, je nachdem wie gut es dem Unternehmen gelingt, die Bedürfnisse der Kunden zu erfüllen. Nach McKinsey-Untersuchungen von 2002 betrug die Käuferrate bei dm-drogeriemarkt 94 %, während kd nur 75 % erreichte (ifh-koeln.de).

Eine Erweiterung erfährt die Betrachtung der Kundenzufriedenheit durch die Berücksichtigung des Gerechtigkeitsaspektes. Demnach vergleicht der Kunde die Leistung nicht nur mit seinen Erwartungen, sondern er versucht zu beurteilen, ob ein ausgewogener Austausch zustande gekommen ist (Müller 2003, S. 56). Der Grundgedanke der so genannten Equity-Theorie ist, dass jeder Mensch eine gewisse distributive Gerechtigkeit in Austauschbeziehungen erwartet, jeder besitzt eine Vorstellung von **Fairness**. Ein als ungerecht empfundener Austausch zieht Unzufriedenheit nach sich. Wird in einer Austauschbeziehung Ungerechtigkeit wahrgenommen, wird diese beendet, es wird versucht, den Interaktionspartner zu beeinflussen, oder man bewertet das Input/Output-Verhältnis um (Gruber 2004, S. 78 ff.), d. h. man stellt sich selbst besser „so schlecht bin ich ja gar nicht weggekommen". Mit dem Ultimatumspiel wurde mehrfach nachgewiesen, dass ein gewisses Fairness-Empfinden den meisten Menschen wichtiger ist als Gewinnstreben. Beim Ultimatumspiel bekommt ein Spieler einen Geldbetrag, z. B. 100 Euro, den er zwischen sich und einem anderen Teilnehmer aufteilen soll. Nur wenn das Angebot angenommen wird, dürfen beide das Geld behalten. Ein Homo oeconomicus müsste bereits wenige Euro annehmen, damit er überhaupt etwas bekommt. In der Realität zeigt sich, dass meist deutlich höhere Beiträge angeboten werden, z. B. 30 oder 40 Euro. Werden zu niedrige Beträge offeriert, lehnen die meisten Teilnehmer ab, um den anderen für sein unfaires Verhalten zu bestrafen. Moralische Empörung und Erziehungsreflex siegen über das Gewinnstreben. Um ein unfaires Ergebnis zu vermeiden, sind wir bereit, Nutzeneinbußen hinzunehmen (Ebering 2005, S. 73). Die Neuroökonomie glaubt, dass bei fairem Verhalten Belohnungsareale im Gehirn aktiviert werden (Ahlert/Kenning 2006, S. 38). Wir werden mit positiven Gefühlen belohnt. Auch andere Experimente zeigen, dass die meisten von uns in Situationen, in denen wir auf andere angewiesen sind, kooperieren, solange die anderen auch kooperativ sind. Fühlen wir uns ausgenutzt, stellen wir auf stur. Der Mensch bewertet nur selten nach objektiven Kriterien. Wichtiger ist ihm der Vergleich zu dem, was er bisher hatte, oder als seinen Anspruch betrachtet, oder der Vergleich mit anderen. Wenn ein Laden einen Preisnachlass aufgibt, empfinden wir das als weniger schlimm, als wenn er den regulären Preis erhöht. Wenn ein Kaufhaus im Unwetter den Preis für Regenschirme erhöht, empfinden wir das als unfair, u. U. so sehr, dass wir aus Protest nicht mehr dort einkaufen, obwohl dieses Verhalten nur dem rationalen Zusammenhang von Angebot und Nachfrage folgt (Heuser 2002, S. 20). Die wahrgenommene Gerechtigkeit bei einer Transaktion hat hohen Einfluss auf die Zufriedenheit von Kunden. Insbesondere bei Beschwerden ist das der Fall. Die Gerechtigkeit wird deshalb zur Voraussetzung dauerhafter Kundenbeziehungen (Raab/ Unger 2005, S. 337 ff.). Die Bedeutung von Fairness im öffentlichen Leben wird dokumentiert durch die Vielzahl an Verbraucherverbänden, Gesetzen und Verordnungen.

Die **Kundenbindung** kann aus Sicht der Unternehmen als Summe der Maßnahmen, die zur Kundenbindung eingesetzt werden, verstanden werden. Aus verhaltenswissenschaftlicher (Kunden-)Sicht ist Kundenbindung ein psychisches Konstrukt der Verpflichtung und Verbundenheit einer Person gegenüber einer anderen Person oder einer Geschäftsbeziehung (Weinberg 2000, S. 42). Offen ist die Frage, wie ein Stammkunde definiert wird. Einigkeit herrscht, dass es um die Häufigkeit der Einkäufe und um die absolute und die relative Höhe der Ausgaben geht – wie viel Prozent seines Budgets gibt der Kunde bei einem bestimmten Händler aus? – ohne dass genaue Schwellenwerte festzulegen wären. Im Kapitel Einkaufsstättenwahl wurde bereits darauf hingewiesen, dass der durchschnittliche Kunde drei Einkaufsstätten für den täglichen Bedarf aufsucht, wobei er in der am stärksten präferierten Einkaufsstätte 69 % seines Bedarfs deckt und in der am zweitstärksten präferierten 20 % (Müller-Hagedorn 1999, S. 13 ff.). Ein Stammkunde wäre demnach jemand, der etwa zwei Drittel seiner bedarfsspezifischen Einkäufe beim Händler tätigt. Ein Stammkunde im SB-Warenhaus dürfte ca. zweimal monatlich dort einkaufen, während die Kaufhäufigkeit im Textilhandel niedriger anzusetzen ist. Ob ein Konsument Stammkunde ist, kann nur unternehmensspezifisch definiert werden unter der Voraussetzung, dass Daten über das Kaufverhalten vorliegen. So hat Wal-Mart in internen Untersuchungen 45 % der amerikanischen Bevölkerung als loyale Kunden identifiziert, die einen Großteil ihrer Lebensmitteleinkäufe bei diesem Anbieter tätigen (www.igd.com/analysis/Wal-Mart 2006). Neben dem tatsächlichen Verhalten ist die Verhaltensabsicht in der Zukunft eine Komponente von Kundenbindung. Deshalb wird zur Messung von Kundenbindung häufig gefragt, ob der Kunde den Händler weiterempfehlen würde, und ob er beabsichtigt, weiter dort einzukaufen.

Psychologisch unwahrscheinlich ist, dass die Kunden gebunden werden wollen. Schließlich legen wir alle großen Wert auf die Möglichkeit, uns frei entscheiden und äußern zu können. Andererseits mögen wir es, uns mit Objekten zu identifizieren. Ein gutes Beispiel sind Fußballanhänger, die mit ihrem Verein oft ein Leben lang verbunden sind, in guten wie in schlechten Zeiten. Und auch im Handel wählen wir Lieblingsläden (H&M) oder bleiben dem Händler oder Bäcker um die Ecke treu, weil wir auch nach Sicherheit und Bekanntem streben. In Kap. 2 wurden die Begriffe Vertrauen und Loyalität bereits beschrieben. Die Loyalität kann als Synonym für Kundenbindung aufgefasst werden, das Vertrauen ist eine notwendige Bedingung dafür. Um die immer komplexeren Einkaufsentscheidungen zu vereinfachen, entwickeln viele Kunden ein Systemvertrauen. Sie vertrauen beispielsweise darauf, dass sie bei Aldi günstige Ware mit guter Qualität bekommen, ohne das weiter nachzuprüfen. Das Unternehmen Land's End ermöglicht seinen Kunden – wie erwähnt – eine auch zeitlich unbeschränkte Rückgabegarantie, demonstriert damit großes Vertrauen in seine Kunden und senkt gleichzeitig das wahrgenommene Kaufrisiko (Meyer/Fend/Specht 1999). In Zeiten, in denen sich die Produkte immer ähnlicher werden, entscheiden immaterielle Motive über den Kauf: „Unternehmen verkaufen keine Produkte, sie verkaufen Vertrauen" (Sprenger 2002, S. 33).

Bei Vorliegen von Kundenbindung kann die (emotionale) Verbundenheit und die Gebundenheit unterschieden werden. Verbunden ist der Kunde, wenn er den Anbieter als angenehm empfindet und ein persönliches Verhältnis zu ihm hat. Die Gebundenheit beruht dagegen auf Wechselbarrieren. Es gibt keine Alternativen, oder der Aufwand zu wechseln ist zu groß. Andererseits ist bekannt, dass viele Kunden selbst bei Wohnungswechsel ihrem Laden treu bleiben, sofern sie innerhalb der Stadt umziehen. Das kann darauf zurückgeführt werden, dass der Aufwand, einen neuen Laden zu lernen, zu groß ist, selbst wenn er jetzt näher am Wohnort liegt. Eine andere Theorie geht davon aus, dass der Laden ein angestammtes familiäres Umfeld darstellt, ein Heim, das stabiler ist als das Zuhause (Bowlby 2001, S. 215). Nach Meinung von Häusel entsteht Kundenbindung vor allem durch Gewohnheit. Unser Streben nach Balance wehrt sich dagegen, Gewohnheiten aufzugeben (Häusel 2002a, S. 191). Helm und Ludl (2004, S. 66) nennen Wechselbarrieren ökonomischer, sozialer oder psychischer Art (z. B. Vertrauen) als Determinanten der Kundenbindung. Darüber hinaus spielen die Tendenz zum Variety Seeking, die Attraktivität der Wettbewerber und die Kundenzufriedenheit eine Rolle. Auch demographische Merkmale und Produktattribute können Einfluss haben. Folgende Hypothesen zur Marken- und Geschäftstreue sind weitgehend abgesichert (Kroeber-Riel/Weinberg 2003, S. 407):

- Die Treue ist stärker bei älteren Personen, da sie weniger flexibel und risikoscheuer sind.

- Die Treue ist stärker bei Personen mit niedrigerem sozialem Status, u. a. wegen der geringeren Informationsverarbeitung.
- Die Treue ist stärker, je mehr Risiko wahrgenommen wird.
- Die Treue ist stärker bei hohem Prestigewert der Einkaufsstätte oder der Produkte.

In der Abb. 7.2 wird ein dreiteiliges Konzept vorgestellt, das neben Verbundenheit (emotionale Bindung) und Gebundenheit (faktische Bindung) auch rationale Überlegungen als Bindungsgrund nennt. Der Kunde wägt ab, welche Vorteile ihm die Bindung bringt.

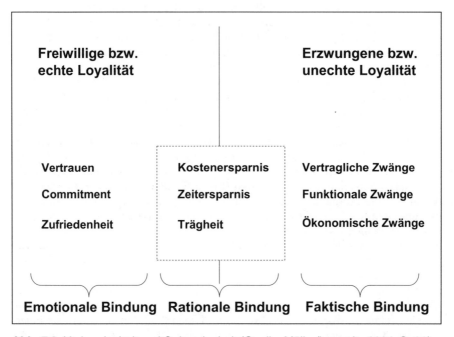

Abb. 7.2: Verbundenheit und Gebundenheit (Quelle: Müller/Leuteritz 2004, S. 86).

Ob Kundenbindung entsteht, hängt neben den psychischen Vorgängen beim Kunden vom gesamten Leistungsangebot des Unternehmens ab. Alle Bereiche können zum Entstehen von Kundenzufriedenheit und Kundenbindung eingesetzt werden: Spezielle Produktangebote (Sortiment), Kundenzeitschriften (Kommunikation), persönliche Berater (Service) oder Rabattsysteme (Preispolitik). Ganzheitliche Ansätze zur Erhöhung von Kundenzufriedenheit und Kundenbindung sind Total Quality Management-Konzepte, die Verbesserung der Kundenorientierung von Mitarbeitern, die Servicepolitik, Systeme zur Kundenverwaltung (CRM-Systeme) und die Mitarbeiterorientierung des Unternehmens. Beim SB-Warenhausbetreiber Globus sind auf Kundenseite der interne Kundenmonitor (Kundenzufriedenheitsbefragung), Testkäufe und Seminare zur Kundenorientierung zu nennen, und auf Mitarbeiterseite die Mitarbeiterbefragungen, die Mitarbeiterbeteiligungsmodelle und die Pflicht zu Jahresgesprächen zwischen Vorgesetzten und Untergebenen. Bei Globus gilt: „Nur zufriedene Mitarbeiter schaffen zufriedene Kunden". Dieser Grundsatz scheint selbstverständlich, hängen die Erfahrungen, die der Kunde im Einzelhandel macht doch fast vollständig vom Gesprächspartner ab. Andererseits kann man der Presse immer wieder Beispiele entnehmen, die darauf schließen lassen, dass die Mitarbeiter nicht überall als der wichtigste Produktivitätsfaktor angesehen werden. In den Vereinigten Staaten sind nach Meinung des Marktforschungsinstituts Gallup nur 29 % der Mitarbeiter am Arbeitsplatz leidenschaftlich und engagiert. Neuere Studien bestätigen einen positiven Zusammenhang von Kundenbindung und Mitarbeiterengagement. Beide Faktoren verstärken sich auf lokaler Ebene wechselseitig (Fleming/Coffman/Harter 2005, S. 41). Ein weiteres deutsches Unternehmen, das diesen Zusammenhang verstanden hat, ist dm-Drogeriemarkt. Dort tragen die Mitarbeiter Shirts mit der Aufschrift „Wir machen den Unterschied" und auch sonst ist das Unternehmen als äußerst mitarbeiterorientiert bekannt.

In jüngerer Zeit werden vor allem Kundenclubs und **Kundenkarten** als Instrumente der Kundenbindung diskutiert. Kundenkarten sind für den Einzelhandel in erster Linie ein Identifikationsbeleg. Mit Hilfe der Kundennummer kann der Kunde beim Einkauf identifiziert und sein Kaufverhalten analysiert werden. Der Erfolg von Kundenclubs basiert auf dem Gefühl der Kunden, etwas Besonderes zu sein. Im B2B-Bereich haben VIP-Programme diese Funktion. Dennoch würde kein hochqualifizierter Manager zugeben, dass er sich mächtiger fühlt mit der goldenen Mastercard oder als Mitglied der Lufthansa-Programme. Aufgrund unserer Erziehung müssen wir uns als vernünftig und rational darstellen. Würde man Befragungen zu VIP-Programmen machen, müsste man sie sofort einstellen und würde dadurch einen großen Fehler begehen (Häusel 2002a, S. 188). Auch mit Kundenkarten soll bei ihren Eigentümern das Gefühl erzeugt werden, vom Anbieter individuell und exklusiv behandelt zu werden. Allerdings wirkt ein geschlossener Club in diesem Sinne stärker als eine für jedermann zugängliche, oft kostenlose Kundenkarte. Aus eigener Erfahrung kann ich berichten, dass schon der Hinweis auf die exklusive Verteilung an die Abonnenten der Wolfsburger Nachrichten dazu führt, dass ich einer Postwurfsendung mehr Aufmerksamkeit schenke, als einer anderen, die an alle Haushalte adressiert ist.

Gerade die Clubs arbeiten häufig mit exklusiven Events für Ihre Mitglieder. Sie ermöglichen ein Erleben von Marken bzw. Unternehmen. Durch die Events werden emotionale Beziehungen zwischen Anbieter und Konsument erzeugt, was zur Kundenbindung führen kann (vgl. Kap. 5.3). Im Idealfall bildet das Event das Soll-Image einer Marke ab (z. B. Modernität oder Exklusivität) und es entsteht ein positiver Imagetransfer (Nufer 2003, S. 386 ff.). Es ist allerdings nicht der Aufwand, der Events erfolgreich macht, sondern ihre Inszenierung. Häusel berichtet von einem mittelständischen Unternehmer, der seine Geschäftskunden zu einem Tauchgang in einen See in der Berliner Umgebung einlud. Das aufregende neue Erlebnis war genau das Richtige für seine dominanzorientierten Kunden. Hinzu kam, dass es – wie unter Wasser üblich – zu körperlichen Berührungen kam, da der erfahrene Taucher die Neulinge bei der Hand nahm, um sie in die unbekannte Unterwasserwelt einzuführen. Die geschäftliche Distanz löste sich dabei mit auf (Häusel 2002a, S. 189 f.).

Wie bereits angedeutet, sind die unterschiedlichen Erwartungen der Partner ein psychologisches Grundproblem von Kundenkarten. Während die Unternehmen eine möglichst enge Bindung anstreben, legt der Kunde Wert auf seine Freiheit.

Ziele der Kundenkarte aus Unternehmenssicht	Ziele der Kundenkarte aus Kundensicht
Sammeln und Analysieren von möglichst vielen Kundeninformationen.	Preisgabe von möglichst wenig persönlichen Informationen.
Verhaltenssteuerung, Kundenbindung.	Verhaltensoptionen, keine Bindung.
Geringe Kosten, niedrige Rabatte, einfache Handhabung.	Kostenlose Karte, hohe Rabatte, Convenience.
Hoher Verbreitungsgrad (viele Nutzer).	Wenige Nutzer (Exklusivität).
Identifikation der wichtigen Kunden.	Status, Exklusivrechte und -angebote.

Abb. 7.3: Interessenkonflikt bei Kundenkarten (Quelle: Schuckel 2002, S. 118).

Die grundsätzliche Idee der Kundenkarte, Kunden für ihre Treue zu belohnen, ist dennoch richtig, da Belohnung unser Verhalten stärker beeinflusst als Bestrafung. Erhält ein Konsument eine Belohnung für seine Kundentreue, wird er sein Verhalten wahrscheinlich wiederholen, um wieder in den Genuss der gewonnenen Vorteile zu kommen. Unser gesamtes Verhalten beruht auf diesem Prinzip. Bei unseren sozialen Kontakten besteht die Belohnung vor allem in den Reaktionen der anderen Personen. Der soziale Verkehr ist ein Austausch von Belohnungen und Bestrafungen (Kroeber-Riel/Weinberg 2003, S. 339). Bereits als Kind lernen wir mit diesem Prinzip sozial erwünschtes Verhalten.

Ob Kundenkarten bzw. Kundenclubs die Kundenbindung tatsächlich erhöhen können, ist umstritten. In einer Befragung von 300 Mitgliedern und Nichtmitgliedern eines Kundenclubs im österreichischen Lebensmitteleinzelhandel kommen Floh und Koller (2005, S. 124 ff.) zu dem Ergebnis, dass

- Die Zufriedenheit der Mitglieder – gemessen mit 15 Indikatoren – nicht signifikant höher ist als bei Nichtmitgliedern.
- Die Mitglieder nicht bei weniger Konkurrenten einkaufen als die Nichtmitglieder.
- Die Kundenclubmitglieder häufiger beim betreffenden Händler einkaufen als die Nichtmitglieder.
- Der Anteil der Ausgaben vom Lebensmittelbudget, der beim betreffenden Händler ausgegeben wird, höher ist als bei den Nichtmitgliedern.

Allerdings wird nicht hinterfragt, ob die positiven Ergebnisse hinsichtlich Kaufhäufigkeit und anteilsmäßigen Ausgaben wirklich auf die Clubmitgliedschaft zurückgeführt werden können. Es ist zu vermuten, dass die Karteninhaber auch vor Einführung des Kundenclubs zu den überdurchschnittlich guten Kunden gehörten, sonst wären sie keine Mitglieder geworden. Müller und Leuteritz (2004, S. 95 f.) berichten ebenfalls von einer Befragung von 112 Kunden eines führenden deutschen Händlers, die belegt, dass die Kunden häufiger beim Händler einkaufen als die Vergleichsgruppe und nach eigener Einschätzung einen deutlich höheren Anteil ihres einschlägigen Bedarfs decken. Diese Autoren weisen darauf hin, dass dieser Befund nicht geeignet ist, die ganz erheblichen Aufwendungen für derartige Kundenbindungsprogramme zu rechtfertigen, da Ursache und Wirkung offen bleiben müssen. Die Autoren fahren fort, dass es bisher keine Erkenntnisse gibt, die diese Frage eindeutig klären, und dass eine Beantwortung dieser Frage nur durch eine Längsschnittanalyse herbeizuführen wäre, die untersucht, ob sich das Kaufverhalten durch den Kartenbesitz ändert. Diller und Goerdt (2005, S. 1215) konstatieren dazu, dass Fallstudien im Lebensmittelhandel zeigen, dass die Effizienz von Kundenbindungsprogrammen besonders durch hohe Kosten der Individualisierung oder der (daraus resultierenden) Datenverwaltung gefährdet ist, und dass das Bemühen um treue Kunden mitunter in einen verdeckten Preiswettbewerb oder in der Servicefalle mündet.

Interessant ist, inwieweit die Wahrnehmung der Rabatthöhe durch Punktesysteme verändert wird. Werden die Rabatte in Form von Prämien oder als Punkte ausgezahlt, wird die Höhe des Rabattes für den Kunden weniger deutlich. Untersuchungen haben gezeigt, dass Kundenkartenbesitzer die tatsächliche Höhe ihrer Rabatte gar nicht kennen. Hinzu kommt, dass viele ihre Bonuspunkte nicht einlösen. Daraus lässt sich schließen, dass die Rabatthöhe weniger wichtig ist als allgemein angenommen (Schuckel 2002, S. 120). Helm und Ludl (2004, S. 79) kommen in einem Experiment zu dem Ergebnis, dass Kundenkarten, die ausschließlich Dienst- und Serviceleistungen bieten, die gleichen positiven Effekte auf die Kundenbindung erzielen wie Karten, die zusätzlich Preisvorteile bieten. Wenn geldwerte Belohnungen erfolgen, sollten sie möglichst einfach und zeitnah eingelöst werden können. Wirksame Beispiele sind die wieder in Mode gekommenen Rabattkarten, z. B. von Aral, bei der die Punkte aufgeklebt und damit physisch sichtbar werden. Sobald genug Punkte angesammelt sind, kann man sich eine Prämie aussuchen. Ein anderes positives Beispiel ist die Kundenkarte des ModeDiscounters Takko, bei der jeweils 5 % des vorherigen Kaufs als Rabatt gewährt werden, sofern der Kauf innerhalb von drei Monaten erfolgt.

Aus Sicht der Unternehmen ist nicht die Ausgabe einer Kundenkarte an sich erfolgsentscheidend, sondern die gewonnenen Informationen über das Kaufverhalten. Werden diese eingesetzt, um die Kundenbedürfnisse besser zu erfüllen, können Kundenkarten sehr sinnvoll sein. Beispielsweise können Early Adopter, also Kunden, die frühzeitig Innovationen ausprobieren, identifiziert und gezielt angesprochen werden. Ein positives Beispiel ist Tesco aus England. Dort werden die Daten – mit allerdings sehr großem Aufwand (man hat zu diesem Zweck eigens ein Datenverarbeitungsunternehmen aufgekauft) – intensiv ausgewertet. Anschließend werden Kundengruppen (Cluster) gebildet, die segmentspezifisch bearbeitet werden.

Die Überlegenheit von kundenbindenden Maßnahmen gegenüber Rabatten ist mir bei unserem letzten Möbelkauf noch einmal deutlich geworden. Wir wollten die Einrichtung unseres Wohnzimmers erneuern und fuhren zum Einkauf nach Braunschweig. In einem der Möbelhäuser war gerade VIP-Tag und es herrschte Massenandrang. In einem abgesperrten Bereich tranken die eingeladenen Stammgäste Prosecco, es herrschte buntes Treiben. Viele hatten Kinder mitgebracht und es gab eine Fülle von Aktionen. Beim Wettbewerber galt am gleichen

Tag „15 % auf alles", dennoch herrschte gähnende Leere. Offensichtlich wurde der Rabatt nicht genügend beworben, denn wir kauften den Wohnzimmerschrank dort, bemerkten aber erst an der Kasse den Nachlass. Der Händler hatte uns also ohne Not 15 % erlassen, wir hätten auch zum regulären Preis gekauft. Hinzu kam, dass ein dritter Wettbewerber am Montag darauf „20 % auf alles" anbot und wir wussten, dass er den gleichen Schrank im Sortiment hatte. Ein Anruf bei unserem Einkaufsmarkt genügte, und wir bekamen telefonisch noch einmal 5 % dazu. Rabatte sind austauschbar, VIP-Programme nicht! In diesem Zusammenhang ist die Unterscheidung in kostenlose und kostenpflichtige Kundenkarten von Interesse. Während kostenlose Karten, die jeder bekommt, kein VIP-Gefühl erzeugen, erzwingen die kostenpflichtigen Systeme ein besonderes Commitment der Kunden. Die Douglas Card verfolgt mit der geringen Aufnahmegebühr sicher nicht das Ziel der Kostendeckung, sondern die Gewissheit, dass es sich um treue Kunden handelt. Diese werden entsprechend behandelt: Regelmäßige Schreiben mit Produktproben, Einladungen zu Events und weitere Vorteile erzeugen ein gewisses Gefühl von Exklusivität. Im Gegensatz zu vielen anderen Kundenkartenanbietern hat Douglas dadurch deutlich weniger Probleme mit inaktiven Karteninhabern, die die Fixkosten erhöhen, ohne einen Nutzen zu bringen.

Der Stammkunde, vom Aussterben bedroht
Vor langer Zeit hielten sich gewaltige Populationen des Stammkunden (Homo consumo amigo) im deutschsprachigen Raum auf. Nach langen Wanderbewegungen in den Jahrhunderten zuvor und Durchstehen schlechter Zeiten hatten es sich die putzigen Säuger in Mitteleuropa richtig gemütlich gemacht. Das relativ feste Lebensgefüge und günstige Rahmenbedingungen sorgten für eine schnelle Verbreitung dieser Spezies und ruckzuck hatte sich in gegenseitigem Einvernehmen ein stammkundenfreundliches attraktives Umfeld (pointofsalis traditus) gebildet, das recht gut vom Stammkunden lebte.
In diesem Umfeld konnten sich leider auch parasitäre Nutznießer (pointofsalis disconto) entwickeln, die, dem Mitesser gleich, dem ausgeglichenen Biotop immer mehr schadeten. Langsam verlor der Lebensraum an Vielfalt und befindet sich nun mitten in einem Stadium der Versteppung zum Gesamtgewerbegebiet. Unser putziger, aber empfindsamer Großnager fühlt sich zunehmend unwohl und zieht sich in abgelegene Reviere zurück, wo sich ältere Exemplare zu Rheumadeckenpartys treffen oder in Versandhauskatalogen blätternd vergangenen Zeiten nachtrauern. Es scheint, dass auch die letzten vom Aussterben bedrohten Stammkunden, wie einst der Neandertaler, von einer neuen Spezies (homo consumo ökoprozentus) verdrängt werden.
Diese erst in jüngster Zeit herangewachsene Art, dem Stammkunden äußerlich zum Verwechseln ähnlich, hat sich schnell durchsetzen können und sich auf das harte Leben in der Schnäppchenwüste bestens eingestellt. Es liegt sogar der Verdacht nahe, dass zahlreiche Stammkunden sich unter die neue Population gemischt haben und unerkannt in den fremden Herden mitziehen (gekürzte Fassung nach Bernd Nasner, Fotofachhändler aus Hamburg, in: Der Handel 2003, H. 11, S. 98).

Schlussbemerkung

Die Hoffnung auf dauerhafte Bindung von Kunden ist recht unrealistisch. Wie kann man von Kunden Treue erwarten, wenn 40 bis 60 % aller Ehepartner fremdgehen, und in deutschen Städten die Hälfte der Ehen geschieden wird? Wie können Unternehmen von ihren Mitarbeitern einerseits zunehmende Flexibilität und Mobilität verlangen, und andererseits glauben, dass die gleichen Menschen treue Kunden sind?

> Wenn Sie Treue wollen, kaufen Sie sich einen Hund (Bruno Tietz).

Wer Kundenbindung anstrebt, muss dafür laufende, immer neue Anstrengungen unternehmen. Es gibt keinen Automatismus. „Kunden sind wie kleine Hunde. Erst will sie jeder haben und wenn sie da sind, will keiner mit ihnen Gassi gehen" (Verfasser unbekannt).

Weiterführende Literaturhinweise:

Bruhn, M./Homburg, Chr. (Hrsg.) (2005): Handbuch Kundenbindungsmanagement, 5. Aufl., Wiesbaden.
Homburg, Ch. (Hrsg.) (2003): Kundenzufriedenheit, 5. Aufl., Wiesbaden.
Liebmann, H.-P./Zentes, J. (2001): Handelsmanagement, München, S. 433 ff.
Meyer, A./Fend, L./Specht, M. (Hrsg.) (1999): Kundenorientierung im Handel, Frankfurt. (Enthält ausschließlich Fallbeispiele, z. B. Land's End und Globus).
Rosenstiel, L. von/Neumann, P. (2005): Mehr als ein Käufer – Der Kunde das unbekannte Wesen, in: Künzel, H. (Hrsg.): Handbuch Kundenzufriedenheit, Berlin u. a. S. 1–27.
Weinberg, P./Terlutter, R. (2005): Verhaltenswissenschaftliche Aspekte der Kundenbindung, in: Bruhn, M./Homburg, C. (Hrsg.): Handbuch Kundenbindungsmanagement, 5. Aufl., Wiesbaden, S. 41–65.

Meine Empfehlung:

Müller-Hagedorn, L. (1999): Kundenbindung mit System, in: Müller-Hagedorn, L. (Hrsg.): Kundenbindung im Handel, Frankfurt a.M., S. 11–45.
Es handelt sich um eine sehr gute Übersicht zum Thema Kundenzufriedenheit und Kundenbindung im Handel.

7.3 Image, Einstellung und Retail Brand

Der Begriff Einstellung kann als Synonym für das im Marketing gebräuchliche Konstrukt Image aufgefasst werden (von Rosenstiel/Neumann 2002, S. 203). Die Einstellung ist die subjektiv wahrgenommene Eignung eines Gegenstandes zur Befriedigung einer Motivation (Kroeber-Riel/Weinberg 2003, S. 169). Beispielsweise kann ein Kunde Wert legen auf ein zuverlässiges und komfortables Auto (Motivation). Wenn er davon überzeugt ist, dass Mercedes solche Autos herstellt (Einstellung), wird er dieses Fabrikat zur Befriedigung seiner Motivation kaufen. Das Image ist das (gefühlsmäßige) Gesamtbild, das sich eine Person von einem

Meinungsgegenstand macht. Es dient den Konsumenten als Anhaltspunkt, bewirkt Vertrauen und hilft, die Komplexität von Entscheidungen zu verringern (Schweiger 1995, Sp. 915 ff.). Die folgende Abbildung verdeutlicht den Zusammenhang von Emotionen, die zunehmend angereichert werden bis hin zu komplexen Einstellungen.

Beispiel	
Zentralnervöse Erregungsmuster	
+ (kognitive) Wahrnehmung	
= Emotion	Angst vor Unfällen mit der Familie.
+ (kognitive) Zielorientierung	
= Motivation	Kunde will sicheres Auto kaufen.
+ (kognitive) Gegenstandsbeurteilung	
= Einstellung	Kunde hält Volvo für ein sicheres Auto, positive Einstellung.
Einstellung führt zu Verhalten	Kunde kauft Volvo.

Abb. 7.4: Emotion, Motivation, Einstellung und Verhalten

In der Regel besteht ein positiver Zusammenhang zwischen Einstellung und Verhalten, d. h. wir präferieren und kaufen Produkte oder Marken, zu denen wir eine positive Einstellung haben. Situative oder persönliche Faktoren können allerdings dazu führen, dass das Verhalten nicht der Einstellung entspricht. Außerdem kann auch das Verhalten die Einstellung bestimmen, damit kognitive Dissonanzen vermieden werden (Schramm-Klein 2003, S. 131), z. B. rechtfertigen die Fahrer großer Autos die damit verbundene Umweltbelastung mit der Einhaltung von Schadstoffnormen (auch wenn es sich um die Richtlinien für Lkw's handelt). Einstellungen werden erlernt, deshalb werden häufig Lerntheorien herangezogen, um ihre Entstehung zu erklären. Das Lernen einer Einstellung bzw. die Bildung eines Images erfolgt durch (Schenk 1995, S. 275 f.; Balderjahn 1995b, Sp. 543; Schramm-Klein 2003, S. 129):

- Informationsverarbeitung (kognitive Komponente = Denken): In diesem Fall wägt der Kunde durch Nachdenken die Vorteile einer bestimmten Alternative ab, und er kommt zu einer Einstellung.
- Das Prinzip der Verstärkung (konative Komponente = Handeln): Wenn der Kunde gelernt hat, dass der Einsatz einer Kundenkarte für ihn relevante Vorteile bringt, wird er dieser Karte positiv gegenüberstehen und sie wiederholt einsetzen.
- Klassische Konditionierung (affektive Komponente = Fühlen): Beispielsweise glaubt der Konsument zu wissen, dass Ware, die auf den Aktionsflächen steht, besonders günstig ist.

Die klassische Konditionierung funktioniert durch die wiederholte Darbietung von neutralen Reizen (Marke) mit emotionalen Reizen. Dadurch kann die Marke einen emotionalen Erlebniswert erhalten. Ein gutes Beispiel ist Marlboro, deren Produkt mit Freiheit und Abenteuer assoziiert wird, obwohl der eigentliche Genuss dieses Gefühl sicher nicht auslösen könnte. Wichtig ist unter den heutigen Kommunikationsbedingungen, dass genügend Wiederholungen erfolgen. Häufig kann man sogar gänzlich auf Informationen bei der Werbung verzichten, insbesondere dann wenn die angebotene Leistung nicht erklärungsbedürftig und wenig unterscheidbar ist. Allerdings müssen die durch kommunikative Maßnahmen vermittelten positiven Emotionen durch die Leistung des Unternehmens bestätigt werden (Kroeber-Riel/Weinberg 2003, S. 135 f.). Als Kaufhof Anfang der 90er-Jahre als „das Erlebnishaus" positioniert werden sollte, wurde diese weder in der Werbung noch in der Ladengestaltung klar erkennbar umgesetzt (Esch 2005a, S. 456).

Die Messung von Einstellungen (Kroeber-Riel/Weinberg 2003, S. 190 ff.) kann auf unterschiedliche Weise erfolgen, z. B. durch psychobiologische Verfahren (Messung von Puls oder elektrodermaler Frequenz), durch Beobachtung oder auf der Ebene subjektiver Erfahrungen (Befragung). Am häufigsten werden Befragungen eingesetzt. Sie erfolgen meist mehrdimensional mit Itembatterien auf Basis von Rating-Skalen, z. B. „Wie schätzen Sie das Geschäft xy ein", von (1) = sehr gut bis (5) = sehr schlecht. Einstellungswerte werden dazu genutzt, Ist-Werte zu ermitteln und Soll-Werte festzulegen. Auf dieser Basis können **Positionierungsmodelle** entwickelt werden, die den Markt beschreiben. Die wesentlichen Bestimmungsgrößen der Positionierung für ein Handelsunternehmen sind die wahrgenommenen Eigenschaften, der Wettbewerb und die Idealpositionierung in den Augen der Konsumenten (Kroeber-Riel/Weinberg 2003, S. 212 ff.). Geht es um die Positionierung von Handelsbetrieben, spricht Frechen von Imagepositionierung. Das ist die strategische und aktive Gestaltung der Stellung von Einzelhandelsunternehmen im relevanten Markt. Sie dient zur Abgrenzung von der Konkurrenz und muss den Wünschen und Anforderungen der Konsumenten entsprechen und für diese relevant sein. Der Positionierungserfolg hängt von der Wettbewerbsorientierung (Positionierung) und der Kundenorientierung (Image) ab. Das Ziel der Einkaufsstättenpositionierung ist die Einkaufsstättenidentität. Sie muss für ein einzigartiges Leistungsversprechen stehen (Frechen 1998, S. 76 f.). Kernproblem der Positionierungsmodelle ist die Festlegung der Profilierungsdimensionen. Sie sind zumindest nach Zielgruppen, u. U. sogar individuell oder je nach Situation verschieden. Hinzu kommt, dass die Beschränkung auf zwei Dimensionen der Realität einer Entscheidungssituation nicht gerecht wird. Andererseits ermöglicht ein Positionierungsmodell einen strukturierten und einfachen Überblick über den Markt. Für das Unternehmen werden Nischen sichtbar. Abb. 7.5 zeigt einen Ausschnitt des deutschen Autozubehörmarktes. Während die traditionellen Vertragswerkstätten auf Service setzen in Verbindung mit hohen Preisen, versucht Pit Stop durch Niedrigpreise Kunden abzuwerben. A.T.U bedient die Kunden, die mittlere Preise mit ausreichender Qualität suchen. Der neue Wettbewerber AUTO plus will guten Service bieten bei konkurrenzfähigen Preisen. Neben der Anpassung der Einkaufsstätte an die Einstellung der Konsumenten kann ein Händler versuchen, die Einstellung der Konsumenten zu verändern (Diehl 2004, S. 220). Würde er im Beispiel überzeugend argumentieren, dass höhere Preise eine Notwendigkeit für sichere Automobile darstellen, würde sich das Ideal nach rechts verschieben.

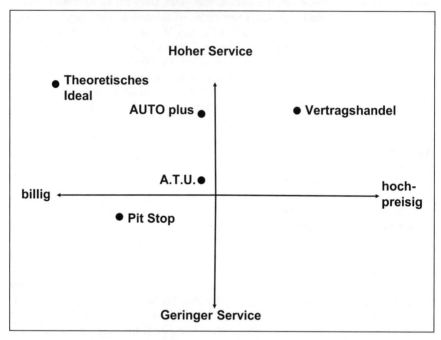

Abb. 7.5: Positionierungsmodell deutscher Markt für Autozubehör (Quelle: Hecker/ Hurth 2006).

Die Positionierungsmodelle können auf einer höheren Ebene auch für die Analyse von Betriebstypen eingesetzt werden. Im Modell von Ahlert und Schröder wurden die Profilierungsdimensionen Preis und Erlebnis ausgewählt (Abb. 7.6). Shopping-Center sind ein Beispiel für Erlebnisstrategien, auf eine Kombination aus Erlebnis und niedrigem Preis setzen Designer Outlet Center (Mischstrategie Typ 2), Versorgungskauf mit Qualität bieten Supermärkte. Zu vermeiden ist eine Position „zwischen den Stühlen".

Beim Image spielen neben dem spezifischen und vom Unternehmen zu beeinflussenden Einkaufsstättenimage weitere Teilaspekte wie Branchen-, Standort- oder Markenimage eine Rolle (Frechen 1998, S. 91 ff.). Oehme (2001, S. 379) weist darauf hin, dass Handelsunternehmen durch sich selbst kommunizieren. Der Kunde tritt im stationären Handel sprichwörtlich in das Unternehmen ein. Dieser Kommunikation kann das Unternehmen nicht entrinnen. Das Image entsteht durch die Gesamterscheinung: Symbole, Farben, Standort, Fassade, Schaufenster, Verkaufsraum, Warenpräsentation und Mitarbeiter.

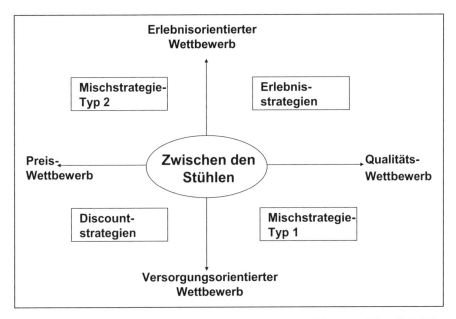

Abb. 7.6: Positionierungsmodell nach Ahlert/Schröder (Quelle: Ahlert/Schröder 1990, S. 223).

Das so entstandene Image beeinflusst die Einkaufsstättenwahl und die Geschäftstreue und trägt dazu bei, das Handelsunternehmen vom Wettbewerb abzugrenzen (Zanger/Drengner 2004, S. 459). Die Konsumenten haben üblicherweise ein ganzes Bündel an Bedürfnissen, von denen der Händler möglichst viele oder zumindest einige befriedigen muss. Aus Konsumentensicht ist die Übereinstimmung zwischen Einkaufsmotiven und Einkaufsstättenimage interessant. Konsumenten versuchen Einkaufsmotive durch Einkaufsstätten zu befriedigen. Demnach muss der Händler ein Leistungsbündel anbieten, das diese Motive möglichst umfassend befriedigt. Unterschiedliche Einkaufsmotive führen dazu, dass unterschiedliche Einkaufsstätten bevorzugt werden (Weinberg/Purper 2004, S. 48 f.). Da das Image große Auswirkungen auf unser Verhalten hat, zielt das Marketing häufig auf eine Einstellungsänderung (Trommsdorff 2004, S. 38). Es wird versucht, das Image positiv zu beeinflussen. Das kann durch die bereits erwähnten Lerntechniken geschehen. Eine andere Möglichkeit ist der Imagetransfer. Unter Imagetransfer wird die Übertragung von Imagebestandteilen bzw. Assoziationen von einem Produkt auf ein anderes verstanden. Man hofft, positive Ausstrahlungseffekte zu erzielen (Schweiger 1995, Sp. 924; Trommsdorff 2004, S. 177; Foscht/Swoboda 2005, S. 115). Ein früher sehr erfolgreiches Beispiel war das Siegel „Made in Germany". Wenn etwas aus Deutschland kommt, muss es (qualitativ) gut sein. Aus der Konsumgüterindustrie stammen weitere erfolgreiche Konzepte. Die Marke Nivea wurde ausgehend von einer Handcreme auf ein ganzes Kosmetiksortiment ausgeweitet und Camel steht inzwischen nicht mehr für Zigaretten, sondern für Schuhe und Bekleidung. Ein gutes Beispiel für Imagetransfer im Handel bieten die Titelseiten der Sommerkataloge 2004 der großen Versender. Quelle warb mit Claudia Schiffer, Otto mit Heidi Klum. In beiden Fällen strahlt etwas von dem Glanz der Models auf das Sortiment und damit auch auf die Träger der Produkte aus.

Auffällig ist, dass das Stichwort Image in Handelslehrbüchern nur selten vorkommt. Der Gesamteindruck von Händlern wird unter dem Begriff **Retail Brand** diskutiert. Früher hat die Industrie über ihre Marken die Kunden an sich gebunden. In den letzten Jahren wurden die Händler zunehmend selbst zur Marke. Wird ein Unternehmen als Marke geführt, spricht man von Corporate Branding (Meffert/Bierwirth 2005, S. 147). Da der Betriebstyp als Markenprodukt des Handels gilt (Schmid 1996, S. 17), wurden mehrere Wortschöpfungen entwickelt wie Betriebstypenmarke, Store Brand oder Händlermarke (Ahlert/Kenning/Schneider 2000, S. 103). Weil die Store Brand sich eher auf Filialen bezieht, und der Begriff Händlermarke Verwechslungen mit dem Begriff Handelsmarken (Eigenmarken) herausfordert, wurde der englische Begriff Retail Brand geläufiger. Die Kunden kaufen bei Aldi, H&M oder Ikea nicht mehr *wegen* bestimmter Produkte, sondern man kauft Produkte *von* diesen Händlern. Es wird zunehmend wichtig, wo man kauft, nicht was man kauft (ifm 2001b, S. 13).

> Das Markenphänomen: Heutzutage sind alle zu Marken geworden: Intel, Real Madrid, Harald Schmidt, Monaco, Harvard und sogar der Papst.

„Als Marke werden Leistungen bezeichnet, die neben einer unterscheidungsfähigen Markierung durch ein systematisches Absatzkonzept im Markt ein Qualitätsversprechen geben, das eine dauerhaft werthaltige, nutzenstiftende Wirkung erzielt und bei der relevanten Zielgruppe in der Erfüllung der Kundenerwartungen einen nachhaltigen Erfolg im Markt realisiert bzw. realisieren kann" (Bruhn 2004a, S. 28). Nehmen die Kunden die Kompetenz des Händlers auf der Grundlage aller mit der Betriebsform in Verbindung gebrachten Leistungen, Vorstellungen und Erfahrungen wahr, so nimmt die Marke eine Stellvertreterfunktion für diese Gesamtleistung ein (Mattmüller/Tunder 2004, S. 310). Nach verhaltenswissenschaftlicher Auffassung ist eine Marke ein Vorstellungsbild in den Köpfen der Verbraucher mit Differenzierungs- und Identifikationsfunktion. Das Wissen zur Marke teilt sich in Markenbekanntheit und Markenimage (Esch/Möll 2005, S. 63; Tscheulin/Lindenmeier 2004, S. 466). Das Markenimage wird geprägt durch Art, Stärke, Zahl und Relevanz der Assoziationen mit der Marke (Esch/Möll 2004, S. 70). Ein aussagekräftiges Instrument zur Darstellung des Images ist das in Anlehnung an die Schematheorie entwickelte semantische Netzwerk (Ahlert/Kenning 2005, S. 1206).

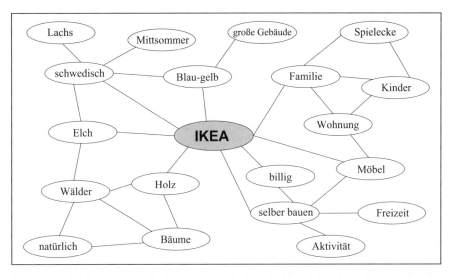

Abb. 7.7: Fiktives semantisches Netzwerk für ein Handelsunternehmen (Quelle: Zentes/Janz/Morschett 2000, S. 46).

Morschett definiert die Retail Brand wie folgt: Eine Händlermarke (Retail Brand) bezeichnet eine Verkaufsstelle eines Handelsunternehmens, die mit einem Markenzeichen versehen ist, oder eine Gruppe von Verkaufsstellen eines Handelsunternehmens, die mit einem einheitlichen Markenzeichen versehen sind. Ein wesensmäßiger Bestandteil ist im Erfolg – im Sinne der Anerkennung durch den Konsumenten – zu sehen (Morschett 2002, S. 108). Das Retail Branding ist die Markenpolitik eines Handelsunternehmens auf der Ebene seiner Verkaufsstellen (Zentes/Morschett 2005, S. 1143; Morschett 2006, S. 527). Die Marken des Douglas-Konzerns sind demnach die Parfümerie Douglas, Hussel, Juwelier Christ und die Buchhandlung Thalia. Da das Handelsmarketing eine Zwischenstellung zwischen dem Marketing für tangible Güter (Konsumgüter) und Dienstleistungen darstellt, gelten für Retail Brands einige Besonderheiten. Aufgrund der intangiblen Leistungselemente spielt das Vertrauen eine übergeordnete Rolle, zugleich sind Retail Brands durch eine enorme Komplexität gekennzeichnet (Zentes/Morschett 2005, S. 1145; Ahlert/Kenning 2005, S. 1196).
Morschett (2002, S. 26 ff.) nennt die folgenden Funktionen einer Marke aus Sicht der Konsumenten:

1. Die Identifikation entspricht der Markierung im engeren Sinne. Sie unterscheidet die Produkte von denen anderer Hersteller.
2. Die Entscheidungsvereinfachung resultiert aus der Erfahrung mit der Marke. Da der Konsument zufrieden war, kann er seine Entscheidung beim Wiederholungskauf beschleunigen. Zum Teil wird die Erfahrung auf andere Produkte der gleichen Marke übertragen. Die Marke bietet Orientierung und Vertrauen.
3. Eine Risikominderungsfunktion entsteht dadurch, dass die Kunden mit einer Marke eine gleich bleibende Qualität verbinden. Die Marke übernimmt eine Garantiefunktion, die das Sicherheitsbedürfnis der Konsumenten anspricht.

Aus der Sicht der Unternehmen ist das Ziel von Betriebsformenmarken, dem Händler Profilierungsspielräume zu eröffnen und Kundenvertrauen und -loyalität zu erhöhen (Mattmüller/Tunder 2004, S. 310). Gleichzeitig verringert sich die Preissensibilität, es wird nicht mehr detailliert verglichen. Die Effizenz der Marketingmaßnahmen steigt, da Werbung für eingeführte Marken stärker wahrgenommen wird. Schließlich ermöglicht die Markierung Wiederholungskäufe. Ein weiterer wichtiger Aspekt ist der Halo-Effekt. Dabei wirkt die positive Gesamtbeurteilung auf die Wahrnehmung einzelner Eigenschaften. Wenn ich überzeugter Aldi-Kunde bin, glaube ich auch an die Qualität der angebotenen Produkte, sonst wäre mein Verhalten inkonsistent. Dieser Effekt zeigt sich immer wieder in Blindtests, bei denen Produkte mit Markenangabe besser beurteilt werden als ohne Markierung (Morschett 2002, S. 31 ff.). Ein klassisches Experiment stammt von Makens (1965). Er präsentierte Testpersonen Putenfleisch, das bis auf die Markenbezeichnung identisch war. 56 % der Versuchspersonen zogen das Fleisch der bekannten Marke vor, 10 % waren indifferent. Nur 34 % präferierten das Fleisch mit der unbekannten Marke, obwohl die Qualität identisch war (Kroeber-Riel/Weinberg 2003, S. 296). Ein bekannteres Beispiel ist der Test zwischen Pepsi und Cola. Beurteilen die Probanden den Geschmack ohne Angabe der Marke, präferieren 51 % die Pepsi-Cola. Wird die Marke hinzugefügt, halten 65 % Coca-Cola für besser (Abb. 7.8).

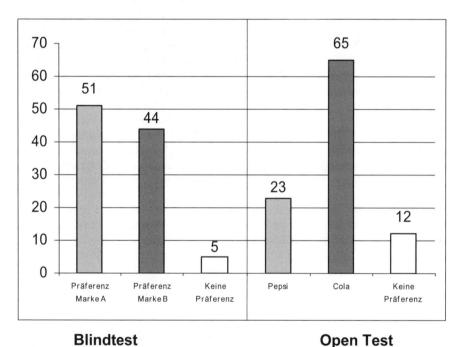

Abb. 7.8: Wirkung von Marken auf die Präferenz, Vergleich der Ergebnisse eines Blindtests zwischen Coca-Cola und Pepsi (Quelle: Chernatony/McDonald, in: Burmann/Meffert/Koers 2005, S. 4).

Neuere Erklärungsversuche für dieses Phänomen stammen aus der Hirnforschung. Dabei werden die Blutflüsse im Gehirn als Indikator für neuronale Prozesse mit Hilfe von Kernspintomografen gemessen, so an der Universität Münster. Forscher konnten dort beobachten, dass bei der Beschäftigung mit starken Marken eine gedrosselte Hirnaktivität im Vorderhirn eintritt. Das Gehirn schaltet quasi seinen Verstand aus, um sich zu entlasten. Dagegen kommen US-Forscher zu dem Ergebnis, dass mit bestimmten Marken positive Assoziationen und Selbstwertgefühl verbunden sind. Sie und nicht der Geschmack machen den Wert der Marke aus (Schnabel 2003, S. 35).

Aufgrund der Bedeutung der Marke für das Unternehmen – neben den erwähnten Vorteilen auf dem Absatzmarkt hat eine starke Marke auch auf dem Personal- und Finanzbeschaffungsmarkt hohe Bedeutung – haben führende Händler die Entwicklung ihrer Vertriebslinien zur Retail Brand zu einem der zentralen Strategiebausteine gemacht. Die Metro-Gruppe, der größte deutsche Händler, nennt die Entwicklung seiner Vertriebslinien zu Retail Brands als eine der Säulen ihrer Unternehmensstrategie. Die Vertriebslinien real,–, extra, Kaufhof oder Media-Markt dienen als Marken, die Unternehmensmarke Metro bleibt im Hintergrund. Auch Plus ist auf diesem Weg: „Plus soll zur europäischen Marke werden" (Plus-Chef Michael Hürther, in: Lebensmittelzeitung, 01.10.2004, S. 4). Eine Studie von Ernst & Young bei 120 deutschen Einzelhändlern hat ergeben, dass das Ziel, eine Retail Brand zu werden, bei den meisten der Befragten ganz oben auf der Agenda steht (Harms/Schommer 2004, S. 2 ff.). Inzwischen sind die Retail Brands in Deutschland erfolgreicher als die klassischen Markenartikel der Konsumgüterindustrie. Während es 1993 nur Aldi in das Ranking der stärksten Marken in Deutschland schaffte (repräsentative Befragung von Young and Rubicam), sind 2003 sieben von zehn genannten Unternehmen Händler, neben Aldi auch Ikea, Lidl, Fielmann und Media-Markt.

Platzierung	1993	1997	2003
1	Coca Cola	Mercedes	Ebay
2	Valensina	Aldi	Aldi
3	Aldi	Coca Cola	Ikea
4	Langnese	Nivea	Lidl
5	Dr. Oetker	Aspirin	Fielmann
6	Milka	Volkswagen	Google
7	Lila Pause	BMW	Media-Markt
8	Nintendo	Langnese	Center Park
9	BMW	Bahlsen	Payback
10	Jacobs	Tchibo	Ratiopharm

Abb. 7.9: Brand Asset Valuator von Young & Rubicam

Die Marke beginnt bereits mit der Namensgebung, durch die erste psychologische Effekte ausgelöst und häufig bewusst gesteuert werden. Die frühen Supermärkte in den USA, die dort in den 30er-Jahren des vorigen Jahrhunderts entstanden, hatten so vielversprechende Namen wie Big Bear, Giant Tiger, Big Chief oder King Cash (Bowlby 2001, S. 137). Viele Einzelhandelsmarken deuten damit auf Art und Vorteile ihres Konzeptes hin. Mit dem Namen Media-Markt wird die Warengruppe, die Größe des Geschäftes und die niedrigen Preise verbunden. Praktiker weist auf das Sortiment und die Kompetenz der Kunden hin. Plus bietet Pluspunkte, Neukauf modernen Einkauf und bei Spar wird gespart. Im Modehandel verbreiten Madame, Liberty, New Yorker oder Orsay ausländisches Flair. Die Namenswahl beinhaltet auch Kundensegmentierungen (Schenk 1995, S. 106 f.):

- Der „Schuh-Discount" lockt die Preisbewussten.
- Der „Drogerie-Fachmarkt" steht für Leistung.
- „Vogue" spricht die modeorientierte Zielgruppe an.
- Der „Trend-Shop" ist ein Ziel für die Fortschrittsgläubigen.
- „Spinnrad" und „Bioland" richten sich an die ökologisch ausgerichtete Kundschaft.

Die hintergründige Namensgebung findet sich auch bei Handelsmarken. „Tip" und „Smart Price" stehen für Niedrigpreisartikel. Globus St. Wendel bietet seinen Kunden u. a. „Excellent" (Nahrungsmittel), „Mon Village" (Wein), „Terra Pura" (Bioprodukte) und „Natuvell" (Papierhygiene und Kosmetik). Auch Privileg, Universum oder Bärenschuhe lösen kalkulierte Assoziationen aus. Die Namensgebung von Produkten und Marken ist inzwischen – auch aufgrund rechtlicher Fragen – so anspruchsvoll, dass professionelle Namensagenturen bei der Entwicklung eingebunden werden.

Neben dem Image, das mit einer Marke verbunden wird, ist die Bekanntheit die Grundvoraussetzung für eine funktionierende Marke. Uns bekannte Reize, selbst wenn wir sie nur unbewusst wahrgenommen haben, z. B. Plakate, die wir im Vorbeifahren gesehen haben, werden mit dem Stempel „sicher" versehen. Ohne dass wir wissen warum, beurteilen wir solche Produkte als sympathischer (Häusel 2002a, S. 144). Die Marke muss deshalb zum Consideration Set gehören (vgl. Kap. 4.2.2). Ein Consideration Set ist die individuell wahrgenommene und spontan erinnerte, für relevant gehaltene Alternativenmenge, z. B. eine gewisse Anzahl von möglichen Lebensmittel-Einkaufsstätten. Im Consideration Set sind Alternativen, die für einen Kauf in Frage kommen, weil man zu ihnen eine positive Einstellung hat. Es handelt sich um eine Verbindung von Bekanntheit und Akzeptanz (Trommsdorff 2004, S. 100; Kroeber-Riel/Weinberg 2003, S. 394).

Zur Beantwortung der Frage, wie ein Unternehmen zur Marke wird, können – neben der grundlegenden Bekanntheit – drei Grundprinzipien erfolgreicher **Markenpolitik** identifiziert werden (Morschett 2002, S. 44 ff.):

- Differenzierung,
- Konsistenz und
- Kontinuität.

Die Schaffung eines einzigartigen Markenbildes, eines unverwechselbaren Erscheinungsbildes in den Augen der Verbraucher, ist der zentrale Erfolgsfaktor einer Marke. Das Prinzip der Abweichung (Differenzierung) ist eine notwendige

Lebensbedingung für Marken. Der Markenkern beinhaltet die wesentlichen, grundsätzlichen Assoziationen, die die Nachfrager mit einer Marke verbinden. Die **Differenzierung** kann grundsätzlich mit dem gesamten absatzpolitischen Instrumentarium eines Händlers erfolgen, z. B.:

- Sortimentspolitik → Hohe Eigenmarkenanteile führen zu einer eigenständigen Positionierung, z. B. bei H&M oder New Yorker. Die Profilierung kann aber auch über Profilierungs-Warengruppen erfolgen, z. B. die Weinabteilung im Supermarkt.
- Preispolitik → Hiermit differenzieren sich vor allem die Discounter, aber auch die Vertreter von Dauerniedrigpreiskonzepten, z. B. Hornbach.
- Service-Politik → Merkmale wie Freundlichkeit und Beratungsqualität können zur Abgrenzung dienen. Ein Beispiel aus dem filialisierten Einzelhandel ist Douglas.
- Kommunikationspolitik → Hohen Wiedererkennungswert hat die Werbung von H&M. Prägnante Logos oder Slogans haben ebenfalls Abgrenzungscharakter.

Es ist wichtig, dass sich das Unternehmen auf wenige relevante Dimensionen beschränkt, weil die Kunden einem Objekt nur wenige Attribute zuordnen, und damit nur wenige Wettbewerbsvorteile glaubwürdig vermittelt werden können (Theis 1992, S. 544). Werden zu viele Merkmale hervorgehoben, erscheint das Konzept diffus (Schweizer/Rudolph 2004, S. 121).

Neben der Differenzierung gehört zu einer Marke, dass sich alle Maßnahmen der Markenbildung zu einem Gesamtkonzept vereinen (**konsistent** sind). Die Markenpolitik muss sich an einer Leitidee (Markenkern) orientieren (Brauer 1997, S. 78). Die Unternehmenskultur, Führung, Werte, Mitarbeiter und Positionierung müssen übereinstimmen (Häusel 2002b, S. 234). Es wäre beispielsweise inkonsistent, wenn Aldi eine aufwändige Ladenpräsentation hätte, der Bodenbelag im Bauhaus ein Teppich wäre, oder die Mitarbeiterinnen bei Douglas schlampig aussehen würden. Um ein Konzept konsistent umzusetzen, ist mühevolle Detailarbeit vor Ort nötig. Ein entscheidender Punkt ist das Vorleben durch die Unternehmensführung. Ahlert/Kenning (2005, S. 1196) weisen darauf hin, dass die profiliertesten Retail Brands im deutschen Handel mehrheitlich inhabergeführt sind.

Über die Differenzierung und Konsistenz hinaus ist die Profilierung einer Marke ein langfristiger Prozess, der hoher **Kontinuität** bedarf. Wenn auch eine gewisse Flexibilität nötig ist, müssen die Grundlinien des Markenkonzeptes konsequent verfolgt werden. Diese Notwendigkeit basiert auf den Ergebnissen der Gedächtnis- und Lerntheorie. Die beim Kunden aufgebauten Erwartungen sind wiederholt zu erfüllen. Kontinuität schafft Vertrauen (Esch 2003, S. 49). Die einmal gewonnene Erfolgsposition bedarf der permanenten Pflege und der unbeirrbaren Konsequenz, auf der einmal eingeschlagenen Linie zu bleiben. Oft gibt es Geschäfte, die man ohne großen Aufwand mitnehmen könnte, z. B. Übernahmen oder eilige Kundenaufträge, die langfristig die Position verwässern. Es gehört große Selbstbeherrschung dazu, auf solche Seitensprünge zu verzichten (Häusel 2002b, S. 233). Aldi könnte jederzeit die Zahl der Artikel von heute 600 auf 1.200 erhöhen und würde höchstwahrscheinlich den Umsatz ebenfalls verdoppeln. Mittelfristig wäre das konsequent auf Kostenführerschaft ausgerichtete System allerdings nicht mehr umsetzbar. Also verzichtet man auf schnelles Umsatzwachstum und geht Sortimentserweiterungen nur sehr behutsam an. Praktiker setzte dagegen Anfang der 90er-Jahre zunehmend auf Zusatzgeschäfte mit Fahrrädern, Elektronikartikeln und anderen Partiewaren. Kurzfristig wurden so Umsätze erzielt, gravierendes Nebenprodukt war die Verwässerung des Images vom Baumarkt hin zum Ramschladen. Noch heute leidet das Kompetenz-Image des Unternehmens unter dieser verfehlten Politik. Zur Verdeutlichung des Kontinuitätsprinzips dient die Natur. Dort gibt es keine plötzlichen Sprünge. Es herrscht Evolution statt Revolution (Hermes 2004, S. 77). Alle Retail Brands, ob Obi, Douglas, Ikea, Aldi, Media Markt, C&A oder H&M sind seit Jahrzehnten mit einem nur unwesentlich veränderten Konzept auf dem deutschen Markt vertreten. Von 22 führenden US-amerikanischen Lebensmittelmarken der 20er-Jahre sind 19 noch heute Marktführer (Soars 2003, S. 630). Langjährige Tradition zeichnet auch die regionalen Händlermarken aus: Engelhorn in Mannheim oder Möbel Inhofer in Senden sind Beispiele. Die im Südwesten sehr erfolgreiche Retail Brand „Globus" aus St. Wendel warb in einem Prospekt im September 2005 mit dem „Globiläum 177 Jahre" und der neue Slogan lautet: „Globus – Da ist die Welt noch in Ordnung."

Abb. 7.10: Retail Brand Modell

Abb. 7.11 zeigt zwei erfolgreiche Retail Brands und ihre Merkmale. Dieses einfache Modell ist auf alle Händler übertragbar und kann auch dem mittelständischen Unternehmer Ansatzpunkte bieten auf dem Weg zur Marke.
Erfolgreiche Unternehmen werden irgendwann zu Selbstläufern. Je mehr Leute zu Aldi, Ikea oder H&M gehen, desto überzeugter sind wir, dass das Angebot dort gut sein muss (Prinzip der sozialen Bewährtheit). Darüber hinaus sinkt wie bereits erwähnt die Preissensibilität, die Effizienz der Marketingmaßnahmen steigt, und aufgrund der positiven Gesamtwahrnehmung werden die einzelnen Komponenten besser wahrgenommen (Halo-Effekt).

Kriterium	Beispiel Ikea	Beispiel H&M
Bekanntheit	Gestützte Bekanntheit über 70 %, in der Zielgruppe höher. Für 70 % der Haushalte in weniger als einer Stunde erreichbar. 131 Mio. Kataloge weltweit.	Bekanntheit über 90 % in der Zielgruppe. In allen Großstädten, inzwischen auch in kleineren Städten vertreten. 900 Shops in 18 Ländern.
Differenzierung	„Das unmögliche Möbelhaus". Zerlegbare Möbel, Selbstaufbau, Eigentransport. Namen statt Nummern, z. B. Billy. Jugendlich-modern, schwedisch.	Eigenmarken. Mode zu günstigen Preisen. Eigenständige Werbung.
Konsistenz	Corporate Design. Grüne Wiese – Standorte. Ladengestaltung, Kinderland.	Corporate Design. Integrierte Kommunikation.
Kontinuität	1953 erstes Möbelhaus, seit 1974 in Deutschland. Kontinuität im Sortiment.	Erster Laden 1947, erste Filiale in Deutschland 1980. Kontinuität im Konzept.

Abb. 7.11: Beispiele Retail Brands und ihre Merkmale

> Die Marke sichert eine Monopolstellung in der Psyche der Verbraucher und Retail Brands sind aufgrund ihrer Komplexität nur sehr schwer kopierbar (Hermes 2004, S. 272; Mattmüller/Tunder 2004, S. 311).

Allerdings besteht die Gefahr, dass Erfolg blind macht. Der erfolgreiche Unternehmenslenker betrachtet selbstzufrieden seine Umwelt in der Gewissheit, dass ihm nichts passieren kann. Es handelt sich um biochemische Scheuklappen, die dazu führen, dass die Weltsicht zunehmend vereinfacht wird – schlechte Nachrichten und Bedrohungen werden schlicht nicht mehr wahrgenommen. Aus Sicht des Unternehmens muss immer wieder ein Ausgleich geschaffen werden zwischen beharrenden und expansiven Kräften. Richtet ein Unternehmen sein Augenmerk ausschließlich auf Qualitätskontrolle und Zertifizierung, verliert es an Wachstumsdynamik und Innovationsfähigkeit. Ein Unternehmen, das ständigen Wandel propagiert, endet im Chaos (Häusel 2002b, S. 38 ff.). Auffallend ist, dass es gerade Vorzeigeunternehmen sind oder Führungskräfte, die mit Auszeichnungen überhäuft werden („Manager des Jahres"), die scheinbar über Nacht in Schwierigkeiten geraten (Jenner 2003). Zufriedenheit und Erfolg schließen sich gegenseitig aus! (Häusel 2002b, S. 74). Überlegenheit steht letztlich nie endgültig fest, sondern hängt von sich verändernden Umständen ab (Klein 2004, S. 144).

Weiterführende Literaturhinweise:

Bruhn, M. (Hrsg.) (2004b): Handbuch Markenführung, 2. Aufl., Wiesbaden.
Esch, F.-R. (Hrsg.) (2005b): Moderne Markenführung, 4. Aufl., Wiesbaden.
Meffert, H./Burmann, Chr./Koers, M. (Hrsg.) (2005): Markenmanagement, 2. Aufl., Wiesbaden.
Morschett, D. (2002): Retail Branding und Integriertes Handelsmarketing, Wiesbaden.
Schmid, F. (1996): Positionierungsstrategien im Einzelhandel, Frankfurt.

Meine Empfehlung:

Esch, F.-R. (2005a): Strategie und Technik der Markenführung, 3. Aufl., München.
Ein sehr gut lesbares, verständliches und dennoch umfassendes Buch; allerdings müssen die Ausführungen selbständig auf den Handel übertragen werden.

7.4 Fallstudien

7.4.1 Aldi psychologisch betrachtet

Häusel geht in seinem Buch „Think Limbic" davon aus, dass alle unsere Verhaltensweisen auf drei grundlegenden Motiven beruhen (Häusel 2002a, S. 17):

- Balance (Streben nach Sicherheit, Stabilität, Konstanz).
- Dominanz (Durchsetzung, Verdrängung, Macht, Status, Autonomie).
- Stimulanz (Lust, Risiko, Suche nach neuen Reizen).

Die Motive sind dabei widersprüchlich. Während das Balance-System den Kunden dazu auffordert, ein bekanntes Produkt zu kaufen, sorgt der Wunsch nach Stimulanz dafür, dass er sich eine Innovation kaufen möchte. Da dem Kunden die Wünsche nicht ausgehen und er mit dem Erreichten nie zufrieden ist, hat er auch nicht genug Geld und muss deshalb „rational" handeln in dem Sinne, dass er mit dem gegebenen Budget den größtmöglichen Nutzen (auch in emotionaler Hinsicht) erreicht (Häusel 2004, S. 39 ff.). Wir möchten am liebsten von allem möglichst viel. Das erzeugt innere Widersprüche, mit denen die Anbieter leben müssen. Das ist nicht zwangsläufig negativ, denn diese Unzufriedenheit treibt den Kunden an, sich weitere Wünsche zu erfüllen. Unzufriedenheit belebt das Geschäft (Grünewald 2003, S. 34; Correll 2000, S. 26). Der Kunde will die beste Qualität zum niedrigsten Preis mit guter Beratung. Er weiß zwar, dass das nicht möglich ist, das hindert ihn aber nicht, es sich zu wünschen und danach zu verlangen („Schließlich wollen die mir ja was verkaufen!").

Das Modell von Häusel soll zur Analyse von Aldi dienen. Aus psychologischer Sicht stellt sich die Frage, inwieweit Aldi diese grundlegenden Motive befriedigt. Zunächst werden die drei Determinanten kurz charakterisiert (vgl. dazu Häusel 2002a), anschließend wird aufgezeigt, inwieweit Aldi diesen Bedürfnissen entspricht.

Aldi und das Streben nach Balance

Unsere Balance-Instruktionen lauten

- Vermeide jede Gefahr.
- Vermeide jede Veränderung, baue Gewohnheiten auf und behalte sie bei.
- Vermeide jede Störung und Unsicherheit.
- Strebe nach innerer und äußerer Stabilität.
- Optimiere deinen Energiehaushalt und vergeude nicht nutzlos Energie.

Die Balance-Tendenz macht sich auf allen Ebenen unseres Lebens bemerkbar. Das Gesundheitswesen, Feuerwehr und Polizei sorgen für unsere physische Sicherheit. Im sozialen Bereich geben uns Familie, Vereine und Gruppen Halt. Aus kognitiver Sicht versuchen wir Komplexität und Unsicherheit zu vermeiden. Raab/Unger (2005, S. 291) umschreiben das grundlegende Bedürfnis nach Sicherheit als die Sehnsucht des Kunden nach Kontrolle. Das Rheingold-Institut sieht das Bestreben heutiger Verbraucher vor allem in den vier Konstrukten Überschaubarkeit, Orientierung, Geborgenheit und Berechenbarkeit (Grünewald 2001). Den Unternehmen wird empfohlen, möglichst allen Motiven zu entsprechen:

1. Überschaubarkeit im Sortiment durch übersichtlichen Laden, straffes Sortiment und Gliederung nach Themenwelten.
2. Orientierung durch Marken wird gefördert durch psychologische Stimmigkeit der Marke, Fokussierung auf Kernkompetenz und Innovation statt Variation.
3. Geborgenheit durch Sortimentskonstanz, Servicekonstanz und Ladenkonstanz.
4. Berechenbarkeit durch Preis-Stabilität mit fairen und verbindlichen Preisen.

Ein Ausdruck des Balance-Strebens ist der bereits erwähnte Wunsch nach **Vereinfachung**. Die Art und das Tempo des modernen Lebens lassen gutüberlegte Entscheidungen häufig nicht mehr zu. Anders als die niederen Tiere, deren kognitive Möglichkeiten schon immer relativ beschränkt waren, haben wir unsere Beschränkung selbst geschaffen, indem wir uns eine um ein Vielfaches komplexere Welt geschaffen haben. In der Konsequenz bedeutet diese neuentstandene Beschränkung, dass wir uns wie die weniger entwickelten Spezies in Entscheidungssituationen immer seltener den Luxus einer gründlichen Analyse der Gesamtlage leisten können und immer häufiger auf die ausschließliche Betrachtung eines einzelnen Merkmals der Situation zurückgreifen müssen (z. B. Preis oder Marke) und zwar eines Merkmals, das in der Regel verlässlich Orientierung bietet. Wenn diese Indikatoren wirklich verlässlich sind, ist an sich nichts gegen diesen Schnellschuß-Ansatz mit seiner eingeengten Aufmerksamkeit und dem automatischen Reagieren. einzuwenden. Schwierig wird es, wenn die ansonsten zuverlässigen Hinweise (Faustregeln) aus irgendeinem Grund zu schlechten Ratgebern werden (Cialdini 2002, S. 336). Im beruflichen Bereich verlässt man sich gerne auf Expertenurteile, Berater oder Autoritäten. Flugunfälle sind nachgewiesenermaßen häufig darauf zurückzuführen, dass die anderen Crewmitglieder trotz offensichtlicher Fehler des Kapitäns nicht eingreifen. Übertragen auf die heutige Handelssituation trägt Aldi mit den wenigen aber guten Produkten zu unserer Entlastung bei. Wir verlassen uns darauf, dass Aldi das Richtige für uns auswählt. Würde Aldi uns mit Hilfe seines guten Rufes ein schlechtes Produkt unterjubeln, würde uns der Mechanismus hinters Licht führen.

Aldi entspricht in vielerlei Hinsicht dem Streben nach Sicherheit. Zu nennen ist zunächst die unbeschränkte Kulanz. Alle Mitarbeiter sind angewiesen, Ware bei Nichtgefallen ohne jede Diskussion umzutauschen. Hinzu kommt die nachgewiesen gleichbleibend gute Qualität der Produkte, die durch strenge Auflagen und Kontrollen gewährleistet wird. „Unseren Qualitätsanspruch untermauern wir mit der höchsten Garantie, die denkbar ist: Gefällt einem Kunden die Ware nicht, kann er sie zurückbringen. Dabei genügt der Hinweis: Ich bin mit dem Artikel nicht zufrieden. Der Kaufpreis wird dann ohne jede Diskussion erstattet".

Es ist bekannt, dass Aldi sehr unangenehm werden kann, wenn die Produkte nicht höchsten Qualitätsanforderungen genügen. So wird berichtet, dass Lieferanten, deren Produkte bei der Stiftung Warentest mit befriedigend oder schlechter beurteilt werden, nur wenig Zeit zur Verbesserung eingeräumt wird. Wird das Produkt erneut schlecht beurteilt, wird es ausgelistet. Treten solche Fälle auf, reagiert das Unternehmen sehr sensibel, denn nichts ist gefährlicher als Kunden, die ihren Glauben daran verlieren, sie könnten jedes Aldi-Produkt blind kaufen (Freitag/Hirn/Rickens 2006, S. 34).

Ein weiterer wichtiger Baustein sind die Läden. Das Sich Zurechtfinden ist einfach, die Gestaltung ist übersichtlich, und der Aufbau ist überall annähernd gleich. Jeder Stammkunde weiß, wo er die gesuchten Produkte findet. Der wohl wichtigste Faktor sind die Dauerniedrigpreise. Sie werden erzielt durch rigides Kostenmanagement und große Nachfragemacht und dem Kunden über die – wöchentlich immer am gleichen Tag verteilte – Werbung vermittelt.

> Als Ergebnis unserer Bemühungen steht am Ende der Preis, und zwar der Preis jedes einzelnen Artikels, denn wir haben nicht die Absicht, unseren Anspruch auf besondere Preiswürdigkeit nur mit einer Hand voll Sonderangebote zu untermauern.
> Warum in unseren Anzeigen und Prospekten so viele Preise aufgeführt werden? Nicht um Sie zu verwirren, sondern weil wir glauben, nur auf diese Art unsere Leistungsfähigkeit halbwegs demonstrieren zu können. Am liebsten würden wir unser ganzes Sortiment aufführen, denn bei uns werden alle Artikel niedrig kalkuliert. Alle Preise können sich sehen lassen (Aldi).

Hinzu kommt der Effekt der Nicht-Vergleichbarkeit durch die fast vollständige Beschränkung auf exklusive Eigenmarken. Während andere Discounter bei ihren Markenartikeln schon mal von preisaggressiven SB-Warenhäusern unterboten werden, können Aldi-Produkte nur bedingt verglichen werden. Das vermeidet Enttäuschungen beim Kunden, der einen gekauften Artikel nicht anderswo günstiger findet. Ein häufig unterschätztes Element ist das beschränkte Sortiment. Aldi bietet im ständigen Sortiment lediglich 600 bis 700 Produkte. Es handelt sich um eine freiwillige Selbstbeschränkung. Insbesondere die Zahl der Varianten ist stark reduziert. Hinzu kommt, dass das Kernsortiment von Aldi sehr konstant ist. Die Grundnahrungsmittel werden nur selten ersetzt. Aldi kauft zum Teil seit den 60er-Jahren bei den gleichen Lieferanten. Der Kunde kennt und schätzt die Produkte. Viele Aldi-Produkte gehören zu den meistverkauften in ihrer Kategorie. Inzwischen wird der Einkauf bei Aldi auch durch soziale Bestätigung aufgewertet. 98 % der Deutschen haben schon mal beim Discounter-Primus eingekauft. Wenn alle dort einkaufen, kann es so verkehrt nicht sein.

Aldi und das Streben nach Dominanz

Im Handel appellieren Sonderangebote an die Dominanzinstruktion. „Solange der Vorrat reicht" und „das Produkt ist nur vorübergehend in unserem Sortiment" wecken unseren Jagdinstinkt. Die Verknappung führt zu einer emotionalen Aufwertung. Was immer verfügbar ist, wird langweilig. Die Dominanz-Instruktion gibt uns vor, andere zu verdrängen, uns durchzusetzen. Im Fall von knapp disponierten Sonderangeboten müssen wir mit anderen kämpfen, um das Produkt zu bekommen. Es handelt sich um eine Kombination von Knappheit und Rivalität. „Die Artikel, die unter der Bezeichnung ALDI-aktuell angeboten werden, sind nur vorübergehend im Verkauf. Sollten diese Artikel trotz sorgfältig geplanter Angebotsmengen allzu schnell ausverkauft sein, bitten wir um Ihr Verständnis". Wenn wir die attraktivsten Angebote von Aldi wollen, müssen wir uns gegen Konkurrenz durchsetzen. Einen Computer bekam lange nur der, der morgens als erster vor Aldi wartete, und jeder, der ein solches Schnäppchen ergatterte, konnte stolz auf sich sein. Ein weiterer Aspekt ist der Zeitvorteil, den uns Aldi bietet. Das fängt mit dem Verkaufskonzept an und hört mit den „schnellsten Kassiererinnen der Welt" (so der ehemalige Aldi-Manager Dieter Brandes) auf. Der Kunde kann nicht so schnell einpacken wie kassiert wird. Da das Warten in der Schlange psychologisch gesehen eine Einschränkung unserer Freiheit ist, schenkt Aldi uns ein Stückchen (Zeit-)Freiheit.

Aldi und das Streben nach Stimulanz

Das Streben nach Stimulanz wird unter dem bereits erwähnten Begriff Variety Seeking diskutiert. Der Kunde wechselt Produkt oder Einkaufsstätten obwohl er eigentlich zufrieden ist. Es handelt sich um ein intrinsisches Motiv, das durch den Wechsel zu einem anderen Produkt oder zu einer anderen Marke befriedigt werden kann. „Discovery is one of our most satisfying emotions" (Underhill 2004, S. 210). Beim Discounter werden die beiden Grundmotive des Einkaufens: Grundversorgen und Erlebnis (Abwechslung) vereint. Jede Woche wird aufs Neue ein Zusatznutzen geboten. Nicht „du musst", sondern „du darfst" kaufen. Der Kaufort bezeugt gerade bei Discountern die Nützlichkeit und Brauchbarkeit des Artikels (Grüne 2002, S. 15). Bei den für die Discounter typischen Partiewaren, die nur vorübergehend im Sortiment sind, entsteht darüber hinaus durch die individuelle Zusammenstellung der Waren der Eindruck der Einzigartigkeit. Der Kunde kann nicht planen, ob er ein vergleichbares Angebot in absehbarer Zeit erhält. Anforderungen an die Aktionsware aus Sicht der Händler sind, dass es nicht zur Substitution mit dem Normalsortiment kommt, und dass keine mangelnde Qualität vorliegt, sonst könnten negative Ausstrahlungseffekte auf das Normalsortiment entstehen. Auch Aldi stimuliert vor allem durch den Nonfood-Bereich. Dort werden wöchentlich wechselnd attraktive Produkte angeboten. Während beim Food-Kernsortiment auf Kontinuität (Sicherheit) gesetzt wird, geht es im

Nonfood-Sortiment um das Erkennen und Schaffen neuer Trends. Dabei wird die Produktpalette immer breiter. Der Erfolg der Nonfood-Strategie wird dokumentiert durch die Top-Ten-Platzierung von Aldi im deutschen Textilhandel mit einem Textilumsatz von einer Mrd. Euro jährlich. Insgesamt macht Aldi ca. fünf Mrd. Euro Umsatz pro Jahr mit Nonfood-Artikeln.

> Das Nonfood-Aktions-Karussell der Discounter ist ein System aus Bedarfsweckung, künstlicher Verknappung und gruppendynamischer Schnäppchenjagd (Queck 2005a, S. 38).

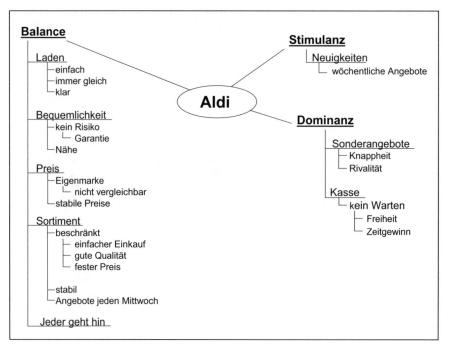

Abb. 7.12: Mind Map – Aldi aus psychologischer Sicht

Als Fazit ist festzustellen, dass Aldi in erster Linie die Balance-Bedürfnisse seiner Kunden erfüllt. Bei Aldi-Kunden handelt es sich um disziplinierte, oft ältere Kunden, deren Streben nach Balance und Kontrolle häufig größer ist als bei jüngeren Kunden. Aldi-Käufer sind im Schnitt älter als Lidl-Kunden. Die gerade in den letzten Jahren verstärkt durchgeführten Schnäppchen-Aktionen sollen die Dominanz-Instruktion ansprechen und damit auch jüngere Zielgruppen ansprechen (Häusel 2002b, S. 209 f.; Häusel 2002a, S. 180).

Der große Erfolg des Diskont-Konzeptes mit großen Marktanteilszuwächsen Anfang der Jahrtausendwende beruht neben den Leistungen auch auf den in den letzten Jahren vorherrschenden psychologischen Rahmenbedingungen in Deutschland:

- Schlechte Konjunktur.
- Sinkende Einkommen.
- Miese Stimmung.
- Geiz ist Geil – Mentalität.
- (T-)Euro – Debatte.
- Generelle Unsicherheit.

Sollten sich diese Bedingungen ändern, könnte auch die Marktdurchdringung des Konzeptes zurückgehen oder zum Stillstand kommen, da das psychologische Bedürfnis nach Balance nachlassen würde. Schon heute ist zu beobachten, dass die Schlangen bei Aldi nicht mehr so lang sind. Das hat auch etwas mit Abnutzungseffekten bei den Nonfood-Aktionen zu tun. Irgendwann hat jeder alles. Nach der Euro-Einführung erschienen uns die Discounter als wahre Heilsbringer. „Aldi war Teil einer innovativen Masse, eine Einkaufsrevolution, eine der modernen Robin-Hood-Gestalten", so der Psychologe Grünewald (Queck 2005b, S. 28). Andererseits bleibt Aldi der Händler, der den konsequentesten Diskont-Auftritt hat. Schon seit Jahren ist Aldi die bekannteste und beliebteste Retail Brand in Deutschland. Das Unternehmen wird auch in Zukunft erfolgreich sein. Allerdings wird sich das Wachstum stärker ins Ausland verlagern.

Bekanntheit	99 % der Deutschen geben an, dass sie Aldi kennen (KPMG 2005). Aldi ist der sympathischste Händler (laut Sempora 2003). Drei von vier Haushalten kaufen bei Aldi. Über 4.000 Läden in Deutschland. Es gibt mehr als 30 Bücher über Aldi, vor allem Kochbücher.
Differenzierung	80 % glauben, dass die Preise bei Aldi sehr niedrig sind verglichen mit 47 % bei Lidl und 37 % bei Penny (laut GfK). Aldi vertreibt ausschließlich Eigenmarken, die nicht vergleichbar sind.
Konsistenz	Die Einfachheit ist die Grundidee in allen Unternehmensbereichen (Laden, Führung, Werbung, Sortiment). Es gibt ein eindeutiges Corporate Design.
Kontinuität	Seit den 60er-Jahren wird das Konzept kontinuierlich umgesetzt, Laden und Sortiment haben sich nicht wesentlich verändert. Das Kernsortiment wechselt nur sehr selten, die Beziehungen mit vielen Lieferanten bestehen schon Jahrzehnte.

Abb. 7.13: Retail Brand Aldi

Weiterführende Literaturhinweise:

Brandes, D. (1998): Konsequent einfach, München.
Brandes, D. (2004b): Aldi – Das Muster der Einfachheit: Weniger ist mehr, in: Riekhof, H.-Chr. (Hrsg.): Retail Business in Deutschland, Wiesbaden, S. 407–427.
Grüne, H. (2002): Einkaufen psychologisch betrachtet. Wieso kauft man was und wo?, Institut Rheingold, Vortrag Management Forum, 23./24. April, Bad Homburg.
Grünewald, S. (2002): Der Aldi-Boom, Paper Rheingold, Köln.

7.4.2 Vom Warenhaus zum Shopping-Center

Der wesentliche Differenzierungsfaktor des Warenhauses gegenüber anderen Betriebstypen ist das tiefe und breite Sortiment aus mehreren Branchen. Die Entwicklung der Warenhäuser verlief zeitlich parallel in den USA und in Europa. In Amerika entwickelten sie sich aus den großen sieben- bis achtstöckigen Lagerhäusern während der zweiten Hälfte des 19. Jahrhunderts. Sie waren gekennzeichnet durch große, durchgehende Bodenflächen. Ein bekanntes Beispiel ist Macy/New York, das 1858 eröffnet wurde. In Europa begann die Entwicklung in Frankreich. Die Warenhäuser hatten Lichthöfe und großzügige Treppenhäuser, so Au Printemps (1865) oder Bon Marché (1869), dessen Architekt Gustave Eiffel war, der Erbauer des Eiffel-Turms.

Aus Marketingsicht stellte das Konzept der Warenhäuser in seinen Anfängen eine Revolution dar. Zur damaligen Zeit war das Warenhaus der Inbegriff von Modernität und Fortschritt:

- Alle Waren wurden mit festen Preisen ausgezeichnet.
- Barverkauf wurde bevorzugt. Damit stieg die Liquidität und die Warenhäuser zahlten ihrerseits bar bei den Lieferanten unter Ausnutzung von Skonto.
- Preissenkungen wurden zum Abverkauf der Ware genutzt.
- Zwangloser Geschäftszutritt war möglich, die Kunden konnten sich frei bewegen. Das ermöglichte den Kontakt mit vielen Warengruppen.
- Aufwändige Präsentation.
- Erste Anfänge der Selbstbedienung.
- Waren-Neuheiten waren ein wichtiger Bestandteil des Konzeptes.
- Ergänzende Dienstleistungen wurden in das Leistungsprogramm aufgenommen.

In Deutschland starteten die Warenhäuser etwas später. Wertheim eröffnete in Stralsund (1878), Leonhard Tietz folgte 1879 ebenfalls in Stralsund mit einem „Kurz-, Weiß- und Wollwarengeschäft" (heute Kaufhof) und Rudolf Karstadt gründete 1881 in Wismar ein „Manufaktur-, Confektions- und Tuchgeschäft". Schließlich kam Hermann Tietz dazu (Gera 1882, später Hertie). Die aufsehenerregenden neuen Gebäude mit ihren permanenten Ausstellungen von schönen neuen Dingen führten Frauen aus der Mittelschicht in die Stadt, um einer, historisch gesehen, neuen Beschäftigung nachzugehen, dem Shopping. Das Warenhaus bot allen Frauen ein aristokratisches Erlebnis. Hier wurden sie königlich behandelt. Der spätere Supermarkt stellte übrigens genau das Gegenteil dar. Anstatt Luxus wurden Funktionalität und Massenprodukte geboten. Man konnte Geld sparen, indem man sich selbst bediente (Bowlby 2001, S. 7 f.).

Das Warenhaus-Konzept löste zunächst Aktivierungsprozesse aus. Die Schaufenster, Lichthöfe und Verweilzonen sprachen Emotionen, Motivationen und Einstellungen an. Die Warenhäuser waren die erste Großbetriebsform des Einzelhandels. Im Vergleich zu dem bis dahin vorherrschenden kleinstrukturierten Einzelhandel grenzten sich die Konsumpaläste durch das beschriebene neue Konzept deutlich ab. Hinzu kam, dass die Konsumenten wesentlich stärker in den Kaufprozess eingebunden wurden, was zu einer neuen Form der Kommunikation führte. Ein weiteres wichtiges Bedürfnis, das angesprochen wurde, war die Bequemlichkeit. Die offene Warenauslage, neue Services und insbesondere das Angebot alles unter einem Dach führten zu einer längeren Verweildauer und höherer Einkaufsbereitschaft. Der zwanglose Zutritt mit der Aufhebung des Kaufzwanges tat ein Übriges. Durch die Einführung des Warenumtauschs wurde das Kaufrisiko gesenkt. Die Aufgabe von Bedientheken, die bis dahin eine Barriere zwischen Ware und Kunde bildeten, und durch den freien Zugang zur Ware wurde es möglich, die Ware sinnlich zu erfahren. Alle diese Merkmale senkten die damals übliche Schwellenangst deutlich und führten zu einer positiven Einstellung der Kunden gegenüber Warenhäusern. Die Wirkung des Warenhauses war so groß, dass sie bei den Gegnern, so etwa bei J. Macé, dem Chef des Pariser Sicherheitsdienstes 1887, größte Befürchtungen auslöste: „Wenn eine Frau in eine dieser Einrichtungen vordringt, verschwört sich alles gegen sie, Gefallsucht, Verführungen, Moden und die Lust zu stehlen. Ein verderblicher Einfluss bemächtigt sich ihrem ganzen Wesen; wenn sie dort verweilt, verliert sie sich. Die Ersparnisse des Haushalts und ihr Kleingeld sind nicht allein in Gefahr, sondern was ernster ist, auch ihre Tugend und die Ehre ihrer Familie [...]. Das Warenhaus ist (daher) die Unmoral. Man wird nie erfahren, wie viel Tränen wegen ihm vergossen wurden und wie viel dramatische Selbstmorde es verursacht hat" (Berekoven 1987, S. 37).

Das Warenhaus hatte also einen **Differenzierungsvorteil** und zunächst auch einen Preisvorteil. Diese Abgrenzungskriterien gingen in den letzten Jahrzehnten verloren. Die Preishoheit ging an preisaggressivere Betriebsformen (Fachmärkte), die Differenzierungsmerkmale wurden nach und nach von den anderen modernen Betriebstypen adaptiert (Köhler 2002, S. 7 ff.). Die Vielfalt, die noch während der Wirtschaftswunderjahre ein Indiz für Wohlstand war, wirkt heute verwirrend. Die Preiskämpfe, die unsinnig waren, da die Warenhäuser nicht im gesamten Sortiment Preisführer sein können, haben den Filialen ein Ramschimage verschafft, dessen sich nur die großen Häuser wie das Alsterhaus in Hamburg oder das KaDeWe in Berlin erwehren konnten. In den meisten anderen Warenhausfilialen bekommen Durchschnittsdeutsche ein Durchschnittsangebot zu Durchschnittspreisen (James Bacos von Mercer Consulting, in: Crescenti 2004b, S. 26).

> Das Überleben der Betriebsform Warenhaus ist gefährdet (Enke/Arnold 2004, S. 50).
> Das klassische Warenhaus ist ein Auslaufmodell (Crescenti 2004b, S. 26).

Die oft geäußerte Ansicht, der zentrale Vorteil des Warenhauses alles unter einem Dach sei nicht mehr zeitgemäß, ist allerdings falsch. Das moderne Warenhaus ist das Shopping-Center geworden. Die Shopping-Center sind die Kaufhäuser der Zukunft (Peter Weinberg, in: Crescenti 2004b, S. 30). Wenn auch einige Autoren darauf hinweisen, dass die Kaufprozesse heute gezielter ablaufen (der Kunde hält entweder Ausschau nach Bekleidung oder nach Lebensmitteln) und dass der Kunde nicht mehr durch alle Abteilungen geht, spricht der Erfolg der Shopping-Center dagegen. Der Vorteil räumlicher Konzentration wird in Zeiten zunehmender Convenience-Orientierung wieder an Bedeutung gewinnen. Eine Studie von Information Resources Inc. von 2002 kommt zu dem Ergebnis, dass 54 % der Kunden „One-stop Shopping" bevorzugen (Fox/Sethuraman 2006, S. 199).

Das Eintauchen in das Center ist ein Rückzug aus der – auch physisch – kalten Realität in eine heile, ideale Welt ohne Schmutz, Armut oder Angst. Ein Sicherheitsdienst sorgt für Ordnung, und Penner müssen draußen bleiben. Als Space to Escape bezeichnen Bloch/Ridgway/Dawson die Malls. Man flüchtet vor der Routine des täglichen Lebens zu einem Spektakel, einem Raum zum Verweilen, wo man bummeln kann, ohne zahlen zu müssen. Das Center ist ein Ort sozialen Austauschs und im Gegensatz zu Kino, Café und Restaurant ist es nicht ungewöhnlich, alleine dorthin zu gehen (Bloch/Ridgway/Dawson 1994, S. 34 f.). Shields (1992, S. 9 f.) vergleicht den Konsum in einer Mall mit dem Agieren auf einer Theaterbühne. Es geht um Sehen und gesehen werden. Rieper (2005, S. 133 ff.) geht ausführlich auf die Metapher Shopping-Center = Theater ein. Demnach stellen die Mieter und ihr Verkaufspersonal das Ensemble dar, während die Besucher als Publikum anzusehen sind. Die Verkaufsräume stellen die Vorderbühne dar, die Sozialräume, Läger und sonstige dem Kunden nicht zugängliche Flächen entsprechen der Hinterbühne. Die Mitarbeiter müssen über darstellerische Fähigkeiten verfügen. Die Entlohnung besteht aus dem Kauf. „Trinkgelder" sind verbaler Dank und wiederkehrende Kunden. Das Center-Management gehört einerseits zum Ensemble, andererseits hat es die Rolle des Autoren und Regisseurs. Schließlich ist das Shopping-Center auch eine Ansammlung von halböffentlichen Bühnen, auf denen die Individuen die neueste Mode, ihren Lebensstil und Gesten zur Schau stellen. Die Kunden werden gleichzeitig Teil der Inszenierung.

Während der Marktanteil der Warenhäuser am Einzelhandelsumsatz in Deutschland seit den 60er-Jahren von 10 % auf unter 5 % sank, stieg die Zahl der Shopping-Center im gleichen Zeitraum von 65 auf über 350. Die Shopping-Center haben durch ihren Mix aus Handel, Dienstleistung und Gastronomie die Warenhäuser als Erlebnis-Einkaufsstätten abgelöst. Die klassischen Solitär-Standorte in den mittelgroßen Städten haben keine ausreichende Attraktionswirkung mehr und wurden sinnvollerweise von Karstadt im August 2005 verkauft. Die neuen Besitzer der kleinen Häuser setzen denn auch mehr auf die Nahversorgungsfunktion. Die Merkmale, die Enke und Arnold (2004, S. 57) als Zukunftsmodell für die klassischen Warenhäuser nennen, scheinen von Shopping-Centern besser erfüllt werden zu können: Begegnungsstätte, Ort der Zerstreuung und Wohlfühlzentrum. Interessanterweise ist der Niedergang des Warenhauses vor allem ein deutsches Problem. In Großbritannien (Debenham's), Kanada (Hudson's Bay Company) oder in den USA (Nordstrom) zeigen Edel-Warenhäuser, dass der Betriebstyp weiter erfolgreich sein kann (Brück/Haacke 2005, S. 55). Als Hauptgrund für den Erfolg der genannten Beispiele wird der hohe Exklusivitätsgrad der Produkte genannt. Aus dieser Betrachtung heraus ist es richtig, dass Karstadt eine Kette von 13 Luxus-Häusern nach dem Vorbild des KaDeWe plant.

Auch an die Shopping-Center sind bestimmte Anforderungen zu stellen, und längst nicht jedes Center ist ein Erfolg geworden. Weinberg/Besemer (2001, S. 515 ff.) nennen folgende Erfolgsfaktoren von Shopping-Centern:

- Guter Branchen-, Sortiments- und Funktionsmix: Dabei geht es um Vielfalt, Bedarfskoppelungen, Art und Anzahl der Magnetbetriebe und räumliche Anordnung der Centerbetriebe.

- Zusätzliche Serviceleistungen entsprechen der Convenience-Orientierung: Dieses Angebot kann Anbieterindividuell sein, z. B. Reparaturdienst und Umtausch, oder Centerzentral, z. B. Kinderspielecke, Zustellservice usw.
- Shopping-Center übernehmen auch eine soziale Funktion, deshalb ist die Gastronomie ein weiterer Erfolgsfaktor. Dadurch wird die Verweildauer gesteigert.
- Das Eventmanagement vermeidet Langeweile bei häufigen Besuchern und schafft Kundenfrequenz. Unterscheiden kann man einmalige Aktionen (z. B. Lesungen), saisonale Aktionen (Ausstellungen) und institutionalisierte Aktionen (wöchentliche Konzerte).
- Architektur, Gestaltung und Layout tragen ebenfalls zum Erfolg bei. Ältere Shopping-Center, insbesondere auf der grünen Wiese, ähneln dagegen eher einer Wand mit Mauseloch („a big wall with a little mouse hole", Underhill 2004, S. 19).
- Schließlich ist Visual Merchandising wichtig: Vielfältige Stimuluspräsentationen, Warenpräsentation, Schaufenster, Dekoration, Aktionsflächen und Licht, Farbe und Materialien sind mögliche Instrumente.

Ein erfolgreiches Einkaufszentrum fördert die **Informationsrate** (Abwechslung, Neues entdecken, Aktionen) und achtet gleichzeitig auf hohe **Orientierungsfreundlichkeit** (kognitive Entlastung) (Germelmann 2003, S. 37; vgl. Kap. 5.1). Ist das gegeben, wird die Stimmung positiv beeinflusst und die Ausgabebereitschaft steigt. Langfristig nimmt die Einkaufszufriedenheit zu (Bost 1987, S. 142, S. 171). Da die Konsumenten die Entscheidung, in welches Center sie gehen, zu Hause treffen, ist die Lebendigkeit des inneren Bildes des Centers von großer Bedeutung, d. h., wie deutlich sich der Kunde das Center vor das innere Auge führen kann. Die Lebendigkeit wird wiederum durch die Informationsrate positiv beeinflusst (Gröppel-Klein/Germelmann 2002, S. 515 ff.). Die Informationsrate wird erhöht durch große Schaufenster, die regelmäßig umdekoriert werden, zu den Gängen geöffnete Geschäfte, regelmäßig wechselnde Händler mit attraktiven Rand- und Spezialsortimenten und durch Austausch mit dem regionalen Umfeld, z. B. Einbeziehung von Vereinen (Germelmann 2003, S. 190). Die City-Galerie in Wolfsburg veranstaltete im September 2005 die erste „Trimmiade". 14 Wolfsburger Vereine stellten ihre Sportart im Center vor von Pool-Billard über Tanzsport bis hin zu Wushu-Kämpfern. Für den Kanuverein wurde eigens ein Schwimmbecken aufgebaut. Es liegt auf der Hand, dass sowohl die Vereine als auch das Center von solchen Aktionen profitieren. Underhill weist zu recht darauf hin, dass die Nonstore Aspects immer wichtiger werden, da sich die Malls immer weniger unterscheiden. In einer aktuellen Studie wurde ermittelt, dass die Hälfte dessen, was die Leute in der Mall taten, nichts mit Shopping zu tun hatte. Ein solches Verhalten stellt allerdings auch eine Gefahr für ein Shopping-Center dar (Underhill 2004, S. 85 ff.).

Die Orientierungsfreundlichkeit wird durch eine klar gegliederte Struktur gefördert. Das ist der Fall, wenn die Center normalen Einkaufsstraßen ähneln, bei denen die Läden rechts und links der Straße angeordnet sind. Die Mall of America, das größte Einkaufszentrum der USA, ist quadratisch konzipiert. An den vier Eckpunkten befinden sich die vier größten US-Kaufhäuser Nordstrom, Sears, Macy's und Bloomingdale's. Sie sind durch vier breite Avenues verbunden, auf die sich die insgesamt über 500 Läden des Centers verteilen. Jede Straße visualisiert eine Himmelsrichtung und ein Thema. Der North Garden soll an die Wälder im Norden erinnern, der East Broadway symbolisiert die urbane Welt von New York. Die South Avenue ist Florida nachempfunden und der West Market ähnelt alten Bahnhöfen (Gröppel-Klein/Germelmann 2002, S. 514).

Insbesondere in den USA sind die Shopping-Center zu einem wichtigen Teil des Alltags geworden. Die Mall of America hat mehr Besucher als Disney World, Graceland und der Grand Canyon zusammen, und eine Studie in den 70er-Jahren ergab, dass erwachsene Amerikaner dort mehr Zeit verbrachten als überall sonst außer zu Hause und im Büro. Die Mall hat in vielen Fällen die Dorfgemeinschaft ersetzt. In den 50er-Jahren wurde „Mall-Walking" populär als Ärzte diese Art der Bewegung empfahlen, weil sie sicherer war als das Laufen im Freien. Schließlich waren die Malls in jener Zeit für viele Frauen die einzige Möglichkeit zur Interaktion mit anderen Erwachsenen (Underhill 2004, S. 14 ff.). Bemerkenswert ist vor allem der Einfluss der Center auf die Sozialisation der amerikanischen Jugend. Viele Jugendliche dürfen ihre ersten Schritte ohne Eltern im Shopping-Center unternehmen. Unter ihnen gibt es „Mall Junkies", die einen Großteil ihrer Freizeit dort verbringen, und auf die Frage, seit wann sie in die Mall kommen, antworten sie mit „from birth" (seit wir geboren sind) (Underhill 2004, S. 132 ff.).

Weiterführende Literaturhinweise:

Frechen, J. (1998): Positionierung von Warenhäusern, Frankfurt.
Germelmann, C.Ch. (2003): Kundenorientierte Einkaufszentrengestaltung, Wiesbaden.
Müller-Hagedorn, L. (2004): Kognitiv und/oder emotional gesteuertes Verhalten – untersucht am Beispiel von Shopping-Center Besuchern, in: Bauer, H. H./Huber, F. (Hrsg.): Strategien und Trends im Handelsmanagement, München, S. 141–162.
Underhill, P. (2004): The call of the mall. How we shop, London.

Folgende Anregungen aus Kap. 7 halte *ich* für wichtig:

- Konzepte sind immer ganzheitlich zu betrachten.
- Die Kundenzufriedenheit ist in erster Linie von den Erwartungen der Kunden abhängig. Der Händler muss diese kennen. Regelmäßige Gespräche mit Kunden oder Befragungen sind nötig.
- Grundlegende Voraussetzung für Kundenzufriedenheit und damit für Kundenbindung ist die Erfüllung der Basisanforderungen wie freundliches und kompetentes Personal, hohe Verfügbarkeit der Ware, Sauberkeit und Kulanz.
- Echte Kundenbindung im Sinne von Verbundenheit entsteht letztlich durch eine Gesamtleistung, die für die Kunden besser ist als die der Wettbewerber. Dieser Vorteil muss immer wieder aufs Neue erarbeitet werden.
- Ein positiver Effekt von Kundenkarten auf Umsatz und Ertrag konnte bisher nicht nachgewiesen werden. Das kommt auch daher, dass die Kundenbindung ein sehr komplexes Konstrukt ist, das vielfältigen Einflüssen unterliegt (Helm/Ludl 2005, S. 1138).
- Andererseits kann der Einsatz einfacher Kartenrabattsysteme organisatorische Vorteile bringen. Bei Globus Baumarkt erhalten Stammkunden nach Umsätzen gestaffelte Rabatte, die eine Abwanderung verhindern, das Personal von

Preisverhandlungen entlasten, und die Verwaltung vereinfachen. Die erzielten Rabatte werden am Ende des Jahres in bar ausgezahlt.
- Händler werden zur Marke wenn sie sich in ihrem Konzept deutlich unterscheiden und wenn das Konzept konsistent und kontinuierlich umgesetzt wird. Der Händler muss sich folgende Fragen stellen:
  – Wodurch unterscheidet sich mein Angebot von dem der Wettbewerber? Warum sollen die Kunden gerade zu mir kommen?
  – Ist mein Konzept konsistent oder gibt es Brüche in der Kommunikation? Passen Werbung, Sortiment, Personal und Service zusammen?
  – Wenn das Konzept stimmig ist, kann man sich die Frage stellen „Wie erhöhe ich meine Bekanntheit?"
- Ein Konzept kann aus psychologischer Sicht durch folgende Fragen beurteilt werden. Die drei Verhaltensdeterminanten wurden am Beispiel von Aldi erläutert, sie können aber genauso als Leitfaden für mittelständische Händler dienen:
  – Inwieweit wird durch das Konzept dem Sicherheitsstreben entsprochen? Was könnte man noch tun?
  – Inwieweit wird dem Bedürfnis nach Abwechslung (Streben nach Stimulanz) entsprochen? Was könnte man noch tun?
  – Inwieweit wird dem Dominanzstreben entsprochen? Was könnte man noch tun?
- Je nach Konzept, kann der Händler das ein oder andere Motiv betonen. Beispiele sind
  – „Globus – Da ist die Welt noch in Ordnung" (Balance)
  – „Douglas. Macht das Leben schöner" (Stimulanz)
  – „Ich bin doch nicht blöd" (Media-Markt, Dominanz)
- Aldi ist eine umfassende Antwort auf das Bedürfnis nach Balance mit einem Schuss Stimulanz und Dominanz.
- Der Betriebstyp Warenhaus differenziert sich nicht ausreichend von seinen Wettbewerbern.
- Zentrale Erfolgsfaktoren für Shopping-Center und andere großflächige Betriebstypen sind Informationsrate (Abwechslung) und Orientierungsfreundlichkeit.
  – Die Informationsrate wird verbessert durch die Einbeziehung von regionalen Partnern, beispielsweise dekoriert der örtliche Kindergarten einen Ladenbereich oder die „Miss Einkaufszentrum" wird gewählt. Eine andere Möglichkeit ist das Angebot von mobilen Händlern mit Spezial- und Randsortimenten, z. B. Drachen im Herbst oder Luftballon-Kreationen im Frühling.
  – Die Orientierungsfreundlichkeit wird gesteigert durch Wegeleitsysteme, Ankermieter und Themeninseln, z. B. im Gastronomiebereich.

Wiederholungsfragen

Zu Kap. 2.1:
- Welches sind die Forschungsfelder der Psychologie?
- Welche Fragestellungen betrachtet die Marktpsychologie?
- Ist ein spezifisches Handelsmarketing notwendig?
- Was sind die Besonderheiten des Handelsmarketing?
- Nimmt die Bedeutung des Handelsmarketing zu?
- Was versteht man unter Handelspsychologie?
- Warum wird die Psychologie im Handelsmarketing vernachlässigt?
- Gibt es Grenzen der Handelspsychologie?
- Welche Anforderungen an die Marktforschung ergeben sich durch die Berücksichtigung psychologischer Aspekte?

Zu Kap. 2.2:
- Was ist der Unterschied zwischen Motivationen, Bedürfnissen, Nutzen und Einkaufsmotiven?
- Welche Bedürfnisse befriedigen welche Händler?
- Wie kann ein Händler seine Kunden von seinem Angebot überzeugen?
- Welchen Einfluss auf das Kaufverhalten haben psychische Konflikte, kognitive Dissonanz und wahrgenommenes Risiko?
- Wie können Händler diesen Negativfaktoren entgegenwirken?
- Wie entsteht Vertrauen und was ist Loyalität?
- Inwieweit beeinflusst das innere Engagement (Involvement) der Konsumenten die Kaufentscheidung?
- In welchen Fällen wird impulsiv gekauft, in welchen intensiv nach Informationen gesucht?
- Wie hoch ist der Anteil impulsiver Käufe?
- Wie kann sich der Handel auf Low- oder High-Involvement-Käufer einstellen?
- Welche Bedeutung hat die soziale Umwelt, z. B. Bezugsgruppen, für den Einkauf?
- Was ist das Prinzip der sozialen Bewährtheit?
- Wie werden Einkaufsstätten ausgewählt?

Zu Kap. 2.3:
- Sind biologische Ansätze hilfreich zur Erklärung des Käuferverhaltens?
- Welchen Erkenntnisbeitrag liefert die Gehirnforschung?
- Warum gibt es Unterschiede beim Einkaufsverhalten von Frauen und Männern?
- Welche Rolle spielen Kinder und Jugendliche beim Kauf?

Zu Kap. 3:
- Ist Dauerniedrigpreispolitik zu empfehlen?
- Wie wirken Preisgarantien?
- Welche Effekte haben Rabatte?
- Welche Zugaben wirken?
- Wie wichtig sind Preisschwellen?
- Sind gebrochene oder runde Preise besser?
- Wovon hängt das Preisinteresse der Verbraucher ab? Warum sind Preise manchmal wichtig und manchmal nicht?
- Wie werden Preise wahrgenommen?
- Wie gut kennen die Verbraucher die Preise wirklich?
- Wie kann man das Vertrauen in die Preisgünstigkeit des Ladens sichern?
- Warum sind Schnäppchen so attraktiv?
- Warum kaufen Kunden gleichzeitig beim Discounter und bei Armani?

Zu Kap. 4:
- Welche Besonderheiten zeichnen die Handelswerbung aus?
- Welche Kommunikations- und Marktbedingungen sind zu beachten?
- Wovon hängt die Werbewirkung ab?
- Welche Arten von Werbung kann man unterscheiden?
- Was sind die Vorteile der Bildkommunikation?
- Wie sollte die Werbung gestaltet werden?
- Wie kann Aufmerksamkeit erreicht werden?
- Wie kann der Kontaktabbruch einkalkuliert werden?
- Unter welchen Bedingungen wird die Werbebotschaft gelernt?
- Welchen Einfluss haben Prospekte auf die Kaufentscheidung?
- Ist direkte Zustellung der Prospekte besser als Beilagenwerbung?
- Sind Prospekte noch zeitgemäß?

Zu Kap. 5:
- Was sind die zentralen Erfolgsfaktoren der Ladengestaltung und Warenpräsentation?
- Auf welche Ladenbereiche ist besonders zu achten?
- Gibt es allgemeingültige Regeln, die man bei der Ladengestaltung beachten sollte?
- Wie sollte der Eingangsbereich gestaltet werden?
- Welche Laufwege nehmen die Kunden und sollte man diese beeinflussen?
- Wie sieht ein seniorengerechter Laden aus?
- Wie kann man eine angenehme Atmosphäre erzeugen?
- Was versteht man unter Erlebniskauf?
- Aus welchen Faktoren besteht die Ladenatmosphäre?
- Welche Düfte sollten im Laden eingesetzt werden?
- Welche Wirkungen haben Farben?
- Gibt es ein optimales Reizniveau?
- Wie sieht eine kundenorientierte Platzierung aus?
- Welchen Effekt haben Zweitplatzierungen und Verbundpräsentation?

- Ist es sinnvoll, dem Konsumenten eine möglichst große Auswahl anzubieten?
- Sind hohe Handelsmarkenanteile im Sortiment zu empfehlen?
- Welche Kunden kaufen Handelsmarken?

Zu Kap. 6:

- Welche Bedeutung hat die persönliche Kommunikation?
- Wie wichtig ist die Persönlichkeit eines Verkäufers?
- Wie läuft ein typischer Verkaufsprozess ab?
- Wie kann der Verkaufsprozess positiv beeinflusst werden?
- Welche Bedeutung hat die nonverbale Kommunikation?
- Gibt es psychologische Kniffe, die Verkäufer zur Zielerreichung einsetzen können?
- Wie geht man mit Kunden um, die Rabatte wollen?
- Worauf gründet der Erfolg der Tupperparties?
- Wie ist die Selbstbedienung psychologisch zu beurteilen?
- Was ist Service und welche Bedeutung hat er?
- Welche Erwartungen stellen die Kunden an den Service?
- Wie kann man die Warteschlangenproblematik mildern?
- Muss guter Service teuer sein?

Zu Kap. 7:

- Welchen Zweck hat die Unternehmenskultur?
- Wie entsteht Kundenzufriedenheit?
- Was hat das mit Gerechtigkeit zu tun?
- Kann man Kunden binden?
- Funktionieren Kundenkarten wirklich?
- Wie entsteht ein Image?
- Was versteht man unter Positionierung?
- Was ist eine Retail Brand?
- Warum lohnt es sich für ein Unternehmen zur Marke zu werden?
- Wie wird ein Händler zur Marke?
- Worauf beruht der Erfolg von Aldi aus psychologischer Sicht?
- Welche grundlegenden Motive spricht Aldi an?
- Wie sind die Probleme der Warenhäuser zu erklären?
- Welches sind die Erfolgsfaktoren der Shopping-Center?

Literaturverzeichnis

AC Nielsen (2004): Generation 45 plus, Frankfurt.

Adams, S. (1997): Das Dilbert-Prinzip, München.

Ahlert, D./Kenning, P. (2006): Neuroökonomik, in: Zeitschrift für Management, H. 1, S. 24-46.

Ahlert, D./Kenning, P. (2005): Das Handelsunternehmen als Marke, in: Esch, F.-R. (Hrsg.): Modernes Markenmanagement, 4. Aufl., Wiesbaden, S. 1187-1208.

Ahlert, D. et al. (2005): Das Preiswissen deutscher Kunden: Eine international vergleichende Status Quo-Analyse, in: Trommsdorff, V. (Hrsg.): Handelsforschung 2005, Stuttgart, S. 259-277.

Ahlert, D./Kenning, P./Schneider, D. (2000): Markenmanagement im Handel, Wiesbaden.

Ahlert, D./Schröder, H. (1990): Erlebnisorientierung im stationären Einzelhandel, in: Marketing ZFP, H. 4, S. 221-229.

Ailawadi, K.L./Harlam, B. (2004): An Empirical Analysis of the Determinants of Retail Margins: The Role of Store-Brand Share, in: Journal of Marketing, H. 1, S. 147-165.

Albert, T.C./Winer, R.S. (2005): Nutzen Sie den Kleingeld-Effekt, in: Manager Magazin, H. 8, S. 17.

Angerer, Th. (2004a): Analyse von Verkaufsinteraktionen im beziehungsorientierten persönlichen Verkauf, in: Jahrbuch der Absatz- und Verbrauchsforschung, H. 1, S. 31-51.

Angerer, Th. (2004b): Beziehungsanalyse in Verkaufsgesprächen, in: Marketing ZPF, H. 4, S. 295-315.

Ausschuss für Begriffsdefinitionen aus der Handels- und Absatzwirtschaft (Hrsg.) (2006): Katalog E, Definitionen zu Handel und Distribution, 5. Aufl., Köln.

Bänsch, A. (2002): Käuferverhalten, 9. Aufl., München u. a.

Bänsch, A. (1998): Verkaufspsychologie und Verkaufstechnik, 7. Aufl., München.

Baldauf, A./Srnka, K.J./Wagner, U. (1997): Untersuchung eines neuartigen Shop-Konzeptes mittels Kundenlaufstudie, in: der markt, H. 142/143, S. 103-111.

Balderjahn, I. (2003): Erfassung der Preisbereitschaft, in: Diller, H./Herrmann, A. (Hrsg.): Handbuch Preispolitik, Wiesbaden, S. 387-404.

Balderjahn, I. (1995a): Bedürfnis, Bedarf, Nutzen, in: Tietz, B./Köhler, R./Zentes, J. (Hrsg.): Handwörterbuch des Marketing, 2. Aufl., Stuttgart, Sp. 179-190.

Balderjahn, I. (1995b): Einstellungen und Einstellungsmessung, in: Tietz, B./Köhler, R./Zentes, J. (Hrsg.): Handwörterbuch des Marketing, 2. Aufl., Stuttgart, Sp. 542-554.

Barone, M./Manning, K./Miniard, P. (2004): Consumer Response to Retailer's Use of Partially Comparative Pricing, in: Journal of Marketing, Juli, S. 37-47.

Barth, K./Theis, H.-J. (1991): Werbung des Facheinzelhandels, Wiesbaden.

Bauer, H.H./Görtz, G./Strecker, T. (2005): „Heavy User" von Handelsmarken, in: Jahrbuch der Absatz- und Verbrauchsforschung, H. 1, S. 4-25.

Bauer, H.H./Görtz, G./Strecker, T. (2004): Sind Handelsmarken-Käufer wertvolle Kunden?; in: Bauer, H.H./Huber, F. (Hrsg.): Strategien und Trends im Handelsmanagement, München, S. 29-48.

Bauer, H.H./Huber, F./Mäder, R. (2004): Determinanten des Kaufs von Handelsmarken, in: Bauer, H.H./Huber, F. (Hrsg.): Strategien und Trends im Handelsmanagement, München, S. 3-27.

Baun, D. (2003): Impulsives Kaufverhalten am Point of Sale, Wiesbaden.

BBDO Sales/Institut für Handelsforschung (2005): Perfect Ager 2010 – Senioren am POS, www.perfectager.de

BBE (2004): Seniorenwelten, Zielgruppe Senioren: Marktpotenziale und Kaufkraft, Köln.

BBE (o.J.): Professionelle Ladengestaltung für 50-plus-Kunden, Köln.

BBS & Partner (2005): Kommunikation 50plus, Hamburg.

bbw Marketing Dr. Vossen und Partner (2005): Senioren-Trend-Märkte 2005/2006. Herausforderung an die deutsche Wirtschaft, Neuss.

Beck, H. (2004): Der Alltagsökonom, Frankfurt.

Bekmeier-Feuerhahn, S. (2004): Erlebniswertorientierte Markenstrategien, in: Bruhn, M. (Hrsg.): Handbuch Markenführung, 2. Aufl., Bd. 1, S. 879-902.

Behrens, G. (1995): Verhaltenswissenschaftliche Grundlagen des Marketing, in: Tietz, B./Köhler, R./Zentes, J. (Hrsg.): Handwörterbuch des Marketing, 2. Aufl., Stuttgart, Sp. 2554-2564.

Behrens, G./Neumaier, M. (2004): Der Einfluss des Unbewussten auf das Konsumentenverhalten, in: Gröppel-Klein, A. (Hrsg.): Konsumentenverhaltensforschung im 21. Jahrhundert, Wiesbaden, S. 3-27.

Berekoven, L. (1987): Geschichte des deutschen Einzelhandels, Frankfurt a.M.

Berghaus, N. (2005): Eye-Tracking im stationären Einzelhandel – Eine empirische Analyse der Wahrnehmung von Kunden am Point of Purchase, Lohmar-Köln.

Biermann, Th. (2003): Kompakt-Training Dienstleistungsmanagement, Ludwigshafen.

Bloch, P.H./Ridgway, N.M./Dawson, S.A. (1994): The Shopping Mall as Consumer Habit, in: Journal of Retailing, S. 23-42.

Bonabeau, E. (2004): Kapieren statt kopieren, in: Harvard Business Manager, H. 9, S. 36-47.

Borg, P. (2004): Marke für Weltenbummler, in: Handelsjournal, H. 9, S. 12-13.

Bost, E. (1987): Ladenatmosphäre und Konsumentenverhalten, Heidelberg.

Bowlby, R. (2001): Carried away: The invention of Modern Shopping, New York.

Brachinger, H. W. (2005): Der Euro als Teuro? Die wahrgenommene Inflation in Deutschland, in: Statistisches Bundesamt (Hrsg.): Wirtschaft und Statistik, H. 9, S. 999-1013.

Brambach, G./Ivens, B.S./Walser-Luchesi, A. (2005): Führt die gemeinsame Währung Euro zu einer Konvergenz der Einzelhandelspreise in Europa?, in: Jahrbuch der Absatz- und Verbrauchsforschung, H. 1, S. 71-93.

Brandes, D. (2004a): Alles unter Kontrolle?, Frankfurt u. a.

Brandes, D. (2004b): Aldi – Das Muster der Einfachheit: Weniger ist mehr, in: Riekhof, H.-Chr. (Hrsg.): Retail Business in Deutschland, Wiesbaden, S. 407-427.

Brandes D. (1998): Konsequent einfach, München.

Brauer, W. (1997): Die Betriebsform im stationären Einzelhandel als Marke, München.

Brockelmann, K. (2001): Multimedia im persönlichen Verkauf unter besonderer Berücksichtigung des Außendienstes, Frankfurt u. a.

Broniarczyk, S.M./Hoyer, W.D. (2006): Retail Assortment: More ≠ Better, in: Krafft, M./Mantrala, M.K. (Hrsg.): Retailing in the 21st Century, Berlin u. a., S. 225-238.

Brück, M./Haacke, B. (2005): Kunden einfangen, in: Wirtschaftswoche, H. 29, S. 52-55.

Brühl, K./Westphal, S. (2005): Studie Megatrend Frauen, www.zukunftsinstitut.de

Bruhn, M. (2004a): Was ist eine Marke? – Aktualisierung der Markendefinition, in: Jahrbuch der Absatz- und Verbrauchsforschung, H. 1, S. 4-30.

Bruhn, M. (Hrsg.) (2004b): Handbuch Markenführung, 2. Aufl., Wiesbaden.

Bruhn, M. (Hrsg.) (2001): Handelsmarken, 3. Aufl., Stuttgart.

Bruhn, M./Homburg, Ch. (Hrsg.) (2005): Handbuch Kundenbindungsmanagement, 5. Aufl., Wiesbaden.

Burmann, Chr./Meffert, H./Koers, M. (2005): Stellenwert und Gegenstand des Markenmanagements, in: Meffert, H./Burmann, Chr./Koers, M. (Hrsg.): Markenmanagement, 2. Aufl., Wiesbaden, S. 13-17.

Cialdini, R. B. (2002): Die Psychologie des Überzeugens, 2. Aufl., Bern u. a.

Correll, W. (2000): Motivation und Überzeugung in Führung und Verkauf, 12. Aufl., Landsberg a.L.

Crescenti, M. (2004a): Der Markt ist reif, in: Der Handel, H. 12, S. 42-43.

Crescenti, M. (2004b): Kaufhäuser – Viel zu tun, in: Der Handel, H. 9, S. 26-31.

Crescenti, M. (2004c): Jung geblieben, in: Der Handel, H. 12, S. 38-40.

Csikszentmihalyi, M. (2005): Flow. Das Geheimnis des Glücks, 12. Aufl., Stuttgart.

Dammler, A. (2003): Zwischen Barbie und Dragon Ball. Kinder als Zielgruppe, in: Direkt Marketing, H. 3, S. 24-27.

Dammler, A./Barlovic, I./Melzer-Lena, B. (2000): Marketing für Kids und Teens. Wie Sie Kinder und Jugendliche als Zielgruppe richtig ansprechen, Landsberg a.L.

Davis, M. (2003): Der Marketing-Profi als Seelendoktor, in: Direkt Marketing, H. 7, S. 14-16.

DDV (Hrsg.) (2001): Prospektwirkung im Intermedia-Vergleich, Wiesbaden.

DDV (Hrsg.) (1995): Haushaltswerbung, Wiesbaden.

Dethloff, C. (2004): Einflussfaktoren auf das hybride Kaufverhalten im Lebensmittelbereich, in: Jahrbuch Absatz- und Verbrauchsforschung, H. 2, S. 182-194.

Detroy, E.-N. (2001): Sich durchsetzen in Preisgesprächen und -verhandlungen, 12. Aufl., Zürich.

Dick, A/Basu, K. (1994): Customer Loyalty: Toward an Integrated Conceptual Framework, in: Journal of the Academy of Marketing Science, H. 2, S. 99-113.

Diehl, S. (2004): Möglichkeiten der Beeinflussung des Konsumenten in Einkaufsstätten in Abhängigkeit von Kundentypen und Einkaufsstättendeterminanten – unter Berücksichtigung von machttheoretischen und einstellungstheoretischen Aspekten, in: Gröppel-Klein, A. (Hrsg.): Konsumentenverhaltensforschung im 21. Jahrhundert, Wiesbaden, S. 211-233.

Diekhof, A. (1999): Jugendliche als Zielgruppe, Wiesbaden.

Diller, H. (2003a): Preiswahrnehmung und Preisoptik, in: Diller, H./Herrmann, A. (Hrsg.): Handbuch Preispolitik, Wiesbaden, S. 259-283.

Diller, H. (2003b): Preisinteresse und hybrider Kunde, in: Diller, H/Herrmann, A. (Hrsg.): Handbuch Preispolitik, Wiesbaden, S. 241-257.

Diller, H. (2000): Preispolitik, 3. Aufl., Stuttgart u. a.

Diller, H. (1978): Theoretische und empirische Grundlagen zur Erfassung der Irreführung über die Preisbemessung, in: WiSt, H. 6, S. 249-255.

Diller, H./Anselstetter, S. (2006): Preis- und Sonderangebotspolitik – Formen und Erfolgsfaktoren, in: Zentes, J. (Hrsg.): Handbuch Handel, Wiesbaden, S. 597-630.

Diller, H./Goerdt, Th. (2005): Die Marken- und Einkaufsstättentreue der Konsumenten als Bestimmungsfaktoren der Markenführung im vertikalen Beziehungsmarketing, in: Esch, F.-R. (Hrsg.): Moderne Markenführung, 4. Aufl., Wiesbaden, S. 1209-1224.

Diller, H./Müller, I. (2004): Die Entstehung des Preisimage von Handelsbetrieben, in: Gröppel-Klein, A. (Hrsg.): Konsumentenverhaltensforschung im 21. Jahrhundert, Wiesbaden, S. 129-157.

Diller, H./Herrmann, A. (Hrsg.) (2003): Handbuch Preispolitik, Wiesbaden.

Diller, H./Brielmaier, A. (1996): Die Wirkungen gebrochener und runder Preise, in: Zeitschrift für betriebswirtschaftliche Forschung, H. 7/8, S. 695-710.

Dreher, A. M. (2005): Kundenführung im Geschäft, in: Handelsjournal, H. 11, S. 36-37.

Drengner, J./Gaus, H./Zanger, C. (2004): Die Passfähigkeit zwischen Produkt und Kommunikationsinhalt beim Eventmarketing, in: Jahrbuch der Absatz- und Verbrauchsforschung, H. 4, S. 411-431.

Drengner, J./Zanger, C. (2003): Die Eignung des Flow-Ansatzes zur Wirkungsanalyse von Marketing-Events, in: Marketing ZFP, H.1, S. 25-34.

Ebering, A. (2005): Behavioral Economics, Lohmar.

Ebster, C./Jandrisits, M. (2003): Die Wirkung kongruenten Duftes auf die Stimmung des Konsumenten am Point of Sales, in: Marketing ZFP, H. 2, S. 99-106.

Engeser, M. (2003): Emotionale Visitenkarte, in: Wirtschaftswoche, H. 29, S. 64-69.

Enke, M./Arnold, B. (2004): Warenhaus als Marke – Hat das Warenhaus eine Zukunft?, in: Bauer, H.H./Huber, F. (Hrsg.): Strategien und Trends im Handelsmanagement, München, S. 49-60.

Esch, F.-R. (2005a): Strategie und Technik der Markenführung, 3. Aufl., München.

Esch, F.-R. (Hrsg.) (2005b): Moderne Markenführung, 4. Aufl., Wiesbaden.

Esch, F.-R. (2003): Warum einfaches Marketing für den Erfolg entscheidend sein kann, in: Absatzwirtschaft, H. 12, S. 46-49.

Esch, F.-R. (1999): Strategien und Techniken zur Gestaltung der Handelswerbung, in: Beisheim, O. (Hrsg.): Distribution im Aufbruch, München, S. 802-822.

Esch, F.-R./Möll, T. (2005): Kognitionspsychologische und neuroökonomische Zugänge zum Phänomen Marke, in: Esch, F.-R. (Hrsg.): Moderne Markenführung, 4. Aufl., Wiesbaden, S. 63-82.

Esch, F.-R./Möll, T. (2004): Mensch und Marke – Neuromarketing als Zugang zur Erfassung der Wirkung von Marken, in: Gröppel-Klein, A. (Hrsg.): Konsumentenverhaltensforschung im 21. Jahrhundert, Wiesbaden, S. 67-98.

Esch, F.-R./Redler, J. (2003): Produkt- und Markenspezifischer Einsatz von Zweitplatzierungen – Theoretische Grundlagen und empirische Ergebnisse, in: Trommsdorff, V. (Hrsg.): Handelsforschung 2003, Köln, S. 147-169.

Esch, F.-R./Thelen, E. (1997): Zum Suchverhalten von Kunden in Läden – theoretische Grundlagen und empirische Ergebnisse, in: der markt, H. 142/143, S. 112-125.

Evat, C. (2005): Männer sind vom Mars, Frauen von der Venus, München.

Feese, A. (2003): Es ist ganz einfach, im Handel zu stehlen, in: Lebensmittelzeitung, H. 49, S. 46.

Felser, G. (1997): Werbe- und Konsumentenpsychologie, Stuttgart.

FfH (2003): Literatur historisch, in: FfH Mitteilungen, H. 3-4, S. 9-10.

Fleming, J. H./Coffman, C./Harter, J. K. (2005): Managen Sie Ihr Human Sigma, in: Harvard Business Manager, H. 11, S. 31-44.

Floh, A./Koller, M. (2005): Führen Kundenclubs zur Kundenbindung? Eine empirische Untersuchung der Wirkungsweise von Kundenclubs im stationären Handel, in: Jahrbuch der Absatz- und Verbrauchsforschung, H. 2, S. 116-135.

Fösken, S. (2006): Von Babyboomern und Daytradern, in: Absatzwirtschaft, H. 1, S. 40-41.

Formatschek, W. (1993): Verkaufen, Verkaufen, Bamberg.

Foscht, Th./Swoboda, B. (2005): Käuferverhalten, 2. Aufl., Wiesbaden.

Fox, E.J./Sethuraman, R. (2006): Retail Competition, in: Krafft, M./Mantrala, M.K. (Hrsg.): Retailing in the 21st Century, Berlin u. a., S. 193-208.

Frechen, J. (1998): Positionierung von Warenhäusern, Frankfurt a.M.

Freitag, M./Hirn, W./Rickens, Ch. (2006): Die Inventur. Aldi, in: Manager Magazin, H. 1, S. 29-37.

Freundt, T./Kirchgeorg, M./Perrey, J. (2005): Im Wechselbad der Gefühle, in: Absatzwirtschaft, H. 6, S. 30-33.

GDI (2003): Die Zukunft der Frau, Zürich.

Gedenk, K. (2003): Preis-Promotions, in: Diller, H./Hermann, A. (Hrsg.): Handbuch Preispolitik, Wiesbaden, S. 597-621.

Germelmann, C. Ch. (2003): Kundenorientierte Einkaufszentrengestaltung, Wiesbaden.

Germelmann, C. Ch./Gröppel-Klein, A. (2004): State of the Art der Imagery-Forschung und ihre Bedeutung für den Handel, in: Gröppel-Klein, A. (Hrsg.): Konsumentenverhaltensforschung im 21. Jahrhundert, Wiesbaden, S. 99-126.

GfK/BVE (2005): Consumer's Choice '05. Trends in Food and Beverages, Nürnberg.

Giering, A. (2000): Der Zusammenhang zwischen Kundenzufriedenheit und Kundenbindung, Wiesbaden.

Gierl, H. (2003): Der Effekt der simultanen oder isolierten Präsentation von Wahlmöglichkeiten auf Präferenzen, in: Zeitschrift für Betriebswirtschaft, H. 5, S. 499-519.

Gilbert, D. (2003): Retail Marketing Management, 2. Aufl., Harlow u. a.

Girard, J./Brown, S.H. (2000): Joe Girard: Ein Leben für den Verkauf, Wiesbaden.

Goldstein, E.B. (2001): Wahrnehmungspsychologie, Heidelberg.

Gray, J. (1999): Männer sind anders, Frauen auch, München.

Griffith, D.A. (2003): Intimacy, rites of passage and social support: Symbolic meaning from lifetime shopping experiences, in: International Review of Retail, Distribution and Consumer Research, H. 3, S. 263-278.

Gröppel, A. (1995): Instore-Store-Marketing, in: Tietz, B./Köhler, R./Zentes, J. (Hrsg.): Handwörterbuch des Marketing, 2. Aufl., Stuttgart, Sp. 1020-1030.

Gröppel, A. (1991): Erlebnisstrategien im Einzelhandel, Heidelberg.

Gröppel-Klein, A. (2006): Point-of-Sale-Marketing, in: Zentes, J. (Hrsg.): Handbuch Handel, Wiesbaden, S. 671-692.

Gröppel-Klein, A. (2005): Entwicklung, Bedeutung und Positionierung von Handelsmarken, in: Esch, F.-R. (Hrsg.): Moderne Markenführung, 4. Aufl., Wiesbaden, S. 1113-1137.

Gröppel-Klein, A./Germelmann, C. Chr. (2002): Die Bedeutung von Wahrnehmungs- und Gedächtnisbildern von Einkaufszentren, in: Möhlenbruch, D./Hartmann, M. (Hrsg.): Der Handel im Informationszeitalter, Wiesbaden, S. 511-534.

Grötker, R. (2003): Heimliche Verführer, in: Die Zeit, H. 36, S. 33.

Gruber, E. (2004): Die Attraktivität von Einkaufsstätten im Handel. Eine Analyse aus verhaltenswissenschaftlicher Sicht, Wiesbaden.

Grüne, H. (2002): Einkaufen psychologisch betrachtet. Wieso kauft man was und wo?, Institut Rheingold, Vortrag Management Forum, 23./24. April, Bad Homburg.

Grünewald, S. (2003): Welchen Service wünschen Kunden wirklich?, in: Spalink, H. (Hrsg.): Kundenparadies Deutschland, Berlin S. 19-35.

Grünewald, S. (2002): Der Aldi-Boom, Paper Rheingold, Köln.

Grünewald, S. (2001): Vom Sinn zur Strategie – Was Verbraucher bewegt und wie man es erfährt, Vortrag beim XXXVI. Kongress der deutschen Marktforschung, 21. Mai, Lübeck.

Guldin, A./Ohr, D. (2005): Kundenbindungsmanagement im Einzelhandel, in: Bruhn, M./ Homburg, C. (Hrsg.): Handbuch Kundenbindungsmanagement, 5. Aufl., Wiesbaden, S. 767-794.

Hacke, A. (2005): Es ist alles so schön bunt hier, in: StadtAnsichten, Das Magazin der Autostadt, H.1, S. 52.

Häusel, H.-G. (2004): Brain Script. Warum Kunden kaufen, Freiburg u. a.

Häusel, H.-G. (2002a): Think Limbic, 2. Aufl., Freiburg u. a.

Häusel, H.-G. (2002b): Limbic Success, Freiburg u. a.

Haller, S. (2002): Dienstleistungs-Management, 2. Aufl., Wiesbaden.

Hallier, B. (1995): Der Handel auf dem Weg zur Marketingführerschaft, in: Absatzwirtschaft, H. 3, S. 104-107.

Hamann, G./Rohwetter, M. (2003): Der gnadenlose Kunde, in: Die Zeit, H. 29, S. 15-16.

Hannen, P. (2002a): Kaufen nach Noten, in: Handelsjournal, H. 4, S. 38-39.

Hannen, P. (2002b): Auf der Wohlfühlwelle, in: Handelsjournal, H. 6, S. 10-15.

Hansen, U. (1990): Absatz- und Beschaffungsmarketing des Einzelhandels, 2. Aufl., Göttingen.

Hanser, P. (2006): Nicht mehr, sondern sinnvoller kaufen, Interview mit Matthias Horx, in: Absatzwirtschaft, H. 2, S. 30-34.

Hanser, P. (2005): Konfuse Manager schaffen verwirrte Kunden, Interview mit Prof. Thomas Rudolph, in: Absatzwirtschaft, H. 12, S. 26-30.

Happel, H. (1998): Werbung für den Einzelhandel, 3. Aufl., Frankfurt a.M.

Harms, T./Schommer, P. (2004): Händler am Scheideweg, Düsseldorf.

Hecker, F./Hurth, J. (2006): Auto Plus auf dem Weg zur Retail Brand, in: Riekhof, H. Chr. (Hrsg.): Retail Business in Deutschland, 2. Aufl., Wiesbaden, erscheint 2006.

Heinemann, G. (1989): Betriebstypenprofilierung und Erlebnishandel, Wiesbaden.

Heinemann, M. (1976): Einkaufsstättenwahl und Firmentreue des Konsumenten, Wiesbaden.

Heinritz, G./Klein, K./Popp, M. (2003): Geographische Handelsforschung, Berlin u. a.

Heller, E. (2002): Wie Farben wirken, Reinbeck.

Hellmann, K.-U. (2005): Soziologie des Shopping, in: Hellmann, K.-U./Schrage, D. (Hrsg.): Das Management der Kunden. Studien zur Soziologie des Shopping, Wiesbaden, S. 7-36.

Helm, R./Ludl, M. (2005): Kundenkarten und ihre Wirkung als Kundenbindungsinstrument, in: Zeitschrift für Betriebswirtschaft, H. 12, S. 1131-1163.

Helm, R./Ludl, M. (2004): Kundenbindung im Handel durch Kundenkarten – Determinanten, Wirkungen und Implikationen, in: Bauer, H.H./Huber, F. (Hrsg.): Strategien und Trends im Handelsmanagement, München, S. 61-82.

Henseler, J. (2005): Basisdüfte und Lebensstile, Lohmar.

Hermes, O. (2004): Survival of the fittest: Was Retail-Marken von der Evolution lernen können, in: Riekhof, H.-Chr. (Hrsg.): Retail Business in Deutschland, Wiesbaden, S. 269-292.

Herrmann, A./Huber, F./Seilheimer, C. (2003): Die Qual der Wahl: Die Bedeutung des Regret bei Kaufentscheidungen, in: Zeitschrift für betriebswirtschaftliche Forschung, H. 3, S. 224-249.

Heuser, U. J. (2002): Die Revolution hat begonnen, in: Die Zeit, H. 43, S. 19-20.

Hillebrand, R. (1990): Einsatz werblicher Kommunikation im Einzelhandel unter besonderer Berücksichtigung des Hörfunks als Kommunikationsmedium, Berlin.

Holicki, S. (2005): Beim nächstbesten Angebot zur Konkurrenz, in: Lebensmittelzeitung, H. 50, S. 44.

Homburg, Ch. (Hrsg.) (2003): Kundenzufriedenheit, 5. Aufl., Wiesbaden.

Homburg, Ch./Koschate, N. (2005a): Behavioral Pricing Forschung im Überblick, Teil 1, in: Zeitschrift für Betriebswirtschaft, H. 4, S. 383-423.

Homburg, Ch./Koschate, N. (2005b): Behavioral Pricing Forschung im Überblick, Teil 2, in: Zeitschrift für Betriebswirtschaft, H. 5, S. 501-524.

Homburg, Ch./Koschate, N. (2004): Wie reagieren Kunden auf Preiserhöhungen? Eine Untersuchung zur Rolle von wahrgenommener Fairness des Preisanstiegs und Kundenzufriedenheit, in: Marketing ZFP, H. 4, S. 316-329.

Homburg, Ch./Giering, A./Hentschel, F. (2000): Der Zusammenhang zwischen Kundenzufriedenheit und Kundenbindung, in: Bruhn, M./Homburg, Ch. (Hrsg.): Handbuch Kundenbindungsmanagement, 3. Aufl., Wiesbaden, S. 83-112.

Hupp, O. (1998): Das Involvement als Erklärungsvariable für das Entscheidungs- und Informationsverhalten der Konsumenten, Arbeitspapier Nr. 22 des Instituts für Konsum- und Verhaltensforschung, Universität des Saarlandes, Saarbrücken.

Hurth, J. (2003): Der gute alte Handzettel bleibt modern, in: dm-compact, H.1, S. 14-17.

Hurth, J./Müller, K. (2004): Praxisorientierte Handelsforschung – Handelsmarketing an deutschen Fachhochschulen im Jahr 2003, in: Trommsdorff, V. (Hrsg.): Handelsforschung 2004, Köln, S. 567-580.

Huth, R./Pflaum, D. (2005): Einführung in die Werbelehre, 7. Aufl., Stuttgart.

IfH Institut für Handelsforschung (2005a): HILO und EDLP auf dem Prüfstandt, Köln.

IfH Institut für Handelsforschung (2005b): Reaktionsmöglichkeiten für Handelsunternehmen im Hinblick auf Veränderungen der Altersstruktur, Köln.

ifm (2003a): Qualitativ psychologische Inititativ-Studie zu Service und Verkaufsförderungsmaßnahmen im Handel, Freiburg u. a.

ifm (2003b): Verkaufsfördernde Maßnahmen im Handel – qualitativ-psychologische Studie zu Wirkung und Konstruktion von Rabatten, Kundenkarten, Coupons etc., Freiburg u. a.

ifm (2001a): Qualitativ psychologische Studie zu den Auswirkungen des neuen Rabattgesetzes auf die Bereitschaft der Konsumenten zum Handeln, Freiburg u. a.

ifm (2001b): Der Konsument und seine Kaufreviere, Freiburg u. a.

Imkamp, H. (2003): Der Preis – ein schlechter Qualitätsindikator?, in: Die Betriebswirtschaft, H. 4, S. 378-384.

Institut für Demoskopie Allensbach (2005): TOPLevel 2005, Freude am Luxus, Allensbach.

Iyengar, S.S./Lepper, M.R. (2000): When Choice is Demotivating: Can one desire too much of a good thing?, in: Journal of Personality and Social Psychology, H. 6, S. 995-1003.

Jaffé, D. (2005): Der Kunde ist weiblich, Berlin.

Jary, M./Schneider, D./Wileman, A. (1999): Marken-Power, Wiesbaden.

Jenner, Th. (2003): Erfolg als Ursache von Misserfolg, in: Die Betriebswirtschaft, 63. Jg., H. 2, S. 203-219.

Kaas, K.-P. (1973): Diffusion und Marketing, Stuttgart.

Kaas, K. P./Gegenmantel, R. (1995): Ökonomische Determinanten der Macht auf dem Lebensmittelmarkt, in: Zeitschrift für Betriebswirtschaft, H. 8, S. 885-904.

Kapell, E. (2005): Rossmann setzt auf Instore-Tests, in: Lebensmittelzeitung, H. 32, S. 19.

Katzensteiner, Th./Leendertse, J. (2003): Alles völlig falsch, Interview mit Gerald Zaltman, in: Wirtschaftswoche, H. 29, S. 70-71.

Kaufhof (Hrsg.) (2004): Handelswelten, Köln.

Kaufhof (Hrsg.) (2001): Erlebniswelt Kaufhof, Köln.

Keim, G. (2005): Zwischenräume des Konsums. Überlegungen zur Praxis der Selbstbedienung, in: Hellmann, K.-U./Schrage, D. (Hrsg.): Das Management der Kunden. Studien zur Soziologie des Shopping, Wiesbaden, S. 110-130.

Kettl-Römer, B. (2004): Was Frauen wollen, in: Handelsjournal, H. 8, S. 18-21.

Kettl-Römer, B. (2003): Wohlfühlpsychologie mit Qi, in: Handelsjournal, H. 12, S. 44-45.

Kids-Verbraucheranalyse (2004): www.egmont-for-kids.de

Kiwus, D. (2003): Mehr Verkaufserfolg durch Selbstcoaching, 2. Aufl., Wiesbaden.

Klein, S. (2004): Alles Zufall, Hamburg.

Knoblich, H./Schubert, B. (1995): Marketing mit Duftstoffen, 3. Aufl., München.

Köhler, F.W. (2002): Die Verlagerung von Handelsfunktionen zwischen Einzelhandel und Konsument als Ansatzpunkt für Ökonomisierungsprozesse, in: Trommsdorff, V. (Hrsg.): Handelsforschung 2003, Köln, S. 3-22.

Konrad, J. (2005): Schnäppchenjäger tappen in die Einkaufsfalle, in: Lebensmittelzeitung, H. 46, S. 41.

Konrad, J. (2002): Kooperation verleiht Haarfarben-Regal mehr Glanz, in: Lebensmittelzeitung, H. 2, S. 50.

Koppelmann, U./Brodersen, K./Volkmann, M. (2001): Variety Seeking (Teil I). Manchmal reizt auch nur das Neue, in: Absatzwirtschaft, H. 12, S. 56-63.

KPMG (Hrsg.) (2005): Der deutsche Lebensmitteleinzelhandel aus Verbrauchersicht, Köln.

KPMG (Hrsg.) (2003): Trends im Handel 2005, Köln.

Kramer, J. (1993): Philosophie des Verkaufens, Wiesbaden.

Kroeber-Riel, W. (1995): Konsumentenverhalten, in: Tietz, B./Köhler, R./Zentes, J. (Hrsg.): Handwörterbuch des Marketing, 2. Aufl., Stuttgart, Sp. 1234-1246.

Kroeber-Riel, W./Esch, F.-R. (2004): Strategie und Technik der Werbung, 6. Aufl., Stuttgart.

Kroeber-Riel, W./Weinberg, P. (2003): Konsumentenverhalten, 8. Aufl., München.

Kuß, A./Tomczak, T. (2004): Käuferverhalten, 3. Aufl., Stuttgart.

Kuß, A./Schuchert-Güler, P. (2004): Erwartungen von Konsumenten gegenüber dem persönlichen Verkauf, in: Gröppel-Klein, A. (Hrsg.): Konsumentenverhaltensforschung im 21. Jahrhundert, Wiesbaden, S. 185-210.

Lebensmittelzeitung (2005): Generation 50+, Strategien für die Mehrheit von morgen, Lebensmittelzeitung-Spezial, H. 1, Frankfurt.

Levy, M./Weitz, B.A. (2003): Retailing Management, 5. Aufl., New York u. a.

Liebmann, H.-P./Zentes, J. (2001): Handelsmanagement, München.

Lindner, M. (2003): Süße Düfte, weit weg, in: Die Zeit, H. 34, S. 25.

Lönneker, J. (2003): Verwendungserleben als Basis der Marketingkommunikation, in: Absatzwirtschaft, H. 12, S. 24-26.

Lügenbiel, S. (2001): Die Bedeutung von Wurfsendungen und Zeitungsbeilagen für das Einkaufsverhalten der Konsumenten, Diplomarbeit, Frankfurt.

Luhmann, N. (2000): Vertrauen, 4. Aufl., Stuttgart.

Mattmüller, R./Tunder, R. (2004): Strategisches Handelsmarketing, München.

Matzler, K. (2003): Preiszufriedenheit, in: Diller, H./Herrmann, A. (Hrsg.): Handbuch Preispolitik, Wiesbaden, S. 303-328.

Mayer, H. (2005): Einführung in die Wahrnehmungs, Lern- und Werbepsychologie, 2. Aufl., München u. a.

Mayer, H./Illmann, T. (2000): Markt- und Werbepsychologie, 3. Aufl., Stuttgart.

Mc. Goldrick, P. (2002): Retail Marketing, 2. Aufl., London u. a.

Meffert, H./Burmann, Chr./Koers, M. (Hrsg.) (2005): Markenmanagement, 2. Aufl., Wiesbaden.

Meffert, H./Bierwirth, A. (2005): Corporate Branding – Führung der Unternehmensmarke im Spannungsfeld unterschiedlicher Zielgruppen, in: Meffert, H./Burmann, Chr./Koers, M. (Hrsg.): Markenmanagement, 2. Aufl., Wiesbaden, S. 143-162.

Meffert, H./Bruhn, M. (2003): Dienstleistungsmarketing, 3. Aufl., Wiesbaden.

Meyer, A./Fend, L./Specht, M. (Hrsg.) (1999): Kundenorientierung im Handel, Frankfurt a.M.

Meyer, S. (2001): Produkthaptik: Messung, Gestaltung und Wirkung aus verhaltenswissenschaftlicher Sicht, Wiesbaden.

Meyer-Hentschel, H./Meyer-Hentschel, G. (2004): Seniorenmarketing, Göttingen.

Meyer-Hentschel Management-Consulting (Hrsg.) (2000): Handbuch Senioren-Marketing, Frankfurt.

Morschett, D. (2006): Retail-Branding – Strategischer Rahmen für das Handelsmarketing, in: Zentes, J. (Hrsg.): Handbuch Handel, Wiesbaden, S. 525-546.

Morschett, D. (2002): Retail Branding und Integriertes Handelsmarketing, Wiesbaden.

Moser, K. (2002): Markt- und Werbepsychologie, Göttingen.

Müller, S./Leuteritz, A. (2004): Kundenbindung durch die Kundenkarte?, in: Bauer, H.H./Huber, F. (Hrsg.): Strategien und Trends im Handelsmanagement, München, S. 83-100.

Müller, S./Wünschmann, S. (2004): Hybrides Konsumentenverhalten bei der Wahl der Einkaufsstätte, in: Trommsdorff, V. (Hrsg.): Handelsforschung 2004, Köln, S. 497-517.

Müller S./Lohmann, F. (1995): Marktpsychologie, in: Tietz, B./Köhler, R./Zentes, J. (Hrsg.): Handwörterbuch des Marketing, 2. Aufl., Stuttgart, Sp. 1781-1793.

Müller, W. (2003): Gerechtigkeitstheoretische Konzeption der Kundenzufriedenheit, in: Kamenz, U. (Hrsg.): Applied Marketing, Berlin u. a., S. 47-74.

Müller-Hagedorn, L. (2005): Handelsmarketing, 4. Aufl., Stuttgart.

Müller-Hagedorn, L. (2004): Kognitiv und/oder emotional gesteuertes Verhalten – untersucht am Beispiel von Shopping-Center Besuchern, in: Bauer, H.H./Huber, F. (Hrsg.): Strategien und Trends im Handelsmanagement, München, S. 141-162.

Müller-Hagedorn, L. (1999): Kundenbindung mit System, in: Müller-Hagedorn, L. (Hrsg.): Kundenbindung im Handel, Frankfurt a.M., S. 11-45.

Müller-Hagedorn, L./Schuckel, M./Helnerus, K. (2005): Zur Gestaltung von Handelswerbung – Die Auswirkungen von Art und Anzahl der Artikel sowie Abbildungsgröße, Arbeitspapiere des Seminars für Allgemeine Betriebswirtschaftslehre, Handel und Distribution, H. 14, Köln.

Müller-Hagedorn, L./Wierich, R. (2005): Sollten Preise auf 9 enden?, in: Handel im Fokus, H. 2, S. 211-223.

Nerdinger, F.W. (2001): Psychologie des persönlichen Verkaufs, München u. a.

Neumann, P. (2003): Markt- und Werbepsychologie, 3. Aufl., Bd. 1 Grundlagen, Gräfelfing.

Niedner, B. (2004): Über das Ansehen, in: Absatzwirtschaft, Sonderheft Marken, S. 48-53.

Nufer, G. (2003): Der Imagetransfer im Event-Marketing, in: Jahrbuch der Absatz- und Verbrauchsforschung, H. 4, S. 385-406.

Oehme, W. (2001): Handels-Marketing, 3. Aufl., München.

Olbrich, R./Battenfeld, D./Grünblatt, M. (2005): Zum langfristigen Wirkungsverlauf von Preisaktionen, in: Jahrbuch der Absatz- und Verbrauchsforschung, H. 3, S. 266-286.

o.V. (2006a): Die (un)heimlichen Könige unter den Kunden, in: Lebensmittelzeitung, H. 4, S. 66.

o.V. (2006b): Plus investiert Millionen in Gesundheits-Marke, in: Lebensmittelzeitung, H. 3, S. 6.

o.V. (2005a): Easy Shopping, Spass statt Stress, in: Markant HandelsMagazin, H. 8, S. 14-15.

o.V. (2005b): Silber ist Gold, in: Markant HandelsMagazin, H. 9, S. 10-13.

o.V. (2005c): Gute Beratung bringt Gewinn, in: Lebensmittelzeitung: Nonfood trends, H. 2, S. 64.

o.V. (2004): Wie Frauen einkaufen, in: Markant HandelsMagazin, H. 12, S. 12-14.

o.V. (2003a): Erlebniskonsum bei chronischer Zeitnot, in: HandelsMagazin, Jubiläumsausgabe/Miteinander erfolgreich handeln, S. 190-193.

o.V. (2003b): Die Kunst der Inszenierung, in: HandelsMagazin, H. 10, S. 10-11.

o.V. (2002a): Der süße Duft des Erfolgs, in: Handelsberater, H. 8, S. 18-19.

o.V. (2002b): Einfach = Erfolgreich, in: HandelsMagazin, H. 12, S. 18-20.

o.V. (2002c): Mut zum Weglassen, in: HandelsMagazin, H. 11, S. 12.

Packard, V. (1976): Die geheimen Verführer, Frankfurt.

Pease, A./Pease, B. (2000): Warum Männer nicht zuhören und Frauen schlecht einparken, München.

Peck, J./Childers, T. L. (2003): To Have and To Hold: The Influence of Haptic Information on Produkt Judgments, in: Journal of Marketing, H. 2, S. 35-48.

Pflaum, D./Eisenmann, H. (1988): Einführung in die Handelswerbung, Stuttgart.

Piper, N. (2002): Geschichte der Wirtschaft, Weinheim u. a.

Pohlmann, J. (2005): Für eine Hand voll Dollar, in: Lebensmittelzeitung, H. 33, S. 40.

Preißner, M. (2003): Trödelmärkte und ihre Bedeutung im Einzelhandel, in: Handel im Fokus, H. 3, S. 181-190.

Priemer, V. (2003): Preisbündelung, in: Diller, H./Herrmann, A. (Hrsg.): Handbuch Preispolitik, Wiesbaden, S. 503-519.

Quäck, B. (2005): Dreifache Kompetenz, in: Handelsjournal, H. 7, S. 10-12.

Queck, M. (2005a): Mittelmaß in Massen, in: Lebensmittelzeitung, H. 2, S. 38.

Queck, M. (2005b): Aldi gibt zu denken, in: Lebensmittelzeitung, H. 28, S. 28.

Queck, M. (2005c): Das Premium-Paradox, in: Lebensmittelzeitung Spezial, H. 3, S. 78-81.

Raab, G./Unger, F. (2005): Marktpsychologie, 2. Aufl., Wiesbaden.

Rauwald, C. (2004): Auf offene Ohren. Immer mehr Unternehmen entdecken Klänge als wichtiges Instrument der Markenführung, in: Wirtschaftswoche, H. 12, S. 82-84.

Reynolds, J. (2004): An exercise in successful retailing: the case of Tesco, in: Reynolds, J./Cuthbertson, Chr. (Hrsg.): Retail strategy, Amsterdam, S. 311-330.

Rieb, Chr./Reidl, A. (1999): Senioren-Marketing, Wien.

Rieper, A. (2005): Das Shopping-Center als inszenierte Konsumwelt, in: Hellmann, K.-U./ Schrage, D. (Hrsg.): Das Management der Kunden. Studien zur Soziologie des Shopping, Wiesbaden, S. 133-152.

Roeb, Th. (2004): Kundenorientierung in Deutschland – besser als ihr Ruf, in: Spalink, H. (Hrsg.): Kundenparadies Deutschland, Berlin u. a., S. 3-18.

Rohwetter, M. (2003): Holz im Blut, in: Die Zeit, H. 37, S. 34.

Rosenstiel, L. von/Neumann, P. (2005): Mehr als ein Käufer – Der Kunde das unbekannte Wesen, in: Künzel, H. (Hrsg.): Handbuch Kundenzufriedenheit, Berlin u. a. S. 1–27.

Rosenstiel, L. von/Neumann, P. (2002): Marktpsychologie, Darmstadt.

Rosenstiel, L. von/Neumann, P. (1991): Einführung in die Markt- und Werbepsychologie, 2. Aufl., Darmstadt.

Rudolph, Th. (2005): Modernes Handelsmanagement, München.

Rudolph, Th./Kotouc, A. (2005): Das optimale Sortiment aus Kundensicht, in: Harvard Business Manager, H. 8, S. 64-73.

Rück, D. (2005a): Innovationsdruck, in: Lebensmittelzeitung, H. 35, S. 29-30.

Rück, D. (2005b): Käfers Delikatessenlager, in: Lebensmittelzeitung, H. 18, S. 37.

Rüdell, M. (1994): Verkaufspsychologie – Käufer lachen öfter, in: Handelsjournal, H. 7, S. 34 ff.

Rüdell, M. (1993): Konsumentenbeobachtung am Point of Sale, Ludwigsburg u. a.

Schebitz, U. (1994): Das 1x1 erfolgreicher Verkäufer, Wiesbaden.

Schellenberg, J. (2005): Endverbraucherbezogener E-Commerce, Passau.

Schenk, H.-O. (1995): Handelspsychologie, Göttingen.

Schenk, H.-O. (1991): Marktwirtschaftslehre des Handels, Wiesbaden.

Scheuch, M. (2001): Verkaufsraumgestaltung und Ladenatmosphäre im Handel, Wien.

Schirrmacher, F. (2004): Das Methusalem-Komplott, München.

Schmid, F. (1996): Positionierungsstrategien im Einzelhandel, Frankfurt.

Schmidt, S.J. (2003): Handbuch Werbung, Münster.

Schmitz, C. (2001): Charismating – Einkauf als Erlebnis, München.

Schmitz, C. A./Kölzer, B. (1996): Einkaufsverhalten im Handel, München.

Schnabel, U. (2003): Der Markt der Neuronen, in: Die Zeit, H. 47, S. 35.

Schneider, M. (2005): Aldi. Welche Marke steckt dahinter? 100 Aldi-Top-Artikel und ihre prominenten Hersteller, München.

Schramm-Klein, H. (2003): Multi-Channel-Retailing, Wiesbaden.

Schröder, H. (2002): Handelsmarketing, München.

Schröder, H./Berghaus, N. (2005): Blickaufzeichnung der Wahrnehmung am Regal – Methodendemonstration am Beispiel Süssgebäck, in: Trommsdorff, V. (Hrsg.): Jahrbuch Handelsforschung 2005, Stuttgart, S. 315-335.

Schuchert-Güler, P. (2001): Kundenwünsche im persönlichen Verkauf, Wiesbaden.

Schuckel, M. (2003): Bedienungsqualität im Einzelhandel, Stuttgart.

Schuckel, M. (2002): Kundenkarten und Rabattsysteme – neue Perspektiven nach dem Wegfall von Rabattgesetz und Zugabenverordnung, in: Handel im Fokus, H. 2, S. 113-127.

Schweiger, G. (1995): Image und Imagetransfer, in: Tietz, B./Köhler, R./Zentes, J. (Hrsg.): Handwörterbuch des Marketing, 2. Aufl., Stuttgart, Sp. 915-928.

Schweizer, M./ Rudolph, Th. (2004): Wenn Käufer streiken, Wiesbaden.

Schweizer, M./Rudolph, Th. (2002): Nostalgie als Erfolgsposition im Hyperwettbewerb?, in: Die Unternehmung, H. 6, S. 409-427.

Scitovsky, T. (1989): Psychologie des Wohlstands, Frankfurt/New York.

Seiwert, M. (2005): Otto und die Normalverbraucher, in: Absatzwirtschaft, H. 5, S. 9-12.

Shell-Jugendstudie (o.J.): www.shell-jugendstudie.de

Sheth, J. N./Newman, B. I./Gross, B. L. (1991): Why we buy what we buy: A Theory of Consumption Values, in: Journal of Business Research, H. 2, S. 159-170.

Shields, R. (1992): Lifestyle Shopping, London.

Silberer, G./Mau, G. (2005): Kundenkontakte im stationären Handel, in: Trommsdorff, V. (Hrsg.): Handelsforschung 2005, Stuttgart, S. 337-350.

Silverstein, M. J./Fiske, N. (2003): Luxus für die Massen, in: Harvard Business Manager, H. 7, S. 20-33.

Simon, H. (1992): Preismanagement, 2. Aufl., Wiesbaden.

Sirdeshmukh, D./Singh, J./Sabol, B. (2002): Consumer Trust, Value and Loyalty in Relational Exchanges, in: Journal of Marketing, H. 1, S. 15-37.

Spann, M./Zuber, M. (2003): Der Trade-Off zwischen dem Wunsch nach Anonymität und Vertrauen im Internet: Hemmnis für den Electronic Commerce?, in: Jahrbuch für Absatz- und Verbrauchsforschung, H. 2, S. 185-205.

Soars, B. (2003): What every retailer should know about the way into the shopper's head, in: International Journal of Retail & Distribution Management, H. 12, S. 628-637.

Solomon, M./Bamossy, G./Askegaard, S. (2001): Konsumentenverhalten. Der europäische Markt, München.

Sprenger, R. K. (2002): Vertrauen führt, 2. Aufl., Frankfurt a.M.

Sprott, D. E./Manning, K. C./Miyazaki, A. D. (2003): Grocery Price Setting and Quantity Surcharges, in: Journal of Marketing, H. 3, S. 34-46.

Steinle, A. (2003): Wie der Handel zum Nutznießer einer neuen Konsumkultur wird, in: Absatzwirtschaft, H. 9, S. 32-35.

Stenzel, K. (2005): Beobachtung des Konsumentenverhaltens am Beispiel des Wolfsburger WKS unter besonderer Berücksichtigung der Senioren, Diplomarbeit, Wolfsburg.

Stern (2005): MarkenProfile 11 – Die Rückkehr der Qualität, Hamburg.

Stippel, P. (2005): Der Preis ist ein wunderbares Image, in: Absatzwirtschaft, H. 5, S. 14-17.

Stöhr, A. (1998): Air-Design als Erfolgsfaktor im Handel, Wiesbaden.

Strassmann, B. (2003): Fühlen Sie mal..., in: Die Zeit, H. 31, S. 29.

Swoboda, B. (1998): Kundenorientierung im Handel, in: Trommsdorff, V. (Hrsg.): Handelsforschung 1997/98, Wiesbaden, S. 315-339.

Swoboda, B./Schwarz, S. (2006): Convenience-Stores – Internationale Entwicklung und Käuferverhalten in Deutschland, in: Zentes, J. (Hrsg.): Handbuch Handel, Wiesbaden, S. 395-421.

Team für angewandte Marktpsychologie (2004): Die unterschätzte Generation. Markenaffinitäten und Konsumpotenziale bei älteren Verbrauchern, Frankfurt.

Tebbe, C. (2000): Erfolgsfaktoren des persönlichen Verkaufsgespräches, Frankfurt u. a.

Theis, H.-J. (1992): Einkaufsstätten-Positionierung, Wiesbaden.

Thiermann, S. (2005): Mediale Entgrenzungen im Supermarkt. Zur Standort- und Funktionsbestimmung des Instore-Radio, in: Hellmann, K.-U./Schrage, D. (Hrsg.): Das Management der Kunden. Studien zur Soziologie des Shopping, Wiesbaden, S. 177-195.

Tietz, B. (1995): Handelsmarketing, in: Tietz, B./Köhler, R./Zentes, J. (Hrsg.): Handwörterbuch des Marketing, Stuttgart, Sp. 875-890.

Tietz, B. (1993a): Der Handelsbetrieb, 2. Aufl., München.

Tietz, B. (1993b): Die Rückkehr zur Händlergesellschaft, Saarbrücken.

Tray, B. (1996): Verkaufsstrategien für Gewinner, Wiesbaden.

Trenz, T. (2004): Im Schatten des Cowboy, in: Lebensmittelzeitung, H. 5, S. 46.

Trommsdorff, V. (2004): Konsumentenverhalten, 6. Aufl., Stuttgart u. a.

Trommsdorff, V. (1995): Involvement, in: Tietz, B./Köhler, R./Zentes, J. (Hrsg.): Handwörterbuch des Marketing, 2. Aufl., Stuttgart, Sp. 1067-1078.

Tscheulin, D.U./Lindenmeier, J. (2004): Bedeutung der Konsumentenforschung für die Markenführung, in: Bruhn, M. (Hrsg.): Handbuch Markenführung, 2. Aufl., Bd. 1, S. 459-482.

Uncles, M.D. (2006): Understanding Retail Customers, in: Krafft, M./Mantrala, M.K. (Hrsg.): Retailing in the 21st Century, Berlin u. a., S. 159-173.

Underhill, P. (2004): The call of the mall. How we shop, London.

Underhill, P. (2000): Warum kaufen wir? Die Psychologie des Konsums, München.

Vanhuele, M./Drèze, X. (2002): Measuring the Price Knowledge Shoppers bring in the Store, in: Journal of Marketing, H. 4, S. 72-85.

Vossen, A./Reinhardt, F.A. (2003): Der launische Konsument, Regensburg u. a.

Voswinkel, S. (2005): Selbstbedienung: Die gesteuerte Kundensouveränität, in: Hellmann, K.-U./Schrage, D. (Hrsg.): Das Management der Kunden. Studien zur Soziologie des Shopping, Wiesbaden, S. 89-109.

Voswinkel, S./Korzekwa, A. (2005): Welche Kundenorientierung?, Berlin.

Wanninger, C. (2000): Der Jagdinstinkt des Success-Shoppers, in: BAG Handelsmagazin, H. 5-6, S. 40-43.

Weinberg, P. (2000): Verhaltenswissenschaftliche Aspekte der Kundenbindung, in: Bruhn, M./Homburg, C. (Hrsg.): Handbuch Kundenbindungsmanagement, 3. Aufl., Wiesbaden, S. 39-53.

Weinberg, P. (1995): Erlebnis-Marketing, in: Tietz, B./Köhler, R./Zentes, J. (Hrsg.): Handwörterbuch des Marketing, 2. Aufl., Stuttgart, Sp. 607-615.

Weinberg, P. (1992): Erlebnismarketing, München.

Weinberg, P./Purper, G. (2006): Ladengestaltung – Grundlagen und Konzepte, in: Zentes, J. (Hrsg.): Handbuch Handel, Wiesbaden, S. 657-670.

Weinberg, P./Terlutter, R. (2005): Verhaltenswissenschaftliche Aspekte der Kundenbindung, in: Bruhn, M./Homburg, C. (Hrsg.): Handbuch Kundenbindungsmanagement, 5. Aufl., Wiesbaden, S. 41-65.

Weinberg, P./Purper, G. (2004): Die Merkmale der Betriebsformen des Einzelhandels aus Sicht der Konsumenten, in: Trommsdorff, V. (Hrsg.): Handelsforschung 2004, Köln, S. 43-63.

Weinberg, P./Besemer, S. (2001): Marketing von Shopping-Centern, in: Tscheulin, D./Helmig, B. (Hrsg.): Branchenspezifisches Marketing, Wiesbaden, S. 515-544.

Weinberg, P./Nickel, O. (1998): Emotionales Erlebnis: Zentrale Determinante für den Erfolg von Marketingevents, in: Nickel, O. (Hrsg.): Eventmarketing, Grundlagen und Erfolgsbeispiele, München, S. 61-75.

Weis, H. Chr. (2005): Verkaufsmanagement, 6. Aufl., Ludwigshafen.

Weis, H. Chr. (2003): Verkaufsgesprächsführung, 4. Aufl., Ludwigshafen.

Welsch, N. (2003): Farben, Heidelberg u. a.

Werle, K. (2005): Aldi trifft Gucci, in: Manager Magazin, H. 1, S. 96-102.

Wiedmann, K.P./Walsh, G./Klee, A. (2001): Konsumentenverwirrtheit: Konstrukt und marketingpolitische Implikationen, in: Marketing ZFP, H. 2, S. 83-99.

Wildner, R. (2003): Warum kaufen die Verbraucher Handelsmarken?, in: Jahrbuch der Absatz- und Verbrauchsforschung, H. 2, S. 108-127.

Wilhelm, S. (2005): Kassensysteme – Do it yourself, in: Der Handel, H. 12, S. 60-62.

Willmann, U. (2004): Trinken ist Psycho, in: Die Zeit, H. 39, S. 43.

Zaltman, G. (2003): How Customers Think, Boston.

Zanger, C. (2004): Markenstrategien für junge Zielgruppen, in: Bruhn, M. (Hrsg.): Handbuch Markenführung, 2. Aufl., Bd. 1, S. 1023-1048.

Zanger, C./Drengner, J. (2004): Die Nutzung von Marketing-Events zur Imagebeeinflussung im Einzelhandel, in: Trommsdorff, V. (Hrsg.): Handelsforschung 2004, Köln, S. 455-474.

Zanger, C./Griese, K.-M. (Hrsg.) (2000): Beziehungsmarketing mit jungen Zielgruppen, München.

Zentes, J./Morschett, D. (2005): Retail Branding als strategische Markenpolitik des Handels, in: Esch, F.-R. (Hrsg.): Moderne Markenführung, 4. Aufl., Wiesbaden, S. 1139-1155.

Zentes, J./Morschett, D. (2004a): Sortimentsdiversifikation im Handel – Eine theoretische und empirische Analyse, in: Gröppel-Klein, A. (Hrsg.): Konsumentenverhaltensforschung im 21. Jahrhundert, Wiesbaden, S. 159-183.

Zentes, J./Morschett, D. (2004b): Entwicklungstendenzen der Markenführung, in: Bruhn, M. (Hrsg.): Handbuch Markenführung, 2. Aufl., Wiesbaden, S. 2719-2745.

Zentes, J./Janz, M./Morschett, D. (2000): HandelsMonitor 2001: Retail Branding – Der Handel als Marke, Frankfurt a.M.

Zentes, J./Hurth, J. (1996): Status und Folgen der Handelskonzentration, Gutachten im Auftrag des Markenverbandes, Wiesbaden.

Zielke, S. (2004): Strategien und Instrumente zur kundenorientierten Warenplatzierung im Einzelhandel, in: Trommsdorff, V. (Hrsg.): Handelsforschung 2004, Köln, S. 381-400.

Zielke, S. (2003): Kundenorientierte Warenplatzierung, Stuttgart.

Ziems, D./Krakau, U. (2004): Die Kaufreviere des Verbrauchers: Ableitungen für das Retail Business, in: Riekhof, H. Chr. (Hrsg.): Retail Business in Deutschland, Wiesbaden, S. 99-114.

Stichwortverzeichnis

A

Ähnlichkeit 177
aktivierende Elemente 136
aktivierende Prozesse 24
Art der Werbung 100
Atmosphäre 132 f., 135
Austauschbarkeit 98, 110
Auswahl 155
Autorität 177

B

Balance 227
Bedarf 27
Bedürfnis 26
Bezugsgruppen 44
Blickverlauf 106

C

Commitment 177
Consideration Set 222
Convenience 195
Crowding 126

D

Dauerniedrigpreisstrategie 66
deaktivierende Elemente 136
Differenzierung 223
Differenzierungsvorteil 233
Dominanz 229
Duftmarketing 139

E

Easy Shopping 202
Eingangsbereich 127
Einkaufsmotive 27
Einkaufsstättenwahl 46
Einstellung 213
Einzelhandelswerbung, Besonderheiten der 96
Entscheidungen, vereinfachte 48
Erlebnis- versus Versorgungskauf 27
Erlebniskauf 132 f.

Eventmarketing 132, 209

F

Fairness 85, 205
Farben 140
Familienzyklus 58
Floprate 155
Frauen und Männer 53
Fristentaktik 88

G

Gedankliche Lagepläne 123
gefühlte Preisrate 83
gesättigte Märkte 98
Gesetze der Ladengestaltung 126

H

Handel, Besonderheiten des 64
Handzettel 115
Handelsmarken 158 ff.
Handelsmarketing 18
Handelspsychologie 21
Hirnforschung 52
Homo oeconomicus 5
hybrides Kaufverhalten 81

I

Image 213
Impulskauf 41
Informationsrate 121, 235
Informationsüberlastung 97
Instore-Radio 144
Interaktionsprozess 169
Involvement 38, 112

K

Kaufentscheidungstypen 39
Käuferrate 205
Käuferverhalten 24 ff.
Kaufreviere 12
Kindermarketing 58
Klassische Konditionierung 215

Kleingeldeffekt 83
Knappheitsprinzip 85 ff.
kognitive Dissonanz 34
kognitive Vorgänge 24
Konsistenz 177, 223
Konsum-Verfassungen 12
Konsumentenverhalten 17
Konsumentenverwirrtheit 154
Kontinuität 223
Kontrastprinzip 175
Kundenbegeisterung 204
Kundenbindung 202, 206 ff.
Kundenfrequenz 126
Kundenkarten 209
Kundenmonitor 204
Kundenorientierung 202
Kundenzufriedenheit 202 ff.

L

Laufwege der Kunden 127
Ladengestaltung 120, 122 ff.
Ladenatmosphäre 134
Licht 140
Loyalität 37
Luxus 89

M

Marktforschung 23
Marktpsychologie 17
Markenbekanntheit 222
Markenimage 218
Markenname 222
Markenpolitik 222
Manipulation 14
Meinungsführer 164
Mind Maps 123
Modalität der Werbung 102
Motivation 26
Musik 144

N

Neurolinguistische Programmierung 178
nonverbale Kommunikation 174
Nutzen 27

O

Orientierungsfreundlichkeit 121, 235

P

Pacing 178
Parties 179
persönlicher Verkauf 164 ff.
Point of Sale, zentrale Erfolgsfaktoren am 121
Positionierungsmodelle 215
Preisbündelung 73
Preisdifferenzierung 71
Preisgarantien 67
Preisgegenüberstellungen 78
Preisimage 68
Preisinstrumente 64 ff.
Preisinteresse 80
Preiskenntnis 84
Preislagen 64
Preisoptik 75
Preispolitik 63 ff.
Preisschwellen 78
Preisstrategien 64
Preis und Qualität 82, 89, 91
Preisverhandlungen 180
Preiswahrnehmung 81
Preiszufriedenheit 85
Prinzip der sozialen Bewährtheit 44, 126
Produkt- und Verwendungszusammenhänge 148
Prospekte 115
psychische Determinanten 24
Psychologie 17
psychologischer Marketing-Mix 198 ff.

R

Rabatte 70
Reaktanz 22
Regret 34
Retail Brand 213, 218 ff., 231
Reziprozität 74, 175
Risiko 35
Runde Preise 76

S

Schluss vom Preis auf die Qualität 82, 89
Selbstbedienung 185 ff.
Service 164, 188 ff.
Service-Irrtümer 191
Selektive Wahrnehmung 25
Seniorenmarketing 129
Shopping-Center 232
Sinnesreize 137 ff.

Smart Shopper 88
Sonderangebote 69
Sortiment 147, 153 ff.
Stammkunde 46, 206, 212
Stimulanz 229
Stimulus-Organismus-Response-Ansatz 13
Stimulus-Response-Modell 13

T

Tastsinn 142
Themenwelten 150

U

Unterbewusstsein 6
Unternehmenskultur 200

V

Variety Seeking 153
Verbundpräsentation 149

Vereinfachung 48, 81, 227
Verhaltensbiologische Ansätze 51 ff.
Verkaufsprozess 169 ff.
Vertrauen 37

W

Warenhaus 232
Warenplatzierung 148 ff.
Warenpräsentation 120, 147 ff.
Warteschlange 191
Wellness 32
Werbegestaltung, sozialtechnische Regeln der 104
Werbung 95

Z

Zielgruppen 11
Zugaben 73
Zweitplatzierungen 150

Edition Marketing
Herausgegeben von Hermann Diller und Richard Köhler

Volker Trommsdorff
Konsumentenverhalten
6., vollständig überarbeitete und erweiterte Auflage 2004
368 Seiten. 129 Abb., Kart.
€ 26,–
ISBN 3-17-018595-0

„Trommsdorff führt in verständlicher Sprache und anhand vieler Beispiele in die wissenschaftlichen Grundlagen dieses hochinteressanten Gebiets ein. Ein äußerst kompetent geschriebenes Lehrbuch für Wirtschaftsstudenten, die sich auf Marketing spezialisiert haben."

(Studium, SS 2005)

Werner Kroeber-Riel
Franz-Rudolf Esch
Strategie und Technik der Werbung
Verhaltenswissenschaftliche Ansätze
6., überarbeitete und erweiterte Auflage 2004
332 Seiten. 86 Farbabbildungen
Fester Einband/Fadenheftung
€ 34,–
ISBN 3-17-018491-1

„Das Einerlei der Werbelandschaft erregt schon lange keinen Aha-Effekt mehr beim Konsumenten. In seiner mittlerweile sechsten Auflage will dieses Buch den blutleeren und geklonten Werbekampagnen erneut den Kampf ansagen. Die beiden Autoren wollen Bauchgefühl durch fundiertes Werbewissen ersetzt wissen und die Professionalitätslücke zwischen Entwicklung und Umsetzung der Werbung schließen."

(Media & Marketing, 12/2004)

W. Kohlhammer GmbH
70549 Stuttgart · Tel. 0711/7863 - 7280 · Fax 0711/7863 - 8430